NELSON MANDELA

CONVERSATIONS AVEC MOI-MÊME

NELSON MANDELA
CONVERSATIONS AVEC MOI-MÊME

Traduit de l'anglais par Maxime Berrée

Ouvrage publié sous la direction de Jean-Louis Festjens

Éditions de la Martinière

Maquette : Cameron Gibb

Traduit de l'anglais (Afrique du Sud) par Maxime Berrée

Tous les remerciements et instructions relatives à la reproduction de textes ou d'images inédites se trouve page 477

Produit et créé par PQ Blackwell Ltd
116 Symonds Street, Auckland 1010, Nouvelle-Zélande
www.pqblackwell.com

ISBN : 978-2-7324-4157-3
www.lamartinieregroupe.com

Pour Zenani Zanethemba Nomasonto Mandela,
tragiquement décédée le 11 juin 2010, à l'âge de 13 ans

[...] La cellule est un lieu parfait pour apprendre à se connaître et pour étudier en permanence et dans le détail le fonctionnement de son esprit et de ses émotions. Les individus que nous sommes ont tendance à juger leur réussite à l'aune de critères extérieurs, tels que la position sociale, l'influence, la popularité, la richesse ou le niveau d'éducation. Ce sont bien sûr des notions importantes pour mesurer sa réussite – et on comprend que beaucoup tentent d'obtenir le meilleur d'eux-mêmes sur ces points. Mais d'autres critères intérieurs sont peut-être plus importants pour juger de l'accomplissement d'un homme ou d'une femme. L'honnêteté, la sincérité, la simplicité, l'humilité, la générosité, l'absence de vanité, la capacité à servir les autres – qualités à la portée de toutes les âmes – sont les véritables fondations de notre vie spirituelle. Mais cette réussite-là n'est pas accessible sans un travail d'introspection véritable et une connaissance de ses forces et de ses faiblesses. La détention a au moins le mérite d'offrir une bonne occasion pour travailler sur sa propre conduite, corriger le mauvais et développer le bon que l'on porte tous en soi. La pratique régulière de la méditation, disons un quart d'heure chaque jour avant de se coucher, peut y être très utile. Il est possible que dans un premier temps tu aies du mal à identifier les éléments négatifs de ta vie, mais tu seras récompensée si tu en fais l'effort régulier. N'oublie pas qu'un saint est un pécheur qui cherche à s'améliorer.

Lettre à Winnie Mandela depuis la prison de Kroonstad, 1er février 1975.

SOMMAIRE

PRÉFACE

Comme tant de gens à travers le monde, j'ai tout d'abord entendu parler de Nelson Mandela alors qu'il était détenu à Robben Island. Pour beaucoup d'entre nous, il n'était pas seulement un homme – il était un symbole de la lutte pour la justice, l'égalité et la dignité, en Afrique du Sud ainsi que dans le monde entier. Son sacrifice était d'une telle ampleur qu'il imposait à chacun d'entre nous d'entreprendre tout ce qui était en son pouvoir pour essayer de faire progresser l'humanité.

À ma très modeste façon, je fais partie de ceux qui ont essayé de répondre à cet appel. La première fois que j'ai participé à une action politique, à l'université, ce fut à l'occasion d'une campagne pour l'abolition de l'apartheid en Afrique du Sud. Aucune des difficultés personnelles que j'ai dû surmonter dans ma jeunesse ne peut se comparer à ce que les victimes de l'apartheid ont subi chaque jour, et je ne peux qu'imaginer le courage qu'il a fallu à Mandela pour vivre dans une cellule pendant tant d'années. Par ses choix, il nous a clairement montré que nous ne sommes pas obligés d'accepter le monde tel qu'il est – mais que nous pouvons tous jouer une rôle pour le rendre tel qu'il devrait être.

Au fil des ans, j'ai continué à regarder Mandela avec un sentiment d'admiration et d'humilité, tout à la fois enthousiasmé par les possibilités infinies dont m'avait fait prendre conscience sa propre vie, mais aussi effrayé par les sacrifices nécessaires pour mener à bien son rêve de justice et d'égalité. Sa vie, d'ailleurs, nous raconte une histoire aux antipodes du cynisme et du fatalisme qui affligent si souvent notre monde. Un prisonnier est devenu un homme libre ; un héros de la liberté a proclamé la réconciliation ; un chef de parti s'est mué en un président au service de la démocratie et du progrès. Même à présent qu'il n'occupe plus de fonction officielle, Mandela continue de se battre pour l'égalité, la chance et la dignité des hommes. Il a tant fait pour changer son pays, de même que le monde, qu'il est difficile de s'imaginer l'histoire des dernières décennies sans lui.

Un peu plus de vingt ans après avoir fait mon entrée dans la vie politique au sein du Mouvement antiapartheid, alors que j'étais étudiant en Californie, je me suis rendu dans l'ancienne cellule de Mandela, à Robben Island. Je venais d'être élu sénateur des États-Unis. La prison n'était plus un lieu d'enfermement, mais un monument rendant hommage à tous ceux qui avaient œuvré à la transformation pacifique de l'Afrique du Sud. En me tenant dans cette cellule, j'ai essayé de me transporter à l'époque où le président Mandela était encore le prisonnier 466/64 – une époque où la victoire de cette lutte n'avait encore vraiment rien de certain. J'ai essayé de me représenter Mandela – la légende qui changea l'histoire – en cet homme qui avait presque tout sacrifié pour l'espoir d'un changement.

Conversations avec moi-même rend un service extraordinaire au monde en nous dévoilant le visage de l'homme Mandela. En nous donnant accès à ses journaux, ses lettres, ses discours, ses interviews et autres documents qui ont traversé tant de décennies, ce recueil nous offre un aperçu de la vie qu'a vécue Mandela – depuis les petites habitudes qui l'aidaient à passer le temps en prison jusqu'aux décisions prises en tant que président. Ici, nous le voyons en homme politique féru d'histoire et de droit ; en père de famille ou en ami ; là, en visionnaire et en leader pragmatique. Mandela a intitulé son autobiographie *Un long chemin vers la liberté*. Aujourd'hui, cet ouvrage nous aide à imaginer les différentes étapes – ainsi que les détours – effectués au long de ce voyage.

En nous livrant ce portrait, Nelson Mandela nous rappelle qu'il n'a pas été un homme parfait. Comme nous tous, il a ses défauts. Mais ce sont précisément ces imperfections qui devraient inspirer chacun d'entre nous. Car si nous sommes honnêtes envers nous-mêmes, nous savons que nous avons tous des combats à mener, grands et petits, personnels et politiques – pour surmonter la peur et le doute ; pour continuer à travailler quand l'issue est incertaine ; pour pardonner et nous dépasser. L'histoire au cœur de ce livre – l'histoire que nous raconte la vie de Mandela – n'est pas celle d'êtres humains infaillibles et d'un triomphe inexorable. C'est l'histoire d'un homme qui a décidé de risquer sa propre vie au nom de ses convictions, et qui a beaucoup donné de lui-même pour essayer de rendre le monde meilleur.

Au bout du compte, tel est le message que Mandela nous adresse. Nous connaissons tous des jours où l'espoir semble presque vain – des jours où l'adversité et nos imperfections nous conduiraient presque à suivre un chemin plus facile, un chemin qui nous permette d'éviter nos responsabilités vis-à-vis des autres. Mandela a lui aussi connu des jours comme ceux-là. Pourtant, même quand la lumière du soleil peinait à éclairer sa cellule à Robben Island, il voyait toujours devant lui un avenir meilleur – un avenir qui méritait ses sacrifices. Même quand il fut tenté par la vengeance, il comprit que la réconciliation était nécessaire et que les principes étaient plus puissants que la force brutale. Et même après avoir atteint le temps d'un repos mérité, il chercha encore – et il cherche toujours – à inspirer les hommes et les femmes autour de lui.

Avant mon élection à la présidence des États-Unis, j'ai eu le grand privilège de rencontrer Mandela ; et depuis que j'occupe cette fonction, je lui parle de temps à autre au téléphone. En général, nos conversations sont brèves – il est au crépuscule de sa vie et je suis aux prises avec l'emploi du temps serré qui accompagne ma fonction. Mais, toujours, au cours de ces conversations, jaillissent des moments où percent la gentillesse, la générosité et la sagesse de l'homme. Ces instants sont ceux qui me rappellent que, au-delà de l'histoire telle qu'elle s'est écrite, il y a un être humain qui a choisi l'espoir plutôt que la peur – le progrès plutôt que les prisons du passé. Et cela me rappelle aussi que même s'il est devenu une légende, connaître l'homme – Nelson Mandela –, c'est le respecter encore davantage.

Barack Obama, président des États-Unis

INTRODUCTION

Le nom de Nelson Mandela est l'un des plus célèbres et des plus révérés qui soient. L'homme qui le porte est un héros de notre temps et l'une des grandes figures du XXe *siècle. L'histoire de son emprisonnement, qui aura duré près de trois décennies, au côté d'autres leaders politiques de sa génération, s'est muée en une légende dans laquelle s'inscrit la naissance de la nouvelle Afrique du Sud. Elle est son mythe fondateur. Mandela est désormais une icône. Sa vie a été maintes fois racontée à travers les biographies ou les articles de presse, les films et les documentaires télé, les beaux livres illustrés, les chansons de libération ou les poèmes de louanges, les sites web institutionnels et jusqu'aux blogs personnels. Mais qui est-il vraiment ? Que pense-t-il vraiment ?*

Nelson Rolihlahla Mandela a largement contribué à alimenter la littérature sur sa personne à travers une profusion de publications et de discours publics. Son autobiographie, Un long chemin vers la liberté, *est un best-seller depuis sa parution en 1994. Son bureau ne cesse de publier des œuvres choisies depuis sa sortie de prison en 1990. Nelson Mandela a donné des milliers d'interviews, prononcé autant de discours, enregistré des messages et livré des conférences de presse par centaines.*

Un long chemin vers la liberté *était pour l'essentiel, et de manière délibérée, le fruit d'un travail collectif. Le manuscrit original avait été rédigé à Robben Island par un « conseil éditorial », selon la formule d'Ahmed Kathrada – son camarade de toujours, son ami et compagnon de cellule. Au début des années quatre-vingt-dix, Mandela avait collaboré avec l'auteur Richard Stengel pour étoffer et parfaire un manuscrit – Kathrada et d'autres conseillers formant un deuxième groupe chargé de superviser ce travail éditorial. Cette méthode a également été appliquée à l'écriture de ses discours. En dehors de quelques rares instants d'improvisation, ce furent des présentations formelles de textes soigneusement préparés. Et, là aussi, l'écriture fut en général une œuvre collective. De la même façon, les interviewers n'ont pratiquement jamais réussi à percer la carapace d'homme public qu'a été Mandela tout au long de ces années. Il a toujours été « le leader », « le président », « le représentant public », « l'icône ». Seuls quelques brefs aperçus de sa personnalité ont parfois été perceptibles. Mais la question demeure : Qui est-il vraiment ? Que pense-t-il vraiment ?*

***

Conversations avec moi-même *nous donne accès à l'homme au-delà de sa figure publique, et cela à travers ses archives personnelles. Ces documents nous montrent Mandela écrivant et parlant en privé, s'adressant à lui-même ou à ses plus proches confidents. On le découvre alors qu'il n'a pas besoin de répondre en priorité aux demandes et aux attentes de l'assistance. Le voici prenant des notes, ou griffonnant, pendant des réunions, tenant un Journal toujours sur la trace de ses rêves, surveillant son poids et sa pression artérielle, dressant des listes de choses à faire. Le voici méditant sur son expérience, fouillant sa mémoire, bavardant avec un ami. Ce n'est plus l'icône ou le saint, si souvent élevé bien au-dessus du simple mortel. C'est un homme comme vous et moi.*

Comme il le dit lui-même : « Dans la vraie vie, nous n'avons pas affaire à des dieux, mais à des hommes et des femmes ordinaires, qui nous ressemblent : des êtres humains avec leurs contradictions, stables et versatiles, forts et faibles, bons et ignobles, des gens dans le sang desquels les vers se battent tous les jours contre de puissants pesticides. »

Mandela s'est appliqué à archiver ses documents personnels et à enregistrer ses faits et gestes de façon quasi obsessionnelle presque toute sa vie. Comment expliquer autrement sa collection de cartes de membre de l'Église méthodiste qui ponctuent ses adhésions annuelles de 1929 à 1934 ? Ses notes de Journal quotidiennes alors qu'il voyage à travers l'Afrique en 1962 ou son habitude, au cours de ses années de prison, de rédiger dans un carnet le brouillon de la plupart de ses lettres ? Bien sûr, ces archives ont été éparpillées par des années de lutte, de vie clandestine et de prison. Il lui a fallu les confier à des amis afin qu'ils les mettent à l'abri. Certaines ont été perdues en route. D'autres ont été confisquées par l'État, détruites ou retenues comme preuves contre lui.

Aujourd'hui, les archives personnelles de Mandela sont encore disséminées et disparates. Ce qu'il en reste de plus complet se trouve au Centre Nelson Mandela pour la mémoire et le dialogue. Des collections importantes sont également conservées par les Archives nationales, la National Intelligence Agency, le Mandela House Museum et le Liliesleaf Trust. Enfin, des myriades de documents sont aux mains de collectionneurs privés, en particulier une partie de sa correspondance.

***

L'idée de cet ouvrage, Conversations avec moi-même, *est née en 2004, lors de l'inauguration par la Fondation Nelson Mandela du Centre Nelson Mandela pour la mémoire et le dialogue. Au départ, la priorité du centre était de recenser « l'archive Mandela », alors dispersée et lacunaire. Mais, très rapidement, la récupération de documents devint une préoccupation capitale. Mandela donna de nombreux documents personnels au centre en 2004, et continua jusqu'en 2009 à compléter ces archives. En tant que directeur du programme de mémoire du centre, je ne mis pas longtemps à comprendre que ce matériel permettrait de réaliser un livre d'importance sous le contrôle du centre. En 2005, une équipe d'archivistes et de chercheurs commença le difficile travail consistant à rassembler, remettre dans leur contexte, classer et décrire les documents. Simultanément, ils entreprirent une identification et une sélection préliminaires des passages et des extraits pour l'ouvrage. L'équipe comprenait Sello Hatang, Anthea Josias, Ruth Muller, Boniswa Nyati, Lucia Raadschelders, Zanele Riba, Razia Saleh, Sahm Venter et moi-même.*

En 2008, j'ai commencé à parler de cet ouvrage avec les éditeurs Geoff Blackwell et Ruth-Anna Hobday. Ces discussions cristallisèrent la réflexion du centre à propos du livre et lancèrent la dernière phase du projet. Enfin, Mandela donna son aval en indiquant, toutefois, qu'il ne souhaitait pas s'y investir personnellement. Kathrada accepta de servir de conseiller spécial. Le chercheur Venter ainsi que les archivistes Hatang, Raadschelders, Riba et Saleh se chargèrent de la sélection finale et du processus de compilation sous ma direction. On fit également appel à l'écrivain et historien Tim Couzens, dont l'apport fut précieux grâce à son œil d'expert et d'universitaire dégagé du travail quotidien du centre. Pour finir,

*Bill Phillips – qui avait travaillé comme éditeur sur le projet d'*Un long chemin vers la liberté *en 1990 – apporta sa contribution lors de l'ultime période de révision.*

***

Conversations avec moi-même *est le livre de Nelson Mandela. On y entend sa voix véritable – directe, claire, personnelle. Mais il est important de connaître le travail éditorial de l'équipe. Pour parvenir à cette sélection, il a fallu passer au tamis un grand nombre de documents, en tenant compte des thèmes qu'ils abordaient, de leur importance et de leur pertinence, au regard de tout ce qui existait et était accessible. Nous avons étudié dans le détail tout le matériel disponible dans les archives personnelles de Mandela. Mais nous n'avons pu avoir accès à tout ce que possèdent les particuliers. Seul le hasard nous a permis, par exemple, de retrouver récemment les documents que possédait Jack Swart, l'ancien gardien de prison qui avait officié aux côtés de Mandela au cours de ses quatorze derniers mois d'incarcération à la prison de Victor Verster. La National Intelligence Agency nous a également révélé tardivement l'existence d'archives, n'acceptant que notre équipe n'en consulte qu'une partie seulement. La réserve de l'Agency laisse espérer l'existence d'autres documents riches en révélations et auxquels nous espérons pouvoir avoir accès un jour.*

Si toutes les archives personnelles de Mandela ont été consultées pour ce projet, quatre sources principales ont été retenues pour la sélection finale.

Premièrement : les lettres de prison. Parmi les écrits les plus poignants et les plus douloureux de Mandela, certains proviennent de deux cahiers d'exercices cartonnés. Il y rédigeait soigneusement les brouillons de ses lettres, avant que celles-ci ne soient soumises ensuite aux yeux des censeurs de la prison de Robben Island. Elles s'étalent de 1969 à 1971 et couvrent la pire période de sa détention. Volés dans sa cellule par les autorités en 1971, ces deux cahiers lui ont été rendus en 2004 par un policier à la retraite. Lorsque Mandela purgeait sa peine de prison, il ne savait jamais si sa correspondance arriverait à bon port en raison du contrôle de ceux qu'il appelait « ces vigiles du destin sans scrupule », les censeurs. Ses dossiers de prison aux Archives nationales renferment de nombreuses lettres de Nelson Mandela jamais postées par les autorités. Elles y sont conservées avec les copies des lettres qui, elles, avaient été autorisées à être envoyées.

Deuxièmement : deux séries d'entretiens enregistrés. Ici, c'est la voix de Mandela qu'on entend. Ces dialogues sont si intimes, si informels, qu'ils glissent presque dans la rêverie, comme si Mandela entrait en dialogue avec lui-même. La première série compte une cinquantaine d'heures de conversations avec Richard Stengel, réalisées à l'époque où les deux hommes travaillaient sur Une longue marche vers la liberté. *La seconde est une série d'environ vingt heures de discussions avec Ahmed Kathrada, qui fut condamné avec Mandela et six camarades à la prison à perpétuité le 12 juin 1964. On demanda à Kathrada au début des années quatre-vingt-dix d'aider Mandela à amender les manuscrits d'*Un long chemin vers la liberté *et de sa biographie autorisée écrite par Anthony Sampson. Le dialogue entre ces deux amis de longue date est particulièrement familier et détendu. On les entend souvent étouffer des rires ou s'esclaffer joyeusement. Ces conversations ne sont pas seulement intéressantes par le fond de ce que dit Mandela, mais par la façon dont il le dit.*

Troisièmement : les carnets. Avant son incarcération en 1962, Mandela avait l'habitude d'emporter un carnet partout avec lui. Ainsi en avait-il avec lui au cours de ses séjours en Afrique et en Angleterre en 1962, lorsqu'on lui enseignait les stratégies révolutionnaires, qu'il s'entraînait à pratiquer la guérilla et qu'il recueillait le soutien de leaders de mouvements nationalistes ou de pays ayant récemment acquis leur indépendance. Il recommença à prendre régulièrement des notes après sa libération, lorsqu'il négocia la transition de l'Afrique du Sud vers la démocratie, et même, mais dans une moindre mesure, au cours de sa présidence. Ces derniers carnets contiennent des remarques personnelles, des aide-mémoire, des notes prises au cours de réunions et des brouillons de lettres. On y trouve également plusieurs textes extraordinaires, chacun de plusieurs pages (non reproduits ici pour des questions de place et d'intérêt), relatant au détail près les prises de position des différents orateurs pendant les réunions du comité de travail du Congrès national africain [ANC]. Dans quel but, cela n'est pas vraiment clair. Peut-être était-ce une ancienne habitude de l'avocat qu'il fut et qui avait pour coutume de noter avec soin toutes les informations qu'il pouvait recueillir pour ses clients. À moins que, à plus de 70 ans, Mandela n'ait plus eu une entière confiance en sa mémoire.

Et quatrièmement : le manuscrit d'une suite jamais achevée à Un long chemin vers la liberté. *Le 16 octobre 1998, il prit un papier à lettres bleu et, tenant d'une main ferme et résolue son stylo favori, inscrivit la date en chiffres romains. Il poursuivit par ce qui constituait son titre de travail : « Les Années présidentielles ». En dessous, il écrivit : « Chapitre Un ». Puis, il nota en haut de la page : « Brouillon ». Sa dernière année de présidence, son implication dans les négociations du*

Burundi, les occupations politiques du moment, les obligations de ses nombreuses œuvres de bienfaisance et un flux perpétuel de visiteurs contrarièrent la rédaction de ce livre. Ses conseillers lui suggérèrent de se faire aider d'un écrivain professionnel, il refusa. Il voulait l'écrire lui-même. Pendant un temps, un assistant fit des recherches pour lui, mais Mandela se fatigua de cet arrangement et, pour finir, il en perdit le souffle.

***

Bien évidemment, les archives personnelles de Mandela n'ont pas de principe d'organisation général ni de système de classification intrinsèque. Pour Conversations avec moi-même, *nous avons groupé nos sélections en fonction d'une logique implicite fondée, d'une part, sur la chronologie de la vie de Mandela, et, d'autre part, sur ses thèmes de méditation et de réflexion récurrents. Le livre est composé de quatre parties, comprenant chacune sa propre introduction et portant des titres évoquant les compositions classiques – la pastorale, le drame, l'épopée et la tragicomédie. Mandela est imprégné de littérature classique. Il a étudié le latin à l'école et à l'université. Il a beaucoup lu de littérature grecque, et il a joué dans des pièces de théâtre classiques quand il était à l'université ou en prison.*

La forme et le titre du livre sont d'ailleurs très directement inspirés des Pensées pour moi-même *de Marc Aurèle, un recueil de pensées et d'aphorismes écrit au* IIe *siècle de notre ère. Marc Aurèle était un empereur romain, un homme politique, mais aussi un homme d'action et un soldat. Peut-être ne fut-il pas un grand philosophe ou un grand écrivain, mais il connaissait les bénéfices que l'on retire de la méditation, de la prise de notes et d'une discipline quotidienne. Il écrivait même en pleine action. Son livre est d'une sagesse exemplaire. Ses qualités, et celles de son auteur, ne sont pas tout à fait sans rapport avec celles d'un homme et d'un livre apparus dix-huit siècles plus tard.*

Verne Harris

Chef du projet

Centre Nelson Mandela pour la mémoire et le dialogue

Août 2010

PREMIÈRE PARTIE

La pastorale

Une série de descentes de police et un incendie, déclenché en 1985 dans la maison de Nelson Mandela, à Orlando, Soweto, ont détruit en grande partie les documents relatifs à son enfance dans le Thembuland, dont l'album familial qu'il tenait de sa mère. Nous avons retrouvé d'elle quelques photographies – mais aucune de son père.

Mandela a pris très tôt des habitudes qu'il ne perdit jamais par la suite. L'une des plus sacrées, héritée de la tradition du Thembuland, consiste à écouter avec attention la parole des aînés et de ceux qui s'expriment lorsque la tribu se réunit, et cela jusqu'à ce que le consensus s'impose sous l'autorité du roi ou du « chef ». La discipline, l'ordre, le sang-froid et le respect d'autrui composaient le socle de l'autorité traditionnelle, mais aussi des lieux d'éducation où Mandela fit ses études.

À partir de l'âge de 7 ans, il fréquenta l'unique salle de classe de l'école de Qunu, près de son village de Mvezo. Puis il se rendit au Clarkebury Boarding Institute, dans le village de Qokolweni, puis au lycée de la ville de Healdtown. Il obtint sa licence à l'université de Fort Hare, près de la petite municipalité d'Alice. Fort Hare accueillait les enfants des grandes familles noires de toute l'Afrique du Sud, et c'est là qu'il fit la connaissance de beaucoup de ceux qui allaient l'accompagner tout au long de sa vie. En particulier Kaiser

[K.D.] Matanzima (son neveu, plus âgé que lui), et Oliver Tambo, qui devint son camarade de lutte, associé et ami.

En 1941, Mandela quitta le Thembuland et le Cap-Est pour s'ouvrir à une vie différente et aux horizon plus larges. Il ne coupa jamais complètement ses racines et ne rompit jamais avec les traditions de ses origines, mais ses choix de vie et la politique défendue par l'organisation à laquelle il adhéra, le Congrès national africain [ANC], éveillèrent en lui des tensions profondes. Cela ne fut pas sans conséquences sur ses relations personnelles avec son neveu Matanzima, par exemple. Mandela l'aimait et le respectait, mais leurs points de vue divergeaient sur la question de la coopération avec l'État de l'apartheid. En prison, alors que Mandela souhaitait recevoir la visite de Matanzima, il se plia aux désirs de ses camarades qui estimaient que cette rencontre serait trop compromettante sur le plan politique. Et ce ne fut que bien plus tard, lors de ses derniers mois de détention, qu'il finit par le recevoir.

Après sa libération, Mandela se fit bâtir une maison à Qunu, le village de son enfance. Lorsqu'il s'y rend, les chefs traditionnels viennent le saluer et le consulter. Il a suivi avec intérêt l'accession de son petit-fils à la tête de la tribu thembu de Mvezo. En 2007, il a fondé l'Institut Nelson Mandela pour l'éducation et le développement rural à l'université de Fort Hare.

CHAPITRE UN

Les racines

« Je dois m'en tenir à notre serment :
jamais, et cela en aucune circonstance,
ne rien dire d'inconvenant sur les autres…
Le problème, bien sûr, est que la plupart
des hommes accomplis sont sujets
à une certaine forme de vanité.
Au cours de leur vie, il arrive un moment
où ils se laissent aller à l'égotisme et se
vantent en public de leur exceptionnelle
réussite. Il existe un doux euphémisme
pour l'autosatisfaction : on nomme cela
une autobiographie… »

Extrait d'une lettre à Fatima Meer, datée du 1er mars 1971, voir p. 7.

1. LETTRE À FATIMA MEER, 1ER MARS 1971[1]

Je dois m'en tenir à notre serment : jamais, et cela en aucune circonstance, ne rien dire d'inconvenant sur les autres... Le problème, bien sûr, est que la plupart des hommes accomplis sont sujets à une certaine forme de vanité. Au cours de leur vie, il arrive un moment où ils se laissent aller à l'égotisme et se vantent en public de leur exceptionnelle réussite. Il existe un doux euphémisme pour l'autosatisfaction : on nomme cela une autobiographie, et l'auteur y insiste souvent sur les défauts des autres pour souligner combien ses propres réussites sont dignes d'éloges. Je doute que je prenne un jour la peine de décrire mon parcours. Je n'ai rien réalisé dont je puisse me flatter, et je n'ai guère le talent pour m'y lancer. Même en buvant du rhum tous les jours de ma vie pour m'en donner le courage, je n'en aurais jamais assez pour m'y essayer. J'ai parfois l'impression qu'à travers moi la Création a voulu donner l'exemple d'un homme médiocre, au sens littéral du mot. Rien ne pourrait me convaincre de faire ma propre apologie. Eussé-je été en position d'écrire mon autobiographie, j'en aurais repoussé la publication jusqu'à ce que nos squelettes reposent sous terre car j'y aurais peut-être glissé quelques remarques incompatibles avec mon serment. Les morts n'ont pas à s'inquiéter et si la vérité, et rien que la vérité, devait émerger, [et que] l'image que j'ai contribué à préserver par mon silence perpétuel était gâchée, ce serait l'affaire de la postérité, et non la nôtre... Je suis de ceux qui possèdent des bribes d'information sur une grande variété de sujets, mais à qui manque une

1. Le professeur Fatima Meer, voir Personnes, lieux et événements.

connaissance profonde et pointue du seul domaine dans lequel ils auraient dû se spécialiser, c'est-à-dire dans mon cas l'histoire de mon pays et de mon peuple.

2. LETTRE À JOY MOTSIELOA, 17 FÉVRIER 1986

Lorsqu'un homme s'en tient au style de vie qui a été le sien depuis quarante-cinq ans, même s'il peut avoir eu conscience dès le départ des risques qu'il allait prendre, le cours réel des événements et la manière précise dont ils allaient influencer sa vie ne pouvaient pas être clairement prévisibles dans les moindres détails. Si j'avais pu prévoir tout ce qui m'est arrivé, j'aurais certainement pris la même décision, c'est du moins ce que je crois. Mais cette décision aurait été beaucoup plus éprouvante, et certaines des tragédies qui allaient suivre auraient fait fondre les quelques traces d'acier qui se trouvaient peut-être en moi.

3. CONVERSATION AVEC RICHARD STENGEL

On me préparait à devenir chef de la tribu mais… je me suis enfui, vous comprenez, à cause d'un mariage forcé[2]… Cela a changé toute ma carrière. Si j'étais resté à la maison, je serais un chef respecté aujourd'hui. Et j'aurais un gros estomac et plein de bœufs et de moutons.

4. CONVERSATION AVEC RICHARD STENGEL

La plupart des gens sont influencés par le passé. J'ai grandi dans un village jusqu'à mes 23 ans, puis je suis parti à Johannesburg. Bien sûr j'étais, disons, presque tout le temps

2. Mandela est issu des Thembus. Membre de la maison royale, il était prévu qu'il épouse une femme choisie par le roi.

à l'école, je revenais pour les vacances de juin et de décembre, un mois en juin et deux en décembre. Donc j'étais à l'école pratiquement toute l'année. Et puis en [19]41, alors que j'avais 23 ans, je suis allé à Johannesburg et j'ai appris... j'ai absorbé les modes de vie occidentaux et le reste. Mais mes opinions s'étaient déjà formées à la campagne et vous devinez mon grand respect pour ma propre culture – la culture indigène... Bien entendu, nous ne pouvons pas vivre sans la culture occidentale. J'ai cette double influence culturelle. Mais je crois qu'il serait injuste de dire que je suis un cas particulier, car beaucoup d'hommes ont connu ces mêmes influences... Aujourd'hui, je suis plus à l'aise en anglais, à cause de toutes les années que j'ai passées ici, en prison, et j'ai perdu contact avec la littérature xhosa. Ce dont j'ai très envie quand je me retirerai, c'est de lire de la littérature africaine. Je peux lire en xhosa et en sotho et j'adore ça[3], mais la vie politique m'en empêche... Je n'ai plus le temps de lire aujourd'hui et c'est l'une des choses que je regrette le plus.

5. EXTRAIT DU MANUSCRIT AUTOBIOGRAPHIQUE INÉDIT ÉCRIT EN PRISON

Personne ne s'est jamais assis à mes côtés, de façon régulière, pour me donner un cours clair et construit sur l'histoire du pays, sa géographie, ses richesses naturelles et ses problèmes, pas plus qu'on ne m'a enseigné à compter ou à me servir des poids et des mesures. Comme tous les enfants xhosas, ce que je sais, je l'ai découvert en posant des questions pour assouvir ma curiosité, à mesure que je grandissais. J'ai aussi appris par

3. Le xhosa et le sotho sont deux des onze langues officiellement reconnues en Afrique du Sud.

l'expérience, j'ai regardé les adultes et essayé de reproduire ce qu'ils faisaient. Dans ce processus, la coutume, le rite et le tabou jouent un grand rôle, et j'en suis venu à posséder beaucoup d'informations sur ces sujets… Dans notre maison, il y avait d'autres enfants à charge, des garçons principalement, et dès mon plus jeune âge j'évoluais à l'écart de mes parents, je jouais et je mangeais avec les autres garçons. En fait, je ne me rappelle pas avoir jamais été seul à la maison. Il y avait toujours d'autres enfants avec qui partager les repas et les couvertures la nuit. Je devais avoir 5 ans quand j'ai commencé à m'occuper avec d'autres garçons des moutons et des veaux et que je suis tombé amoureux du veld (la grande prairie africaine). Quelques années plus tard, j'étais capable de m'occuper aussi du bétail… L'un de mes jeux favoris était le khetha (choisissez-qui-vous-voulez). On arrêtait des filles de notre âge sur le chemin et on demandait à chacune de choisir le garçon qu'elle aimait. La règle voulait qu'on respecte toujours le choix de la fille, et une fois qu'elle avait donné son favori, elle était libre de poursuivre sa route escortée par l'élu. Les filles les plus intelligentes s'arrangeaient entre elles et choisissaient le même garçon, en général le plus laid ou le plus ennuyeux, pour pouvoir le taquiner ou le tyranniser en chemin… Nous avions également l'habitude de chanter et de danser en appréciant pleinement la liberté totale que nous semblions détenir, loin des adultes. Après le dîner, nous écoutions avec fascination ma mère et parfois ma tante nous raconter des histoires, légendes et fables transmises depuis d'innombrables générations, et qui stimulaient notre imagination tout en contenant d'instructives leçons de morale. En me repenchant sur ce passé, j'en viens à penser que le type de vie que je menais à la maison, mes expériences dans le veld où nous travaillions et jouions ensemble, en groupe, m'ont sensibilisé très jeune à la conception de l'effort collectif. Les quelques progrès que je fis à cet égard furent sapés, plus tard, par l'éducation formelle que je reçus et qui mettait l'accent sur l'individu plutôt que sur les vertus du collectif. Néanmoins, au milieu des années quarante, quand je me suis engagé dans la lutte politique, je n'ai éprouvé aucune difficulté à me soumettre à la discipline, peut-être grâce à mes premières années d'éducation.

6. EXTRAIT DU MANUSCRIT AUTOBIOGRAPHIQUE INÉDIT ÉCRIT EN PRISON

Le régent rechignait à me laisser aller à Qunu, de peur que je n'y aie de mauvaises fréquentations et que je ne décide de quitter l'école. C'est ainsi qu'il raisonnait. Il ne me laissait pas rentrer chez moi plus de quelques jours. Parfois, il s'arrangeait pour que ce soit ma mère qui se déplace et que nous nous rencontrions à la résidence royale. C'était toujours un moment de grande excitation pour moi d'aller à Qunu et de voir ma mère, mes sœurs et les autres membres de la famille. J'étais plus heureux que jamais en compagnie de mon cousin, Alexander Mandela, qui m'inspirait et m'encourageait à l'époque, pour tout ce qui concernait mon éducation. Lui et ma nièce, Phathiwe Rhanugu (qui était bien plus âgée que moi), étaient sans doute les premiers membres de notre clan à être devenus instituteurs. Sans leurs conseils, leur patience et leurs capacités de persuasion, il est possible que je n'eusse pas résisté aux distractions et à la vie facile qui s'offraient à moi hors des salles de classe. Les influences combinées qui dominaient ma pensée au cours de cette période étaient la chefferie et l'Église. Après tout, les seuls héros que j'avais connus jusque-là étaient

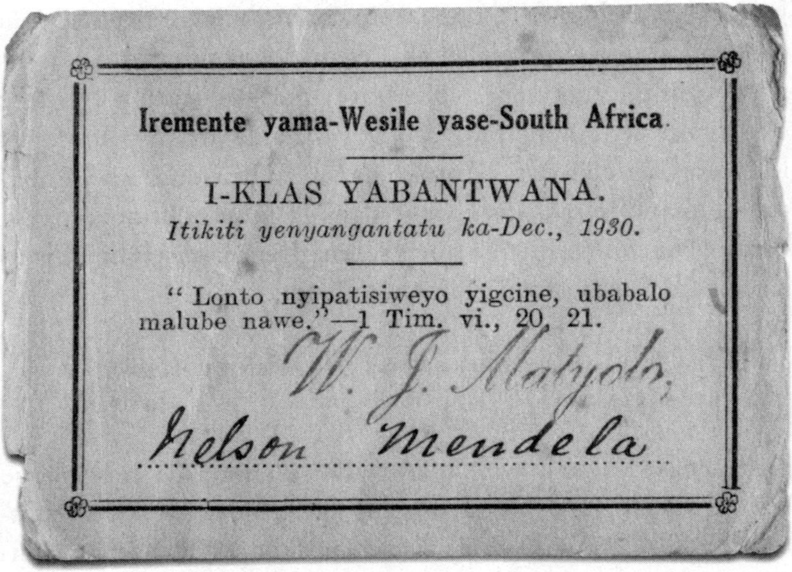

Carte de l'Église méthodiste appartenant à Nelson Mandela, 1930.

presque tous des chefs, et le respect dont témoignaient les Noirs comme les Blancs à l'égard du régent avait tendance à amplifier exagérément l'importance de cette institution dans mon esprit. Je considérais la chefferie non seulement comme le pivot autour duquel tournait la vie de la communauté, mais comme une clé vers des positions d'influence, synonymes de pouvoir et de statut. Tout aussi importante était la position de l'Église, que je n'associais pas tant au corps et à la doctrine de la Bible qu'à la personne du révérend Matyolo. Autour de moi, il était aussi populaire que le régent, et comme, en matière religieuse, il était son supérieur, cela démontrait à mes yeux l'immense pouvoir de l'Église. Se rajoutait à cela le fait que tous les progrès réalisés par mon peuple – les écoles que j'avais fréquentées, les professeurs qui m'avaient éduqué, les employés et les interprètes dans les bureaux des gouvernements, les démonstrateurs agricoles et les policiers –, tout cela était le produit des écoles missionnaires. Plus tard, la double fonction des chefs, à la fois représentants de leur peuple et serviteurs du gouvernement, m'amena à un point de vue plus réaliste et moins fondé sur le passé de ma propre famille ou sur les chefs exceptionnels qui s'identifiaient aux luttes de leur peuple. Descendants des célèbres héros qui nous ont si bien dirigés pendant les guerres cafres et héritant d'une autorité de plein droit, les chefs doivent être traités avec respect. Mais parce qu'ils sont les agents du gouvernement oppresseur considéré par l'homme noir comme son ennemi, ils font l'objet de critiques et doivent affronter une certaine hostilité. L'institution de la chefferie elle-même a été prise au piège par le gouvernement et doit maintenant être considérée comme un rouage de la grande machine de l'oppression. Mes expériences me permettent aussi de formuler une appréciation équilibrée sur le rôle des missionnaires et je comprends la folie qui consisterait à juger uniquement ce rôle à l'aune de mes relations personnelles avec certains d'entre eux. Pour autant, j'ai toujours estimé qu'il était dangereux de sous-estimer l'influence de ces deux institutions sur le peuple, c'est la raison pour laquelle j'ai bien souvent exigé qu'on fasse preuve de prudence dans nos rapports avec elles.

7. EXTRAIT DE LA SUITE INÉDITE DE SON AUTOBIOGRAPHIE

Peu après ma sortie de prison, je me suis rendu en E.P. [province du Cap-Est] où j'ai rencontré le camarade Silumko Sokupa et le comité régional de l'ANC [Congrès national africain] afin de me familiariser avec la situation dans cette région. Au cours de la réunion, ils m'ont informé que le roi Zanesizwe Sandile des Ngqikas viendrait me voir à mon hôtel. J'étais choqué : le protocole interdisait à un roi de me rendre visite dans un hôtel.

Je demandai au comité de téléphoner au roi pour lui proposer de rester au palais, où je viendrais plus tard lui faire une visite de courtoisie, mais à cet instant même, le roi entra. Je m'excusai et lui fis valoir que beaucoup de jeunes gens naissaient et grandissaient désormais dans des zones urbaines, où ils connaissaient à peine les chefs traditionnels. Ce n'était pas tant par irrespect que par ignorance qu'ils avaient négligé le protocole.

Des héros comme le chef khoï Autshumayo[4], Maqoma des Rharhabe, Bambatha, Cetywaio chez les Zoulous, Mampuru pour les Sothos, Tshivhase pour les Vendas, avaient été les premiers à mener des guerres de résistance, et nous les évoquons avec respect et admiration… Même pendant l'apogée de la répression par le régime de l'apartheid, il y eut de courageux monarques comme Sabata, roi des Thembus, et Cyprian le Zoulou qui refusèrent de trahir leur peuple… Parmi nos chefs traditionnels, beaucoup n'ont pas retenu les leçons de l'histoire, à travers le monde. Ils n'ont pas conscience qu'autrefois il existait, par exemple en Europe, des monarques absolus qui ne partageaient pas leur pouvoir avec leurs sujets… Ce sont ces rois eux-mêmes, ou leurs prédécesseurs, qui ont décidé de permettre à des représentants élus par le peuple de gouverner. Pour survivre, ils sont devenus des souverains constitutionnels : Élisabeth II en Grande-Bretagne, le

4. Autshumao (épelé par Mandela « Autshumayo »), voir Personnes, lieux et événements.

roi Juan Carlos en Espagne, la reine Beatrix aux Pays-Bas, la reine Marguerite au Danemark, le roi Harald en Norvège ou le roi Charles XVI en Suède. S'ils s'étaient accrochés à leur pouvoir absolu, ils auraient disparu depuis longtemps de la scène politique.

Mais nous ne devons jamais oublier que la chefferie est sanctifiée par la loi et la coutume africaines, par notre culture et notre tradition. Aucune tentative ne doit être faite pour l'abolir. Il faut trouver une solution concertée, basée sur des principes démocratiques, et qui permette aux chefs de jouer un rôle substantiel en matière de gouvernance.

[...] Je ne sais pas dans quelle mesure certaines initiatives significatives du gouvernement d'apartheid ont été menées dans d'autres bantoustans. Mais dans le Transkei, il y avait une école réservée aux fils des chefs traditionnels. On leur y enseignait les compétences de base pour administrer les terres sous leur juridiction. Je ne suis pas favorable à de telles écoles, mais en fonction des ressources dont dispose le gouvernement, il serait conseillé d'encourager les futurs leaders à avoir la meilleure éducation possible.

Bien que mes propres ressources soient très limitées, j'ai envoyé nombre de fils et de filles de chefs traditionnels dans les universités d'Afrique du Sud, ainsi qu'au Royaume-Uni et aux États-Unis. Un corps constitué de leaders instruits accepterait selon toute probabilité le processus démocratique. Ainsi, avec le temps, le complexe d'infériorité qui conduit beaucoup d'entre eux à s'accrocher désespérément à des formes d'administration féodales finirait par disparaître.

8. LETTRE À NOMABUTHO BHALA, 1ER JANVIER 1971

Ta lettre est l'une des plus courtes que j'aie jamais reçues, puisqu'elle se compose d'une seule et complexe phrase. Pourtant, c'est l'une des meilleures que j'aie lues depuis longtemps. Moi qui pensais que notre génération d'agitateurs avait disparu avec la fin des années cinquante, moi qui croyais aussi qu'avec l'expérience de presque un demi-siècle derrière moi, au cours duquel j'ai attentivement écouté les orateurs les plus persuasifs et lu d'excellentes biographies sur quelques-unes des figures les plus importantes de ce monde, il me serait désormais difficile de me laisser porter par la simple beauté de la prose, par son somptueux écoulement, voilà que les quelques lignes que tu as griffonnées avec soin sur ce modeste bout de papier m'ont ému plus que n'importe quel classique. La plupart des personnalités qui apparaissaient dans ton remarquable rêve ont vécu il y a trois siècles, simplement et sans que rien d'écrit ne nous soit parvenu à leur sujet. Ni toi ni moi ne les avons jamais vues planifier les opérations qui les ont rendues célèbres, pas plus que nous ne les avons observées dans le feu de l'action. Nous ne disposons presque pour aucun d'entre eux de photographie authentique, qui nous donnerait au moins une vague idée de leur apparence physique ou de leur caractère. Pourtant, même un homme urbain et policé comme toi, qui vis dans la seconde moitié du XXe siècle, avec tous les fantastiques progrès et les réussites qui le caractérisent, et qui es coupé de l'influence de la vie tribale, ne peut effacer de son esprit, de ses projets, de ses rêves, ces héros farouches et rudes du Néolithique. C'étaient des hommes peu communs – des exceptions comme on en trouve ailleurs dans le monde ; pour ce qui concerne leur économie et leurs outils, ils vivaient au Moyen Âge, et cependant ils ont fondé de vastes et stables royaumes rien qu'avec leurs armes en métal. Dans les conflits qui bouleversèrent plus tard le pays, ils firent bonne figure, repoussant pendant une longue période de plus de cent ans une communauté ayant un millénaire d'avance en termes d'organisation économique et de technologie, et qui n'hésitait pas à faire usage des ressources scientifiques à sa disposition.

Je vois l'explication de ton rêve dans le simple fait que tu lis plus profondément les leçons de l'histoire de nos ancêtres. Tu considères leurs actes héroïques au cours de ce siècle immortel de lutte comme un modèle de la vie que nous devrions suivre aujourd'hui. Quand leur pays était menacé, ils faisaient preuve d'un patriotisme des plus ardents. De même qu'ils ne cherchaient pas à échapper à leur devoir sacré en prenant prétexte de la primitivité de leur système économique ou de l'inefficacité de leurs armes, la génération actuelle ne devrait pas se laisser intimider par les disparités que l'équilibre actuel des forces en présence semble impliquer… Mais notre héritage ne serait pas complet si nous oubliions cette lignée de héros indigènes qui servirent de détonateurs à des conflits majeurs et qui s'y comportèrent tout aussi magnifiquement. Les Khoïkhoïs[5], dont descend l'essentiel de notre peuple de couleur, étaient dirigés avec art par Autshumayo (le premier prisonnier politique noir d'Afrique du Sud à être exilé à Robben Island), Odasoa et Gogosoa. Pendant la Troisième Guerre de libération en 1799, fait sans précédent, Klaas Stuurman

5. Les Khoïkhoïs constituent l'un des quatre peuples autochtones d'Afrique du Sud, voir Personnes, lieux et événements.

joignit ses forces à celles de Cungwa, chef [des] Amagqunukhwebe. Beaucoup de gens, y compris des combattants de la liberté ayant une longue expérience de la lutte et des sacrifices, parlent avec mépris [des] Abatwa. Pourtant, plusieurs historiens sud-africains ont écrit des textes objectifs et élogieux sur leur esprit indomptable et la noblesse de leur caractère. Ceux qui ont lu des récits sur les batailles de Sneeuberg entre [les] Abatwa et les Boers, et notamment sur celle qui a opposé [les] Abatwa, menés par leur chef Karel, à un commando de plus de cent Boers, peuvent se faire une idée plus juste de l'importante contribution à l'histoire sud-africaine de ce peuple qui autrefois était le premier occupant de notre beau pays[6]. Ils ont fait preuve d'un courage et d'une audace extraordinaires dans de nombreux combats, et ils continuaient à se battre désespérément même quand la dernière flèche était tirée. Tels étaient les hommes qui se battaient pour une Afrique du Sud libre bien avant que nous n'entrions dans la lutte. Ils ont montré la voie et ce sont leurs efforts conjugués qui alimentent le vaste fleuve de l'histoire sud-africaine. Nous héritons d'une tradition qui nous commande de nous battre et de mourir pour les idées les plus nobles. Le titre de « héros africain » est attaché à tous ces vétérans. Des années après, des personnalités plus érudites et sophistiquées ont pris le relais et, grâce à elles, le tableau général s'est enrichi – les Selope Thema, Jabavu, Dube, Abdurahman, Gool, Asvat, Cachalia[7], et maintenant ta génération et toi vous mêlez à cette légion d'honneur…

6. La bataille de Poshuli's Hoek est décrite dans Les Races indigènes de l'Afrique du Sud : Histoire de l'intrusion des Hottentots et des Bantous sur les terres de chasse des aborigènes, de George W. Stow (publié en 1905), livre que Mandela a lu. (Voir sa transcription du livre, pages 20-21).
7. Pour les informations sur ces personnes, voir Personnes, lieux et événements.

J'aime les grands rêves et j'ai particulièrement apprécié le tien ; il était très près de mon cœur. Peut-être que dans ton prochain rêve il y aura quelque chose qui n'exaltera pas seulement les fils de Zika Ntu, mais aussi les descendants de tous les célèbres héros du passé. À une époque où certains encouragent avec fièvre la création de forces fractionnées, érigeant la tribu en sommet d'organisation sociale et montant chaque groupe national contre les autres, les rêves de cosmopolitisme ne sont pas seulement souhaitables : c'est un devoir que de rêver l'unité et le rassemblement des forces de la liberté – [grâce à] un lien forgé par des luttes, des sacrifices et des traditions communes.

GP-S. P 21 81/143198

The Native Races of South Africa: George W. Stow. P. 218.

Dr R. Rubidge who spent the greater portion of his youth in wandering about the rocks & crags of the Sneeuwberg mountains, stated that after committing some depredations, the clan was surrounded by a commando which had pursued them and succeeded in cutting them off among the rocks of a projecting shoulder of a great precipice. Here the retreating Bushmen turned for the last time at bay. Their watering enemies were on one side, a yawning gulf without any chance of escape on the other. A dire but hopeless struggle for life commenced. One after another they fell under the storm of bullets with which their adversaries assailed them. The dead and the dying were heaped upon the dizzy projecting ledge, many in their death struggle rolled and fell over among the crags and fissures in the depths which environed them. Still they resisted and still they fell, until one only remained; and yet with the bloody heap of dead around him, and the mangled bodies of his comrades on the rocks below, he seemed as undaunted as when surrounded by the entire band of his brave companions. Posting himself on the very outermost point of the projecting rocks, with sheer precipices of nearly a couple of hundred feet on either side of him, a spot where no man would have dared to follow him, he defied his pursuers, and amid the bullets which showered around him, he appeared to have a charmed life and plied his arrows ~~wh~~ with unerring aim whenever his enemies incautiously exposed themselves

Mandela a retranscrit des passages du livre de George Stow, Les Races indigènes de l'Afrique du Sud : Histoire de l'intrusion des Hottentots et des Bantous sur les terres de chasse des aborigènes, voir note 6 du présent chapitre.

His last arrow was on the string. A slight feeling of compassion seemed at length to animate the hostile multitude which hemmed him in; they called to him that his life should be spared if he would surrender. He let fly his last arrow in scorn at the speaker, as he replied that "a chief knew how to die, but never to surrender to the race who had despoiled him!" Then with a loud shout of bitter defiance, he turned round, and leaping headlong into the deep abyss was dashed to pieces on the rocks beneath. Thus died with a Spartan-like intrepidity, the last of the clan, and with his death his tribe ceased to exist.

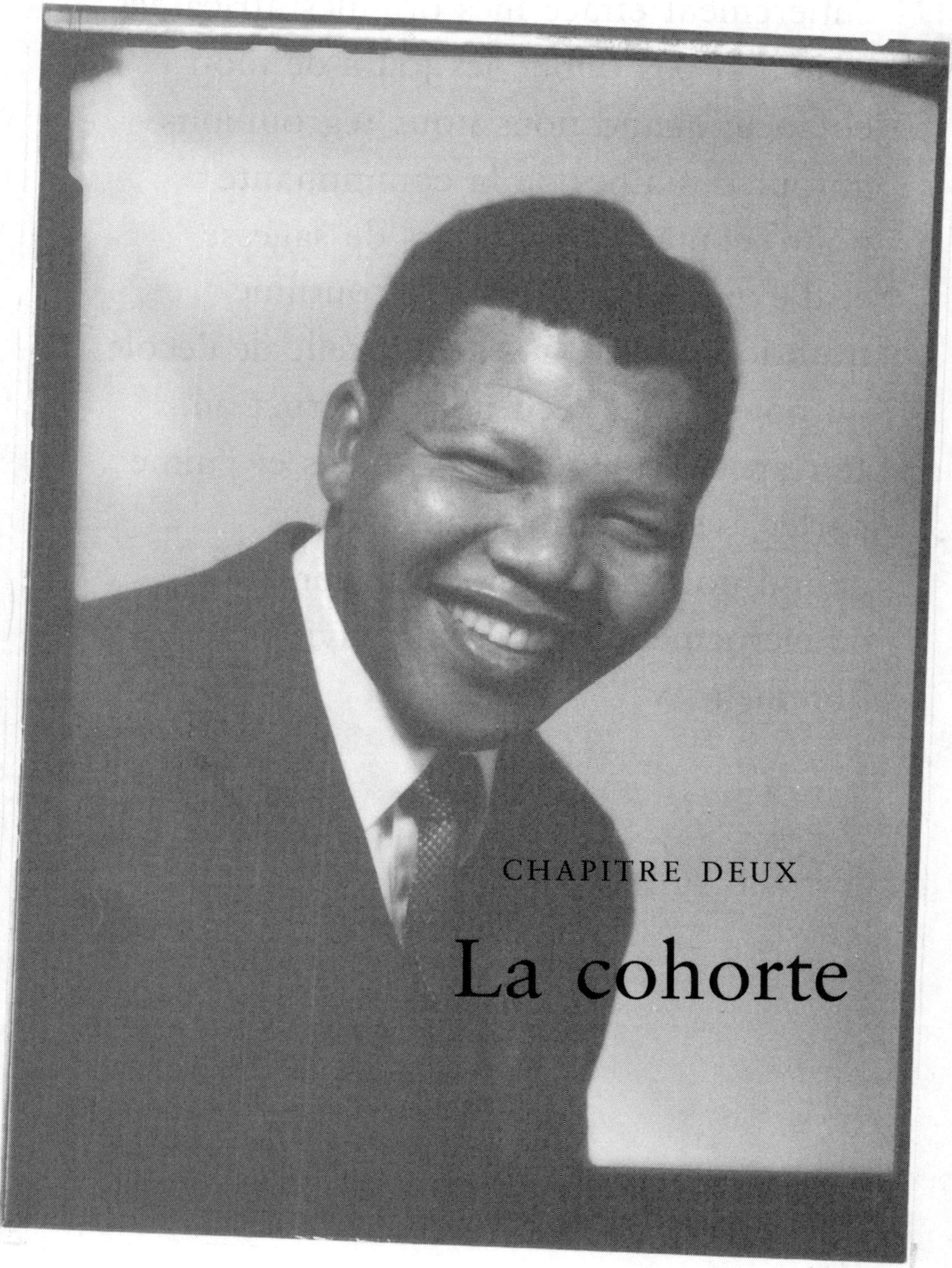

CHAPITRE DEUX

La cohorte

« La civilisation occidentale n'a pas entièrement effacé mes origines africaines et je n'ai pas oublié les jours de mon enfance, quand nous nous regroupions autour des aînés de la communauté pour écouter leurs trésors de sagesse et d'expérience. C'était la coutume traditionnelle de nos aïeux, celle de l'école où nous avons reçu notre instruction. Je respecte toujours les anciens et j'aime parler avec eux du temps jadis, quand nous avions notre propre gouvernement et que nous vivions librement. »

Extrait du manuscrit autobiographique inédit écrit en prison, voir p. 25.

1. EXTRAIT DU MANUSCRIT AUTOBIOGRAPHIQUE INÉDIT ÉCRIT EN PRISON

La civilisation occidentale n'a pas entièrement effacé mes origines africaines et je n'ai pas oublié les jours de mon enfance, quand nous nous regroupions autour des aînés de la communauté pour écouter leurs trésors de sagesse et d'expérience. C'était la coutume traditionnelle de nos aïeux, celle de l'école où nous avons reçu notre instruction. Je respecte toujours les anciens et j'aime parler avec eux du temps jadis, quand nous avions notre propre gouvernement et que nous vivions librement. Je passais toujours un agréable moment à entendre ces connaisseurs de notre histoire, de notre culture, de nos légendes et traditions. Nous harcelions sans cesse des hommes comme Mweli Skota, Selope Thema, le chef Luthuli, le professeur Z.K. Matthews, Moses Kotane ou J.B. Marks, tant était immense la somme de leurs connaissances sur l'histoire de l'Afrique[1]. Leur force principale résidait dans le fait que leurs pieds étaient toujours profondément plantés dans le sol africain et qu'ils employaient leur savoir à enrichir notre patrimoine et notre culture. Ils étaient capables de retracer les mouvements de chacune des tribus venues du Nord, de discuter avec compétence les diverses théories sur les motifs des nombreux affrontements au sein de notre peuple, d'être en contact avec des Blancs et même de prédire certains événements à venir. L'ancienne génération, qui avait hérité de la tradition orale de nos ancêtres, a disparu ou est sur le point de disparaître. La science a développé des moyens techniques

1. Pour les informations sur ces personnes, voir Personnes, lieux et événements.

permettant d'acquérir des connaissances dans beaucoup de domaines, mais même les jeunes générations d'aujourd'hui savent que l'expérience des anciens est inestimable. Des jeunes qui sont chaque jour aux prises avec des problèmes pratiques nouveaux aiment confronter les connaissances apprises dans les salles de classe et dans les livres à l'expérience concrète des anciens.

2. CONVERSATION AVEC RICHARD STENGEL

Oui, c'est le directeur de la pension qui est responsable des élèves au lycée, c'est ça. D'ailleurs, c'était un homme remarquable… Un jour, il a fait un sermon [à propos] d'un homme dont la maison était habitée par de mauvais esprits. L'homme tente de les chasser, en vain. Puis il décide de quitter son kraal [campement rural composé de huttes et de cabanes], il met toutes ses affaires sur un chariot et part s'installer ailleurs. En chemin, il croise un ami qui lui demande : « Où vas-tu ? » Avant qu'il puisse répondre, une voix se fait entendre dans le chariot : « Nous partons, nous quittons le kraal. » C'est l'un des mauvais esprits. Il croit les laisser derrière lui ; en fait, il les emporte avec lui. Et d'après le directeur, la morale était : « Ne fuyez pas les problèmes ; affrontez-les ! Parce que si vous n'y faites pas face, ils ne seront jamais réglés. Affrontez les problèmes quand ils arrivent ; faites preuve de courage. » Telle était la morale… Je ne l'ai jamais oubliée, et j'ai compris qu'il ne servait à rien d'essayer d'occulter les problèmes. En politique, on rencontre des problèmes très sensibles pour lesquels il faut parfois adopter une approche impopulaire. Si les gens disent : « Il faut poursuivre l'action », il s'en trouve peu pour demander :

« En avons-nous les ressources ? Sommes-nous suffisamment préparés ? Sommes-nous en mesure d'entreprendre cette action ? » Certains aiment donner l'impression qu'ils sont militants, et en conséquence ils n'affrontent pas les problèmes, surtout quand c'est le genre de décision qui vous rend impopulaire. Pour connaître le succès en politique, il faut amener les gens à partager avec confiance vos opinions, et donc il faut s'exprimer très clairement, très poliment, très calmement, mais avec une honnêteté totale.

3. LETTRE À L'UNIVERSITÉ D'AFRIQUE DU SUD, 22 DÉCEMBRE 1987[2]

Je demande donc à être exempté du latin sur les bases suivantes : bien que j'aie réussi l'examen d'entrée en 1983, et en dépit du fait que j'aie suivi un cours sur cette matière à l'université de Witwatersrand en 1944, j'ai pratiquement tout oublié. Si je suis obligé d'étudier le latin, je devrai repartir de zéro. À 69 ans, ce serait une entreprise très difficile. Je suis avocat diplômé et j'ai exercé pendant neuf ans avant [mon] arrestation et ma condamnation. Si je décidais de reprendre mon activité d'avocat, je n'aurais pas besoin d'obtenir au préalable un diplôme de latin. En vérité, je n'ai aucune intention de reprendre mon activité d'homme de loi, que ce soit comme avocat ou comme procureur. Et même si j'avais l'intention de reprendre mon travail à l'avenir, cet avenir serait fort imprévisible puisque je purge une peine de prison à perpétuité. Si vous accédez à ma requête, je propose de m'inscrire en politique africaine plutôt qu'en latin.

2. Mandela poursuivit ses études de droit en prison et obtint son diplôme en 1989.

4. EXTRAIT DU MANUSCRIT AUTOBIOGRAPHIQUE INÉDIT ÉCRIT EN PRISON

Ma collaboration avec le Congrès national africain m'a appris qu'un grand mouvement national se heurte souvent à de nombreuses contradictions, diverses et fondamentales. La présence, dans une organisation, de classes et de groupes sociaux variés, dont les intérêts antagonistes à long terme peuvent se trouver en opposition à des heures cruciales, apporte nécessairement son lot de conflits. Des contradictions d'un autre ordre peuvent fissurer radicalement un groupe ou une classe par ailleurs homogène, comme par exemple les préjugés relatifs à la pratique de la circoncision. Je me souviens encore de ma première réaction, et même de ma répulsion, à Fort Hare, en découvrant qu'un ami n'avait pas observé la coutume. J'avais alors 21 ans ; plus tard, mon adhésion au Congrès national africain et aux idées progressistes m'aida à m'éloigner des préjugés de ma jeunesse et à accepter chacun en égal. J'ai fini par réaliser que je n'avais pas le droit de juger quelqu'un en fonction de mes propres coutumes, aussi fier qu'elles me rendent[3], et que le fait de mépriser les autres parce qu'ils n'observent pas des coutumes particulières est une forme dangereuse de chauvinisme. Je me sens tenu de traiter avec respect mes coutumes et traditions, tant que celles-ci nous rassemblent et qu'elles n'entrent pas en conflit avec les objectifs de la lutte contre l'oppression raciale. Mais jamais je n'imposerai mes propres coutumes aux autres, de même que je ne me conformerai pas à une pratique qui offenserait mes camarades, surtout maintenant que la liberté a un prix si élevé.

3. La circoncision est un rituel traditionnel d'initiation chez les Xhosas. Il marque le passage de l'enfance à l'âge d'homme. Mandela fut circoncis à ses 16 ans.

5. CONVERSATION AVEC RICHARD STENGEL

Oh, oui, oui... J'en étais fier parce que nos professeurs nous disaient : « Vous êtes maintenant à Fort Hare, vous serez des leaders pour votre peuple[4]. » C'est ce qu'on nous répétait, et bien sûr, à l'époque, pour un Noir, obtenir un diplôme était quelque chose de très important. Et donc j'étais plein de ce sentiment, et le roi était très fier d'avoir un fils, un membre de son clan, à Fort Hare.

6. EXTRAIT DU MANUSCRIT AUTOBIOGRAPHIQUE INÉDIT ÉCRIT EN PRISON

Mais l'illusion et le désenchantement font partie de la vie, c'est un processus qui ne finit jamais. Au début des années quarante, j'étais particulièrement frappé par la différence entre mes espérances et ce que je vivais. Au lycée, j'avais fini par croire que, ayant fait des études, je deviendrais automatiquement un chef, et que je dirigerais les efforts de mon peuple. En un sens, c'était vrai pour la majorité des étudiants de Fort Hare. Beaucoup d'entre eux quittaient les salles de classe et se trouvaient directement un travail confortable, avec de bons revenus et une petite influence. Il est également vrai que les gens qui ont fait des études sont respectés par la communauté, notamment dans le domaine de l'éducation.

Mais mon expérience était assez différente. J'évoluais dans des cercles où le bon sens et la connaissance pratique

4. Fondée en 1916, l'université de Fort Hare fut le premier établissement d'études supérieures pour les Sud-Africains noirs.

étaient mis en avant, et où un bagage universitaire n'avait pas nécessairement d'importance décisive. Ce qu'on m'avait enseigné au lycée n'avait pratiquement aucune pertinence dans mon nouvel environnement. En général, les professeurs évitaient les sujets comme l'oppression raciale, le manque de perspectives professionnelles pour l'homme noir et les nombreuses indignités dont celui-ci souffrait dans sa vie quotidienne. Personne ne m'avait jamais dit comment on viendrait à bout des préjugés, quels livres je devais lire à ce sujet, ou quelles étaient les organisations politiques auxquelles je pouvais m'inscrire afin de m'engager dans un mouvement organisé pour la liberté. J'ai dû compter sur le hasard et des tentatives désordonnées pour apprendre tout cela.

DEUXIÈME PARTIE

Drame

Dans une pièce jouée à Fort Hare, Nelson Mandela a interprété le rôle de John Wilkes Booth, l'assassin d'Abraham Lincoln. À Robben Island, il incarna le tyran Créon dans une représentation d'Antigone par les prisonniers. Ahmed Kathrada avait commandé tout un tas de pièces grecques – ce qui n'avait pas éveillé la curiosité des gardiens, qui les laissèrent rentrer sans problème. Nul doute que jouer le méchant convenait parfaitement à l'humour malicieux de Mandela. Il lui arrive de citer Shakespeare et il aime la tragédie grecque, qu'il a découverte à Robben Island. À une époque, il plaisantait sur la possibilité de devenir acteur, et pendant ses années d'apprentissage politique, il a appris la puissance du geste dramatique.

En fait, toute sa vie, de 1941 jusqu'à son incarcération en 1962, a été une grande représentation publique. Dès la fin des années quarante, il occupe des postes influents au sein du Congrès national africain, et au cours des années cinquante et soixante, il participe à toutes les campagnes nationales et à tous les événements liés à la lutte contre l'apartheid. Au moment de son arrestation, en août 1962, il est le chef d'Umkhonto we Sizwe (MK) – le bras armé de l'ANC – et probablement la figure la plus populaire et la plus célèbre de la lutte antiapartheid. Il est « le Mouron noir », l'homme le plus recherché d'Afrique du Sud. Et bien sûr, lors du procès de Rivonia en 1963-64, le procès politique le plus tragique et le plus important de l'histoire sud-africaine, c'est lui qui tient la vedette.

Son drame personnel a culminé lorsque, après quelques histoires sans lendemain, il s'est marié avec une jeune femme de la famille de Walter Sisulu, Evelyn Mase, en 1944. Ils eurent quatre enfants – une fille, Makaziwe (Maki) ; deux fils, Madiba Thembekile (Thembi) et Makgatho (Kgatho) ; et une autre fille, la toute première, elle aussi nommée Makaziwe, décédée à seulement 9 mois. Après une dizaine d'années de mariage, Nelson et Evelyn se séparèrent dans l'amertume et l'acrimonie, ce qui propulsa la famille dans le malheur.

En 1958, Mandela se maria avec Winnie Madikizela, une beauté radieuse. Il a toujours admiré les femmes à forte personnalité, comme Ruth Mompati, Lilian Ngoyi, Helen Joseph et Ruth First, mais peut-être n'avait-il pas apprécié toute la force de caractère dont ferait preuve plus tard Winnie. Ils eurent deux filles : Zenani et Zindzi. Mandela appelait souvent Winnie « Zami », une abréviation de son nom xhosa, « Nomzamo ». Cette deuxième famille allait ressentir tout aussi intensément que la première les conséquences de la vie publique de Mandela. Et son drame fut pour eux une source de douleur.

CHAPITRE TROIS

Les ailes de l'Esprit

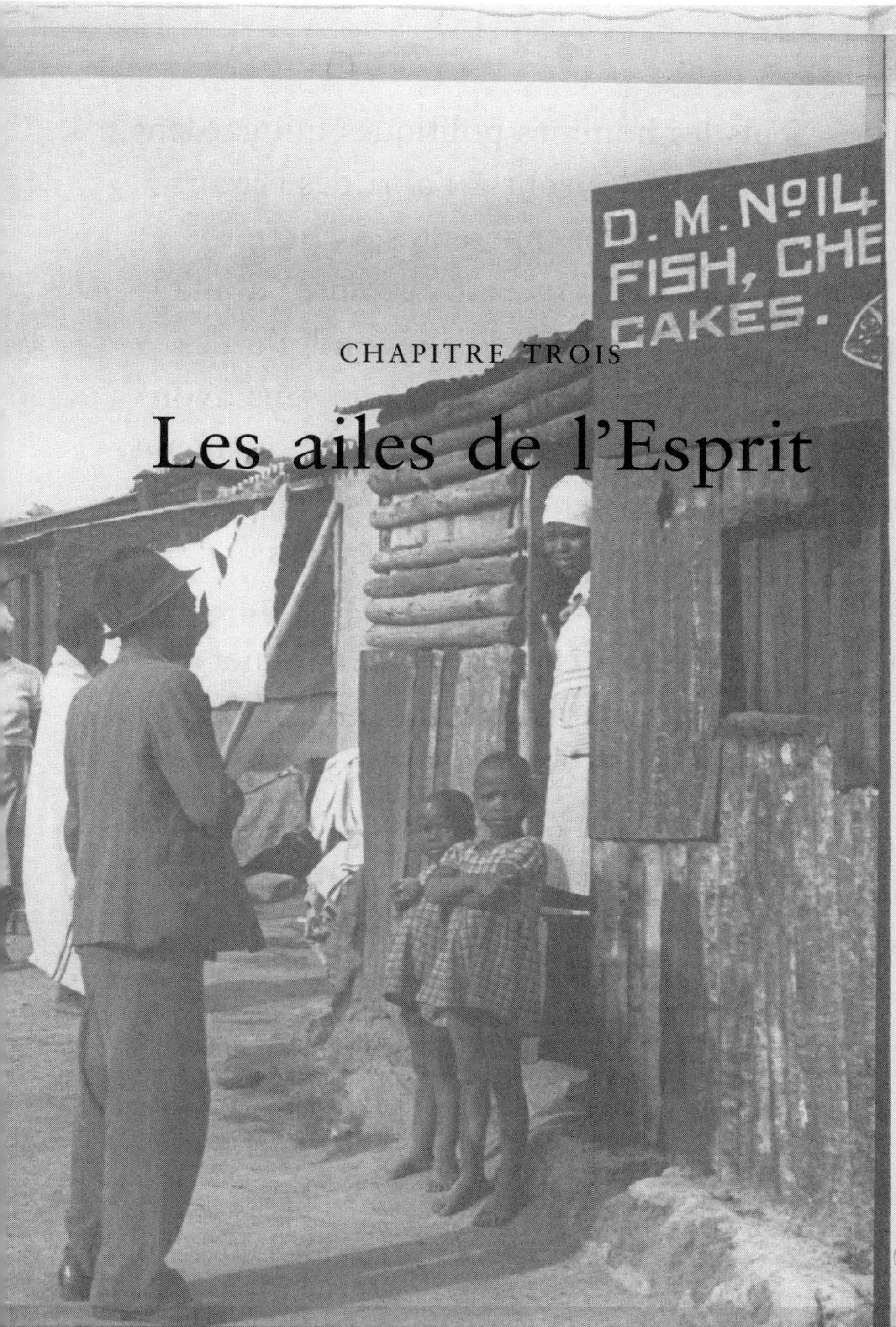

« Seuls les hommes politiques qui gardent les bras croisés sont à l'abri des erreurs. Les erreurs sont inhérentes à l'action politique. Celui qui est au centre d'une lutte politique, qui doit répondre à des problèmes pratiques pressants sans avoir le temps de la réflexion et alors qu'aucun précédent ne peut le guider, celui-là est amené à faire nombreuses erreurs. Mais avec le temps, et pour peu qu'il soit souple d'esprit et disposé à examiner son travail avec un œil critique, il finit par acquérir l'expérience nécessaire, par devenir assez prévoyant pour éviter les embûches ordinaires et maintenir le cap dans le tumulte des événements. »

Extrait du manuscrit autobiographique inédit écrit en prison, voir p. 39.

1. EXTRAIT DU MANUSCRIT AUTOBIOGRAPHIQUE INÉDIT ÉCRIT EN PRISON

Seuls les hommes politiques qui gardent les bras croisés sont à l'abri des erreurs. Les erreurs sont inhérentes à l'action politique. Celui qui est au centre d'une lutte politique, qui doit répondre à des problèmes pratiques pressants sans avoir le temps de la réflexion et alors qu'aucun précédent ne peut le guider, celui-là est amené à faire nombreuses erreurs. Mais avec le temps, et pour peu qu'il soit souple d'esprit et disposé à examiner son travail avec un œil critique, il finit par acquérir l'expérience nécessaire, par devenir assez prévoyant pour éviter les embûches ordinaires et maintenir le cap dans le tumulte des événements.

2. EXTRAIT DU MANUSCRIT AUTOBIOGRAPHIQUE INÉDIT ÉCRIT EN PRISON

À Alexandra, la vie était passionnante. Même si les politiques raciales du présent gouvernement ont détruit son tissu social et l'ont transformée en ville fantôme, évoquer cet endroit fait toujours monter en moi une vague de souvenirs tendres[1]. C'est là que je me suis habitué à vivre en ville et que je suis entré en contact physique avec tous les maux de la suprématie blanche. Bien qu'il y eût quelques beaux immeubles dans le township, c'était un quartier typique des bidonvilles – surpeuplé et sale, avec des enfants mal nourris courant presque nus ou vêtus de haillons pouilleux. Ça grouillait de sectes

1. Mandela trouva à se loger à Alexandra, un bidonville surpeuplé connu à l'époque sous le nom de « Dark City » (« La Ville noire »), en raison de l'absence d'électricité.

religieuses, de bandits et de bars clandestins. La vie n'avait aucune valeur ; la nuit, le revolver et le couteau faisaient la loi. Très souvent, la police lançait des raids pour faire des contrôles d'identité, réclamer les impôts ou saisir de l'alcool, et elle raflait des gens par groupes entiers. Malgré tout, Alexandra était un refuge pour ses cinquante mille habitants, et comptait parmi les rares endroits du pays où les Africains pouvaient devenir propriétaires ou monter leur propre affaire loin de la tyrannie des règlements municipaux. C'était à la fois un symbole et un défi. Son établissement matérialisait le fait que tout un pan de notre peuple avait rompu avec ses origines rurales et habitait maintenant en ville de façon définitive. Moins liée à son groupe et à sa langue africaine d'origine, sa population était politiquement consciente, soudée, et il régnait un esprit de solidarité qui causait l'inquiétude des Blancs. Il devint évident pour moi que notre peuple se soulèverait par les villes, là où des ouvriers militants et une classe émergente de commerçants prospères et ambitieux subissaient toutes les frustrations engendrées par les préjugés raciaux. Voilà pourquoi les gens étaient si attachés à Alexandra. Jusqu'au moment de mon arrestation, il y a quatorze ans, j'ai toujours considéré le township comme un foyer où je n'aurais pas eu de maison à moi, et Orlando, où vivent encore ma femme et mes enfants, comme un endroit où j'ai une maison, mais pas de foyer.

3. EXTRAIT DU MANUSCRIT AUTOBIOGRAPHIQUE INÉDIT ÉCRIT EN PRISON

Une chaude amitié s'est installée entre Lazar Sidelsky et moi. Ses nombreux gestes fraternels à mon égard ainsi que son assistance dans toutes sortes d'histoires rempliraient un chapitre entier[2]. Un autre de mes amis très chers est John Mngoma, un orateur versé dans l'histoire zouloue. Je l'écouterais pendant des heures relater les épisodes palpitants de notre passé. Grâce à eux et à quelques personnes rencontrées après mon arrivée à Johannesburg, j'ai gagné en force intérieure et j'ai pu rapidement passer outre aux difficultés, à la pauvreté, aux souffrances, à la solitude et la frustration. Mes relations avec eux m'ont donné confiance pour me débrouiller. Je savais pouvoir compter sur la bonne volonté et le soutien d'hommes et de femmes de valeur, que je connaissais depuis peu mais vers qui je pourrais me tourner en cas de besoin. Et d'ailleurs j'avais un chez-moi que j'avais choisi, loin de mon lieu de naissance, et les quelques progrès que j'avais réalisés, aussi modestes fussent-ils, je ne les devais qu'à mes initiatives et à mes ressources personnelles. Un lien spécial m'attache aux gens dont je suis devenu l'ami en cette période de détresse. L'un des traits distinctifs de beaucoup de ces amitiés, c'est de s'être construites autour de familles plutôt que d'individus, et qu'elles ont à peine été ébranlées par la mort des hommes et des femmes par lesquels elles s'étaient nouées.

4. CONVERSATION AVEC RICHARD STENGEL

MANDELA : Il y a quelqu'un avec qui je me suis lié à Healdtown, et cette amitié s'est poursuivie quand je suis arrivé à Johannesburg. Il s'appelait Zachariah Molete. Il faisait du lait fermenté à Healdtown, et si tu te montrais cordial avec lui, il te donnait du lait bien épais… Quand je suis arrivé à Johannesburg au début des années quarante, j'habitais le

2. Lazar Sidelsky, voir Personnes, lieux et événements.

township d'Alexandra. Nous sommes devenus proches parce que son père avait une épicerie, il servait l'Église wesleyenne (branche de l'Église méthodiste) et il veillait sur moi. Quand j'étais dans le pétrin, il faisait en sorte que j'aie de quoi manger. En une occasion, il est venu me voir et m'a dit : « Écoute, fais attention à toi le soir, il y a un gang qui s'appelle le Thutha Ranch. » « Thutha » signifie « prendre et s'en aller ». C'étaient des bandits, des voleurs, et quand ils venaient chez quelqu'un, ils ne laissaient rien – d'où leur nom. Et il me dit : « Ils opèrent dans ton coin. » Je n'avais qu'une seule pièce, et une nuit je me réveille parce qu'il y a du bruit. J'entends des gens parler dehors. Je tends l'oreille. Je repense à ce que Zachariah m'a dit. Soudain une dispute éclate, j'entends tout. Un type dit : « On y va, on entre ! », et l'autre répond : « Non, ce gars n'a pas d'argent, ça ne sert à rien, c'est un étudiant. » Ils continuent à se disputer, mais le deuxième ne se laisse pas faire. Il répète : « Laisse l'étudiant tranquille, allez, laisse-le tranquille ! » Mais apparemment ça frustre l'autre, qui insiste et s'énerve tellement qu'il finit par donner un coup de pied dans la porte – c'était une vieille porte, vous comprenez, et le verrou a sauté aussitôt. Heureusement, ils ne sont pas entrés. Ils sont partis.

STENGEL : Il a tapé dans votre porte ?

MANDELA : Dans ma porte, oui. J'étais tétanisé, complètement, mais ils sont partis au lieu d'entrer... J'ai changé mon lit de place, je l'ai mis en travers de la porte, c'était le seul moyen pour qu'elle tienne en place. J'ai dormi comme ça. Et j'étais vraiment reconnaissant envers celui qui m'a évité de me faire cambrioler. Je ne le connais pas, mais il a été assez humain pour dire : « Non, ne fais pas ça. »

5. LETTRE À ZINDZI MANDELA, DATÉE DU 9 DÉCEMBRE 1979, CONFISQUÉE PAR LES CENSEURS DE LA PRISON PARCE QU'IL « N'AVAIT PAS LA PERMISSION » DE L'INCLURE DANS SES ENVOIS DE CARTES DE NOËL

Je me demande parfois ce qui est arrivé à la salle de boxe que nous appelions Saint Joseph, à Orlando East. Les murs de cette académie et du DOCC [Donadson Orlando Community Centre] sont imprégnés de tous les émouvants souvenirs qui me raviront encore bien des années. Quand nous nous entraînions au DOCC, au début des années cinquante, le club accueillait aussi bien des boxeurs amateurs et professionnels que des lutteurs. Le club était dirigé par Johannes (Skip Adonis) Molosi, un fabuleux champion et un entraîneur chevronné qui connaissait l'histoire, la théorie et la pratique de ce sport[3].

Malheureusement, à partir du milieu des années cinquante, il a commencé à négliger son travail et il restait de longues périodes sans venir à la salle. Les boxeurs se sont révoltés. J'ai réglé deux fois le contentieux, mais comme Skip ne tenait toujours pas compte des protestations des boxeurs, nous sommes arrivés au point de rupture. Cette fois, j'étais parfaitement incapable de réconcilier les parties. Les boxeurs ont quitté le DOCC et ouvert leur propre salle à Saint Joseph. Thembi et moi les avons suivis. Simon Tshabalala, qui vit maintenant à l'étranger, en devint le gérant. La star parmi les boxeurs, bien sûr, était toujours Jerry (Uyinja) Moloi, qui est devenu plus tard le champion poids léger du Transvaal et le

3. En réalité, son nom était « Johannes (Skipper Adonis) Molotsi ».

principal prétendant au titre national. En plus de Jerry, nous avons sorti trois champions : Eric (Black Material) Ntsele, qui a remporté le titre national des poids coq, Freddie (Tomahawk) Ngidi, champion poids mouche du Transvaal, titre que Johannes Mokotedi, un autre des boxeurs de la salle, a également remporté par la suite. Il y avait d'autres bons espoirs, comme Peter, un poids mouche, qui a construit le garage à la maison. Il venait de Bloemfontein et était inscrit au centre d'éducation religieuse de Dube. Thembi était lui-même bon boxeur, il m'arrivait de rester debout très tard dans la nuit à attendre qu'il revienne d'un tournoi à Randfontein, Vereeniging ou ailleurs. Avec nos camarades de la salle, nous formions une famille soudée, et quand maman [Winnie] est entrée dans ma vie, cela a formé un noyau encore plus intime. Jerry et Eric conduisaient même maman là où elle avait besoin d'aller quand cela m'était impossible, et tous les gens de la salle de boxe sont venus à nos fiançailles.

D'ailleurs, Freddie était employé dans notre entreprise. Il était calme, on pouvait compter sur lui, et toute l'équipe l'adorait. Mais un soir de Noël, je reviens au bureau et qui vois-je étendu par terre, inerte, juste devant le grand bureau ? Freddie. Il avait l'air tellement mal que je me suis dépêché de l'emmener chez le médecin. Le docteur l'a examiné en vitesse et m'a assuré que le champion allait bien, mais qu'il avait besoin de plus de sommeil. Il s'était laissé aller et avait trop fait la fête avant Noël. Je l'ai ramené chez lui à O.E. [Orlando East], plutôt soulagé. À propos, j'aurais dû te dire que, au moment de la dispute au DOCC, Skip avait accusé Jerry de lui avoir planté un couteau dans le dos, exactement comme Marc Antoine à son ami César. Thembi m'avait demandé qui étaient Marc Antoine et César. Il avait 9 ans à

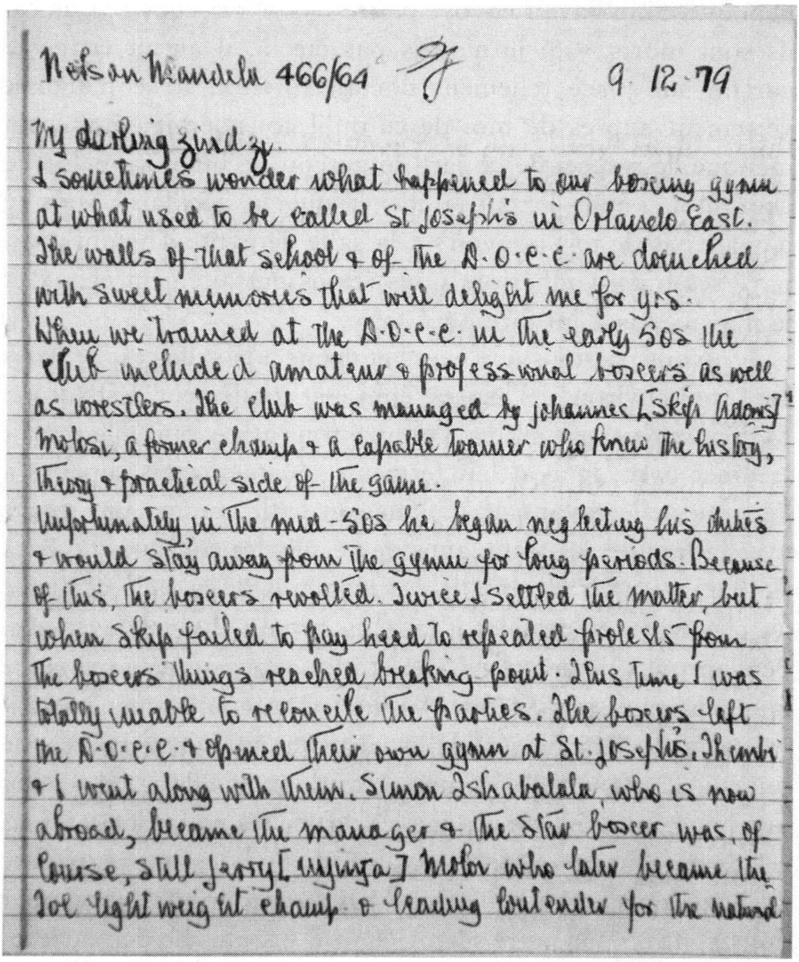

Nelson Mandela 466/64 9.12.79

My darling Zindzi,

I sometimes wonder what happened to our boxing gym at what used to be called St Joseph's in Orlando East. The walls of that school & of the D.O.C.C. are drenched with sweet memories that will delight me for yrs.

When we trained at the D.O.C.C. in the early 50s the club included amateur & professional boxers as well as wrestlers. The club was managed by Johannes [Skip Adams] Molosi, a former champ & a capable trainer who knew the history, theory & practical side of the game.

Unfortunately in the mid-50s he began neglecting his duties & would stay away from the gym for long periods. Because of this, the boxers revolted. Twice I settled the matter, but when Skip failed to pay heed to repeated protests from the boxers things reached breaking point. This time I was totally unable to reconcile the parties. The boxers left the D.O.C.C. & opened their own gym at St. Joseph's. Thembi & I went along with them. Simon Tshabalala, who is now abroad, became the manager & the star boxer was, of course, still Jerry [Uyinga] Moloi who later became the Tvl lightweight champ & leading contender for the national

Extrait d'une lettre adressée à Zindzi Mandela, datée du 9 décembre 1979, voir p. 43. Cette lettre a été retrouvée en 2010 aux Archives nationales d'Afrique du Sud, avec une note manuscrite en afrikaans d'un surveillant de la prison où l'on peut lire : « La lettre ci-joint que le prisonnier Mandela a écrite avec une carte de Noël ne sera pas envoyée. La carte sera envoyée. Le prisonnier n'a pas été informé du rejet de sa lettre. Il n'a pas la permission de la joindre à la carte. J'ai discuté de ce point avec le brigadier du Plessis le 20 décembre 1979 et il est d'accord avec cette décision. À conserver dans le dossier. »

l'époque. Skip l'avait envoyé paître : « Ne t'occupe pas de ça, ils sont morts. » Si je n'avais pas été là, il aurait étripé le garçon sur place tellement il était furieux. Il se plaignait vertement auprès de moi de ce qu'il considérait comme un manque de respect de la part du garçon. Je lui ai rappelé que chez moi, j'étais le patriarche et que je décidais. Mais je n'avais pas de tels pouvoirs à la salle de gym ; Thembi avait payé ses frais d'adhésion, nous étions parfaitement égaux et je n'avais pas à lui dire quoi faire.

Nous passions une heure et demie à la salle et je rentrais chez moi environ à 9 heures, épuisé et totalement déshydraté. Maman me versait un jus d'orange frais glacé, puis elle servait le dîner avec du bon lait fermenté. Maman était superbe à l'époque, elle rayonnait. La maison était comme une ruche avec la famille, les vieux amis de l'école, les collègues de Bara [le Baragwanath Hospital[4]], les membres de la salle et même les clients qui appelaient à la maison pour discuter avec elle. Pendant plus de deux ans, elle et moi avons vécu une lune de miel, au vrai sens du terme. J'esquivais tranquillement les activités qui m'éloignaient de la maison après les heures de bureau. Pourtant, elle et moi n'arrêtions pas de nous répéter que nous étions en sursis, que les difficultés ne tarderaient pas à frapper à notre porte. Nous vivions de bons moments avec de bons amis et nous n'avions pas beaucoup de temps pour nous apitoyer sur notre sort. C'était il y a plus de deux décennies, mais je me rappelle si clairement ces jours enfuis que c'est comme si tout cela était arrivé hier.

4. Winnie était travailleuse sociale au Baragwanath Hospital.

STENGEL : À cette époque, vous fréquentiez beaucoup de monde, non ? Vous avez dit tout à l'heure qu'après votre arrivée à Johannesburg, vous alliez à des fêtes, notamment les fêtes du parti communiste. Vous avez rencontré Michael Harmel[5], et on a beaucoup écrit à propos de votre rapprochement, personnel s'entend, avec des gens comme Joe Slovo et Ruth First[6]…

MANDELA : Oui, mais en fait, ça n'avait rien d'extraordinaire ; c'était lié à l'époque, pour les Noirs comme pour les Blancs. La seule différence, c'est que dans ce cas il y avait des Noirs et des Blancs ensemble.

STENGEL : Mais c'était extraordinaire, non ?

MANDELA : Le mélange était extraordinaire, mais les fêtes elles-mêmes étaient très fréquentes dans le pays. Oui, ce n'était pas vraiment une nouveauté. Et ça n'est pas arrivé tellement souvent. Il faut dire aussi que ces groupes étaient manipulés, sans doute, par le parti [communiste] pour recruter de nouveaux membres.

STENGEL : Je vois… au moins parmi les Blancs, n'y avait-il pas ce sentiment qu'ils faisaient quelque chose d'osé et d'excitant en organisant des fêtes mixtes ?

MANDELA : Non, non, non, je ne crois pas. C'étaient des Blancs élevés dans la tradition démocratique, qui étaient engagés dans la lutte aux côtés des opprimés et voulaient avoir des moments de détente, donc ils invitaient des Africains, des Noirs.

5. Michael Harmel, voir Personnes, lieux et événements.
6. Joe Slovo et Ruth First, voir Personnes, lieux et événements.

STENGEL : Et vous alliez à ces fêtes.

MANDELA : Oh oui, bien sûr. Je n'y allais pas tout le temps. D'ailleurs, une fois, Joe s'est plaint auprès de Walter [Sisulu] : « Mon vieux, Nelson n'aime pas faire la fête ».

7. CONVERSATION AVEC RICHARD STENGEL

MANDELA : J'ai découvert divers courants de pensée à Johannesburg.

STENGEL : Et quand vous alliez aux réunions, vous vous contentiez d'écouter ?

MANDELA : Je ne parlais jamais. La seule chose à laquelle je prenais part, c'étaient les débats – pas les débats politiques, seulement les confrontations théoriques. Par exemple une équipe de Bloemfontein venait à Johannesburg, on m'invitait à mener la discussion de Johannesburg. Ça, j'y participais, mais je n'allais jamais aux réunions, jusqu'à ce que je rentre dans la Ligue de jeunesse [de l'ANC]. Même alors, j'étais très nerveux. J'étais vraiment très nerveux.

STENGEL : Pourquoi ? Parce que c'était un véritable engagement, ou parce que c'était dangereux ?

MANDELA : Je ne connaissais rien à la politique. J'étais en retrait de la politique et j'avais affaire à des gens qui comprenaient la donne, qui étaient capables de discuter de ce qui se passait en Afrique du Sud et en dehors. Des gars dont certains n'avaient que le Standard Four, un niveau d'études très modeste, mais qui en savaient bien plus que moi... À [l'université de] Fort Hare, j'ai suivi deux cursus d'histoire qui m'ont fait découvrir en profondeur celles de l'Afrique du Sud et de l'Europe. Mais Gaur Radebe en connaissait bien plus long que moi parce qu'il n'avait pas appris seulement les faits[7] ; il pouvait aller au-delà et expliquer les causes d'un point de vue particulier. J'ai réappris l'histoire et rencontré d'autres personnes comme lui. Bien entendu, des gens comme Michael Harmel, qui avaient des doctorats, ou Rusty Bernstein, qui était diplômé de Wits [l'université du Witwatersrand], ces gars-là… étaient eux aussi calés en histoire, et même si je n'étais pas du parti [communiste]… je les écoutais avec beaucoup d'attention[8]. C'était très intéressant de les entendre parler.

STENGEL : Les premières fois où vous vous êtes rendu aux réunions du parti communiste… vous étiez très anticommuniste à l'époque ?

MANDELA : Oui, plutôt, oh oui, oui.

STENGEL : Donc le fait de vous rendre aux réunions ne vous a pas fait sympathiser avec le parti communiste ?

MANDELA : Non, non, non, non, non, non… J'y allais seulement parce qu'on m'invitait et que j'avais envie de voir. C'était une nouvelle société où il y avait des Européens, des Indiens, des Coloured et des Africains tous ensemble. Quelque chose de nouveau pour moi. Je n'avais jamais connu ça. Et ça m'intéressait.

STENGEL : Vous étiez plus intéressé par l'observation sociale que par la politique.

MANDELA : Oh non, non, non… Je n'étais pas vraiment intéressé par la politique. Je m'intéressais, oui, c'est ça, à l'aspect social… J'étais impressionné par les membres du parti communiste. Voir des Blancs qui étaient totalement dénués de préjugés sur la couleur était quelque chose, comment dire… dont je n'avais jamais fait l'expérience.

7. Gaur Radebe, voir Personnes, lieux et événements.
8. Lionel « Rusty » Bernstein, voir Personnes, lieux et événements.

STENGEL : Est-ce que ça a été libérateur, d'une certaine manière ? Ou grisant ?

MANDELA : Non, c'était intéressant. Je ne dirais pas que ça a été libérateur. Et c'est pour cette raison que j'ai attaqué les communistes quand je me suis engagé en politique. Je ne crois pas que c'était libérateur. En fait, je trouvais que le marxisme nous assujettissait à une idéologie étrangère.

8. LETTRE À WINNIE MANDELA, DATÉE DU 20 JUIN 1970[9]

Certes, « les chaînes du corps sont souvent les ailes de l'esprit ». Cela est depuis longtemps, et cela sera toujours. Dans Comme il vous plaira, Shakespeare dit la même chose d'une manière quelque peu différente :

> On peut retirer de doux fruits de l'adversité ;
> Tel le crapaud horrible et venimeux,
> Elle porte cependant dans sa tête un joyau précieux[10].

D'autres ont aussi proclamé que « seuls de grands objectifs peuvent soulever de grandes énergies ».

Pourtant, ma compréhension concrète de cette idée au fil des vingt-six ans de ma carrière agitée, au-delà des simples mots, a été superficielle, imparfaite et peut-être un peu scolaire. La vie de tout réformateur social passe par une étape où il tonne depuis les estrades uniquement pour se soulager des bouts d'information mal digérés qui se sont accumulés dans sa tête ; où il tente d'impressionner les foules plutôt que de commencer un exposé calme et simple des principes et des

9. Winifred Nomzamo Madikizela-Mandela, voir Personnes, lieux et événements.
10. Citation tirée de Comme il vous plaira, acte II, scène 1re.

idées dont la vérité universelle est rendue évidente par l'expérience personnelle et une étude approfondie. Sur ce plan, je ne fais pas exception et j'ai été victime de cette faiblesse de ma génération non pas une, mais des centaines de fois. Pour être franc, je dois t'avouer que quand je relis certains de mes premiers écrits ou de mes premiers discours, je suis horrifié par leur pédanterie, leur artificialité et leur manque d'originalité. Le besoin d'impressionner et de faire du bruit y est flagrant.

9. CONVERSATION AVEC RICHARD STENGEL À PROPOS DE LA DEFIANCE CAMPAIGN [CAMPAGNE D'INSOUMISSION AUX LOIS INJUSTES] DE 1952 CONTRE LES LOIS DE L'APARTHEID

Eh bien, j'étais déjà allé en prison auparavant, mais pour des violations mineures, et je n'y étais resté qu'un jour, même pas. On m'arrêtait le matin et on me relâchait dans l'après-midi… Une fois on m'a arrêté non pas à cause de la manifestation, mais parce que j'étais allé uriner dans des prétendues toilettes pour Blancs. On peut dire que je me suis lavé les mains dans des toilettes réservées aux Blancs et qu'on m'a arrêté pour ça… [Il rit.] C'était une erreur de ma part ; je n'avais pas lu le panneau. Donc ils m'ont arrêté et emmené dans un commissariat. Mais à la fin de la journée, ils m'ont relâché. Alors qu'à côté, il y avait des gens qui allaient en prison à cause d'un principe, parce qu'ils protestaient contre une loi qu'ils estimaient injuste. Des étudiants qui étaient mes camarades et qui avaient quitté leurs salles de classe afin de défier l'autorité, par amour pour leur peuple et pour leur pays. Ça, ça a eu un énorme impact sur moi.

10. CONVERSATION AVEC RICHARD STENGEL

Je n'interfère pas dans les affaires des autres, à moins qu'on ne me le demande. Et quand on me le demande, mon seul souci est de réconcilier les gens. Même en tant qu'avocat, lorsqu'un homme ou sa femme vient me voir pour lancer une procédure de divorce, je leur dis toujours : « Avez-vous fait tout ce qui est en votre pouvoir pour résoudre le problème ? » Certains apprécient cette démarche, et il m'est arrivé de sauver des mariages de cette façon. Ils viennent vous trouver parce qu'ils se sont disputés, elle est en colère, et quand vous dites : « Puis-je appeler votre mari ? », vous comprenez ? Elle devient terriblement agitée. Et à partir de ce moment, même quand vous allez au tribunal, elle voudrait que vous ne posiez pas les yeux sur son mari. En fait, elle désire que vous adoptiez exactement la même position qu'elle. Ça devient très difficile. Ce que je veux dire, c'est que j'ai toujours tenté de réconcilier les gens. Mais je n'y parvenais pas toujours.

11. LETTRE À WINNIE MANDELA, DATÉE DU 27 DÉCEMBRE 1984, CITANT UNE LETTRE À K.D. MATANZIMA[11]

Il semble que le gouvernement et toi ayez l'intention de faire libérer certains de mes camarades et moi-même pour nous envoyer à Umtata[12]. Il faut peut-être que je te rappelle que, lorsque tu as voulu me rendre visite en 1977, mes camarades et moi-même avons décidé que, à cause de ton rôle dans la mise en œuvre de la politique des bantoustans (territoires attribués

11. Kaiser Daliwonga (K.D.) Matanzima, voir Personnes, lieux et événements.
12. Mandela utilisait indifféremment « Umtata » (orthographe coloniale) et « Mthata » (orthographe post-apartheid).

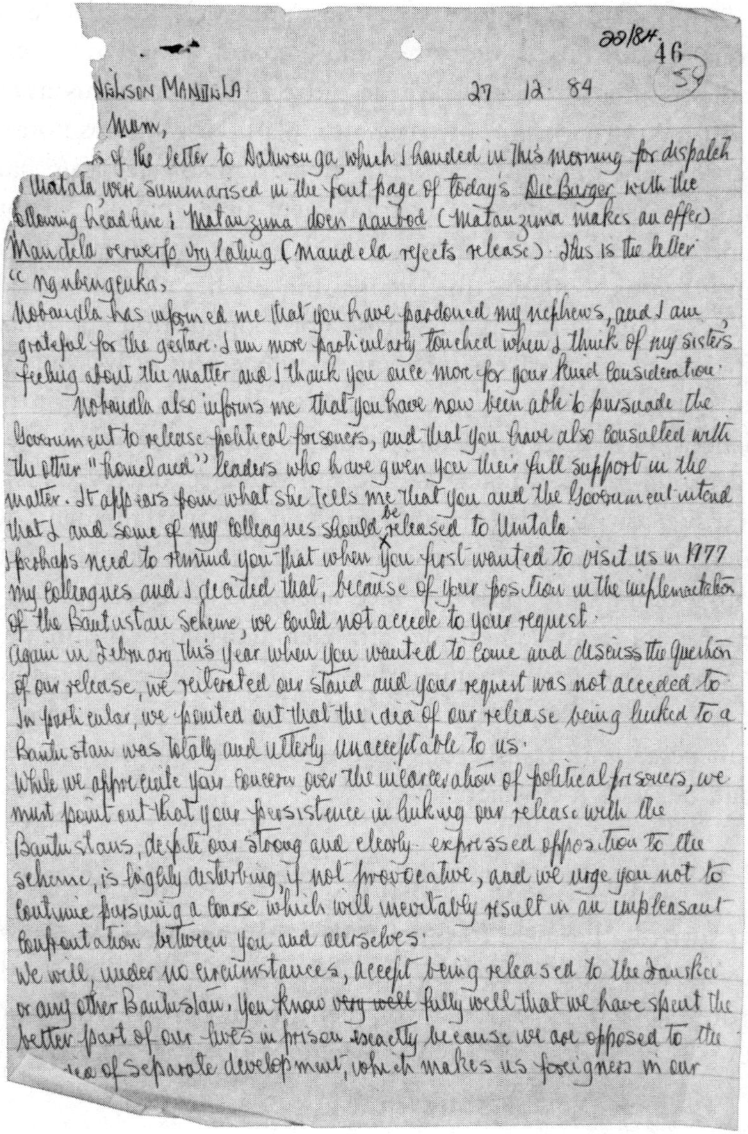

22/84. 46 (54)

NELSON MANDELA 27 12 84

... Mum,

...s of the letter to Daliwonga, which I handed in this morning for dispatch ... Umtata, were summarised in the front page of today's Die Burger with the following headline: Matanzima doen aanbod (Matanzima makes an offer) Mandela verwerp vrylating (Mandela rejects release). This is the letter:

"Ngubengcuka,

Nobandla has informed me that you have pardoned my nephews, and I am grateful for the gesture. I am more particularly touched when I think of my sister's feeling about the matter and I thank you once more for your kind consideration.

Nobandla also informs me that you have now been able to persuade the Government to release political prisoners, and that you have also consulted with the other "homeland" leaders who have given you their full support in the matter. It appears from what she tells me that you and the Government intend that I and some of my colleagues should be released to Umtata.

I perhaps need to remind you that when you first wanted to visit us in 1977 my colleagues and I decided that, because of your position in the implementation of the Bantustan scheme, we could not accede to your request.

Again in February this year when you wanted to come and discuss the question of our release, we reiterated our stand and your request was not acceded to. In particular, we pointed out that the idea of our release being linked to a Bantustan was totally and utterly unacceptable to us.

While we appreciate your concern over the incarceration of political prisoners, we must point out that your persistence in linking our release with the Bantustans, despite our strong and clearly expressed opposition to the scheme, is highly disturbing, if not provocative, and we urge you not to continue pursuing a course which will inevitably result in an unpleasant confrontation between you and ourselves.

We will, under no circumstances, accept being released to the Transkei or any other Bantustan. You know ~~very well~~ fully well that we have spent the better part of our lives in prison exactly because we are opposed to the ...ea of separate development, which makes us foreigners in our

Extrait d'une lettre à Winnie Mandela, datée du 27 décembre 1984, voir p. 52-54.

à la population noire), nous ne pouvions accéder à ta requête[13]. En février de cette année, quand tu as voulu venir pour discuter de la question de notre libération, nous avons réaffirmé notre position et rejeté ton plan. Nous avons notamment précisé que l'idée que notre libération soit liée à un bantoustan était absolument et totalement inacceptable. Si nous apprécions ta sollicitude vis-à-vis des prisonniers politiques, nous devons souligner que ton insistance à lier notre libération avec les bantoustans, en dépit de notre opposition clairement affichée à ce projet, est très perturbante, sinon provocante, et nous te conseillons de ne pas poursuivre dans une voie qui mènera inévitablement à une confrontation entre nous. Nous n'accepterons en aucune circonstance d'être libérés dans le Transkei ou un autre bantoustan. Tu sais parfaitement que nous avons passé ces dernières années en prison parce que nous sommes opposés à l'idée même d'un développement séparé, qui ferait de nous des étrangers dans notre propre pays et a permis au gouvernement de perpétuer l'oppression jusqu'à ce jour. En conséquence, nous te demandons d'abandonner ce plan désastreux et espérons sincèrement ne plus être de nouveau harcelés à ce sujet.

12. CONVERSATION AVEC RICHARD STENGEL

STENGEL : La dernière fois, nous nous sommes arrêtés sur votre voyage de septembre 1955, au moment de l'expiration des ordres de bannissement à votre encontre[14]. Vous avez beaucoup écrit là-dessus dans vos Mémoires, il y a beaucoup de

13. Avec le Bantu Authorities Act de 1951, le gouvernement d'apartheid établit des « foyers nationaux » ou bantoustans pour les Sud-Africains noirs.
14. Les individus et les organisations pouvaient être bannis par le gouvernement et assujettis à diverses mesures restrictives.

détails dans le manuscrit. Ce voyage était-il important parce que vous aviez le sentiment qu'il s'agissait de vos derniers instants de liberté ?

MANDELA : Non, j'avais écopé d'interdictions dès septembre, ou décembre 1951. C'était mon premier bannissement sous le coup du Riotous Assemblies Act, il a duré un an, et deux ans une autre fois. Mais avec le Suppression of Communism Act, j'ai reçu un ordre de bannissement et on m'a confiné à Johannesburg pendant cinq ans. Et quand l'ordre a expiré, comme il ne m'avait pas été possible de voyager, c'était comme un nouveau chapitre qui s'ouvrait dans ma vie. Je me suis fait un devoir de visiter le pays, parce que je savais que la question du bannissement et du confinement en un endroit précis me poursuivrait pendant le reste de ma vie, tant que je resterais actif sur le plan politique. C'est la véritable raison de l'importance qu'avait ce voyage à mes yeux.

13. CONVERSATION AVEC RICHARD STENGEL

STENGEL : Le Club international, qu'est-ce que c'était ?

MANDELA : Le Club international de Johannesburg permettait à des gens appartenant à diverses organisations nationales de se rencontrer. C'était un endroit en ville où les gens se réunissaient, échangeaient des points de vue, recevaient des visiteurs… On y servait à manger, il y avait des jeux, des débats, et ainsi de suite. C'était un lieu où l'on fréquentait du monde. Une fois, il y a eu un, non, deux acteurs américains, Canada Lee… et ce type qui est devenu un acteur très connu, Sidney Poitier. On les amenait là pour les divertir, c'était un club intéressant, un des rares à l'époque où l'on pouvait trouver des gens venus de tous les horizons politiques.

STENGEL : Où était-ce ? En ville ?
MANDELA : Oui, un peu plus loin à l'ouest.
STENGEL : Et vous en êtes devenu le secrétaire ?
MANDELA : Oui, je suis devenu secrétaire.
STENGEL : Il y avait aussi quelqu'un – je crois qu'il vous a succédé comme secrétaire –, avec qui vous étiez ami : Gordon Goose.
MANDELA : Gordon Goose, oui, c'est exact.
STENGEL : Donc vous rencontriez du monde.
MANDELA : Oui, un Anglais venu d'Angleterre et un homme très religieux, marié à une juive, Ursula. Une femme aveugle, mais très, très cultivée. Elle enseigne aujourd'hui ; du moins, c'est ce qu'elle faisait quand je suis allé les voir après ma sortie de prison… Un jour, sachant qu'il ne serait pas prêt à 5 heures pour aller chercher sa femme, Gordon m'a demandé de le faire. Elle travaillait à quelques blocs de là, dans Commissioner Street. Je suis allé la chercher. Et comme elle est aveugle, elle m'a posé la main là [Il fait un geste.], sur le bras. Puis je suis sorti avec elle. Les Blancs ont failli me tuer. C'était… une belle femme… Voir un Noir tenir une femme blanche de cette façon ? Oh, ils ont failli me tuer. Mais je ne peux pas dire… que je suis courageux, ou capable de battre le monde entier, vous voyez, donc je les ai simplement ignorés. Et nous sommes retournés à la voiture. Plus tard, quand je vivais dans la clandestinité, j'ai passé beaucoup de temps avec eux. Ils ne vivaient pas très loin de ma cachette et j'avais l'habitude de passer les voir, le soir.

14. CONVERSATION AVEC AHMED « KATHY » KATHRADA À PROPOS DU DR JAMES MOROKA[15], QUI A VOULU SE DISTANCIER DES DIX-NEUF AUTRES ACCUSÉS, DONT MANDELA ET KATHRADA, LORS DU PROCÈS DE LA DEFIANCE CAMPAIGN EN 1952, ET A PRIS SON PROPRE AVOCAT[16]

KATHRADA : Ah, et puis pages 61-62 [du brouillon d'Un long chemin vers la liberté] : « Je suis allé voir le Dr Moroka à sa maison de Thaba Nchu, dans l'État libre d'Orange. À l'issue de notre rencontre, je lui ai suggéré ces deux possibilités. Mais il n'était pas intéressé ; il voulait faire entendre un certain nombre de griefs. Moroka pouvait être assez hautain », etc.
MANDELA : Pouvait être « assez hautain » ?
KATHRADA : Hautain.
Mandela : Non, mon ami… je n'aime pas cette description de Moroka.
KATHRADA : Ah !
MANDELA : Pour commencer, Moroka n'était jamais hautain. Et je n'aime pas les biographies comme ça, tu comprends, qui font des remarques désobligeantes.
KATHRADA : Ah.
MANDELA : Je crois que nous devrions mettre, que nous devons dire : « C'était une déception que le chef du Congrès national africain veuille se dissocier des actions et de la politique adoptées sous son autorité »… Mais je ne veux pas que nous rentrions dans des considérations sur le fait qu'il était peut-être hautain ou qu'il nous trahissait.

15. Dr James Sebe Moroka, voir Personnes, lieux et événements.
16. Ahmed Mohamed (Kathy) Kathrada, voir Personnes, lieux et événements.

KATHRADA : Hmmm.

MANDELA : je crois que nous devrions éviter ça… et… tu sais, ses enfants, je leur ai écrit quand j'étais en prison et ils m'ont répondu pour me dire que c'était la première fois qu'on disait du bien de…

KATHRADA : De leur père.

MANDELA : De leur grand-père.

KATHRADA : Oh.

MANDELA : Tu vois, dans ce que nous disons sur les chefs, même si nous pouvons les critiquer… il serait bon, par exemple, de le comparer avec [Yusuf] Dadoo[17], [Walter] Sisulu[18], des gens produits par le mouvement… qui étaient engagés dans toute la culture de l'autorité collective… Le Dr Moroka venait d'une autre école et il avait ses limites, mais il faut le dire d'une manière digne.

KATHRADA : Hmmm.

MANDELA : Tu comprends, la critique doit être empreinte de dignité. Nous devons être factuels, vrais, honnêtes, mais en même temps, tu vois, dans un certain cadre parce que nous sommes des bâtisseurs…

KATHRADA : Oui, oui.

MANDELA : Quand tu disais qu'un écrivain du mouvement ne fait pas que consigner des faits, que c'est aussi un bâtisseur, qu'il doit contribuer à la construction de l'organisation et renforcer la confiance investie dans cette organisation. Je crois que tu as dit ça…

17. Dr Yusuf Dadoo, voir Personnes, lieux et événements.
18. Walter Ulyate Max Sisulu, voir Personnes, lieux et événements.

15. CONVERSATION AVEC RICHARD STENGEL À PROPOS DE LA NON-VIOLENCE

Le chef [Luthuli] était un fervent disciple du Mahatma Gandhi et, en tant que chrétien, il croyait à la non-violence comme principe[19]… C'était loin d'être le cas de tout le monde… Parce ce principe signifie que quoi qu'il arrive, quelle que soit la situation, vous vous en tiendrez à la non-violence… Nous avons résolu de nous en tenir à la non-violence tant que les conditions le permettraient. Si les conditions ne s'y prêtaient plus, nous abandonnerions automatiquement la non-violence pour utiliser les méthodes dictées par les conditions. Telle était notre approche. Il s'agissait de faire en sorte que la direction de l'organisation soit efficace. Si prôner la non-violence donne cette efficacité, cette efficience, nous adoptons la non-violence. Mais si la situation montre que la non-violence est inefficace, nous utilisons d'autres moyens.

16. CONVERSATION AVEC AHMED KATHRADA

KATHRADA : Est-ce que tu as lu Gandhi ?

MANDELA : Ah oui, c'est vrai, oui. Mais mon véritable héros, c'était Nehru.

KATHRADA : C'est ainsi que c'est décrit, page 62 (du manuscrit Un long chemin vers la liberté) : « Il avait éprouvé des remords à abandonner les convictions chrétiennes qui avaient fortifié son enfance, comme saint Pierre reniant trois fois le Christ. » Serait-ce correct d'écrire que tu as « abandonné tes convictions chrétiennes » ?

MANDELA : Non, non.

19. Chef Albert John Mvumbi Luthuli, voir Personnes, lieux et événements.

KATHRADA : Ce serait faux, n'est-ce pas ?

MANDELA : J'affirme que c'est absolument faux. Je n'ai jamais abandonné mes convictions chrétiennes.

KATHRADA : OK.

MANDELA : Et je crois que cela vaut mieux, tu comprends, cela pourrait faire beaucoup de mal.

KATHRADA : Exactement.

MANDELA : Oui, ça pourrait faire beaucoup de mal.

17. CONVERSATION AVEC RICHARD STENGEL

KATHRADA : À quoi ressemblait Ruth First ?

MANDELA : Ruth ? Ruth… Sa mort a été une tragédie pour l'Afrique du Sud parce que c'était une des étoiles les plus brillantes du pays, littéralement[20]… Je connaissais Ruth depuis l'époque de l'université. Nous étions à la même université, elle était progressiste, et pas le genre de la Blanche progressiste uniquement quand elle est avec vous dans une pièce, ou loin des autres. Quand elle te croisait dans un couloir ou dans la rue, Ruth venait te voir et te parler, très à l'aise, très détendue, et elle était brillante. Dans n'importe quelle réunion à laquelle elle participait, elle ressortait du lot par son intelligence. Et elle n'aimait pas les imbéciles, elle n'avait aucune patience avec eux. Elle était pleine d'énergie, travaillait dur, elle te mettait à l'épreuve pour n'importe quelle tâche que tu entreprenais avec elle… Elle donnait toujours son maximum pour obtenir les meilleurs résultats. Elle était intrépide, capable de critiquer n'importe qui, ce qui avait parfois le don d'agacer les gens qu'elle prenait à rebrousse-poil. Elle était directe et

20. Ruth First fut assassinée au Mozambique le 17 août 1982, un colis piégé lui explosa entre les mains.

franche. Et en même temps large d'esprit, comme son mari Joe. À l'époque, alors qu'ils étaient de jeunes communistes, très radicaux, ils avaient des amis parmi les Libéraux et les hommes d'affaires, et leur maison était un point de rencontre pour des gens qui portaient des convictions politiques opposées. C'était une fille fantastique, je l'aimais beaucoup. Je l'aimais et je la respectais beaucoup et j'ai été très triste d'apprendre sa mort quand j'étais en prison.

STENGEL : Et leur maison, comme vous disiez, était un centre.

MANDELA : Oh oui.

STENGEL : Vous alliez y dîner ?

MANDELA : Très souvent, très souvent. Je me suis disputé avec elle en 1958. Je m'occupais d'un dossier et j'ai perdu le procès. Des femmes sont allées en prison, et elle a critiqué la façon dont je les avais défendues. C'était le discours de quelqu'un qui ne connaissait pas grand-chose à la justice. Mais nous parlions au téléphone et j'étais en difficulté parce que je m'occupais de plus de 2 000 femmes dont j'essayais de préparer la défense. Vous comprenez, j'avais passé toute la journée soit à les défendre, soit à préparer les témoins à les défendre. Je me suis occupé d'un dossier et j'ai perdu, trois femmes sont allées en prison, même si, bien entendu, nous avons payé leur caution. Et voilà qu'elle, au téléphone, critiquait la manière dont j'avais géré le dossier, si bien que je lui ai dit d'aller se faire voir. Et puis… [Rires.] immédiatement après je me rends compte, je me dis que c'est une grande dame, et une très bonne camarade. Même si elle avait tort, elle croyait à ce qu'elle disait. Au bout du compte, en fin de journée, au lieu de rentrer, je suis allé chez elle avec Winnie. Elle était avec un des professeurs de l'université… Je suis entré, je n'ai rien dit, je l'ai juste prise dans mes bras, embrassée, et je suis ressorti.

Je suis parti [Rires.]... Oui, ils m'ont demandé de m'asseoir, évidemment – mais je suis parti. J'avais fait la paix. Et Joe disait : « Je t'avais bien dit que Nelson ne t'en voudrait pas. » Je suis reparti. C'était terminé. Je ne voulais pas qu'il y ait de tension entre nous. Juste après m'être mis en colère, j'ai réalisé que non, j'étais injuste envers elle. C'était une camarade très sincère, elle avait le droit de critiquer ma manière de me comporter alors que je m'étais trompé. Mais nous étions réconciliés. Je respectais vraiment Ruth et plus tard, quand je suis entré en clandestinité, elle a été un de mes contacts.

18. CONVERSATION AVEC AHMED KATHRADA

Mon Dieu. Je crois que nous devrions décrire, tu sais, ce qu'étaient au juste les bannissements... On t'empêche simplement d'aller à des réunions et on te confine dans un district judiciaire. C'était la première fois qu'on prononçait des ordres de bannissement, en raison du Riotous Assemblies Act, en décembre 1951... On m'interdisait d'assister à des réunions publiques et de sortir du district de Johannesburg. C'était une nouvelle expérience en ce qui me concernait et le fait de ne pouvoir quitter Johannesburg m'a bien sûr beaucoup affecté. Mais on ne m'évitait pas, parce que tout le monde ne savait pas que j'étais sous le coup d'un bannissement. Le seul cas de figure que j'aie rencontré, c'était avec un gars qui s'appelait Benjamin Joseph, un avocat, là où travaillait Harry Mokena. Un jour, je descendais Fox Street et il venait dans ma direction, et quand je me suis approché, il m'a dit [Il murmure.] : « Nelson, ne me parle pas. Passe sans rien dire. Ne me parle pas. » C'est la seule fois où cela m'est arrivé.

19. EXTRAIT DU MANUSCRIT AUTOBIOGRAPHIQUE INÉDIT ÉCRIT EN PRISON

Confiné à Johannesburg pendant deux années entières, et avec la pression de mon rôle politique et de mon travail d'avocat qui me pesait lourdement, je souffrais de claustrophobie, je suffoquais, j'avais envie d'air frais. Quatorze ans à vivre les uns sur les autres dans la plus grande ville d'Afrique du Sud n'avait pas tué le paysan en moi, et j'avais encore une fois envie de voir le veld ouvert et accueillant, les montagnes bleues, l'herbe et les buissons verts, les collines moutonnantes, les riches vallées, les ruisseaux rapides qui dévalent les escarpements vers la mer insatiable.

20. EXTRAIT DU MANUSCRIT AUTOBIOGRAPHIQUE INÉDIT ÉCRIT EN PRISON

Duma Nokwe et quelques autres sont venus à la maison me dire au revoir[21]. Fidèle à lui-même, le jeune avocat prometteur était d'humeur joviale et, à mesure que la soirée s'étirait, il devenait de plus en plus pénétrant et loquace, il n'arrêtait pas de nous faire hurler de rire. De temps à autre, il entonnait une chanson – russe ou chinoise – tout en gesticulant, comme s'il conduisait une chorale imaginaire. Ils sont restés jusqu'à minuit. Au moment où ils partaient, ma fille Makaziwe, qui avait 2 ans à l'époque, s'est réveillée et m'a demandé si elle pouvait venir avec moi. Même si j'étais resté enfermé à Johannesburg, le travail m'avait laissé peu de temps pour être

21. Mandela était sur le point d'embarquer pour des vacances studieuses à Durban, dans le Transkei et au Cap, 1955. Philemon (Duma) Nokwe, voir Personnes, lieux et événements.

avec ma famille et, tout en m'éloignant de plus en plus sur la route qui me menait au Transkei, j'avais bien conscience de la nostalgie qui allait les ronger de l'intérieur. Pendant quelques secondes, un sentiment de culpabilité aigu s'abattit sur moi et l'excitation du voyage s'évanouit. Je l'ai embrassée et bordée puis, quand elle se fut rendormie, je suis parti.

CHAPITRE QUATRE

Pas de permis de tuer

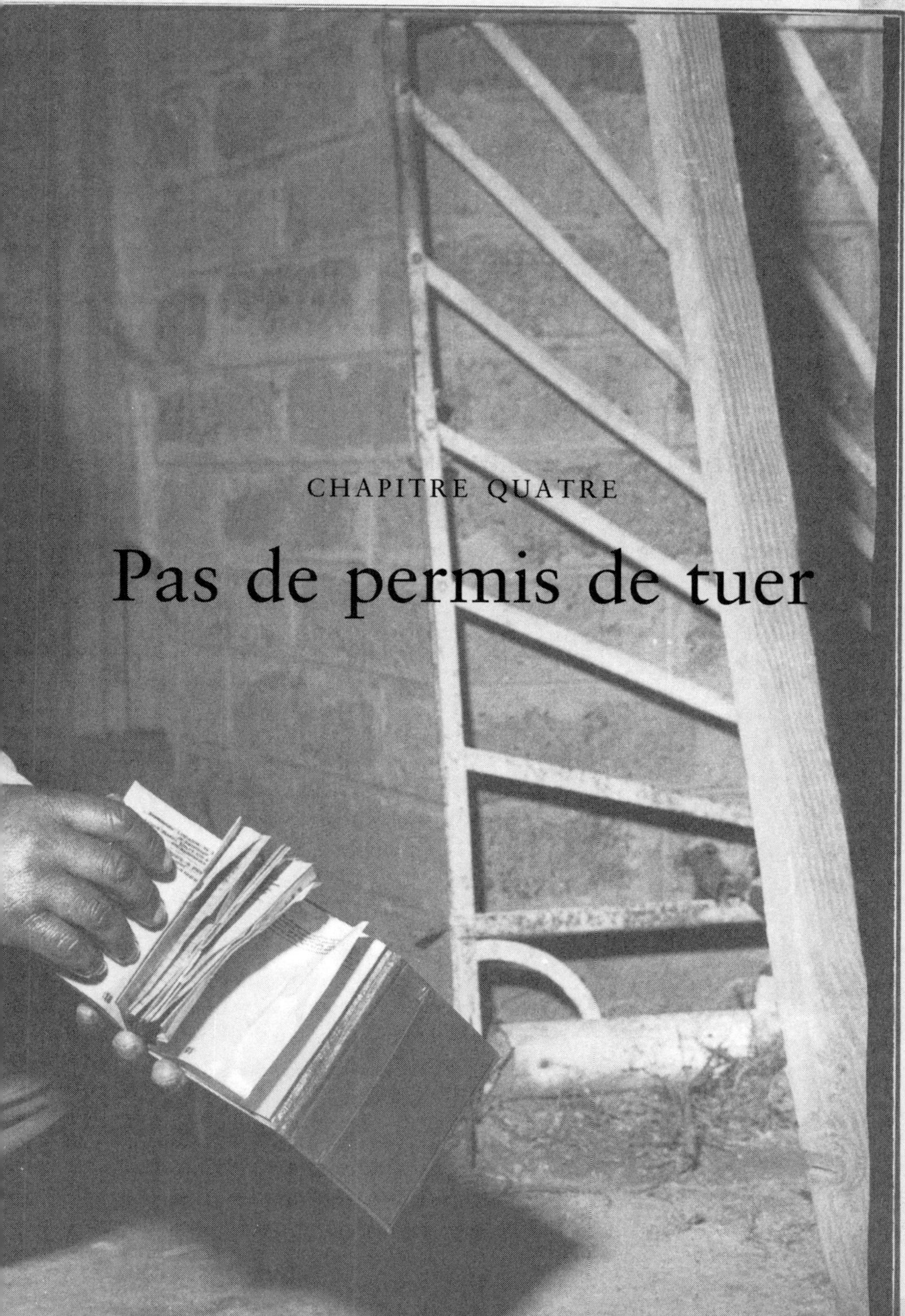

« Même ceux qui aspirent à servir des intérêts plus grands et qui se sont établis dans des régions lointaines n'ont qu'un seul lieu de naissance. La bouffée de bonheur qui m'envahit en roulant dans York Road, la grand-route, est sans commune mesure. »

Extrait du manuscrit autobiographique inédit écrit en prison, voir p. 69.

1. EXTRAIT DU MANUSCRIT AUTOBIOGRAPHIQUE INÉDIT ÉCRIT EN PRISON

Le soir du troisième, j'arrivai à Mthatha, ma ville natale[1]. Même ceux qui aspirent à servir des intérêts plus grands et qui se sont établis dans des régions lointaines n'ont qu'un seul lieu de naissance. La bouffée de bonheur qui m'envahit en roulant dans York Road, la grand-route, est sans commune mesure. J'étais parti depuis treize longues années et même s'il n'y avait pas de veaux gras ni de guirlandes aux arbres pour m'accueillir, je me sentais... comme le fils prodigue dans la Bible. J'avais hâte de voir ma mère et ma modeste maison, les nombreux amis avec qui j'avais grandi, le veld enchanteur et tout le bric-à-brac qui fait les jours inoubliables de l'enfance... Mais je croyais avoir laissé la Police de sécurité derrière moi au Rand, et je ne soupçonnais pas que ses tentacules s'étendaient jusqu'à ma ville natale. J'étais encore en train de boire le café avec deux chefs dans ma chambre, tôt le lendemain matin, lorsque mon hôtesse fit entrer un gentleman blanc. Sans la moindre marque de courtoisie, il demanda avec arrogance : « Êtes-vous Nelson Mandela ?

– Et qui êtes-vous ? » répliquai-je.

Il me donna son rang de sergent détective et son nom. Je lui demandai alors : « Puis-je voir votre mandat, s'il vous plaît ? » Mon insolence lui déplut, plus encore que ce que j'avais éprouvé envers son arrogance, mais après quelque hésitation il produisit un document. Je reconnus alors que j'étais bien Nelson Mandela et il m'ordonna de l'accompagner au

1. Dans cette entrée et les deux suivantes, Mandela fait référence à un voyage effectué après l'expiration de son ordre de bannissement en 1955.

commissariat. Je lui demandai si j'étais en état d'arrestation, il me répondit que non. Alors j'ai refusé de partir. Il me bombarda ensuite de questions et notait mes réponses dans un calepin : à quel moment j'avais quitté Johannesburg, dans quels endroits je m'étais rendu, combien de temps je comptais rester au Transkei, où j'irais exactement quand je quitterais le coin, si j'avais un permis d'entrer au Transkei. Je lui dis où je comptais rester, que j'étais chez moi au Transkei et que je n'avais pas besoin de permis pour m'y rendre, mais que je refusais de répondre à d'autres questions. Quand il partit, les chefs me reprochèrent ma brusquerie, arguant que j'aurais pu répondre à quelques-unes de ses questions sans risque pour moi. Je leur expliquai que j'avais réagi ainsi à cause du manque de courtoisie et de la condescendance de cet homme, et qu'il était justement payé de son arrogance. Je ne crois pas que je les aie convaincus… Plus tard, me trouver avec ma mère dans sa maison m'a rempli d'un sentiment presque infantile d'excitation, mêlé toutefois d'une certaine culpabilité, car ma mère vivait toute seule, à 22 miles du médecin le plus proche. Mes sœurs et moi vivions tous chacun de notre côté. En dépit des efforts collectifs de ses enfants pour la mettre à l'abri sur le plan financier, elle préférait mener une vie austère et économiser ce qu'un des enfants lui donnait pour le distribuer à un autre, si celui-ci se trouvait dans le besoin. J'avais tenté à plusieurs reprises de la convaincre de venir vivre avec moi à Johannesburg, mais quitter la campagne où elle avait vécu toute sa vie aurait été un crève-cœur pour elle… Je me suis souvent demandé si le combat qu'on mène pour d'autres justifie qu'on néglige sa propre famille. Y a-t-il plus important que de s'occuper de sa mère qui approche de la soixantaine, de lui construire une maison de rêve, de lui donner de la bonne nourriture, de beaux vêtements et tout l'amour qu'on a ? Dans des cas pareils, la situation n'est-elle pas une excuse pure et simple pour fuir ses responsabilités ? Il n'est pas facile de vivre avec une conscience qui soulève de telles questions de temps à autre. Souvent j'arrive à me persuader que j'ai tout le temps fait de mon mieux pour apporter un peu d'aise et de confort à la vie de ma mère. Et quand ma conscience ne me laisse pas en paix, je dois reconnaître que mon engagement total et entier dans la cause de la libération de notre peuple donne du sens à ma vie et me procure une joie réelle, ainsi qu'un sentiment de fierté nationale. Ce sentiment est encore démultiplié par le fait que, jusque dans la dernière lettre qu'elle m'a envoyée peu avant sa mort, ma mère soutenait mes convictions et m'encourageait à me battre pour elle.

2. CONVERSATION AVEC RICHARD STENGEL

MANDELA : Quand je suis sorti de Port Elizabeth, c'était le début de la matinée, il était environ 10 heures. Il faisait chaud et, alors que je roulais – dans un endroit broussailleux, un peu sauvage, juste à la sortie de la ville –, j'ai croisé un serpent qui traversait la route. Il était déjà en train de se convulser, vous voyez, à cause de la chaleur du sol – il ne supportait pas la chaleur. Et il se tordait mais c'était trop tard pour que je puisse réagir et… je lui ai roulé dessus. Ça m'a fait mal au cœur, vous comprenez ? Parce qu'il était à l'agonie et qu'il se tordait dans tous les sens. Et je n'ai rien pu faire ; je ne l'ai même pas vu. Oui, pauvre serpent. Et je n'avais aucune raison de le tuer, vous comprenez ? Il ne me menaçait pas. J'en ai été très triste.

STENGEL : Vous mentionnez aussi l'incident du serpent dans vos Mémoires. Est-ce lié à une superstition ?

MANDELA : Non, non, non.

STENGEL : Comme si ça avait été un mauvais signe ?

MANDELA : Oh non, non, non. Je n'étais pas superstitieux du tout. C'est simplement le fait de tuer un animal, un reptile innocent, qui me cause du souci. Et surtout de le voir se tordre dans le rétroviseur, encore en vie. Vous savez, c'était un acte déplorable de ma part. Mais c'était un bel endroit, dans le temps, de Port Elizabeth à Humansdorp. On passait par la forêt, une forêt dense où tout était absolument tranquille, à part les chants des oiseaux et le reste, mais très tranquille tout de même. Un bel endroit ! Et sauvage aussi. Avant d'arriver à Knysna, je suis tombé sur un babouin qui a traversé la route et s'est mis derrière un arbre pour m'épier. J'adore ce genre d'incidents. Oui, Knysna… Je croyais sincèrement que si Dieu revenait sur terre, il choisirait de le faire là-bas.

3. CONVERSATION AVEC RICHARD STENGEL

Je me suis adressé à la Société pluriconfessionnelle des ministres du Cap-Ouest… Il est difficile aujourd'hui de me rappeler la chose avec précision, mais j'ai souligné l'importance de l'Église dans la lutte et je leur ai dit que si les Afrikaners se servaient de la chaire pour propager leurs idées, nos prêtres devaient faire de même. Et puis un homme a prononcé une prière, le révérend Japhta, c'était une prière remarquable où il disait : « Dieu, nous t'avons prié, supplié, imploré de nous libérer. Maintenant nous te donnons l'ordre de nous libérer. » Quelque chose dans ce genre-là, et j'ai trouvé cela très profond.

4. EXTRAIT DU MANUSCRIT AUTOBIOGRAPHIQUE INÉDIT ÉCRIT EN PRISON

Alors que j'étais désormais complètement engagé, et même si je me faisais une meilleure idée des risques qui allaient de pair avec la vie d'un combattant de la liberté, je n'avais encore vu aucune campagne politique d'envergure menée par des Noirs et je n'avais même pas commencé à me poser la question des méthodes. Les sacrifices que j'avais été amené à consentir jusque-là ne dépassaient pas le fait d'être absent pour ma famille, surtout le week-end, de rentrer tard chez moi, de voyager pour me rendre à des réunions et de condamner la politique du gouvernement.

5. EXTRAIT DU MANUSCRIT AUTOBIOGRAPHIQUE INÉDIT ÉCRIT EN PRISON

À cette époque, mon fils aîné, Madiba [Thembi], avait 5 ans. Un jour, il a demandé à sa mère où je vivais. En général, je rentrais tard le soir et je partais tôt le matin, avant qu'il soit debout. Il m'a beaucoup manqué durant cette période d'intense activité. J'adore jouer et discuter avec les enfants, leur donner le bain, les nourrir et les border en leur racontant une petite histoire, et être éloigné de ma famille m'a toujours dérangé tout au long de ma vie politique. J'aime me détendre à la maison, lire tranquillement, sentir la bonne odeur qui se dégage des marmites, m'asseoir autour de la table et sortir avec ma femme et mes enfants. Quand il est n'est plus possible de profiter de ces plaisirs simples, vous êtes privé de quelque chose d'important et vous le ressentez dans votre travail au quotidien.

6. CONVERSATION AVEC RICHARD STENGEL

STENGEL : Passons à 1944, quand vous avez rencontré Evelyn[2].

MANDELA : Oh je vois, oui.

STENGEL : Vous la rencontrez bien entendu grâce à Walter, puisque c'est sa cousine.

MANDELA : Oui, tout à fait.

STENGEL : Pouvez-vous me parler des circonstances de votre rencontre ?

MANDELA : Ma foi, je n'ai pas trop envie d'aborder ce sujet. Vous savez que notre peuple n'aime pas entendre parler de divorce, vous comprenez… Ce n'est pas pour moi… Je ne voulais pas qu'on me présente sans zones d'ombres dans ma vie, mais je n'ai pas pu les convaincre, y compris des gens comme Walter Sisulu. Je n'ai pas réussi à les faire changer d'avis sur cette question, parce qu'ils considèrent que vous ne racontez pas seulement votre vie ; ils veulent que vous soyez un modèle autour duquel ils construiront l'organisation. Et si nous parlons d'Evelyn ici, je devrais vous dire pourquoi notre mariage s'est effondré. Parce que notre mariage s'est vraiment effondré, à cause des différences d'opinions politiques, et je ne voudrais pas [dire] cela contre mon ancienne femme, vous comprenez. Elle ne peut pas écrire sa propre histoire et donner sa version. Même si des gens l'ont interviewée et qu'elle a vraiment déformé la réalité… Et si je commençais à vous parler d'elle, il faudrait vous raconter l'histoire en entier. Je préférerais qu'on laisse ça de côté.

2. Evelyn Ntoko Mase, voir Personnes, lieux et événements.

KATHRADA : Et là, ça parle d'Evelyn.

MANDELA : Hmmm ?

KATHRADA : Bon, tu l'as déjà corrigé. « D'après Evelyn, quand Mandela s'est plaint qu'elle gâtait leur fils et lui donnait trop d'argent, il l'a prise à la gorge et le garçon est parti chez des voisins. En arrivant, ceux-ci ont constaté qu'elle avait des griffures au cou. »

MANDELA : Hmmm !

KATHRADA : C'est faux ?

MANDELA : Ce que je me demande, c'est comment je pourrais ne pas avoir remarqué ce genre de choses.

KATHRADA : Regarde, tu as corrigé autre chose : « Evelyn est devenue une adepte des Témoins de Jéhovah et elle passait beaucoup de temps à lire la Bible. Mandela objectait que la Bible soumettait l'esprit des gens, que les Blancs avaient pris la terre des Africains et leur avaient laissé la Bible. » Tu as mis : « Faux ».

MANDELA : Oui, évidemment.

KATHRADA : Mais revenons à cette histoire d'Evelyn prise à la gorge.

MANDELA : Non, c'est réglé, mets « faux » sur toute cette partie.

KATHRADA : Oh, je vois.

MANDELA : Sur toute la partie parce que c'est un mensonge pur et simple. Pur et simple. Je suis bien certain qu'elle m'aurait traîné à la police si j'avais fait une chose pareille. Tu sais ce qui s'est passé ?

KATHRADA : Non.

MANDELA : On se disputait.

Kathrada : Ah.

Mandela : Mais elle s'était préparée, à mon insu. Tu te rappelles ces poêles, ces vieux poêles ?

Kathrada : Hmmm.

Mandela : Les poêles à charbon ? On avait… une barre…

Kathrada : Un tisonnier ?

Mandela : C'est ça, un tisonnier.

Kathrada : Oui.

Mandela : Bref, elle avait mis ce truc dans le poêle et il était brûlant, rougi par le feu. Au cours de notre dispute elle a sorti ce machin pour… pour me brûler au visage. Alors je lui ai attrapé le poignet et je lui ai tordu le bras, juste assez pour écarter ce truc.

Kathrada : Pour lui faire lâcher le tisonnier.

Mandela : C'est tout.

8. CONVERSATION AVEC AHMED KATHRADA À PROPOS DU BOYCOTT DES PATATES[3]

Kathrada : Toujours page 30 (du manuscrit de Un long chemin vers la liberté), dans les questions de l'éditeur. Ah, qu'est-ce que tu dis là : « L'une des campagnes les plus réussies a également eu lieu en 1959, il s'agit du Boycott des Patates. »

Mandela : Oui.

Kathrada : « Il était connu que les conditions de travail dans les fermes du Transvaal étaient effroyables, mais personne ne savait à quel point jusqu'à ce que Henry Nxumalo, un intrépide reporter, se fasse passer pour un ouvrier et rédige un article sur le sujet. Il a découvert que[4]… » Et tu continues pendant un

3. Le Boycott des Patates de 1959 attirait l'attention sur les conditions proches de l'esclavage dont souffraient les ouvriers noirs qui travaillaient dans les champs de patates.
4. Henry Nxumalo (1917-1957). Journaliste et rédacteur en chef adjoint du magazine Drum, qui écrivit un reportage sur les fermes où l'on cultivait la patate.

paragraphe ou deux à propos du Boycott. Il demande : « Étiez-vous impliqué là-dedans de manière personnelle ? Si ce n'est pas le cas, je serais enclin à supprimer ce passage. »

MANDELA : Oh.

KATHRADA : C'est ce que lui propose, mais je ne suis pas d'accord. Le Boycott des Patates a été tellement important…

MANDELA : Oui, absolument.

KATHRADA : C'était un événement essentiel pour nous.

MANDELA : Oui. J'étais… C'était en 1959, hein ?

KATHRADA : C'est ça.

MANDELA : Oui, possible. Ce n'était pas 57 ?

KATHRADA : Non, non…

MANDELA : Je me souviens de Lilian [Ngoyi][5] prononçant un discours en brandissant une patate. Elle disait : « Écoutez, je ne mangerai plus jamais de patate de ma vie. Regardez cette patate ; on dirait un être humain… »

KATHRADA : Ah, ah.

MANDELA : Et : « Parce qu'elle a été fertilisée avec de la chair humaine ». Quelque chose comme ça. Il me semble que c'était en 57, mais tu as peut-être raison – c'était peut-être en 59… Je me rappelle OR [Oliver Tambo[6]], [Il rit.] quand le boycott a commencé, il a acheté des fish and chips et s'est mis à manger. Je crois que c'est Mthembu qui a dit : « Regardez le dirigeant de l'ANC qui ne suit pas le boycott. »

KATHRADA : [Rires.]

MANDELA : OR ne s'en était pas rendu compte et du coup il s'est écrié : « Emmenez ce truc ! Emportez-le ! » Mais il l'avait déjà mangé ! [Rires.]

5. Lilian Masediba Ngoyi, voir Personnes, lieux et événements.
6. Oliver Reginald Tambo, voir Personnes, lieux et événements.

9. CONVERSATION AVEC AHMED KATHRADA À PROPOS DU RECOURS À LA MÉDECINE TRADITIONNELLE D'ANDERSON KHANYILE

MANDELA : Bon sang, un camarade qui croit aux guérisseurs ! Tu sais, quand on l'a emmené au Lesotho, je suis allé le chercher à White City, du côté de Mofolo, et je l'avais prévenu avant : « Écoute, je passe te prendre à telle heure », parce que j'étais impliqué dans le Treason Trial [procès en trahison]. Je suis donc arrivé très tôt le matin, vers 7 heures je crois, et il est sorti par une porte latérale, a dit : « Ah oui », et il est reparti. Je pense qu'une demi-heure a dû s'écouler, je commençais à m'énerver et j'ai lancé : « Sors, maintenant ! » Il était en train de prendre sa médecine, de se laver. Bon sang ! Et quand il est sorti, il puait, tu sais, comment dit-on… comme un putois. Il dégageait toutes sortes d'odeurs, herbes et autres. Ce garçon avait le don de m'agacer.
KATHRADA : Ah.
MANDELA : Il m'a fait poireauter une demi-heure !
KATHRADA : Pendant qu'il s'inyanga-isait[7].
MANDELA : Oui.
KATHRADA : Puis : « Un avion était prévu, et notre première destination était une ville du District du Nord-Ouest du Botswana, le Bechuanaland, qui s'appelle Kasane. »

7. Ganyile prenait comme médecine des herbes sans doute prescrites par un guérisseur traditionnel, ou inyanga.

10. CONVERSATION AVEC AHMED KATHRADA À PROPOS DE L'ÉTAT D'URGENCE DE 1960[8]

KATHRADA : Ensuite, page 81, tu dis : « Après être allé en prison, ce sont les petites choses qu'on apprécie le plus – pouvoir se promener quand on en a envie, traverser une rue, entrer dans un magasin et acheter un journal, parler ou choisir de garder le silence –, le simple fait de pouvoir contrôler ses faits et gestes. Les hommes libres n'apprécient pas toujours ces choses, elles ne procurent de la joie qu'après qu'on a été enchaîné. » Alors ils [les éditeurs] font ce commentaire : « Y a-t-il moyen de transformer cette pensée abstraite en décrivant ce que vous faisiez ce jour-là qui vous semblait si doux ? Plus long sur vos retrouvailles avec votre famille »...
MANDELA : Non, sauf que ce jour-là, je suis allé en ville en voiture et que j'ai reçu deux contraventions pour...
KATHRADA : Excès de vitesse ?
MANDELA : Hum ?
KATHRADA : Pour excès de vitesse ?
MANDELA : Non, non, non, pour mauvais stationnement.
KATHRADA : Oh.
MANDELA : C'est tout.

8. L'état d'urgence en 1960 fut caractérisé par des arrestations massives, l'emprisonnement de la plupart des leaders africains, y compris Mandela, et l'interdiction de l'ANC et du PAC.

11. CONVERSATION AVEC AHMED KATHRADA À PROPOS DE PREUVES L'INCRIMINANT À RIVONIA[9]

KATHRADA : Oui, donc je me souviens que je suis venu te voir à Pretoria avec Joe [Slovo] pour discuter.

MANDELA : Oh, je vois.

KATHRADA : Au début, ils ont refusé, alors Joe a insisté : « Écoutez, c'est un de mes témoins pour la défense, il faut que nous nous rencontrions », et nous avons pu parler. C'est là que tu as évoqué tes affaires à Rivonia, et Joe t'a répondu : « Ne t'inquiète pas, il n'y a plus rien là-bas. »

MANDELA : [Rires.] Oui, je me rappelle ! Je me rappelle !

KATHRADA : [Rires.] Il n'y a plus rien !

MANDELA : Oui, je sais.

[Ils rient tous les deux.]

KATHRADA : Et en fait tout y était. Ils ont tout trouvé.

MANDELA : Oui.

12. CONVERSATION AVEC AHMED KATHRADA SUR LA CLANDESTINITÉ

MANDELA : On peut aussi dire que des gens importants, très importants, et qui ne cherchaient pas la publicité, se sont montrés très généreux… parce qu'ils se reconnaissaient dans le mouvement. Ils nous soutenaient. Et nous ne donnerons pas de noms précis, mais certaines personnes étaient très généreuses, tant qu'elles étaient certaines que nous respecterions la confidentialité. Pour organiser les visites, je devais aller voir

9. Mandela fut capturé le 5 août 1962. Quand la police fit une descente sur la ferme Liliesleaf le 11 juillet 1963, elle arrêta des camarades et saisit des documents compromettants.

les gens de la base, leur dire : « Aujourd'hui, je vais me rendre à une réunion à Fordsburg. » C'est vraiment, comment dire... quelque chose qui est arrivé.

KATHRADA : Oui.

MANDELA : Il y a eu deux cas mémorables, d'ailleurs, où je me suis rendu à Fordsburg et où j'ai rencontré [Ben] Turok et d'autres pendant la journée, tandis que Maulvi [Cachalia] est allé trouver une famille de Fordsburg[10].

KATHRADA : De Vrededorp.

MANDELA : De Vrededorp. C'est ça.

KATHRADA : Oui.

MANDELA : Il leur a dit : « Bon, quelqu'un va venir passer la nuit ici ? Pourriez-vous le loger ? » Ils ont accepté avec beaucoup d'enthousiasme parce qu'ils respectaient Maulvi. Je portais souvent une salopette, et le plus souvent je ne me coiffais même pas[11], tu vois, et je me suis rendu là-bas, histoire de repérer la maison (Maulvi m'avait donné l'adresse) et pour leur dire que je reviendrais le soir. J'ai frappé et une dame est arrivée, elle a ouvert la porte et demandé : « Oui ? Qu'est-ce que vous voulez ? » J'ai répondu : « Eh bien, Maulvi Cachalia s'est arrangé pour je dorme ici. » Elle m'a dit qu'elle n'avait pas de chambre pour me faire dormir et m'a claqué la porte au nez [Rires.], parce qu'elle a vu ce type débraillé, tu vois ?

13. CONVERSATION AVEC RICHARD STENGEL À PROPOS DE SON ARRESTATION DU 5 AOÛT 1962

À Howick, c'est exact, une voiture – une Ford V8 – est passée et on nous a aussitôt ordonné de nous arrêter. Et ils ont très

10. Ben Turok, voir Personnes, lieux et événements.
11. Au cours de sa période de clandestinité, Mandela adopta divers déguisements.

bien choisi l'endroit parce que sur la gauche il y avait un talus trempé comme ça [Il fait de grands gestes.] et j'étais assis, tu vois, sur la gauche… J'étais en pleine forme à l'époque et je pouvais pratiquement escalader n'importe quel mur. Alors j'ai regardé derrière, par le rétroviseur, et j'ai vu que deux voitures nous suivaient. Je me suis dit qu'il serait ridicule de tenter de m'échapper, qu'ils m'abattraient. Alors nous nous sommes arrêtés. Un gars s'approche – grand et mince, en civil – et il me dit : « Je suis le sergent Vorster », avant de sortir un mandat… Il s'est montré très correct à tous points de vue – très, très, très correct et courtois. Et il m'a demandé : « Puis-je connaître votre nom ? » Je réponds : « Je suis David Motsamayi. »

– Non, mais ne seriez-vous pas Nelson Mandela ?

– Je suis David Motsamayi.

– Hmmm… vous êtes Nelson Mandela. Et ici, nous avons Cecil Williams[12]. Vous êtes en état d'arrestation. Nous allons devoir faire demi-tour et aller à Pietermaritzburg. »

J'ai obtempéré. Il a précisé : « Le major va monter dans votre voiture, à l'arrière. Vous pouvez rester au volant pour le retour. » Et nous avons rebroussé chemin.

Mais j'avais un revolver sans numéro de série ; je l'ai sorti et glissé entre les sièges. C'étaient des sièges séparés mais reliés, celui du conducteur et le mien, il y avait juste un petit espace, à peine visible, je l'ai caché là. Et j'avais aussi un carnet, je l'ai mis au même endroit tout en parlant au major assis à l'arrière. À un moment, j'ai cru que je pouvais ouvrir la portière et sauter, mais je ne savais pas quelle taille faisait ce talus, ni ce qu'il y avait en bas. Je ne connaissais pas le coin.

12. Cecil Williams (mort en 1979) était un directeur de théâtre blanc et un activiste antiapartheid.

Non, je me suis dit, c'est un pari trop risqué, mieux vaut laisser tomber et chercher une occasion plus tard. Alors nous sommes allés jusqu'au commissariat et ils m'ont enfermé.

14. CONVERSATION AVEC AHMED KATHRADA À PROPOS DE SON ARRESTATION SUITE À LA DÉCLARATION DE L'ÉTAT D'URGENCE, EN 1960

KATHRADA : « Je restais là toute la journée et toute la soirée. Je descendais l'escalier, j'allais jusqu'au café et lui [le policier] a détourné le regard une ou deux fois lorsque Winnie est venue me voir. Il y avait une sorte de code d'honneur entre nous deux. Je ne devais pas m'échapper pour éviter de lui poser problème, et lui me laissait une certaine marge de liberté dont je n'aurais pas bénéficié autrement. » La question qu'ils [les éditeurs] posent, la voilà : « Plus loin, vous dites que vous étiez assez tenté par une évasion. » Était-ce une évolution philosophique ou simplement une loyauté personnelle vis-à-vis d'un principe ?
MANDELA : C'est une question technique, non ?
KATHRADA : Hum...
MANDELA : À n'importe quel autre moment, je me serais échappé – c'est un devoir en tant que prisonnier. Mais quand on projette une évasion, il faut s'assurer de ne pas poser problème aux autres, en particulier à des gens comme Kruger. C'était un vrai gentleman, en tout cas avec moi.

15. CONVERSATION AVEC RICHARD STENGEL À PROPOS DU RECOURS À LA LUTTE ARMÉE

MANDELA : Il y a des étapes où quelqu'un qui occupe une position d'autorité doit sortir du bois et engager l'organisation. Sinon, les gens ne font que parler : vous avez une idée, vous sentez dans vos tripes que c'est une bonne idée, mais vous avez affaire à des gens, vous voyez, qui sont très puissants, et qui savent lire des faisceaux d'indices, être méthodiques. Et ils sont prêts à balayer tout le monde. Donc, si vous voulez entreprendre une action dont vous êtes convaincu qu'elle est juste, faites-le et assumez les conséquences. Ce n'est pas être indiscipliné. Vous devez être certain de saisir la bonne opportunité, que l'histoire sera de votre côté.

STENGEL : J'aimerais expliquer tout le processus qui vous a amené à la décision de former le MK [Umkhonto we Sizwe][13]. Au procès de Rivonia, vous l'avez expliqué d'une manière générale. À la fin, vous avez déclaré que, au deuxième semestre 1960, vos collègues et vous-mêmes êtes arrivés à la conclusion que la violence était inévitable. Comment cette réflexion a-t-elle été menée ? En avez-vous d'abord parlé en privé avec certains, avant que le Comité de travail valide la décision ? Ou a-t-il fallu forcer la décision ?

MANDELA : Non, ce qui s'est passé, c'est que j'ai discuté de cette question avec le camarade Walter [Sisulu]. Nous en avons parlé juste avant son séjour à l'étranger, en 1952. Je lui ai dit : « Quand tu arriveras en république populaire de Chine, dis-leur que nous voulons lancer la lutte armée et que nous avons besoin d'armes, demande-leur. » Ensuite, j'ai fait un discours à Sophiatown. Ça m'a valu une arrestation mais je reste convaincu que c'était la bonne stratégie[14]. Et quand je suis entré en clandestinité, j'ai évoqué cette question avec le camarade [Walter] et nous avons décidé de soulever ce point lors d'une réunion du Comité de travail. C'est ce que nous

13. Umkhonto we Sizwe (MK), voir Personnes, lieux et événements.
14. Dans son discours, Mandela a déclaré que l'époque de la résistance passive était terminée.

avons fait, mais comme je vous l'ai dit, elle a été rejetée sans discussion parce que [Moses] Kotane[15] – le secrétaire du Parti, et bien sûr membre du Comité de travail et du Bureau exécutif national – prétendait que l'heure n'était pas venue : « À cause des mesures rigoureuses prises par le gouvernement, vous pensez qu'il faut changer de moyens d'action. Les difficultés vous ont paralysé et vous voulez maintenant parler un langage révolutionnaire, évoquer la lutte armée, alors qu'en réalité il y a encore la place pour les méthodes éprouvées, pour peu que nous soyons assez imaginatifs et déterminés. Vous réussirez seulement à exposer les gens aux massacres de l'ennemi. Vous n'avez pas bien réfléchi à tout cela. » Il m'a écarté de cette façon, puis il a pris la parole tout de suite et tout le monde l'a soutenu. J'en ai discuté avec Walter après coup… L'opposition était tellement forte que Walter n'a même pas osé dire un mot. [Rires.] Mais s'il était toujours très diplomate, on pouvait se fier à lui une fois qu'on s'était mis d'accord avec lui sur une décision. Il était plus que digne de confiance. Nous avons reparlé de cette histoire et, toujours plein de ressources, il m'a dit : « Écoute, appelle-le, discutez-en tous les deux. Je vais t'organiser une rencontre avec lui ». J'étais à l'époque déjà dans la clandestinité. Kotane a donc fini par venir me voir et nous avons passé toute une journée ensemble. Cette fois, j'ai été très direct : « Vous agissez exactement comme le Parti communiste de Cuba – ils disaient que les conditions de la révolution n'étaient pas encore réunies. Ils suivaient les vieilles méthodes défendues par Staline, c'est-à-dire la lecture qui permet d'identifier une situation révolutionnaire d'après Lénine et Staline. Mais nous devons décider en fonction de notre propre

15. Moses Kotane, voir Personnes, lieux et événements.

situation. Et la situation de ce pays, c'est qu'il est temps pour nous d'envisager une révolution, une lutte armée : nos hommes constituent déjà des unités militaires afin de perpétrer des actes de violence. Si nous n'agissons pas, ils continueront. Ils n'ont pas de ressources, ils n'ont pas d'expérience, ils n'ont pas l'appareil politique pour mettre en œuvre cette décision. La seule organisation susceptible de le faire est le Congrès national africain, qui commande les masses du peuple. Vous devez être créatif et changer d'attitude, vous donnez l'impression d'un homme qui dirige un mouvement à l'ancienne, comme s'il avait encore une existence légale. Vous ne prenez pas en compte notre illégalité dans votre manière de diriger, les conditions que cela implique. » Je lui ai parlé un peu brusquement pour le bousculer… Et j'ai réussi. Il m'a répondu : « Bon, je ne peux rien vous promettre, mais présentez une nouvelle fois votre projet. » J'y suis retourné, j'ai réitéré ma demande et il a dit : « Bien, je ne suis toujours pas convaincu, mais tentons le coup. Laissons-le faire, qu'il présente ses idées à l'Éxécutif, avec notre soutien. » Alors nous avons pu plaider notre cause et tout le monde a accepté. Nous nous sommes rendus à Durban pour une réunion du Bureau exécutif national de l'ANC. Le chef [Albert Luthuli], Yengwa et quelques autres s'y sont très fermement opposés[16]. Mais bien sûr nous nous y attendions de sa part : il croyait à la non-violence en tant que principe, tandis que cela restait pour nous une tactique, même si nous ne pouvions pas l'avouer au tribunal. Au tribunal, [pendant] le Treason Trial, nous avions dit que nous croyions à la non-violence en tant que principe ; si nous avions déclaré que c'était pour nous seulement une tactique, ç'aurait été une faille

16. Masabalala Bonnie (M.B.) Yengwa (1923-1987). Activiste antiapartheid et pasteur. Membre de l'ANC.

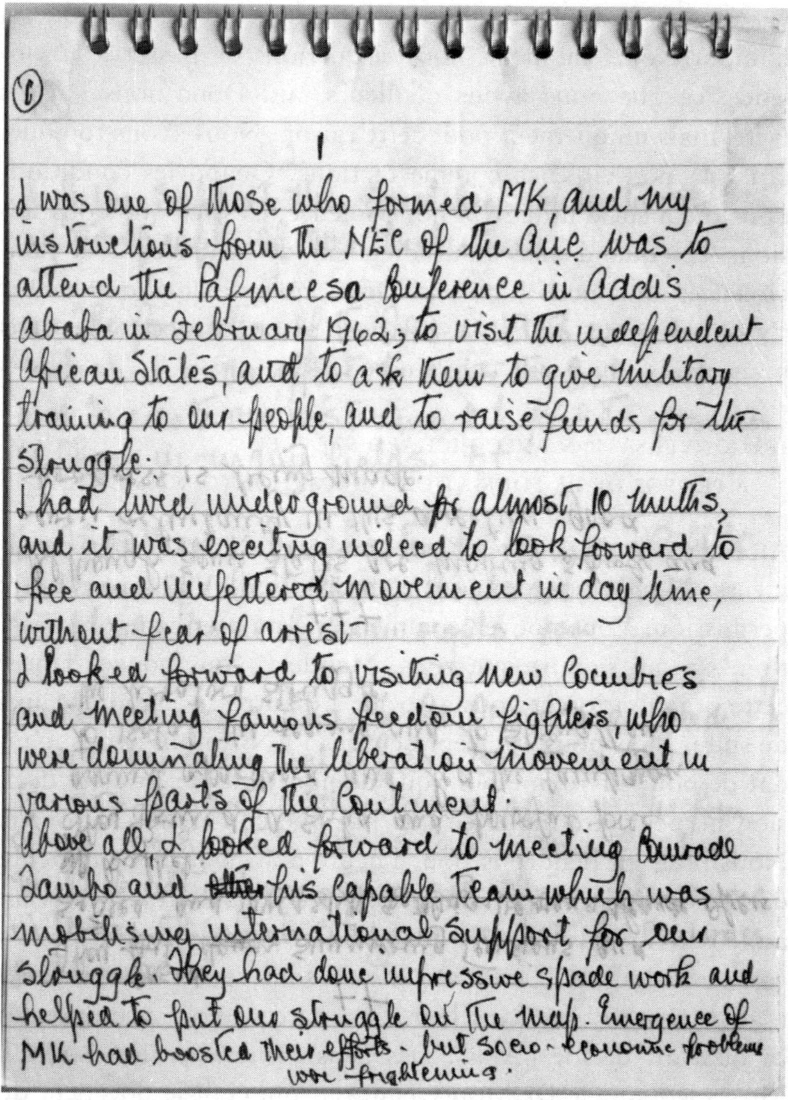
(6)

1

I was one of those who formed MK, and my instructions from the NEC of the ANC was to attend the Pafmecsa Conference in Addis Ababa in February 1962; to visit the independent African States, and to ask them to give military training to our people, and to raise funds for the struggle.
I had lived underground for almost 10 months, and it was exciting indeed to look forward to free and unfettered movement in day time, without fear of arrest.
I looked forward to visiting new countries and meeting famous freedom fighters, who were dominating the liberation movement in various parts of the Continent.
Above all, I looked forward to meeting Comrade Tambo and ~~other~~ his capable team which was mobilising international support for our struggle. They had done impressive spade work and helped to put our struggle on the map. Emergence of MK had boosted their efforts - but socio-economic problems were frightening.

Extrait d'un carnet, à propos de l'implication de Mandela dans la formation de l'Umkhonto we Sizwe (MK), la branche armée de l'ANC, et de son entrée en clandestinité.

vis-à-vis de la foule, de l'État, ils auraient pu affirmer que, à n'importe quel moment, nous risquerions de passer à la violence, ce que nous avons d'ailleurs fait. Donc nous l'avons évité, mais uniquement pour cette raison. Nous avons toujours cru à la non-violence comme tactique. Quand les conditions nous dictaient d'utiliser la non-violence, c'est ce que nous faisions ; et quand elles nous dictaient de renoncer à la non-violence, nous nous y pliions. Donc, nous savions que le chef s'y opposerait… et il s'y est opposé en effet, avec force, mais nous avons fini par le convaincre…

16. CONVERSATION AVEC RICHARD STENGEL
À PROPOS DE LA FORMATION DE UMKHONTO WE SIZWE

Alors ils ont dit : « Très bien, vous avez fait valoir vos arguments. Nous vous donnons l'autorisation. Vous avez notre permission. Vous pouvez commencer à monter cette organisation. Ce qui signifie que vous, Mandela, vous pouvez lancer cette organisation et vous associer à d'autres, collaborer, ainsi de suite. Mais nous, qui représentons l'ANC, nous avons mandat de poursuivre une politique de non-violence, et cette décision ne peut être modifiée que par une conférence nationale. Nous nous en tiendrons pour l'heure à la politique antérieure de l'ANC. » Ça s'est avéré la bonne décision car, en arrivant au tribunal par la suite, et quand l'État a pris connaissance du compte-rendu de la réunion, ils se sont rendu compte qu'il n'allait pas du tout dans leur sens, parce qu'on y comprenait ce qu'avait décidé l'ANC. Des gens comme le chef Luthuli, Moses Kotane, le Dr Monty Naicker, qui était le président du Congrès indien d'Afrique du Sud, disaient tous : « Ne nous embarquons pas dans la violence ; poursuivons une action non violente[17]. » Et quand ils ont finalement cédé à mes arguments, ils disaient : « Allez-y, montez votre organisation. Nous ne vous sanctionnerons pas car nous comprenons les conditions qui vous dictent cette conduite. Mais ne nous impliquez pas ; nous resterons non violents. » L'État s'est rendu compte que le compte-rendu était une preuve en notre faveur et il ne l'a pas produit. C'est nous, la défense, qui avons produit ce document en disant : « Voici ce qu'est un soutien, de notre point de vue. » Voilà ce qui s'est passé avec Umkhonto we Sizwe.

17. CONVERSATION AVEC AHMED KATHRADA

MANDELA : Tout ce que nous avons à dire, c'est que le nombre dépendait des conditions dans chaque zone spécifique. Il n'y avait pas de nombre défini et la plupart des gens s'entraînaient à l'étranger, mais au fil du temps nous nous sommes dit qu'il serait préférable d'entraîner les gens là où ils allaient opérer. Mais il faut comprendre que c'était extrêmement difficile à réaliser, parce que nous avions affaire à un gouvernement puissant, un ennemi puissant qui avait des moyens de surveillance et qui pouvait facilement détecter ce qui se passait sur le terrain. Dans ces circonstances, nous ne pouvions entraîner que quelques hommes.

KATHRADA : Hmmm. Très bien, ensuite, page 135 (du manuscrit de Un long chemin vers la liberté), tu dis : « Sur les ordres du Haut Commandement du MK [Umkhonto we Sizwe], des bombes artisanales ont explosé auprès de centrales électriques et de bureaux du gouvernement à Jo'burg [Johannesburg], P.E. [Port Elizabeth] et Durban. L'un de nos hommes est mort par

17. Dr Gangathura Mohambry (Monty) Naicker, voir Personnes, lieux et événements.

inadvertance, ce fut le premier soldat du MK à mourir au combat.

MANDELA : Nous parlons de [Petrus] Molefe, hein[18] ?

KATHRADA : Oui, donc il demande : « Était-ce le premier mort en lien avec le MK ? Vous êtes-vous senti responsable ? »

MANDELA : Eh bien on peut le dire, c'était le premier.

KATHRADA : Oui.

MANDELA : Et naturellement, nous portions une responsabilité parce qu'il était l'un de nos soldats, de nos cadres, et cette mort indiquait, tu sais… que nous n'avions pas suffisamment entraîné les gens. C'était très pénible. Mais nous avons dû l'accepter. Les victimes… on ne peut pas éviter qu'il y ait des victimes lorsqu'on commence à suivre une nouvelle méthode d'action politique.

18. CONVERSATION AVEC RICHARD STENGEL

STENGEL : Mais l'histoire, c'est que le chef vous a demandé pourquoi vous n'aviez pas discuté plus tôt avec lui de la formation du MK. Était-ce pendant ce voyage ou lorsque vous êtes revenu d'Afrique ?

MANDELA : Non, non, non. C'était avant de partir en voyage. En fait, comme je vous l'ai dit, le chef avait oublié que nous avions eu une réunion du Bureau exécutif national de l'ANC au cours de laquelle nous avions abordé la question de prendre les armes. Nous étions finalement tombés d'accord après qu'il nous l'eut déconseillé, et ensuite lors de la réunion générale réunissant l'ANC, le Congrès indien d'Afrique du Sud, le Congrès sud-africain des syndicats [SACTU] et la Fédé-

18. Petrus Molefe a été tué par une bombe qu'il a lui-même posée le 16 décembre 1961 et qui a explosé prématurément.

ration des femmes africaines. Alors le chef nous a demandé : « Très bien, mes camarades, nous avons pris notre décision. » En fait il a demandé à la réunion : « Nous avons pris cette décision d'avoir recours à la violence et de lever une armée, mais j'aimerais que vous tranchiez : que chacun prenne position dès maintenant. » Comme si l'ANC n'avait pas déjà décidé. Nous avons accepté et passé toute la nuit – nous avons fait nuit blanche – nous avons passé toute la nuit à discuter de la formation d'une branche armée – du recours aux actes de violence. Alors quand il dit que nous ne l'avons pas consulté, c'est seulement qu'il était malade et qu'il oubliait très facilement… Mais la question a été on ne peut plus débattue.

19. CONVERSATION AVEC AHMED KATHRADA À PROPOS DE LA FAUNE

KATHRADA : Tu es déjà allé au zoo de Johannesburg ?
MANDELA : Oh, je vois, oui. Oui, j'ai vu la plupart des animaux du zoo.
KATHRADA : Mais tu n'étais encore jamais allé au Parc national Kruger à cette époque ?
MANDELA : Non, non. Je ne suis allé au Parc national Kruger…
KATHRADA : Qu'après ta libération.
MANDELA : Après ma sortie de prison, oui.
KATHRADA : Hmm.
MANDELA : Tu y es déjà allé ?
KATHRADA : Oui, je l'ai visité en décembre dernier. Pas cette année, pardon, l'année précédente.
MANDELA : Et tu as vu quelque chose ?
KATHRADA : La première fois, je te jure, on n'a rien vu.
MANDELA : Oui.

KATHRADA : Le problème, c'est qu'il pleuvait.
MANDELA : Ah, en effet.
KATHRADA : Et à la radio, ils disaient que ça ne servait à rien d'y aller parce qu'après la pluie, les animaux ne vont pas à leur point d'eau habituel.
MANDELA : Oui, exact.
KATHRADA : Résultat, on n'a pratiquement rien vu.
MANDELA : Hmmm. Tu vois, tuer un impala, c'est du meurtre.
KATHRADA : Oui.
MANDELA : Ils ont tellement confiance. Ils sont tellement habitués aux visiteurs qu'ils viennent et te regardent au lieu de s'enfuir.
KATHRADA : Oui.
MANDELA : C'est impossible. Je n'aurais jamais eu le courage de tirer sur une de ces bêtes.

20. CONVERSATION AVEC RICHARD STENGEL

STENGEL : Vous êtes-vous jamais servi de cette comparaison avant ou après ? Celle avec le Christ et les marchands du Temple ?
MANDELA : Oui. Oui. Ça a dû m'arriver, ça aurait pu en tout cas, parce que je la connais très bien…
STENGEL : Expliquez-moi comment vous maniez cette parabole…
MANDELA : Que vous utilisiez des méthodes pacifiques ou violentes, le choix est entièrement déterminé par les conditions… Le Christ a utilisé la force parce que dans cette situation, c'est le seul langage qu'il pouvait utiliser. Par conséquent, aucun principe ne dit que la force soit inutilisable. Tout dépend des conditions. C'est comme cela que je vois la question.
STENGEL : Donc en fonction des circonstances, il est même chrétien d'avoir recours à la force, comme le Christ ?

MANDELA : Ma foi, c'est vrai tout le monde – quand le seul moyen d'avancer, de résoudre les problèmes, est d'utiliser la force ; quand les méthodes pacifiques deviennent inadaptées. C'est une leçon de l'histoire à travers les siècles… et dans toutes les parties du monde.

CHAPITRE CINQ

Un monde en ébullition

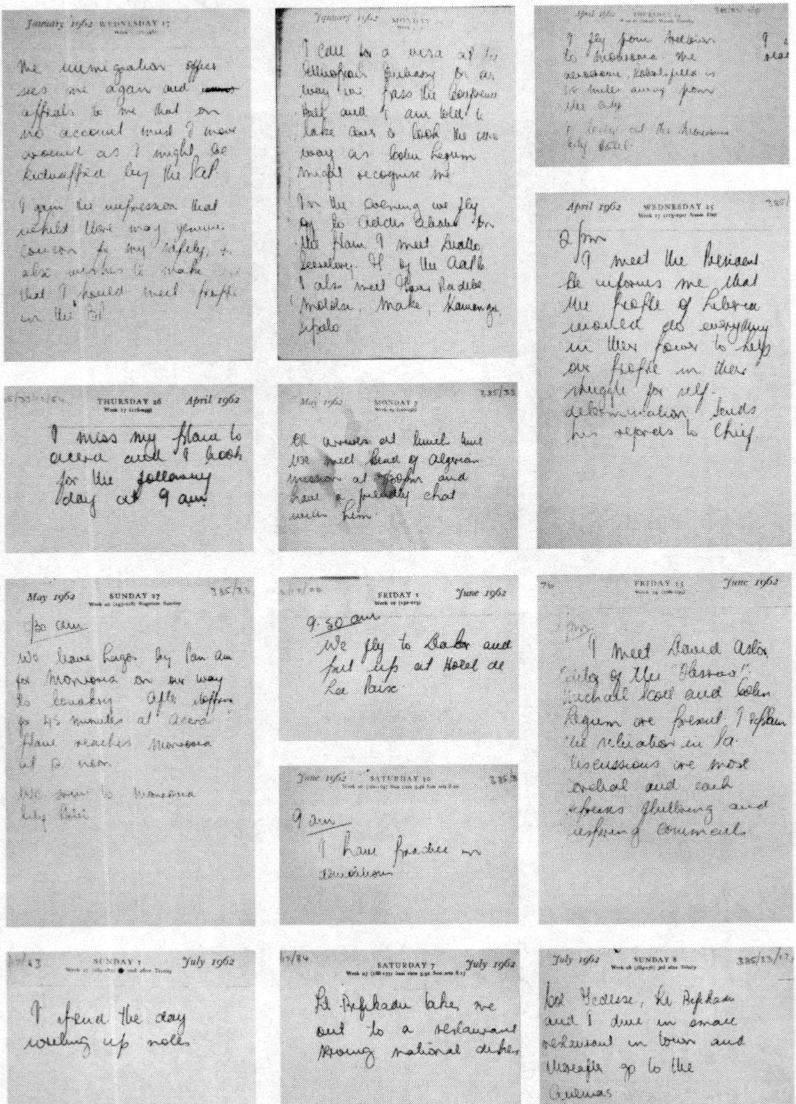

January 1962 WEDNESDAY 17

The immigration officer sees me again and appeals to me that on no account must I move around as I might be kidnapped by the Pol. I gain the impression that whilst there may genuine concern for my safety, he also wishes to make sure that I should meet people in the [illegible]

January 1962 MONDAY [illegible]

I call for a visa at the Ethiopian Embassy. On our way we pass the Conference Hall and I am told to take care to look the other way as Colin Legum might recognise me. In the evening we fly off to Addis Ababa. On the plane I meet [illegible] Secretary. [illegible] I also meet [illegible] Make, [illegible]

April 1962 THURSDAY [illegible]

I fly from [illegible] to Monrovia. The aerodrome, Roberts Field is 50 miles away from the city. I lodge at the Monrovia City Hotel.

April 1962 WEDNESDAY 25

2 pm
I meet the President. He informs me that the people of Liberia would do everything in their power to help our people in their struggle for self-determination. Sends his regards to Chief

THURSDAY 26 April 1962

I miss my plane to Accra and I book for the following day at 9 am.

May 1962 MONDAY 7

OR arrives at lunch time. We meet head of Algerian mission at [illegible] and have a friendly chat with him.

May 1962 SUNDAY 27

[illegible] am
We leave Lagos by Pan Am for Monrovia on our way to Conakry. After stopping for 45 minutes at Accra plane reaches Monrovia at [illegible] noon.
We drive to Monrovia City Hotel

FRIDAY 1 June 1962

9.30 am
We fly to Dakar and put up at Hotel de la Paix.

June 1962 SATURDAY 30

9 am
I have practice in demolition

FRIDAY 15 June 1962

[illegible]
I meet David Astor, Editor of the "Observer". Michael Scott and Colin Legum are present. I explain the situation in SA. Discussions are most cordial and each expresses flattering and inspiring comment.

SUNDAY 1 July 1962

I spend the day writing up notes

SATURDAY 7 July 1962

Lt Befikadu takes me out to a restaurant serving national dishes

July 1962 SUNDAY 8

Col Tadesse, Lt Befikadu and I dine in small restaurant in town and thereafter go to the cinemas.

Extraits du journal tenu par Mandela au cours de son voyage en Afrique et à Londres en 1962

1. EXTRAITS DU JOURNAL TENU PAR MANDELA AU COURS DE SON VOYAGE EN AFRIQUE ET À LONDRES EN 1962

17 JANVIER 1962

L'agent des services d'immigration revient me voir pour m'expliquer qu'en aucun cas je ne dois me déplacer, car je cours le risque d'être kidnappé par la SAP (South African Police). J'ai l'impression que, s'il y a peut-être chez lui une inquiétude sincère pour ma sécurité, il veut aussi s'assurer que je rencontre les gens du BP (Bechuanaland Protectorate).

29 JANVIER 1962

Je fais une demande de visa à l'ambassade éthiopienne. En chemin, nous passons par la salle de conférences et on me dit de me cacher, de regarder de l'autre côté, car Colin Legum pourrait me reconnaître[1].

15 AVRIL 1962

Je passe la journée à lire tranquillement dans mon hôtel.

19 AVRIL 1962

Je prends un vol de Freetown à Monrovia. L'aéroport de Robertsfield se trouve à 78 km de la ville. Je loge au Monrovia City Hotel.

20 AVRIL 1962

Je passe la journée à lire.

1. Colin Legume (1919-2003). Auteur, journaliste, activiste antiapartheid.

23 AVRIL 1962

Je passe la journée à lire tranquillement à l'hôtel.

25 AVRIL 1962

14 heures.

Je rencontre le président[2]. Il m'informe que le peuple du Liberia fera tout ce qui est en son pouvoir pour aider notre peuple dans sa lutte pour l'autodétermination. Il me dit de saluer le chef pour lui.

26 AVRIL 1962

Je rate mon avion pour Accra et réserve un autre vol pour le lendemain à 9 heures.

5 MAI 1962

OR [Oliver Tambo] appelle pour dire qu'il arrivera le 7 mai. Il téléphone de Stockholm.

7 MAI 1962

OR arrive à l'heure du dîner. Nous retrouvons le directeur de la mission africaine à 19 h 30 et avons une conversation amicale avec lui.

27 MAI 1962

Nous quittons Lagos avec un avion de la Pan Am, destination Monrovia, avant d'aller à Conakry. Après un arrêt de 45 minutes à Accra, l'avion arrive à Monrovia à midi. Nous roulons jusqu'au Monrovia City Hotel.

2. William Vacanarath Shadrach Tubman (1895-1971). Président du Libéria, 1944-1971.

1er JUIN 1962

Nous volons jusqu'à Dakar et nous installons à l'hôtel de la Paix.

7 JUIN 1962

Nous prenons un vol de la BOAC pour Londres.

15 JUIN 1962

Je rencontre David Astor, rédacteur en chef de The Observer[3]. Michael Scott et Colin Legum sont présents[4]. J'explique la situation en Afrique du Sud. La discussion est des plus cordiales et chacun exprime des vues flatteuses et enthousiastes.

16 JUIN 1962

Je regarde des films de Zami, Zeni, Zindzi, Gompo, et d'autres scènes d'Afrique du Sud[5].

18 JUIN 1962

OR et moi volons avec la BOAC jusqu'à Khartoum. Nous traversons les Alpes vers 18 heures et arrivons à Rome à 19 heures.

26 JUIN 1962

À 7 h 20, nous embarquons pour Addis Abeba et on nous emmène au Ras Hotel.

29 JUIN 1962

Premières leçons de démolition. Instructeur : lieutenant Befekadu.

3. David Astor (1912-2001). Rédacteur en chef et directeur de publication de journaux anglais.
4. Michael Scott (1907-1983). Ecclésiastique, réalisateur de films, activiste antiapartheid.
5. Winnie et leurs deux filles. Gompo était le chien de la famille.

30 JUIN 1962

Je m'entraîne aux stratégies de démolition.

1ER JUILLET 1962

Je passe la journée à prendre des notes.

7 JUILLET 1962

Le lieutenant Befekadu m'emmène dans un restaurant qui sert des plats typiques.

8 JUILLET 1962

Le colonel Tadesse, le lieutenant Befekadu et moi dînons dans un petit restaurant en ville, puis nous allons au cinéma.

2. CONVERSATION AVEC AHMED KATHRADA
À PROPOS DE SON VOYAGE EN AFRIQUE EN 1962

KATHRADA : « On nous organisa un vol. Notre première destination était une ville du Botswana, ou du Bechuanaland, qui s'appelait Kasane… »
MANDELA : Oui.
KATHRADA : « Elle était située à un point stratégique où tout le sud de l'Afrique converge : Angola, Rhodésie du Sud, Rhodésie du Nord, Sud-Ouest africain, comme on appelait alors tous ces pays. » Il te demande si c'était ton premier voyage en avion. C'était le cas, non ?
MANDELA : Oui.
KATHRADA : Ton tout premier ?
MANDELA : Non, non, non, non, non. Pas vraiment. Pendant la Defiance Campaign en 1952, j'avais pris l'avion quelques fois.
KATHRADA : Hmmm.

Mandela : Pour aller à Port Elizabeth.

Kathrada : « Si c'était votre premier vol, l'attendiez-vous avec impatience ou avec appréhension ? Quel genre d'avion était-ce ? Cela peut vous sembler trivial mais c'est exactement le genre de détail humain qui intéressera les lecteurs. Le mélange paradoxal de cette importante mission et du premier voyage à l'étranger. »

Mandela : Non, ce n'était pas la première fois, mais il y a tout de même eu des moments effrayants... Nous avons traversé une tempête et les turbulences ont été très inquiétantes. Et quand nous sommes arrivés à l'hôtel à Kasane, la piste d'atterrissage était complètement détrempée. Le temps que nous arrivions là-bas, des éléphants et d'autres animaux – des zèbres – broutaient là et nous ne pouvions plus atterrir... Voler bas peut facilement rendre ces bêtes nerveuses. Donc nous avons décidé d'atterrir ailleurs et nous avons filé. On est passé au-dessus de la loge pour indiquer au gérant de l'hôtel que nous étions arrivés et lui indiquer où nous allions atterrir, à savoir un peu plus loin. [Le patron de l'hôtel] est arrivé en retard... et il nous a dit que, tout le long du chemin, ils avaient croisé des éléphants qui refusaient de bouger. Ça avait duré un moment, il devait descendre de voiture et attendre qu'ils daignent le laisser passer.

Kathrada : Ah.

Mandela : La nuit tombait. En repartant vers l'hôtel, nous avons vu une lionne endormie en travers de la route... une piste, ni plus ni moins.

Kathrada : Oui.

Mandela : C'est la première fois que j'allais dans la brousse. Et pendant la nuit, je te jure, les lions rugissaient. J'avais l'impression qu'ils étaient juste à la sortie de la rondavelle (sorte de case). À chaque fois qu'ils rugissaient... les fenêtres – les vitres – vibraient, et j'étais trop terrorisé pour me risquer dehors.

3. CONVERSATION AVEC RICHARD STENGEL
À PROPOS DE SA RENCONTRE AVEC L'EMPEREUR
D'ÉTHIOPIE HAILÉ SÉLASSIÉ

STENGEL : Parlez-moi de l'empereur, Hailé Sélassié. Vous l'avez rencontré.

MANDELA : C'était quelqu'un d'impressionnant, à vrai dire, de très impressionnant. C'était la première fois que je voyais un chef d'État se plier au protocole… au cérémonial protocolaire. Il portait un uniforme. Il s'est approché et s'est incliné. Mais ce n'était pas vraiment une révérence – il est resté debout, il a juste penché la tête et il s'est assis et s'est adressé à nous, mais il nous parlait en amharique… Puis, à la fin de la conférence, il a reçu chacune des délégations, une à une. Oliver Tambo m'a demandé de prendre la parole pour notre délégation, de lui parler. Je lui ai expliqué très brièvement ce qui se passait en Afrique du Sud… Il était assis dans son fauteuil, il écoutait et paraissait tout enregistrer. Pas un hochement de tête, totalement immobile, tu sais, comme une statue… La fois suivante, quand je l'ai revu, nous assistions à une parade militaire et ça, c'était très impressionnant [Il siffle.], absolument impressionnant. Et il distribuait des récompenses aux soldats ; tous ceux qu'il décorait recevaient un certificat… Une très belle cérémonie – un homme très digne – et il m'a aussi donné des médailles. Il y avait des conseillers militaires américains et des groupes de conseillers militaires d'autres pays. Il leur a également distribué des médailles. Mais voir des Blancs s'approcher d'un empereur noir et s'incliner devant lui était aussi très intéressant.

4. CONVERSATION AVEC AHMED KATHRADA À PROPOS DE SON ENTRAÎNEMENT MILITAIRE À OUJDA, AU MAROC

KATHRADA : Sur la même page, la 166 (du manuscrit de Un long chemin vers la liberté), ils veulent savoir : « Êtes-vous devenu un expert du maniement des armes à feu ? Avez-vous reçu une instruction militaire poussée à Oujda ? »
MANDELA : Oh oui. À Oujda, oui. Mais la perfection, c'était en Éthiopie. J'y ai passé deux mois et on m'a appris à me servir de différentes armes [selon] les cibles… Avec des distances différentes, des cibles immobiles puis en mouvement, ainsi de suite. Ils accrochaient les cibles, et ils les faisaient disparaître, réapparaître, etc. Ou alors elles couraient et il fallait les toucher en pleine course. Tout ce perfectionnement a eu lieu en Éthiopie. Et il y avait aussi des marches épuisantes. On portait des charges très lourdes. Des cartouchières à la ceinture, un sac à dos rempli de provisions, de bouteilles d'eau, sans compter le fusil. On parcourait des montagnes sans fin. C'était assez… ardu.

5. CONVERSATION AVEC AHMED KATHRADA SUR LE TIR

KATHRADA : Alors… C'est à propos de l'entraînement, tu écris : « Je n'avais jamais tiré avec un fusil jusqu'ici, mais je n'eus pas de mal à le prendre en main. Je visais, j'appuyais sur la détente et la seconde d'après la balle soulevait de la poussière au-dessus du rocher. Mon instructeur a commencé à s'exclamer en arabe et à me complimenter pour mon tir. Mais il s'est vite rendu compte que c'était un coup de chance car, malgré plusieurs tentatives, je n'ai pas réussi par la suite à retoucher le rocher. »
MANDELA : En fait, non, même la première fois, je n'ai pas touché le rocher.

KATHRADA : Oh.

MANDELA : Mais j'ai tiré juste à côté.

KATHRADA : Ah ah.

MANDELA : Il faut tenir compte de la distance. Il y avait une rivière entre nous. D'abord une vallée, une longue vallée, puis la rivière, enfin la cible était de l'autre côté, et j'ai tiré juste à côté de la pierre.

KATHRADA : Hmmm.

MANDELA : Et c'était suffisamment proche pour eux, étant donné que je touchais un fusil pour la première fois de ma vie. Je crois que je t'ai raconté comment ce type m'a appris – il ne parlait pas l'anglais.

KATHRADA : Oui.

MANDELA : Seulement l'arabe.

KATHRADA : Continue.

MANDELA : Oui. Je crois que j'ai fait preuve… Tu comprends, il se contentait de prendre le fusil, un Mauser très lourd. Il le prenait et faisait [Il imite une rafale de mitraillette.]…

KATHRADA : Ah.

MANDELA : Il fallait que je le serre fort, et ensuite il m'a dit de prendre de bons appuis [Bruit de pied sur le sol.].

KATHRADA : Ah.

MANDELA : [Un autre bruit de pied sur le sol.] Tu vois ?

KATHRADA : Ah.

MANDELA : Et il était très bon, c'est ce qui est le plus drôle ; je veux dire, pour quelqu'un qui ne parlait pas l'anglais…

KATHRADA : Ah ah.

MANDELA : C'était quelqu'un de très gentil. Mais je n'ai pas touché la pierre une seule fois.

KATHRADA : Ah.

MANDELA : J'ai tiré juste à côté.

Kathrada : Juste à côté.
Mandela : Oui.

6. EXTRAIT DU MANUSCRIT AUTOBIOGRAPHIQUE INÉDIT ÉCRIT EN PRISON

Malgré le pillage des colonialistes, l'Égypte est toujours un pays d'une richesse fabuleuse en matière d'art et de culture. J'avais toujours désiré voir les pyramides, les sphinx et la momie de Ramsès II, peut-être l'un des plus puissants pharaons à avoir dirigé ce pays. J'ai passé toute la matinée au musée à prendre des notes détaillées, et plus tard Oliver [Tambo] m'a emmené à Gizeh où nous avons admiré le monument colossal, avec sa base carrée fermement plantée dans le sol et ses pentes en gradin se rejoignant au sommet, tout cela réalisé avec du mortier et des blocs de pierre gigantesques avec lesquels on érigeait des édifices incroyables, qui tenaient debout grâce à leur poids.

Oliver m'a fait monter sur un bateau pour une croisière autour d'une île, sur le Nil. En voyant un garçon de 9 ans manœuvrer notre bateau avec adresse, mon frères d'armes, d'ordinaire calme et sans peur, a fait de grands yeux ronds, regardé toute l'opération d'un air soupçonneux et s'est exclamé : « Est-ce que c'est ce petit garçon qui va nous conduire ? Oh non. » À cet instant, il s'est reculé et s'est tenu à bonne distance. Puis un vieil homme est arrivé et a pris les commandes. Nous nous sommes détendus et j'ai apprécié pleinement notre circuit d'une heure sur le plus grand fleuve d'Afrique.

Mon principal intérêt était de découvrir les hommes qui avaient fondé la grande civilisation de l'Antiquité, celle qui avait fait fleurir la vallée du Nil cinq mille ans avant Jésus-Christ.

Ce n'était pas une question simplement architecturale, il s'agit là d'un point crucial pour tout intellectuel africain qui s'occupe de rassembler des preuves scientifiques afin de battre en brèche les propagandes des Blancs, eux qui prétendent que la civilisation est née en Europe et que les Africains n'ont pas une histoire riche et comparable à la leur. J'ai discuté à ce propos avec le conservateur du musée mais il s'est montré extrêmement prudent, et bien qu'il eût attiré mon attention sur diverses théories à ce sujet, je n'étais pas plus avancé en sortant du musée qu'avant d'y entrer.

7. CONVERSATION AVEC RICHARD STENGEL À PROPOS DES INDÉPENDANTISTES ALGÉRIENS

MANDELA : Mostefai ? Oui, oui, il était à la tête de la délégation algérienne au Maroc.

STENGEL : C'est cela. Vous avez beaucoup parlé tous les deux, non ?

MANDELA : Oh oui, plusieurs jours.

STENGEL : Exact.

MANDELA : Il m'a raconté la Révolution algérienne. Oh, c'était un chef-d'œuvre, je peux vous le dire. Peu de choses m'ont autant inspiré que le récit du Dr Mostefai.

STENGEL : Vraiment ? Pourquoi ?

MANDELA : Il nous a raconté l'histoire de la Révolution algérienne. Les problèmes qu'ils avaient. Comment ils ont commencé. Au départ, ils pensaient qu'ils pourraient battre les Français sur le champ de bataille, en s'inspirant de ce qui s'était passé au Vietnam. Diên Biên Phu. Ils s'en inspiraient, et ils croyaient pouvoir vaincre les Français… Il disait que même leurs uniformes étaient conçus pour aider l'armée à vaincre les Français. Ensuite, ils ont compris que ça n'arriverait pas. Qu'il fallait mener une guérilla. Et même leurs uniformes ont changé, parce qu'à cette époque l'armée devrait toujours être en mouvement, attaquer [ou] se déplacer sans cesse. Ils avaient des sortes de pantalons étroits en bas, et des chaussures légères. C'était extrêmement fascinant, la façon dont ils ont obligé l'armée française à les suivre constamment.

Ils attaquaient par la Tunisie, ils lançaient une offensive de ce côté. Les Français, pour y répondre, déplaçaient leur armée de l'ouest, depuis la frontière marocaine, parce que les Algériens attaquaient des deux côtés, depuis la Tunisie et le Maroc. Même s'ils avaient des unités qui combattaient à l'intérieur du territoire, le gros des troupes opérait à partir de ces deux pays... Alors ils lançaient une offensive depuis la Tunisie, ils entraient loin en Algérie, et les Français déplaçaient leur armée cantonnée à l'ouest, près des frontières marocaines, afin de contrer cette offensive. Et quand l'armée était partie, l'offensive repartait depuis le Maroc, tu comprends ? Les Français redéployaient leurs forces vers le Maroc, et ils continuaient à les faire bouger tout le temps de cette façon. Vraiment, tous ces hommes étaient très intéressants, absolument fascinants.

STENGEL : Et vous pensiez que ce pourrait être un modèle pour le MK [Umkhonto we Sizwe] en Afrique du Sud.

MANDELA : En tout cas, nous pouvions élaborer nos propres tactiques en prenant en considération ces informations.

8. EXTRAIT DU CARNET DE 1962 À PROPOS DE SON ENTRAÎNEMENT AU MAROC AVEC LE FRONT DE LIBÉRATION NATIONALE [FLN] D'ALGÉRIE

Maroc
18/3

R[Robert Resha][6] et moi quittons [Rabat] pour la petite ville d'Oujda, à la frontière, QG du FLN [Front de libération nationale] au Maroc. Nous partons en train et arrivons là-bas à 8 heures du matin le 19/3.

19/3

Un officier vient nous chercher à la gare et nous conduit au QG. Nous sommes reçus par Abdelhamid [Brahimi[7]], chef de la section politique du FLN.

Il y a également Si Jamal, Aberrahman, Larbi, Nourredine Djoudi. S'ensuit une discussion générale sur la situation en Afrique du Sud, des questions pertinentes nous sont posées. La discussion est ensuite ajournée afin de nous permettre de découvrir les camps d'entraînement et les lignes de front.

À 16 heures, accompagnés par Djoudi et un autre officier, nous roulons jusqu'à la base d'entraînement de Segangan située dans ce qui s'appelait le protectorat espagnol du Maroc. Nous y arrivons à 18 heures et le commandant du camp, Si Jamal, vient nous accueillir. Il nous montre le musée de l'armée contenant une intéressante collection d'armement du FLN, en commençant par les fusils utilisés durant la révolte du 1er novembre 1954, jusqu'aux équipements plus récents.

6. Robert Resha, voir Personnes, lieux et événements.
7. Dr Abdelhamid Brahimi (1936-). Devint plus tard Premier ministre de l'Algérie, 1984-1988.

Après le dîner, nous allons au théâtre des soldats écouter de la musique et voir de courtes comédies. Les deux comédies carburent à la propagande contre la domination française en Algérie. Après le spectacle, nous retournons dans nos quartiers pour dormir.

21/3

Après avoir visité les imprimeries du FLN et le centre de transmission, nous nous rendons à Bouleker en compagnie de deux officiers. Nous visitons d'abord le QG du bataillon de la division nord. Il occupe une bonne position dans la région la plus stratégique et il est bien gardé. Notre déjeuner sur place se compose de viande de lapin et de pain frais.

Ensuite, nous allons jusqu'au QG d'un bataillon situé pile à la frontière algérienne. Nous voyons des abris et nous y entrons. Autour du camp, il y a beaucoup de réfugiés dont le dénuement est très émouvant. Plus tard, nous retournons à Oujda pour une discussion.

Celle-ci commence à 18 h 30 et nous devons repartir à Rabat à 21 h 45. Finalement, à 21 h 30, la décision est prise de repartir le lendemain en voiture pour Rabat, car nous n'avons abordé que le quart des sujets.

9. EXTRAIT DU CARNET DE 1962

Un autre point que le capitaine Larbi a soulevé : il faut que l'élite comprenne que les masses, aussi pauvres et ignorantes soient-elles, constituent l'investissement le plus important du pays. Toutes les activités et les opérations doivent se faire en impliquant autant l'intelligentsia que les masses – paysans, journaliers, ouvriers des villes, etc.

Troisièmement, il faut que les masses comprennent que les actions politiques du type des grèves, boycotts et autres manifestations similaires, sont inefficaces si elles restent isolées. L'action doit être considérée comme une forme primordiale, essentielle, de l'activité politique.

10. EXTRAIT DU CARNET DE 1962

Si la conscience politique est cruciale pour former une armée et mobiliser les soutiens populaires, il ne faut pas perdre de vue des questions pratiques. Par exemple, une femme qui ne se sent pas particulièrement engagée peut faire beaucoup pour la révolution simplement parce que son petit ami, son mari ou son fils est dans l'armée. De la même façon, il faut encourager les villages à prendre des initiatives.

Il y a le cas de ce village qui a attaqué un poste français sans instruction du FLN. Dans un autre village, les habitants ont construit d'eux-mêmes un tunnel.

Il est également connu que, à un certain moment, le FLN empêchait ses soldats de se marier. Plus tard, cette règle a été modifiée et il est désormais permis à tous de se marier. Les femmes qui se sont mariées à des soldats du FLN, ainsi que leurs familles, se sont immédiatement rangées derrière le FLN et la révolution.

11. EXTRAIT DU CARNET DE 1962

Il faut garder à l'esprit certaines questions cruciales lorsqu'on lève une armée révolutionnaire :

– S'il est important que vos hommes soient entraînés dans des pays amis, il ne faut pas compter uniquement là-dessus. Le principal point à retenir, c'est qu'il faut monter ses propres écoles, [qui] établiront des centres d'entraînement soit à l'intérieur, soit aux frontières du pays.

– On doit aussi prévoir et fournir des suppléants, tout simplement parce qu'au combat on [perd] beaucoup d'hommes. En ne prenant pas les mesures nécessaires, on brise l'élan révolutionnaire. En outre, on donne confiance à l'ennemi. À l'inverse, dès le début il faut lui montrer que notre force s'accroît continuellement.

– Il faut être réactif et imaginatif, sinon l'ennemi écrasera nos forces.

– Il faut aussi tenir compte du fait que [plus] la guerre dure, plus les massacres se perpétuent, plus la lassitude gagne la population.

12. EXTRAIT DU CARNET DE 1962

Les attaques spectaculaires menées avec succès par les révolutionnaires ont permis aux Algériens de retrouver leur dignité. En Algérie, ils ont établi des commandos de zone, avec des fonctions spécialisées. Leur activité n'entraîne aucun avantage économique, mais elle est extrêmement utile pour regonfler le moral de la population. Cependant, des actions de ce genre n'ont pas le droit à l'échec. Les opérations commando consistent, par exemple, en attaques à visage découvert sur des soldats français en ville, ou à poser des bombes dans des cinémas.

Il ne faut pas non plus prendre pour argent comptant la déclaration d'une recrue potentielle se disant prête à se battre. Il faut la mettre à l'épreuve. Dans un village, 200 personnes se sont déclarées prêtes à rejoindre le FLN. On leur a alors expliqué que, le lendemain, l'ennemi allait lancer une attaque. Puis on a demandé des volontaires. Seuls trois hommes ont levé la main. Une autre fois, on a demandé à des nouvelles recrues de marcher de nuit jusqu'à un endroit où on leur remettrait des armes. Ils arrivèrent à minuit et on leur raconta que l'homme qui avait promis de livrer les armes n'était pas arrivé, après quoi on leur conseilla de revenir le lendemain. Ceux qui se plaignirent montrèrent qu'on ne pourrait se fier à eux dans des conditions difficiles.

13. EXTRAIT DU CARNET DE 1962

Il faut adroitement coordonner les actions de guérilla menées dans les villes et les campagnes.

14. EXTRAIT DU CARNET DE 1962

Considérations à garder à l'esprit en lançant la Révolution.

Il faut la garantie absolue que toutes les précautions ont été prises pour s'assurer la victoire – l'organisation est extrêmement importante. Avant tout, il faut un réseau dans l'ensemble du pays… Nous devons mener une étude approfondie de toutes les révolutions, y compris celles qui ont échoué. Une bonne organisation est absolument essentielle. Dans la wilaya [province algérienne], il a fallu un an pour monter une organisation digne de ce nom.

Il faut à tout prix une révolte locale. Beaucoup de révoltes échouent parce que l'idée révolutionnaire n'est pas partagée par tous.

La révolte doit être préparée de façon à éviter toute interruption.

15. EXTRAIT DU CARNET DE 1962

Les organisateurs de la révolution ne doivent pas s'inquiéter outre mesure du manque d'entraînement militaire des masses. Les meilleurs commandants et stratèges du FLN sont pour l'essentiel des individus qui n'avaient aucune expérience militaire préalable. Il y a aussi une différence entre un militaire et un militant. En Algérie, non seulement les femmes savent tirer, mais elles savent démonter et assembler un fusil.

16. EXTRAIT DU CARNET DE 1962

La date de commencement doit être fixée lorsqu'il est absolument certain que la révolution réussira, et elle doit être liée à d'autres facteurs. Par exemple, le ministre français de la Défense, après s'être rendu en Tunisie et au Maroc, a déclaré que l'Algérie était en paix. La révolte a eu lieu le lendemain. Par la suite, il a affirmé que la révolte était limitée à certaines régions, qu'elle ne s'étendait pas à tout le pays. Juste après, celle-ci a embrasé tout le pays. Les opportunités et la psychologie doivent influencer le choix de la date.

17. EXTRAIT DU CARNET DE 1962

Nous devons avoir le courage d'accepter qu'il y aura des représailles contre la population. Mais nous devons tenter de l'éviter en choisissant avec soin nos cibles. Mieux vaut attaquer des cibles éloignées de la population. Les cibles doivent être aussi proches que possible de l'ennemi. Devant le peuple et devant le monde, le soulèvement doit conserver un caractère de mouvement révolutionnaire populaire. L'ennemi doit croire à un soulèvement limité.

Nous devons rechercher le soutien de toute la population grâce à un équilibre parfait des classes sociales. La base de notre soutien se trouvera parmi les gens du peuple, les pauvres et les ignorants, mais il faut aussi que les intellectuels soient de notre côté.

Pour finir, il doit y avoir une harmonie totale entre les représentants officiels du mouvement révolutionnaire et le haut commandement. Ils doivent disposer d'un personnel semblable et également développé.

18. EXTRAIT DU CARNET DE 1962

14/3/52, Dr Mostefai

L'objectif de départ de la révolution algérienne était de vaincre militairement la France, comme en Indochine. Une solution négociée n'était pas envisagée.

La conception de la lutte, dès l'origine, détermine le succès ou l'échec de la révolution.

Il faut qu'un plan général gouverne toutes nos décisions, au quotidien. En plus de ce plan général qui traite de la situation dans sa globalité, il faut aussi un plan, mettons sur trois mois. L'action pour l'action n'est pas souhaitable. Toute action individuelle doit être entreprise dans le cadre d'une stratégie.

Il faut

a) un objectif militaire

b) un objectif politique

c) un objectif psychologique

C'est la stratégie à court terme. Le but recherché peut engendrer une situation nouvelle qui rende nécessaire un amendement du plan général. Les plans tactiques sont gouvernés par la stratégie. La tactique ne concerne pas seulement les opérations militaires, elle couvre aussi des domaines comme la conscience politique des masses, la mobilisation des alliés sur le plan international. Le but est de détruire la légalité du gouvernement et d'instituer celle du peuple. Il doit y avoir une autorité parallèle dans l'administration de la justice, dans l'administration et dans l'approvisionnement.

L'organisation politique doit totalement contrôler le peuple et son activité. Les soldats doivent vivre parmi la population comme des poissons dans l'eau.

Le but, c'est que nos forces se développent et croissent tandis que celles de l'ennemi se désintègrent.

Commencer une révolution est facile ; la continuer et maintenir son élan, là est la difficulté.

Le devoir d'un commandant est d'analyser dans le détail la situation avant d'initier quoi que ce soit.

19. CONVERSATION AVEC AHMED KATHRADA À PROPOS DE SON VOYAGE À LONDRES DE 1962

MANDELA : Oui, en effet, les Britanniques m'ont donné du fil à retordre à l'aéroport. Ils ne m'ont pas brutalisé, ils sont bien trop subtils pour ça.

KATHRADA : Oui.

MANDELA : Je devais présenter mon passeport, mais pour commencer Oliver [Tambo] me dit : « Passe à cette table, je vais à l'autre. » Nous nous sommes séparés. Je présente mon passeport à ce type, il le regarde, me salue très poliment et dit : « Que venez-vous faire en Angleterre ? »

– Je dois voir des bibliothèques, des musées, pour écrire un livre. »

Il me demande : « Quel genre de livre ? » Je lui explique : « Eh bien, le sujet en est l'évolution de la pensée politique en Afrique du Sud.

– Oh, c'est excellent, monsieur, un très beau sujet. Combien de temps voulez-vous rester ?

– Juste deux semaines

– Non, ne demandez pas deux semaines, demandez un mois. »

Et je me dis… je vais passer un séjour merveilleux : « D'accord, je vais prendre un mois. » Il me demande alors : « Vous avez un billet de retour sur vous ? »

KATHRADA : Ah.

MANDELA : J'étais secoué, mais je réponds : « Non, mais j'ai un peu d'argent. » En fait, je crois que j'avais à peu près 20 rands. [Rires.] J'ai dit : « J'ai un peu d'argent », et ma main a plongé dans ma poche, mais il m'arrête tout de suite : « Non, non, non, non, non. Ne vous inquiétez pas. » Parce qu'il savait que j'avais de l'argent. Et il ne voulait pas faire ça. Ils sont très subtils.

KATHRADA : Oui.

MANDELA : « Non, non, non, ne faites pas ça. » Et alors qu'il me parlait, le collègue qui s'occupait d'Oliver lui a fait signe [Il fait de grands gestes.]… En d'autres termes, il lui disait : « Ce gars-là est sur… – comment dit-on ? – sur la liste noire. »

KATHRADA : Ah ah.

MANDELA : Il l'a informé, et il m'a posé des questions très subtiles, mais de plus en plus précises, avec quelque chose de dévastateur.

KATHRADA : Hmmm.

MANDELA : Et pour finir, il m'a dit : « Je vais vous donner le formulaire tant et tant », tu sais, « cela vous permettra de rester un mois », ensuite il m'a souhaité un bon séjour. Pendant ce temps-là, ils étaient en conciliabule. Ils avaient découvert que nous étions des combattants. Mais j'ai quand même passé un agréable moment là-bas. J'ai rencontré des hommes politiques anglais qui m'ont très bien accueilli. J'ai vu Denis Healey, du Parti travailliste[8], et aussi Hugh Gaitskell[9]. Ils voulaient que je rencontre le Premier ministre Macmillan mais... c'est idiot, mon programme était trop serré, je devais voir des gens comme David Astor, Anthony[10]...

KATHRADA : Sampson[11].

MANDELA : Sampson, et d'autres...

KATHRADA : Tu n'es pas resté avec Astor, n'est-ce pas ?

MANDELA : Non, non, non. Je suis resté avec Oliver.

KATHRADA : Hmmm.

MANDELA : Évidemment, c'était très excitant de se trouver en Angleterre, dans la capitale de ce qui fut autrefois le puissant Empire britannique. J'ai apprécié, et aussi le fait d'aller dans les librairies et d'acheter des livres sur la guérilla.

20. CONVERSATION AVEC RICHARD STENGEL SUR LA GUÉRILLA

MANDELA : La révolution chinoise est un chef-d'œuvre, un vrai. Quand tu découvres comment ils ont mené leur révolution, tu crois en l'impossible. C'est tout simplement miraculeux. Comment s'appelle l'Américain qui a écrit Red Star Over China ?

8. Denis Healey (1917-). Homme politique britannique membre du Parti travailliste.
9. Hugh Gaitskell (1906-1963). Homme politique britannique membre du Parti travailliste. Leader du Parti travailliste, 1955-1963.
10. Harold Macmillan (1894-1986). Premier ministre britannique, 1957-1963.
11. Anthony Sampson, voir Personnes, lieux et événements.

STENGEL : Oui…

MANDELA : Comment s'appelait-il ? C'est un nom célèbre.

STENGEL : Snow.

MANDELA : Edgar Snow.

STENGEL : C'est ça.

MANDELA : C'est le premier livre que j'ai lu sur la Chine.

STENGEL : Vraiment ?

MANDELA : Oui. Red Star Over China – Edgar Snow… Red Star Over China – Edgar Snow. Bien écrit, simple et avec empathie, mais il n'était pas communiste. Tu comprends ? Il n'était pas communiste, c'était… un avantage, parce qu'il pouvait aussi critiquer. Mais c'était un travail constructif, quand il décrit l'origine de la révolution dans la région sud-est de la Chine, là où tout a commencé, comment Tchang Kaï-Chek et les autres ont essayé d'encercler la région, de l'éreinter pour écraser la révolution, et comment ils ont combattu… Et quand il est devenu évident que s'ils restaient là ils seraient anéantis, ils ont décidé de percer les lignes ennemies. Ils sont partis vers l'ouest, puis sont remontés tout droit jusqu'aux frontières avec l'Union soviétique, et c'est là qu'ils ont commencé à combattre de façon offensive.

STENGEL : Oui, la Longue Marche.

MANDELA : La Longue Marche, quand même… C'était vraiment un miracle. Certains incidents qui sont survenus montraient justement comment ils s'étaient échappés, il y avait quelque chose de magique.

STENGEL : Et donc, de vos lectures, quelles sont les leçons que vous souhaitiez appliquer au MK [Umkhonto we Sizwe], puisque vous vous étiez aussi documenté sur des mouvements qui avaient échoué ? Qu'avez-vous appris de vos lectures que vous vouliez mettre en œuvre pour empêcher le MK d'échouer ?

MANDELA : Eh bien, en premier lieu, je voulais connaître les principes fondamentaux pour lancer une révolution. Une révolution armée, une guérilla. C'est pour cela que j'ai lu Clausewitz, qui ne parle pas de guérilla ; il parle des règles de la guerre, vous savez, de ses principes… Oh, d'ailleurs, j'ai aussi lu La Révolte d'Israël, de Menahem Begin.
STENGEL : Oh.
MANDELA : Oui, La Révolte de Menahem Begin. Voilà un livre qui était très encourageant pour nous, car il s'agissait d'un mouvement dans un pays sans montagne… et leur base était en Israël, qui était entièrement occupé par l'armée britannique, vous voyez ? D'une frontière à l'autre. Mais ils ont mené leur lutte avec fermeté, c'était très intéressant. J'ai aussi lu des choses sur les partisans en France, Mitterrand, et l'Europe de l'Est. C'est le genre de littérature que je lisais.

21. CONVERSATION AVEC RICHARD STENGEL

Pendant cette période de clandestinité, j'ai lu Clausewitz, Commando de Denys Reitz. J'ai lu aussi deux livres sur la Malaisie, et un autre sur les Philippines, sur le Hukbalahap, et Born of the People de Luis Taruc. Et j'ai lu les œuvres de Mao Zedong. J'étais là [en Éthiopie] pour apprendre à me servir d'un fusil.
STENGEL : D'accord. Des travaux pratiques.
MANDELA : Des travaux pratiques, exactement.
STENGEL : Et vous vous êtes entraînés sur deux champs de tir, est-ce exact ?
MANDELA : Oui, c'est cela. Il y avait un champ de tir pour tous les soldats, qui se trouvait à une bonne distance du camp. Et il y en avait un autre pour… la garde de l'Empereur – la garde d'honneur ; celui-là était plus près. J'ai fréquenté les deux.

STENGEL : Étiez-vous bon tireur ?

MANDELA : Non, c'est-à-dire... Enfin, correct, j'étais correct. Au Maroc, on m'avait initié au maniement des armes. Et ils m'avaient appris à m'occuper d'une arme, de son mécanisme. Ils la démontaient pour que j'en connaisse les différentes parties. Puis ils me demandaient de le faire plusieurs fois jusqu'à bien maîtriser cette technique.

22. CONVERSATION AVEC AHMED KATHRADA À PROPOS DE LA LUTTE ARMÉE

Disons que l'un des sujets controversés lorsque nous avons monté le MK était la manière de le contrôler. Nous voulions éviter le militarisme, le but était de créer une force militaire à partir de l'organisation politique, et c'est sur ce principe qu'il a été fondé. Nous plaidions pour que l'entraînement aille de pair avec une formation politique. Ils doivent savoir pourquoi ils vont prendre les armes et combattre. On doit leur enseigner que la révolution ne se limite pas à appuyer sur une détente et à faire feu – c'est une organisation qui avait pour objectif de prendre le pouvoir. C'est ce que nous mettions en avant.

Daily
Model
wins
fight
to walk
again

CHAPITRE SIX

Le corps enfermé

« Dans la situation où je me trouve actuellement, penser au passé est parfois bien plus exigeant que de contempler le présent ou de prédire le cours futur des événements. Jusqu'à ce que j'aille en prison, je n'ai jamais apprécié dans sa juste mesure la capacité de la mémoire, l'incessant défilé d'informations que l'esprit porte en lui. »

Extrait d'une lettre à Hilda Bernstein, datée du 8 juillet 1985, à propos du procès de Rivonia, voir p. 127.

1. CONVERSATION AVEC RICHARD STENGEL

Des pièces comme Antigone, toutes ces tragédies grecques, vous savez, elles valent vraiment la peine qu'on les lise. C'est comme les classiques, les livres de Tolstoï et autres, parce qu'une fois qu'on les a lues... La littérature, on en sort toujours avec un sentiment d'élévation, et notre sensibilité aux êtres humains s'en trouve approfondie. C'est l'une des plus grandes expériences qu'on puisse faire, de lire une tragédie grecque et la littérature grecque en général...

2. CONVERSATION AVEC AHMED KATHRADA SUR LA POSSIBILITÉ QUE MANDELA AIT ÉTÉ TRAHI

KATHRADA : Bien sûr, tu sais qu'ils ont appelé Walter [Sisulu] pour lui dire que je t'avais donné[1] ?

MANDELA : Les journalistes ?

KATHRADA : Non, c'était un appel anonyme. On a dit à Walter : « Je vous informe que le gars qui a balancé Mandela, c'est Kathrada. »

MANDELA : Incroyable !

KATHRADA : [Rires.]

MANDELA : Incroyable ! Mon Dieu... Ces choses-là passent inaperçues dans le feu des événements.

KATHRADA : Oui, mais rappelle-toi qu'ils le reprochaient aussi à Albertina [Sisulu][2].

MANDELA : Oui, oui, tout à fait. Je sais qu'ils ont accusé Albertina et Walter.

1. Kathrada fait référence à la façon dont Mandela a été arrêté le 5 août 1962.
2. Nontsikelelo (Ntsiki) Albertina Sisulu, voir Personnes, lieux et événements.

KATHRADA : Oui.
MANDELA : Ça m'a bouleversé. Je ne savais pas pour toi.
KATHRADA : Oui.
MANDELA : Mais pour Walter, par contre… D'ailleurs, tu sais, quand il est venu me voir en prison, il était l'ombre de lui-même. Il paraissait secoué par cette accusation.
KATHRADA : Il me semble qu'on a même écrit dans la presse qu'Albertina et Winnie [Mandela] s'étaient disputées à ce propos, je parle de l'accusation selon laquelle Albertina et Walter t'auraient dénoncé.
MANDELA : Je suis au courant de ce qui s'est passé, je lisais les journaux et cette histoire à propos de Walter y était mentionnée.
KATHRADA : Ah.
MANDELA : Et j'ai dû lui dire : « Écoute, j'ai une confiance totale en toi… N'y pense plus. » Mais il s'inquiétait quand même parce qu'il y a toujours des gens pour semer le trouble.

3. CONVERSATION AVEC AHMED KATHRADA À PROPOS DE SON ARRESTATION

KATHRADA : L'éditeur demande : « Parlez davantage de ce que vous ressentez lorsque vous comprenez que la partie est terminée. Aviez-vous peur d'être abattu[3] ? »
MANDELA : Non, je n'ai pas eu peur. J'ai réfléchi à mes options après que la voiture nous a fait signe de nous arrêter. Par le rétroviseur, j'ai vu qu'il y avait des voitures derrière nous et qu'ils avaient choisi un endroit très stratégique, avec un grand talus sur ma gauche par lequel je ne pouvais pas m'échapper. Et j'ai décidé de ne pas tenter de m'échapper. Je voyais les

3. Voir note 1 de ce chapitre.

montagnes du Lesotho, mais ç'aurait été trop risqué, il valait mieux que je reste. Une fois la décision prise de ne pas fuir, je n'ai pas eu peur d'être abattu.

4. EXTRAIT D'UNE LETTRE À HILDA BERNSTEIN, DATÉE DU 8 JUILLET 1985, À PROPOS DU PROCÈS DE RIVONIA[4]

Comment se porte ta mémoire ? Il se peut que tu n'en aies plus besoin avec tous les équipements modernes dont tu es entourée : journaux, bonne littérature, archives, bibliothèques, radio, télévision, vidéos, ordinateurs et autres. Dans la situation où je me trouve actuellement, penser au passé est parfois bien plus exigeant que de contempler le présent ou prédire le cours futur des événements. Jusqu'à ce que j'aille en prison, je n'ai jamais apprécié dans sa juste mesure la capacité de la mémoire, l'incessant défilé d'informations que l'esprit porte en lui.

Je me souviens de ce jour où tu étais assise à côté de moi à Pretoria tandis que Rusty [Bernstein, son coaccusé] s'occupait de parer les attaques du procureur [Percy] Yutar. Assez rapidement dans l'échange, j'ai eu l'impression que ce n'était pas Yutar, mais Rusty qui menait les débats. Il me semblait aussi que même [le juge, Quartus] de Wet était impuissant, et pas vraiment ravi, par la douceur et l'assurance avec lesquelles le témoin balayait les accusations de Yutar.

Au moment où on levait la séance, je n'ai pas pu m'empêcher de te dire que le témoin avait été bon. Te rappelles-tu ce que Mme Bernstein a rétorqué : « Comment ça, bon ? Il a été brillant ! » À juste titre, d'ailleurs. S'il s'était montré aussi

4. Hilda Bernstein, voir Personnes, lieux et événements.

intransigeant et raide que nous, lui aussi aurait croupi en cellule, il n'aurait pas assisté au mariage de son fils et, qui sait, peut-être que sa famille, dénuée d'un chef, se serait dispersée. Pour Keith, Francis, Patrick, Tony [les enfants de Bernstein] et toi, le jour de son retour a dû rester inoubliable[5].

Je me rappelle aussi que, le premier jour d'exercice à Pretoria, tu nous avais fait part de ton inquiétude au sujet de l'allure que les camarades et moi avions dans nos tenues kaki. Tandis que là, après que j'eus chanté les louanges de ton mari, tu n'avais que de bonnes choses à dire sur notre apparence. Je ne me souviens plus si j'ai eu l'occasion de discuter avec toi le jour où Rusty a été relaxé. La seule chose dont je me souvienne, c'est d'avoir appris dans le journal, depuis mon trou sordide de Robben Island, qu'il se trouvait en Zambie[6].

5. CONVERSATION AVEC AHMED KATHRADA À PROPOS DU CHEF DU PAC [CONGRÈS PANAFRICAIN], ROBERT SOBUKWE[7]

KATHRADA : Sobukwe était gardé avec les criminels dans la cellule d'à côté.
MANDELA : Oui.
KATHRADA : Mais nous avons réussi à lui parler.
MANDELA : Hmmm.
KATHRADA : Ils le traitaient vraiment très mal.
MANDELA : Oui.
KATHRADA : Un pantalon trop court, pas de chaussures.
MANDELA : Oui, c'est vrai.

5. Rusty Bernstein fut acquitté lors du procès de Rivonia.
6. Suite au procès, les Bernstein fuirent l'Afrique du Sud.
7. Robert Mangaliso Sobukwe, voir Personnes, lieux et événements.

KATHRADA : Et nous avons réussi à lui parler. Nous lui avons demandé si nous pouvions faire quelque chose pour lui. Il avait besoin de tabac et d'une cuillère. Et donc, tu sais, il y avait ce petit trou.
MANDELA : Ah oui.
KATHRADA : On a fait passer du tabac par ce petit trou, et aussi une cuillère et peut-être un peu de nourriture, mais je ne me souviens plus exactement. Ce qui l'intéressait le plus, c'était le tabac.
MANDELA : Oui, je me rappelle. Je pense que c'est une des choses qui l'ont tué.
KATHRADA : Oui. Cancer des poumons.
MANDELA : Hmm. Oui. Parce qu'il avait la tuberculose.
KATHRADA : C'est ça.

6. CONVERSATION AVEC AHMED KATHRADA

KATHRADA : Alors, page 15 (du manuscrit), tu parles de la première visite de Winnie [Mandela] au Fort. Tu dis : « Je l'ai remerciée » – pour des vêtements et un colis qu'elle t'avait ramenés – « Je l'ai remerciée et bien que nous ne disposions pas de beaucoup de temps, nous avons parlé de la famille, et je lui ai reparlé de la force de notre cause, de la loyauté de nos amis, et je lui ai expliqué que son amour et sa dévotion m'aideraient à traverser les épreuves à venir, quelles qu'elles soient. » C'est page 15.
MANDELA : Au fait, elle m'avait amené des pyjamas en soie et une chemise de nuit.
KATHRADA : Ah.
MANDELA : Et je lui ai dit : « Non… Ce n'est pas une tenue pour un endroit comme celui-là. » [Rires.]

7. CONVERSATION AVEC RICHARD STENGEL

STENGEL : Parlez-moi de la fois où vous vous êtes évanoui.

MANDELA : Ah, oui. J'étais allé voir [Robert] Sobukwe à l'hôpital… comment dit-on, l'hôpital carcéral. Je me suis écroulé. Je ne savais pas que quelque chose ne tournait pas rond, d'ailleurs j'ai eu une contusion sur le côté du visage et je me suis ouvert. C'est tout. Je suis tombé puis je me suis relevé – oh, les rumeurs qui ont circulé à l'extérieur ! Cet homme est malade. Très malade. Et je n'avais rien vu venir. Je ne sais pas pourquoi j'ai eu cet étourdissement. La tête m'a tourné, mais par la suite, ça ne s'est jamais reproduit. Je ne sais pas ce qui s'était passé.

8. CONVERSATION AVEC AHMED KATHRADA
À PROPOS DE ROBERT SOBUKWE

MANDELA : Je n'ai jamais été dans la confrontation avec Sobukwe. Rappelle-toi que Sobukwe était mon client. J'étais son avocat et nous avions beaucoup de respect l'un pour l'autre, c'était quelqu'un de très agréable.

KATHRADA : Oui.

MANDELA : Et un gentleman. Il n'y a jamais eu de conflit entre nous et je me suis très bien entendu avec lui, en prison.

9. CONVERSATION AVEC RICHARD STENGEL
À PROPOS DU « NON-RACIALISME »

Nous n'avons jamais vraiment accepté l'idée d'une société multiraciale. Nous visons une société non raciale parce que le multiracialisme, de fait, signifie multiplier les races ; cela revient à dire qu'on a beaucoup de races différentes dans le pays. En un sens, c'est perpétuer le concept de « race », et nous préférions dire que nous voulions une société non raciale.

Nous en avons discuté et avons dit exactement ce que nous disons aujourd'hui, à savoir que nous ne voulons pas d'un pays multiracial, mais d'un pays non racial. Nous nous battons pour une société où les gens cessent de penser en termes de couleur. Ce n'est pas une question de race ; c'est une question d'idées.

10. CONVERSATION AVEC AHMED KATHRADA À PROPOS DE GREEFF, UN POLICIER QUI A AIDÉ QUATRE CAMARADES LIÉS À LEUR AFFAIRE À S'ÉCHAPPER DE LEUR GARDE À VUE[8]

KATHRADA : Nos gars avaient promis de le payer 2 000 livres, l'argent avait été livré à Laloo [Chiba][9].
MANDELA : Je vois.
KATHRADA : Et il a suivi l'arrangement qu'ils avaient mis en place. Le principal instigateur de cette corruption, celui qui a persuadé ce gardien, d'après mes souvenirs, c'était Mosie [Moolla][10].
MANDELA : Je vois.
KATHRADA : Mais dans une certaine mesure, je suppose que c'était un plan mis au point en commun.
MANDELA : Oui, sans doute.
KATHRADA : Et donc, d'après leur accord, c'est Laloo qui devait le payer : l'argent devait être livré chez lui et ce type était censé

8. Les quatre camarades étaient Abdulhay Jassat, Moosa (Mosie) Moolla, Harold Wolpe et Arthur Goldreich. Le 11 août 1963, ils s'évadèrent du commissariat de Marshall Square à Johannesburg en soudoyant Johannes Greeff.
9. Isu (Laloo) Chiba, voir Personnes, lieux et événements.
10. Moosa Mohamed (Mosie) Moolla, voir Personnes, lieux et événements.

venir le prendre, mais quand ils ont voulu le payer, des flics l'avaient suivi, tu comprends, donc ils ne l'ont pas payé.

MANDELA : Oh !

KATHRADA : Oui.

MANDELA : Bon sang !

KATHRADA : Et ensuite le gars s'est fait arrêter et il a pris six ans…

MANDELA : Oh !

KATHRADA : Ce Greeff, et ils l'ont relâché au bout de trois ans et quelques. Il a purgé sa peine, comme tu vois.

MANDELA : Ah bon ?

KATHRADA : Et il faut toujours que je trouve cet article dans lequel, d'après Harold [Wolpe], on te cite disant qu'il nous faut honorer cette dette[11].

MANDELA : En effet. Si l'histoire s'est bien déroulée de cette façon, si ce jeune gars a fini en prison…

KATHRADA : C'est certain. Il a purgé trois ans sur les six auxquels il était condamné. J'en ai justement parlé à Joel l'autre jour, nous avons eu une discussion à ce sujet. Tu imagines 2 000 livres à l'époque, la valeur que cela aurait aujourd'hui ?

MANDELA : Oui.

KATHRADA : Beaucoup plus.

MANDELA : Oui, hmmm…

KATHRADA : Et je me disais que nous devrions peut-être lui donner une de ces voitures de l'ANC, ce qui ne nous coûtera rien. En plus, une bonne partie d'entre elles va finir à la casse, j'en suis sûr.

MANDELA : Fais un rapport à propos de cet homme, rédige une note.

11. Harold Wolpe (1926-1996). Économiste, écrivain et activiste antiapartheid. Membre du SACP.

KATHRADA : Hmmm. J'ai déjà fait une note à propos de Greeff, mais je voulais aller plus loin quand nous avons entendu parler de cette coupure de presse par Harold. Tu sais, celle où tu déclares que nous devons honorer cette…

MANDELA : D'accord.

KATHRADA : … cette dette.

MANDELA : Effectivement, je recommande fortement que nous l'honorions.

KATHRADA : Oui. En plus, cela nous fera de la bonne publicité.

MANDELA : Oui, oui.

KATHRADA : Aujourd'hui, ce gars vit quelque part au Cap.

MANDELA : Greeff ?

KATHRADA : Oui.

MANDELA : Qu'est-ce qu'il fait ?

KATHRADA : Je crois qu'il dirige une exploitation.

MANDELA : C'est honteux, il est sans doute en difficulté, je te le dis. Travailler la terre n'a rien de facile.

KATHRADA : Donc je pense que nous devrions…

MANDELA : Non, non, non, discutons-en. Discutons-en.

11. CONVERSATION AVEC AHMED KATHRADA SUR SA DÉCISION DE PLAIDER NON COUPABLE AU PROCÈS DE RIVONIA

MANDELA : Nous n'avons pas reconnu notre culpabilité au procès de Rivonia. Nous avons plaidé non coupable, tu te rappelles ?

KATHRADA : Oui.

MANDELA : Nous avons dit que c'était le gouvernement…

KATHRADA : Exactement.

MANDELA : … qui était criminel et qui aurait dû…

KATHRADA : Exactement, qu'il faisait une mauvaise interprétation…
MANDELA : C'est ça.
KATHRADA : … de la déclaration que tu avais faite…
MANDELA : Oui.
KATHRADA : … depuis le banc des accusés, où tu avais admis…
MANDELA : Oui.
KATHRADA : … beaucoup de choses.
MANDELA : Parfaitement.
KATHRADA : Mais que ça ne signifiait pas que tu plaidais coupable.
MANDELA : Oui, évidemment.
KATHRADA : Pas plus que ça n'était une reconnaissance de ta culpabilité.
MANDELA : Ah.

12. FIN DE SON ALLOCUTION DU 20 AVRIL 1964 DEPUIS LE BANC DES ACCUSÉS AU PROCÈS DE RIVONIA

Durant toute ma vie, je me suis engagé dans la lutte pour le peuple africain. J'ai combattu la domination blanche, et j'ai combattu la domination noire. J'ai défendu l'idéal d'une société démocratique et libre dans laquelle tous les individus vivraient en harmonie et bénéficieraient de chances égales. C'est un idéal pour lequel j'espère vivre et que j'espère voir se réaliser. Mais c'est un idéal aussi pour lequel, s'il le faut, je suis prêt à mourir.

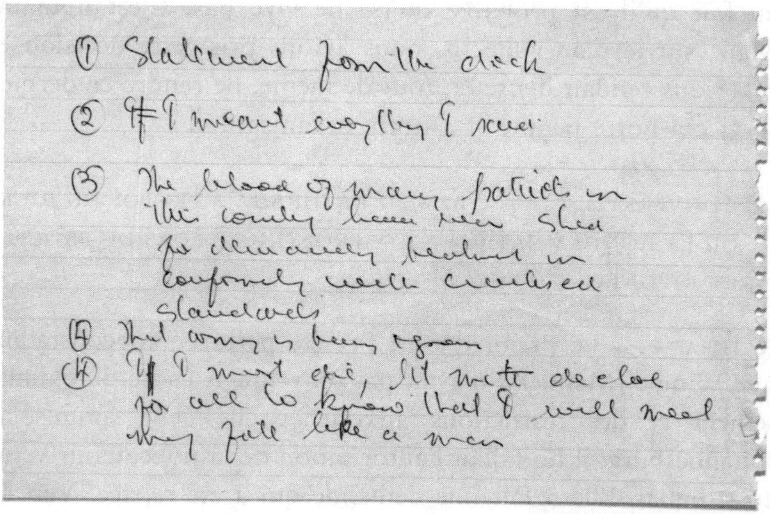
(1) Statement from the dock

(2) I meant everything I said

(3) The blood of many patriots in this country have been shed for demanding treatment in conformity with civilised standards

(4) That army is beginning to grow

(5) If I must die, let me declare for all to know that I will meet my fate like a man

Mandela nota cinq points en préparation de sa déposition à la barre le 20 avril 1964 au procès de Rivonia, dans lequel lui et ses compagnons étaient exposés à une sentence de peine de mort. On lit :

1. Déclaration à la barre
2. Je voulais dire tout ce que j'ai dit
3. Le sang de nombreux compatriotes de ce pays a été versé pour obtenir un traitement conforme avec les principes civilisés
4. Cette armée commence à grandir
5. Si je dois mourir, laissez-moi déclarer à tous que je vais à la rencontre de mon destin comme un homme

13. CONVERSATION AVEC RICHARD STENGEL SUR LA PERSPECTIVE DE LA PEINE DE MORT

Nous en avons discuté, comme je l'ai dit, et nous avons conclu qu'il ne fallait pas seulement y réfléchir en fonction de nous, qui nous trouvions dans cette situation, mais en fonction de la lutte au niveau global. Nous étions résolus à disparaître dans un nuage de gloire pour poursuivre la lutte. C'était le meilleur service à rendre à notre organisation et à notre peuple. Bien sûr, quand on se retrouve seul dans sa cellule, on pense à soi, au fait qu'il est probable qu'on ne vive pas. C'est humain. Mais, sur le plan collectif, nous avions pris cette décision et cela nous rendait heureux, tout de même, de rendre ce dernier service à notre peuple et à notre organisation.

14. CONVERSATION AVEC AHMED KATHRADA À PROPOS DU JOUR OÙ LA CONDAMNATION A ÉTÉ PRONONCÉE LORS DU PROCÈS DE RIVONIA

KATHRADA : « Le premier jour, j'ai été perturbé en constatant que Winnie [Mandela] n'avait pas pu venir. À cause du bannissement et des restrictions auxquelles elle était soumise à Johannesburg, il lui fallait l'autorisation de la police pour venir au tribunal. Elle a fait une demande qui a été rejetée. Vers la même heure, j'ai aussi appris que la police avait fait une descente chez nous et qu'un jeune parent de Winnie présent à ce moment-là était sous les verrous. Winnie n'était pas la seule épouse à être harcelée. Albertina Sisulu, Caroline [Motsoaledi] », etc.[12] Alors l'éditeur voudrait savoir, en page 93 (du manuscrit) : « Vous inquiétiez-vous pour la sécurité de vos enfants ? »

MANDELA : Oui, bien sûr, naturellement. Comment peuvent-ils se poser cette question ?

15. EXTRAIT D'UNE LETTRE À SEFTON VUTELA, DATÉE DU 28 JUILLET 1969[13]

En tant que camarades dévoués et disciplinés luttant pour une juste cause, nous devions être prêts à entreprendre toutes les missions que l'histoire nous assignait, quel que soit le prix à

12. Caroline Motsoaledi. Femme d'Elias (Mokoni) Motsoaledi. Pour Elias (Mokoni) Motsoaledi, voir Personnes, lieux et événements.
13. Sefton Siphiwito Vutela. Marié à la sœur de Winnie, Nancy Madikizela.

payer. C'était le principe qui nous guidait dans nos carrières politiques, y compris lors des différentes phases du procès. Cependant, je dois avouer que, à titre personnel, la menace de la mort n'éveillait en moi aucune envie de jouer au martyr. J'étais prêt à le faire si les circonstances m'y obligeaient, mais la soif de vivre demeurait toujours. Pour autant, l'intimité alimente le mépris, même pour la hideuse main de la mort. La phase critique n'a duré que quelques heures, et c'est en homme tourmenté et épuisé que je me suis mis au lit le jour où j'ai appris le coup de filet de Rivonia. Néanmoins, en me levant le lendemain matin, le pire était derrière moi et d'une manière ou d'une autre j'avais même rassemblé assez de force et de courage pour raisonner et me dire que, si je ne pouvais rien faire de plus pour défendre la cause que nous chérissions tous avec passion, l'issue fatale qui était suspendue au-dessus de nos têtes servirait peut-être nos objectifs à plus longue échéance. Cette croyance me permit de renforcer mes minces réserves de confiance jusqu'aux derniers jours de la procédure. J'étais en outre soutenu par la conviction que notre cause était juste, ainsi que par le soutien massif que nous recevions de la part d'organismes influents et d'individus des deux côtés de la Frontière des Couleurs. Mais le concert des trompettes et des hosannas que nos sympathisants et nous-mêmes entonnions n'aurait servi à rien si le courage nous avait manqué lorsqu'est venu le moment décisif.

16. CONVERSATION AVEC AHMED KATHRADA

MANDELA : Bien entendu, il est facile aujourd'hui de dire que ça ne m'inquiétait pas, mais nous nous attendions à la peine de mort. En fait, juste avant que le juge ne prononce son jugement, sa sentence, parce qu'il nous avait déjà jugés coupables, mais avant de prononcer sa sentence, tu te souviens ? Il avait l'air nerveux, et nous nous sommes dit : « C'est clair, il va prononcer la peine de mort... »

KATHRADA : Hmmm.

MANDELA : Nous nous attendions vraiment à la peine de mort et nous étions résignés. Évidemment, c'est une drôle d'expérience d'avoir l'impression que quelqu'un va se tourner vers toi pour t'annoncer que ta vie se termine là. C'était plus qu'inquiétant, mais cependant nous avons essayé de nous préparer à cette éventualité, aussi tragique qu'elle fût.

KATHRADA : Hmmm.

MANDELA : Et j'avais avec moi des camarades courageux ; d'ailleurs, ils montraient bien plus de courage que moi. J'aimerais que ce soit dit une bonne fois.

KATHRADA : Ah ah. Eh bien, je crois que ça conclut ce chapitre, dans ce cas.

MANDELA : Bien.

TROISIÈME PARTIE

Épopée

Avec le recul dont nous disposons aujourd'hui, la vie de Nelson Mandela semble porter l'énergie d'une légende et la force d'une épopée. Son histoire personnelle s'est mêlée à celle de l'Afrique du Sud, du colonialisme à l'apartheid et de l'apartheid à la démocratie. Cette longue marche vers la liberté de la nation tout entière serait inimaginable sans la longue marche de Mandela lui-même. Mais c'est au cours de ses vingt-sept années d'incarcération que sa vie a véritablement atteint les dimensions de l'épopée. Mandela est devenu le symbole international des luttes contre l'injustice. Il fut sans aucun doute le prisonnier le plus célèbre au monde. Un prisonnier prêt, dès sa libération en 1990, à arpenter une scène mondiale.

Les premières années, ses conditions de détention à Robben Island furent difficiles. La nourriture était mauvaise, le travail épuisant, les étés chauds, les hivers très sévères, et les gardiens brutaux. Au départ, il n'avait droit qu'à une courte lettre et une courte visite chaque semestre. La souffrance physique existait ; la souffrance morale était pire. Les autorités faisaient constamment preuve de mesquinerie. La séparation de verre dans le parloir était une obscénité. La surveillance était inquisitrice. Chaque lettre écrite à un être aimé à propos de choses profondément personnelles l'était en sachant qu'une tierce personne, le censeur, la lirait aussi.

Au fil des ans, Mandela s'est adapté aux circonstances, de même que les autorités (sous la pression des prisonniers politiques, qui combattaient sans cesse le système carcéral sur des questions de principe) se sont elles aussi adaptées. La condition carcérale de Mandela, ainsi que sa capacité à damer le pion aux autorités, s'améliorèrent après son transfert à la prison de Pollsmoor en 1982, et notamment après qu'il eut commencé de mener discussion sur discussion avec le régime de l'apartheid en 1985. Quand il fut transféré à la prison Victor Verster en décembre 1988, où il allait occuper seul un spacieux bungalow, il eut le droit de rencontrer et de communiquer avec qui bon lui semblait. Il sortait fréquemment de prison, parfois pour des réunions avec des responsables politiques, parfois simplement pour faire du tourisme. Il était déjà dans la peau d'un futur président.

CHAPITRE SEPT

Un homme intransigeant

« Zami et moi t'avons retrouvé à la fête ce soir-là mais tu es vite partie. Quelques jours plus tard, j'ai fait mes adieux à Zami et aux enfants ; j'étais maintenant un citoyen emporté par la vague. »

Extrait d'une lettre à Amina Cachalia, datée du 8 avril 1960, voir p. 147.

1. EXTRAIT D'UNE LETTRE À ARCHIE GUMEDE, DATÉE DU 8 JUILLET 1985[1]

En conclusion, j'aimerais attirer ton attention sur une lettre publiée dans un journal de JHB [Johannesburg] qui évoquait le cas de neuf hommes condamnés à mort par la reine Victoria pour trahison. Après une pluie de protestations à travers le monde, ces hommes furent bannis. De nombreuses années plus tard, la reine apprit qu'un de ses hommes avait été élu Premier ministre d'Australie, le deuxième nommé général de brigade de l'armée américaine, le troisième procureur général de l'Australie, le quatrième avait succédé au troisième comme procureur général, le cinquième était devenu ministre de l'Agriculture du Canada, le sixième était lui aussi général de brigade de l'armée américaine, le septième gouverneur général du Montana, le huitième un homme politique influent à New York et le dernier avait été désigné gouverneur général de Terre-Neuve

2. EXTRAIT D'UNE LETTRE À AMINA CACHALIA, DATÉE DU 8 AVRIL 1960, À PROPOS DU JOUR OÙ LE TREASON TRIAL S'EST ACHEVÉ[2]

Zami et moi t'avons retrouvé à la fête ce soir-là mais tu es vite partie. Quelques jours plus tard, j'ai fait mes adieux à Zami et aux enfants ; j'étais maintenant un citoyen emporté par la vague.

Ce n'était pas une décision facile à prendre. Je connaissais les difficultés, la misère et l'humiliation auxquelles mon absence les exposerait. J'ai connu des heures d'angoisse en

1. Archibald Grumede (1914-1988). Avocat et activiste antiapartheid. Membre de l'ANC. Cofondateur et président du Front démocratique uni (United Democratic Front, UDF).
2. Amina Cachalia, voir Personnes, lieux et événements.

pensant à eux et pas une fois je n'ai douté du courage et de la détermination de Zami. Mais il y a des moments où je redoute de recevoir ses lettres, parce que, chaque fois qu'elle vient, je constate le lourd tribut qu'a payé sa santé aux événements des huit dernières années.

3. EXTRAIT DU MANUSCRIT AUTOBIOGRAPHIQUE INÉDIT ÉCRIT EN PRISON, À PROPOS DE SA DÉCOUVERTE DE ROBBEN ISLAND[3]

Une nuit, vers la fin mai 1963, on m'a ordonné de rassembler mes affaires personnelles. Au bureau de la réception, je me suis retrouvé avec trois autres prisonniers politiques. J'ai appris par le colonel Aucamp, qui était officier commandant à Pretoria, qu'on allait nous transférer à Robben Island. Je déteste être transféré d'une prison à une autre. Cela implique beaucoup d'inconvénients et de traitements dégradants. On est menotté, et à chaque arrêt dans une prison, on se retrouve face à du personnel pénitentiaire ou à des visiteurs alors qu'on est vêtu de l'humiliante tenue de prisonnier. Mais j'étais curieux à l'idée de voir Robben Island, un endroit dont j'entendais parler depuis mon enfance, un endroit que notre peuple appelait esiqithini (« Sur l'île »). L'île est devenue célèbre au sein du peuple xhosa parce que Makana, connu aussi sous le nom de Nxele, commandant de l'armée xhosa durant ce qui fut appelé la Quatrième Guerre xhosa, a été banni et qu'il s'est noyé après avoir essayé de s'échapper de l'île en rejoignant le continent à la nage[4]. Sa mort a mis à mal les espoirs du peuple xhosa, et il en reste quelque chose dans les expressions du peuple ; pour décrire un « très

3. Mandela fut emprisonné deux fois à Robben Island. La première fois, il y passa deux semaines alors qu'il purgeait une peine de cinq ans pour incitation à la grève et pour avoir quitté le pays sans passeport.
4. En réalité, Mandela fait référence à la cinquième guerre xhosa, 1818-1819.

mince espoir », on parle d'« Uzuka kuka Nxele ». Makana n'était pas le premier héros noir à être banni et détenu à Robben Island. Cet honneur revient à Autshumayo, connu des historiens blancs comme « Harry le Coupeur de mèche ». Autshumayo a été envoyé à Robben Island par [Jan] van Riebeeck à la fin de la guerre de 1658 entre les Khoïkhoïs et les Hollandais. L'honneur : le mot est d'autant plus juste que Autshumayo fut le premier et jusqu'à maintenant le seul prisonnier à s'être échappé de l'île. Après plusieurs tentatives, il a fini par réussir à monter à bord d'un vieux bateau dont la coque était constellée de trous et que personne ne croyait en état de naviguer. À d'autres époques, de nombreux patriotes ou combattants de la liberté ont été incarcérés sur Robben Island. Des héros comme [le chef] Maqoma, commandant lors de ce qui fut appelé la Cinquième Guerre xhosa de 1834[5], Langalibalele, le chef Hlubi condamné pour trahison par un tribunal spécial du Natal en 1873, ou le cheikh Abdul Rahman Mantura, réfugié politique de l'île de Java, font partie de l'histoire de l'île[6]. Comme les colons portugais qui ont donné une place unique dans l'histoire à l'île Fernando Pó en y emprisonnant les nombreux patriotes africains, les Britanniques qui ont incarcéré les patriotes indiens aux îles Andaman, ou encore les Français qui ont enfermé Ben Bella sur l'île d'Aix[7], les dirigeants de l'Afrique du Sud ont décidé que Robben Island vivrait dans la mémoire de notre peuple. Robben Island – autrefois colonie de lépreux, puis forteresse gardant l'entrée du port du Cap durant la Seconde Guerre mondiale –, un petit affleurement calcaire, blafard, battu par le vent, pris dans la nasse du

5. En réalité, Mandela fait référence à la sixième guerre xhosa, 1834-1836.
6. Le cheikh Abdul Rahman Mantura. Religieux musulman qui fut emprisonné à Robben Island au dix-huitième siècle.
7. Ahmed Ben Bella (1918-). Président de l'Algérie, 1963-1965.

courant de Benguela, dont l'histoire se résume aux années d'oppression de notre peuple. Ma nouvelle maison.

4. EXTRAIT DU MANUSCRIT AUTOBIOGRAPHIQUE INÉDIT ÉCRIT EN PRISON, À PROPOS DE SON RENVOI À PRETORIA

Je n'ai jamais pu comprendre avec certitude pourquoi, après seulement deux semaines sur Robben Island, on m'a ramené à Pretoria. Mais je sais que le Département des prisons a publié un communiqué de presse déclarant qu'on m'avait sorti de là pour ma propre sécurité parce que des prisonniers du PAC [Congrès panafricain] sur l'île me menaçaient. C'était un mensonge éhonté puisque le seul groupe de prisonniers du PAC avec lequel j'avais été en contact sur l'île se composait de mon neveu et de ses amis, avec qui j'étais dans les meilleurs termes. Des réunions ultérieures avec divers membres du PAC m'ont convaincu que les autorités inventaient cette histoire de toutes pièces – peut-être pour couvrir leurs propres intentions, peut-être dans le but délibéré de créer de l'animosité entre membres du PAC et de l'ANC, à la fois à l'intérieur et en dehors de la prison. En tout état de cause, le transfert n'avait absolument rien à voir avec le fait que je fus plus tard mis en cause dans le procès de Rivonia, puisque l'arrestation qui engendra finalement cette affaire eut lieu le 11 juillet 1963, soit un mois après qu'on m'eut fait quitter l'île.

5. CONVERSATION AVEC AHMED KATHRADA À PROPOS DES GARDIENS DE PRISON

KATHRADA : Ensuite, tu écris : « Tous sans exception, les gardiens étaient des Blancs qui parlaient l'afrikaans. »
MANDELA : Oui.
KATHRADA : Mais il y avait aussi Southerby.

Mandela : Ah.
Kathrada : Et Mann aussi, des gens qui parlaient anglais.
Mandela : C'est vrai. Disons une majorité.
Kathrada : Une majorité d'Afrikaners, oui. Et il y avait ce truc avec « patron[8] ».
Mandela : [Rires.] Tu te rappelles Southerby ?
Kathrada : Oui.
Mandela : Un gros ventre, hein ?
Kathrada : Plutôt, oui.
Mandela : Qu'est-ce qu'il disait, déjà ?
Kathrada : [Andrew] Mlangeni l'a frappé à l'estomac, et il lui a dit[9]...
Mandela : [Rires.]
Kathrada : ... Capitaine, d'où est-ce que vous avez un gros ventre comme ça ?
Mandela : Sacré Andrew !
Kathrada : Tu ne te rappelles pas ? Mlangeni.
Mandela : Si, si, je crois que je m'en souviens.
Kathrada : [Rires.] Oui.
Mandela : Mais lui m'a aussi dit quelque chose, je crois. Il était assez drôle, il avait le sens de la repartie. Je ne me souviens plus, mais il trouvait que j'exagérais l'importance de mon rôle. Mais c'était très spirituel, tu vois, bien envoyé.
Kathrada : Oui. Non, non, c'est enregistré.
Mandela : Je n'arrive plus à me souvenir, impossible.
Kathrada : Moi non plus. Ah, si : on nous a ordonné de les appeler « patron », mais on ne l'a jamais fait.
Mandela : Oui.

8. Dans le régime d'apartheid, les Sud-Africains noirs devaient appeler les hommes blancs « baas », qui signifie « patron » en afrikaans.
9. Andrew Mokete Mlangeni, voir Personnes, lieux et événements.

6. CONVERSATION AVEC KATHRADA À PROPOS DE LA NÉCESSITÉ DE PORTER DES LUNETTES DE SOLEIL À ROBBEN ISLAND

KATHRADA : Ensuite, tu parles des lunettes de soleil pour travailler à la carrière. Même quand ils nous autorisaient à en porter, il fallait les acheter[10].

MANDELA : Oui.

KATHRADA : Ils ne nous les fournissaient pas.

MANDELA : Oui, oui. Enfin, ils en fournissaient des nulles, tu te rappelles, qui étaient…

KATHRADA : Qui ne servaient à rien.

7. CONVERSATION AVEC AHMED KATHRADA À PROPOS DU TRAVAIL À LA CARRIÈRE

KATHRADA : Là, tu parles du déjeuner à la carrière. Tu dis que nous mangions assis par terre. Ce n'est pas tout à fait vrai. Ce qui se passait, rappelle-toi, c'est qu'il y avait des briques et nous avions installé des planches, ou plutôt des morceaux de bois dessus.

MANDELA : Oh, c'est vrai.

KATHRADA : Pour pouvoir nous asseoir.

MANDELA : C'est exact, c'est exact.

KATHRADA : Donc nous n'étions pas assis par terre.

MANDELA : Effectivement.

KATHRADA : Puis, page 49 (du manuscrit), est-il vrai que tes problèmes de vue actuels soient liés, d'une certaine façon, à la chaux ?

MANDELA : En tout cas, c'est ce qu'a dit le spécialiste.

10. Les prisonniers travaillaient dans une carrière de chaux à Robben Island. Beaucoup de prisonniers, dont Mandela, eurent les yeux abîmés par l'éclat du soleil se réverbérant sur les surfaces blanches.

KATHRADA : Ah.

MANDELA : Amoils… c'est un des meilleurs, il s'occupait d'ailleurs des yeux de Mme Thatcher.

KATHRADA : Ah.

MANDELA : Et il a reçu une distinction de l'université d'Harvard. En tout cas, il m'a examiné minutieusement ; il dit qu'il y a des perforations dans mes yeux dues aux travaux forcés dans la carrière de chaux. Il traite aussi Steve [Tshwete][11]. Il dit qu'il avait exactement les mêmes problèmes que moi.

KATHRADA : Ah oui ?

MANDELA : Oui. D'après lui, le problème vient d'avoir été trop exposé aux réverbérations sur le sol blanc, ce genre de choses.

KATHRADA : Oh… Nous devrions le préciser.

MANDELA : Oui, pourquoi pas.

KATHRADA : C'est important.

MANDELA : Oui, c'est ce qu'il dit.

KATHRADA : Parce que nous avions tenté de régler le problème.

MANDELA : Oui.

KATHRADA : Et les médecins nous ont renvoyés dans les cordes.

MANDELA : Oui, absolument.

8. CONVERSATION AVEC AHMED KATHRADA À PROPOS DES CRIMINELS DE DROIT COMMUN À ROBBEN ISLAND

KATHRADA : Quand tu parles des criminels qui arrivaient à Robben Island, on les faisait aussi venir pour nous apprendre à travailler.

MANDELA : D'ailleurs, nous ne devrions pas parler d'eux comme de criminels.

11. Steve Vukhile Tshwete, voir Personnes, lieux et événements.

KATHRADA : Oui, je sais. Parlons de droits communs.
MANDELA : De prisonniers de droit commun…
KATHRADA : Les prisonniers de droit commun venaient à la carrière pour nous apprendre le travail. Tu te rappelles le gros ?
MANDELA : Oui, oh oui !
KATHRADA : Et l'autre, Tigha, qui nous coupait aussi les cheveux de temps à autre.
MANDELA : Je m'en souviens, oui.
KATHRADA : Certains d'entre eux étaient en quelque sorte infiltrés pour nous espionner.
MANDELA : [Rires.] Ça ne faisait pas de doute…
KATHRADA : Et aussi pour nous apprendre à travailler.
MANDELA : C'est vrai.
KATHRADA : Ils essayaient de nous faire des démonstrations avec des pioches et des pelles pour que nous travaillions mieux.

9. CONVERSATION AVEC AHMED KATHRADA À PROPOS DU BRAQUEUR DE BANQUE

KATHRADA : Page 51 (du manuscrit) : « Il y avait par exemple un braqueur de banque parmi nous, il s'appelait Joe My Baby. »
MANDELA : Oui, il avait un surnom, « Sihlabane »… Tiens, je ne sais pas quel était son nom de boxeur. Même s'il braquait des banques, je ne suis pas sûr que nous devrions en parler.
KATHRADA : Ah.
MANDELA : Parce qu'il a un travail maintenant, des responsabilités.
KATHRADA : D'accord.
MANDELA : C'était l'un des meilleurs.
KATHRADA : Il était très bien, oui.
MANDELA : Très très bien.

KATHRADA : C'était Poppies et lui, non ?
MANDELA : Pardon ? Ah oui, c'est ça.
KATHRADA : Poppies et lui.
MANDELA : Oui, oui.
KATHRADA : Ils avaient décidé entre eux que Joe My Baby s'occuperait des prisonniers politiques, qu'il nous ferait passer des choses en contrebande, tandis que Poppies traiterait avec les prisonniers de droit commun qui venaient purger une partie de leur peine[12].
MANDELA : Oh, je vois.
KATHRADA : Et ils faisaient passer de la nourriture.
MANDELA : Oui, oui, oui.
KATHRADA : Même aux gens qui étaient à l'isolement.
MANDELA : Hmmm.
KATHRADA : Ce sont tous les deux des types bien.
MANDELA : Des hommes très bons.
KATHRADA : En fait, Poppies était expert en vol de voiture.
MANDELA : Je crois, oui.
KATHRADA : Et puis bien sûr, il faisait aussi du trafic avec les Indiens. [Ils rient tous les deux] Il me récitait leurs noms, me disait qui ils étaient, je les connaissais tous.
MANDELA : Ah bon ?
KATHRADA : Poppies leur vendait un tas de trucs.
MANDELA : Ah, c'était vraiment quelqu'un de bien. Quelle pitié qu'il soit mort.
KATHRADA : Il est mort ?
MANDELA : Oui, il a été descendu.
KATHRADA : Poppies ?

12. « Trois repas » était une punition : le prisonnier était placé en isolement et ne recevait aucun repas de la journée.

MANDELA : Oui.
KATHRADA : Oh.
MANDELA : Juste après sa sortie de prison, ils l'ont abattu.
KATHRADA : Oh, je vois.
MANDELA : À Meadowlands.
KATHRADA : Et c'était un type très intelligent.
MANDELA : Très.
KATHRADA : Un malin.
MANDELA : Hmmm.

10. CONVERSATION AVEC RICHARD STENGEL SUR LES CHANSONS EN PRISON

STENGEL : Chanter était interdit ?
MANDELA : Oui, oui, au départ en tout cas. Chanter, où que ce soit, et notamment pendant le travail… Ils nous emmenaient à la carrière creuser la chaux. C'est une tâche très dure, il faut manier la pioche. La chaux se trouve sous des couches de roche. Vous trouvez une couche de roche, et pour parvenir à la chaux, il faut la briser. Ils nous ont envoyés là-bas parce qu'ils voulaient nous montrer que la prison n'avait rien de facile, que ce n'était pas une partie de plaisir et qu'il valait mieux l'éviter. Ils voulaient nous casser moralement. Donc nous chantions des chants de liberté tout en travaillant, ça mettait du baume au cœur. Nous partions au travail avec le moral regonflé, et bien sûr nous dansions aussi pendant le travail. Alors les autorités ont compris. Ces types, vous voyez, ils sont trop militants, ils gardent le moral. Et ils ont décrété : « Pas de chant pendant le travail. » Tout à coup, vous sentiez vraiment la dureté du travail. Bien entendu, il y avait un règlement dans le code disciplinaire qui interdisait de chanter,

[et] ils l'ont renforcé. Mais même si nous obéissions... quand nous retournions dans nos cellules, surtout pour les réveillons de Noël et du Nouvel An, nous organisions des concerts et nous chantions. Ils ont fini par s'y résigner.

11. CONVERSATION AVEC RICHARD STENGEL À PROPOS DE L'ASSASSINAT DU PREMIER MINISTRE H.F. VERWOERD, LE 6 SEPTEMBRE 1966[13]

La mort – l'assassinat – d'un individu n'est jamais réjouissante. Nous aurions préféré que la communauté fasse savoir qu'elle désapprouvait sa politique sans employer des méthodes comme l'assassinat. Parce que ça peut laisser des plaies qui s'avéreront très difficiles à refermer pour les générations à venir. Aujourd'hui, dans ce pays, quand on évoque la guerre des Boers qui a eu lieu entre 1899 et 1902, à écouter les Afrikaners et les Britanniques, on croirait qu'elle fait encore rage, à cause des cicatrices du passé. Même dans le cabinet actuel, ce sont les Afrikaners qui dominent. Il y a deux ou trois anglophones, mais le cabinet est composé d'Afrikaners, et c'est parce qu'ils n'ont pas réussi à employer des méthodes pacifiques pour régler leurs problèmes. Même si Verwoerd était l'un des Premiers ministres les plus froids que ce pays ait connus... Il considérait les Africains comme des animaux, pire même que des animaux dans certains cas. Cependant, nul n'est heureux qu'il ait été assassiné. Le pire, c'est la façon dont les autorités carcérales ont réagi à son assassinat, comme si nous étions responsables. Ils ont fait venir le gardien Van Rensburg d'une autre prison. Un homme d'une brutalité... Il n'avait

13. Dr Henry Frensch Verwoerd, voir Personnes, lieux et événements.

aucune manière, aucun savoir-vivre. Par exemple, quand nous travaillions à la carrière, il se tenait quelque part à côté de nous. Et quand il sentait qu'il avait envie d'uriner, de se soulager, il urinait là où il se trouvait au lieu de s'éloigner, d'uriner plus loin, sans que nous le voyions faire. Il urinait là où il se trouvait. En fait, nous avons fortement protesté contre lui parce qu'un jour il se tenait près de la table où nous servions la nourriture, et quand il a eu envie d'uriner, il s'est soulagé là où il était. Pas sur la table, quand même, mais sur le pied de table… Nous avons protesté, bien sûr. C'était un homme sans aucune manière, sans la moindre délicatesse. En fait, ils décidaient le matin, avant que nous partions travailler, qu'aujourd'hui un tel et un tel seraient punis. Et une fois qu'ils avaient pris leur décision, peu importait que tu travailles dur toute la matinée, tu étais puni de toute façon à la fin de la journée.

12. CONVERSATION AVEC RICHARD STENGEL À PROPOS DES ACCUSATIONS FORGÉES DE TOUTES PIÈCES À ROBBEN ISLAND[14]

STENGEL : Avez-vous pris des avocats ?
MANDELA : Oui. Nous avons engagé des avocats, bien sûr, à cause de toutes ces accusations. Mais nous étions quand même des forçats. En isolement, privés de nourriture… Du riz et de l'eau, c'est tout. Parfois, quand la peine est longue, vous jeûnez. Je ne me rappelle plus si ça dure deux jours, et puis vous rompez le jeûne, vous mangez, et le lendemain vous recommencez. Et au cinquième jour, ils vous redonnent de la nourriture.
STENGEL : Comment réagissiez-vous à la faim ?

14. Les officiers forgeaient régulièrement des accusations de toutes pièces contre les prisonniers, ce qui leur donnait un prétexte pour les punir.

MANDELA : C'est relativement facile. Vous la sentez le premier jour, et dès le deuxième, vous vous y habituez. Le troisième, vous ne sentez absolument rien, sauf que vous n'avez pas la même énergie que d'habitude. Mais on s'y habitue, c'est tout. Le corps humain a une capacité extraordinaire à s'adapter, surtout si vous êtes capable de canaliser votre pensée, votre approche spirituelle de l'expérience que vous vivez. Et si vous êtes convaincu d'agir comme il le faut en montrant aux autorités que vous savez défendre vos droits, en vous battant, vous ne sentez rien du tout.

13. LETTRE AU MINISTRE DE LA JUSTICE, DATÉE DU 22 AVRIL 1969

Mes camarades m'ont désigné pour vous écrire afin de vous demander de nous libérer de prison et, en attendant votre décision sur cette question, de nous accorder le traitement réservé aux prisonniers politiques. Pour commencer, nous souhaitons souligner le fait que nous n'implorons pas votre clémence, mais que nous nous en référons aux droits qui sont ceux de tout individu incarcéré pour ses convictions politiques. Avant d'être des condamnés purgeant une peine de prison, nous sommes des membres d'organisations politiques bien connues qui combattent les persécutions politiques et raciales et exigent la reconnaissance pleine et entière des droits des Africains, des Coloured et des Indiens. Nous rejetions complètement et nous continuons à rejeter toute forme de domination blanche, et plus particulièrement la politique du développement séparé, et nous appelons de nos vœux une Afrique du Sud démocratique, libérée de l'oppression liée à la couleur, où tous les Sud-Africains, quelles que soient leur race et leur croyance, vivraient ensemble, dans la paix, l'harmonie et l'égalité.

Tous sans exception, nous avons été déclarés coupables et condamnés pour des activités politiques qui faisaient partie intégrante de notre lutte pour gagner le droit à l'autodétermination, reconnu à travers l'ensemble du monde civilisé comme un droit inaliénable de tous les êtres humains. Ces activités nous ont été commandées par le désir de résister aux politiques raciales et aux lois injustes qui violaient le principe des droits de l'homme et les libertés fondamentales qui constituent la base d'un gouvernement démocratique.

Dans le passé, les gouvernements sud-africains ont traité les personnes jugées coupables de délits de cette nature comme des prisonniers politiques et, dans certains cas, ils les libéraient de prison bien avant que leur peine fût purgée. Dans cette optique, nous vous renvoyons aux cas des généraux Christiaan De Wet, J.C.G. Kemp et autres qui furent reconnus coupables de haute trahison lors de la rébellion de 1914. À tous égards, leur cas était encore plus grave que le nôtre. Douze mille rebelles prirent les armes et firent pas moins de 322 victimes. Ils occupèrent des villes et causèrent des dommages considérables aux installations gouvernementales. Par ailleurs, les réclamations pour les dommages aux propriétés privées s'élevèrent à 500 000 rands. Ces actes de violence furent commis par des hommes blancs qui bénéficiaient de tous leurs droits politiques, qui appartenaient à des partis politiques légaux et qui disposaient de journaux où faire valoir leur opinion. Ils pouvaient se déplacer librement dans tout le pays pour rallier des soutiens à leurs idées. Ils n'avaient aucune raison valable de recourir à la violence. Le chef des rebelles de l'État libre d'Orange, De Wet, fut condamné à six ans d'emprisonnement plus une amende de 4 000 rands. Kemp écopa de sept ans et de 2 000 rands d'amende. Les autres reçurent des peines relativement clémentes.

En dépit de la gravité de leurs délits, De Wet fut relâché six mois après sa condamnation, et les autres dans l'année. Cet événement eut lieu il y a un peu plus d'un demi-siècle, pourtant le gouvernement d'alors fit preuve de beaucoup moins d'intransigeance dans sa manière de traiter cette catégorie de prisonniers que le gouvernement actuel ne semble prêt à le faire cinquante-quatre ans après, avec des hommes politiques noirs qui ont bien plus de raisons de recourir à la violence que les rebelles de 1914. Ce gouvernement a constamment dédaigné nos aspirations, étouffé nos organisations politiques et imposé de sévères restrictions aux activistes connus et aux hommes de terrain.

Il a plongé des familles dans la détresse et a bouleversé nombre de vies en jetant en prison des centaines de gens par ailleurs innocents. Au bout du compte, il a institué un régime de terreur sans précédent dans l'histoire de notre pays et cadenassé tous les moyens de la lutte constitutionnelle. Dans une telle situation, le recours à la violence était une alternative inévitable pour les résistants qui avaient le courage de leurs convictions. Aucun homme plaçant les principes et son intégrité au-dessus de tout n'aurait pu agir autrement. Baisser les bras, c'eût été un acte de reddition face au gouvernement et à la domination d'une minorité, et c'eût été trahir notre cause. L'histoire du monde en général, et celle de l'Afrique du Sud en particulier, nous enseigne que le recours à la violence peut dans certains cas être parfaitement légitime.

En libérant les rebelles peu après leur condamnation, le gouvernement de Botha et Smuts reconnut ce fait crucial. Nous croyons fermement que notre cas n'est pas différent, et nous vous demandons en conséquence de nous accorder ce privilège. Comme indiqué ci-dessus, la rébellion fit 322 victimes.

À l'inverse, nous attirons votre attention sur le fait qu'en commettant des actes de sabotage, nous avons pris de grandes précautions pour éviter toute perte humaine, un fait qui a été expressément reconnu à la fois par le juge et par le ministère public dans l'affaire de Rivonia.

Un examen de la liste ci-jointe vous montrera que, en prenant le cas De Wet comme référence, chacun d'entre nous aurait déjà dû être libéré. Des 23 personnes dont les noms y figurent, 8 sont condamnées à perpétuité, 10 à des peines allant de dix à vingt ans, et cinq entre deux et dix ans… La seule façon d'éviter un désastre est de ne pas garder des hommes innocents en prison, de cesser vos actes de provocation et de poursuivre une politique saine et éclairée. Si d'épouvantables conflits et des bains de sang devaient survenir dans ce pays, la faute en reviendrait entièrement au gouvernement. La répression continuelle, la négation de nos aspirations et la foi placée en un système coercitif conduisent inéluctablement notre peuple à la violence. Ni vous ni moi ne pouvons prédire le prix [que] ce pays aura payé au terme de l'affrontement. La seule solution est de nous relâcher et de tenir une table ronde pour réfléchir à une solution concertée.

Notre principale requête est que vous nous libériez et, dans l'attente de votre décision, que vous nous traitiez comme des prisonniers politiques. Cela signifie que nous souhaitons bénéficier de repas convenables, de vêtements, de lits et de matelas corrects, de radios, d'accès à une salle de cinéma et de rapports plus fréquents et dans de meilleures conditions avec nos familles et amis, ici et à l'étranger. Nous traiter comme des prisonniers politiques implique la liberté d'obtenir toutes les sources écrites non censurées et d'écrire en vue d'une publication. Nous aimerions que chacun ait la possibilité de travailler comme il le désire ou de décider quel métier il souhaite apprendre. Dans la situation actuelle, le gouvernement considère la prison non comme une institution visant la réhabilitation des prisonniers, mais comme l'instrument de sa vengeance ; on ne nous prépare pas à mener une vie respectable et industrieuse une fois libérés, à jouer notre rôle comme de vrais membres de la société, on nous punit et on nous estropie de façon à ce que nous n'ayons plus jamais la force ni le courage de poursuivre nos idéaux.

Nous [sommes] punis pour avoir osé lever la voix contre la tyrannie de la couleur. Voici la véritable explication du mauvais traitement qu'on nous inflige en prison : maniement continuel de la pioche et de la pelle depuis cinq ans, repas misérables, refus d'un accès à la culture, même limité, et isolement sans aucun lien avec l'extérieur. C'est la raison pour laquelle des privilèges normalement accordés aux autres prisonniers, y compris les coupables de meurtres, de viols et de crimes crapuleux, sont refusés aux prisonniers politiques.

En conclusion, nous souhaitons dire que les années passées sur cette île ont été des années difficiles. Pratiquement chacun d'entre nous a connu, d'une manière ou d'une autre, les épreuves qui sont le lot de tous les prisonniers non blancs. Ces épreuves ont parfois été le produit de l'indifférence des autorités, d'autres fois elles étaient le résultat d'une persécution pure et simple. Mais elles se sont atténuées et nous espérons même en des jours meilleurs. Tout ce que nous voulons ajouter, c'est que nous espérons que, au moment de réfléchir à notre requête, vous garderez à l'esprit que les idées qui nous ont inspirés, et les convictions qui informent et dirigent nos activités, constituent la seule solution aux problèmes de notre pays, et concordent avec les conceptions éclairées de l'humanité.

14. CONVERSATION AVEC RICHARD STENGEL À PROPOS DE LA MISE À L'ISOLEMENT[15]

Être seul en prison est une épreuve. Je ne vous le souhaite pas. En fait ils m'isolaient sans vraiment, vous savez, me punir, au sens de me priver de repas. Mais ils s'assuraient que je ne voie pas ne serait-ce que la silhouette d'un autre prisonnier. Il y avait un gardien tout le temps. Même la nourriture, c'était un gardien qui l'apportait. [Rires étouffés.] Et ils me laissaient sortir une demi-heure le matin et une demi-heure l'après-midi, quand les autres prisonniers étaient remontés dans leur cellule.

15. CONVERSATION AVEC RICHARD STENGEL À PROPOS DU SYSTÈME DES SEAUX

Mandela : Oui, il y avait un seau par cellule. Nous n'avions pas de toilettes dans chaque cellule. Dans les grandes, oui, mais dans les petites cellules individuelles, non. Il y avait seulement ces seaux qu'on utilisait la nuit.

Stengel : Je ne me souviens pas de qui, mais quelqu'un qui était nouveau à Robben Island, et qui était très à cheval sur l'hygiène, a déclaré qu'un jour vous l'aviez aidé à nettoyer son seau parce qu'il ne voulait pas le faire.

Mandela : En fait, non, je... Il y avait un type, un de nos camarades, un membre d'Umkhonto we Sizwe. Il devait se rendre au Cap et, en général, ils partaient très tôt, parfois autour de 5 heures du matin. Avant que les cellules ne soient

15. Mandela parle de l'isolement cellulaire lorsqu'il était à la prison locale de Pretoria et qu'il attendait son procès en 1962.

ouvertes et que nous puissions vider nos toilettes [seaux]. Donc il a demandé au gars d'en face et il est parti en ville. C'était mon voisin de cellule. Et donc le gars d'en face, je m'en souviens, est venu me voir : « S'il te plaît, un tel a demandé que tu lui laves son seau. » Et il ajouta : « Non, je n'ai pas envie de le faire. Je ne le ferai pas. Je ne laverai pas le seau de quelqu'un d'autre. » Donc je l'ai lavé pour lui parce que ça n'avait pas d'importance pour moi ; je lavais mon seau tous les jours [Rires.] et ça me posait pas de problème de laver celui d'un autre. Voilà ce qui s'est passé. Et c'était juste pour aider un ami qu'un autre ami avait laissé tomber.

16. EXTRAIT D'UNE LETTRE À FRIEDA MATTHEWS, DATÉE DU 25 FÉVRIER 1987[16]

Pour un prisonnier, toute visite a une importance difficile à expliquer par des mots. La routine est la loi suprême de la prison dans pratiquement tous les pays du monde, et chaque jour est à tous points de vue semblable à celui qui l'a précédé : même environnement, mêmes visages, mêmes dialogues, mêmes odeurs, mêmes murs s'élevant vers le ciel, et même sentiment omniprésent qu'en dehors de la prison existe un monde passionnant auquel tu n'as pas accès. Une visite de ceux qu'on aime, d'amis et même d'étrangers est toujours un événement inoubliable, car elle brise cette monotonie frustrante et c'est le monde entier qui déferle littéralement dans la cellule.

16. Frieda Matthews (née Bokwe). Mariée au professeur Zachariah Keodirelang (Z.K.) Matthews. Pour le professeur Zachariah Keodirelang (Z.K.) Matthews, voir Personnes, lieux et événements.

17. CONVERSATION AVEC RICHARD STENGEL À PROPOS DES VISITES EN PRISON

STENGEL : Combien de temps duraient les visites ?

MANDELA : Au début, une demi-heure. Nous devions donc attendre six mois uniquement pour parler trente minutes. Puis ils ont allongé à une heure, mais les trente premières minutes étaient un dû, les trente dernières un privilège. Ils pouvaient vous les refuser s'ils le voulaient. Par exemple, quand j'allais avoir une heure, je… En général, ils nous prévenaient avant : « Vous allez recevoir la visite d'un tel. » Mais un jour, ils m'ont juste lancé : « Vous avez une visite. » Je leur ai demandé de qui il s'agissait. Ils m'ont répondu : « On n'en sait rien. » Alors j'ai dit : « Eh bien, demandez au commandant, je veux voir le commandant. » Le commandant est arrivé et je lui expliqué : « Voilà, j'ai une visite. J'ai demandé aux gardiens de me dire qui c'est, mais ils me disent qu'ils l'ignorent. » Il m'a répondu : « Je vais aller vérifier qui est votre visiteur. » Il n'est jamais revenu et on m'a emmené au parloir sans que je sache. Tout à coup, la professeure Fatima Meer est arrivée. En fait, ils ne voulaient pas me dire parce que Fatima Meer était déjà repérée, elle figurait sur la liste noire, leur liste noire. Et ils ne voulaient pas me prévenir, mais ils étaient obligés de la laisser me voir. Et donc, je pensais que ça durerait une heure. Au bout de trente minutes, un gardien lance : « Fin de la visite ! » Je proteste : « Mais vous êtes censé nous accorder une heure. » Il me répond : « Non, vous avez droit à une demi-heure, la seconde est à notre discrétion. La visite est terminée. » Ils étaient très durs, abrupts même.

C'était donc la situation de départ, et ça a continué avec une heure de visite, ça n'a jamais dépassé. Il a fallu que j'aille à

Victor Verster, où j'étais détenu dans des conditions qui étaient à mi-chemin entre l'incarcération et la liberté, pour que ça change[17]. On m'a mis dans un cottage. J'y vivais seul. Il n'était pas fermé et je pouvais rester dehors jusqu'à minuit. Et on m'avait donné un gardien qui me faisait à manger ; mais nous y reviendrons plus tard.

18. EXTRAIT DU MANUSCRIT AUTOBIOGRAPHIQUE INÉDIT ÉCRIT EN PRISON

Un homme qui s'élève au sommet du pouvoir, dans n'importe quel pays, doit être un homme de talent, une personnalité vigoureuse et droite dans sa vie publique.

(d) Même en tenant compte de tout ce qui se joue en coulisse – les manœuvres, les ficelles à tirer, les fonds à trouver pour mener les campagnes et s'assurer le soutien d'individus influents et d'agences de propagande –, je crois que [le Premier ministre] B.J. Vorster est un homme qui mérite les plus grands honneurs, pour ce qui concerne la politique conservatrice blanche en tout cas[18].

(e) Ses actions de sabotage au cours de la Seconde Guerre mondiale et son internement l'ont désigné comme un homme aux fortes convictions, prêt à se battre pour elles même quand il est en minorité et prêt à en payer le prix.

(f) Dans une Afrique du Sud démocratique où le peuple dans son intégralité jouirait du droit de vote, il y aurait beaucoup d'hommes qui le dépasseraient de la tête et des épaules, au regard de leur personnalité comme de leurs opinions. Néanmoins, parmi les Blancs tels qu'ils sont constitués à l'heure actuelle, il semble être au-dessus de la mêlée.

17. Mandela fut transféré à la prison Victor Verster en 1988, voir Personnes, lieux et événements.
18. Balthazar Johannes (B.J.) Vorster, voir Personnes, lieux et événements.

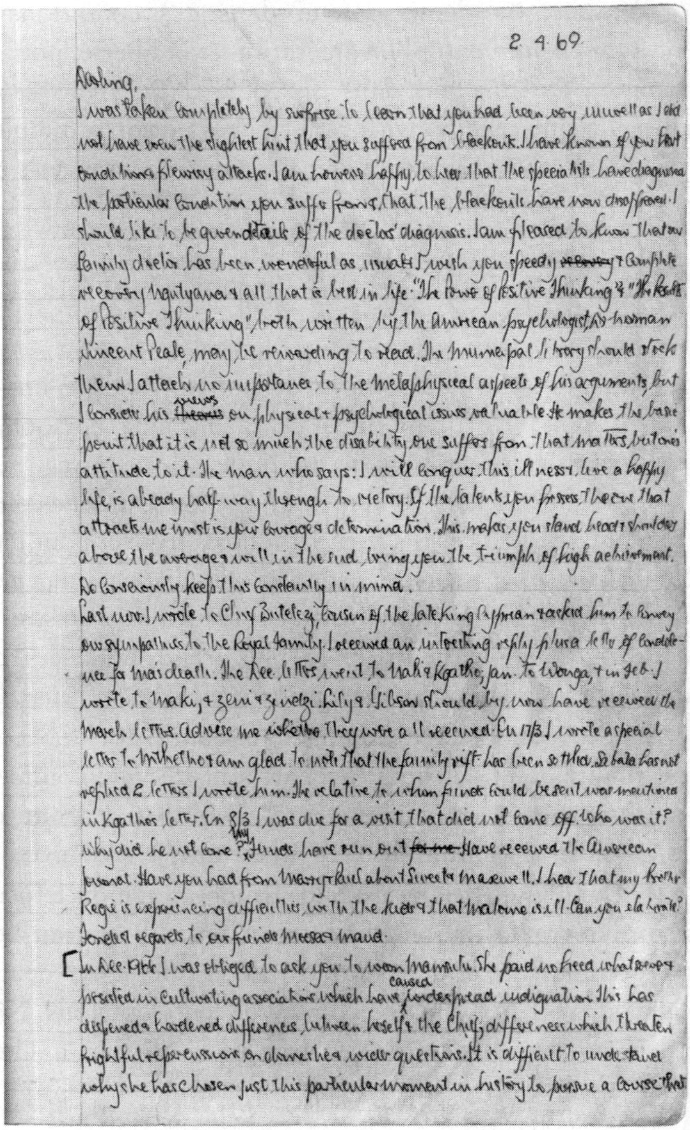

2.4.69

Darling,

I was taken completely by surprise to learn that you had been very unwell as I did not have even the slightest hint that you suffered from blackouts. I have known of your [illegible] pleurisy attacks. I am however happy to hear that the specialists have diagnosed the particular condition you suffer from & that the blackouts have now disappeared. I should like to be given details of the doctor's diagnosis. I am pleased to know that our family doctor has been wonderful as usual. I wish you speedy ~~recovery~~ & complete recovery Ngutyana & all that is best in life. "The Power of Positive Thinking" & "The Results of Positive Thinking", both written by the American psychologist, Dr Norman Vincent Peale, may be rewarding to read. The municipal library should stock them. I attach no importance to the metaphysical aspects of his arguments, but I consider his ~~theories~~ views on physical & psychological issues valuable. He makes the basic point that it is not so much the disability one suffers from that matters but one's attitude to it. The man who says: I will conquer this illness & live a happy life, is already half-way through to victory. Of the talents you possess the one that attracts me most is your courage & determination. This makes you stand head & shoulders above the average & will in the end bring you the triumph of high achievement. Do consciously keep this constantly in mind.

Last Nov. I wrote to Chief Buthelezi, cousin of the late King Cyprian & asked him to convey our sympathies to the Royal family. I received an [illegible] reply plus a letter of condolence for Ma's death. The Dec. letters went to Nali & Kgatho; Jan. to Wonga, & in Feb. I wrote to Maki, & Zeni & Zindzi. Lily & Gibson should by now have received the March letters. Advise me whether they were all received. On 17/3 I wrote a special letter to Mthetho & am glad to note that the family rift has been settled. Sabata has not replied 2 letters I wrote him. The relative to whom funds could be sent was mentioned in Kgatho's letter. On 8/3 I was due for a visit that did not come off. Who was it? Why did he not come? Any funds have been sent ~~for me~~. Have received the American journal. Have you heard from Mary & Paul about Sweet & Maxwell. I hear that my brother Regie is experiencing difficulties with the [illegible] & that Malome is ill. Can you elaborate? Fondest regards to our friends Messrs Maud.

[In Dec. 1966 I was obliged to ask you to warn [illegible]. She paid no heed whatsoever & persisted in cultivating associations which have caused widespread indignation. This has deepened & hardened differences between herself & the Chief, differences which threaten frightful repercussions on domestic & wider questions. It is difficult to understand why she has chosen just this particular moment in history to pursue a course that

Extrait d'une lettre à Winnie Mandela, datée du 2 avril 1969, voir p. 169-170.

19. EXTRAIT D'UNE LETTRE À WINNIE MANDELA, DATÉE DU 2 AVRIL 1969

Une photo de famille, enfin – « quel chef-d'œuvre ». Kgatho et ses sœurs sont formidables et j'ai ressenti une telle joie en voyant la photo de maman[19]. Le petit cliché de toi a presque provoqué une insurrection. « Ayingo Nobandla lo ! » : « Mais c'est sa petite sœur ! » ; « Madiba est en prison depuis longtemps[20], il ne connaît pas sa belle-sœur » ; ces remarques fusaient dans toutes les directions.

Pour moi, ce portrait me procure des sentiments contradictoires. Tu as l'air un peu triste, absente, mais adorable malgré tout. La grande est une superbe étude qui montre tout ce que je sais de toi, ta beauté et ton charme dévastateurs que dix années de mariage dans la tourmente n'ont pas diminués. Je te soupçonne d'avoir voulu que l'image transmette un message spécial que les mots n'auraient pas pu exprimer. Sois rassurée, je l'ai compris. Tout ce que je souhaite dire pour l'instant, c'est que ta photo a réveillé en moi tous les tendres sentiments et a coloré l'univers grisâtre qui m'entoure. Elle a aiguisé mon désir pour toi et pour notre douce et paisible maison.

Ces jours-ci, mes pensées ont erré ; vers Hans Street où une amie sautait dans un van bleu et se délivrait de tous les vœux solennels qui unissent deux fiancés avant de se précipiter vers une Oldsmobile, à l'autre bout de la rue, et d'y prononcer des vœux tout aussi doux et rassurants ; le talent avec lequel elle jonglait avec ses cours du soir à Chancellor

19. Makgatho (Kgatho) Mandela, voir Personnes, lieux et événements.
20. Madiba est le nom de Mandela dans son clan.

House et s'arrangeait pour que nous puissions recevoir de vieux amis dès que les nouveaux partaient pour la salle de boxe. Tout cela me revient par vagues successives et langoureuses tandis que j'examine ton portrait.

CHAPITRE HUIT

Tapisserie

« J'ai vu ma mère pour la dernière fois
l'année dernière, le 9 septembre.
Après notre rencontre, je l'ai regardée
s'éloigner vers le bateau qui devait
la ramener sur le continent et l'idée
m'a traversé l'esprit que je ne la reverrais
jamais plus. »

Extrait d'une lettre à K.D. Matanzima, datée du 14 octobre 1968, voir p. 175.

1. LETTRE À K.D. MATANZIMA, DATÉE DU 14 OCTOBRE 1968, ÉVOQUANT LA MORT DE SA MÈRE[1]

J'ai vu ma mère pour la dernière fois l'année dernière, le 9 septembre. Après notre rencontre, je l'ai regardée s'éloigner vers le bateau qui devait la ramener sur le continent et l'idée m'a traversé l'esprit que je ne la reverrais jamais plus. Ses visites m'ont toujours fait un immense plaisir et la nouvelle de sa mort m'a durement frappé. D'un coup, je me suis senti seul et vide. Mais mes amis ici, dont la sympathie et l'affection ont toujours été une source de réconfort, se sont efforcés d'apaiser ma douleur et de me redonner goût à la vie. Ce que j'ai appris sur les conditions de ses obsèques m'a aussi fait beaucoup de bien. J'ai été heureux d'apprendre que mes proches et mes amis étaient venus en grand nombre pour honorer sa mémoire, tout comme j'ai été heureux de savoir que tu faisais partie de ceux qui lui avaient rendu un dernier hommage.

2. LETTRE À P.K. MADIKIZELA, DATÉE DU 4 MAI 1969[2]

Jamais je n'aurais imaginé qu'il me serait impossible d'enterrer maman. Au contraire, j'avais toujours entretenu l'espoir que j'aurais le privilège de veiller sur elle à ses vieux jours, et d'être à ses côtés à l'heure fatidique. Zami et moi avons maintes fois essayé de la persuader de venir vivre avec nous à Johannesburg. Nous lui faisions remarquer qu'elle serait plus proche du Baragwanath Hospital, où elle aurait reçu le suivi médical régulier dont elle avait besoin, et que si elle habitait chez nous,

1. La mère de Mandela, Nosekeni Fanny Mandela, est morte d'une crise cardiaque le 26 septembre 1968.
2. Nophikela Madikizela, la belle-mère de Winnie.

Première page de l'un des journaux de la correspondance de Mandela en prison

Zami pourrait s'occuper d'elle. J'en avais de nouveau discuté avec maman quand elle m'a rendu visite le 6/3/66, puis le 9/9/67. Mais elle a passé toute sa vie à la campagne, elle était attachée aux plaines et aux collines, aux gens de là-bas et à leurs manières simples. Bien qu'elle ait vécu quelques années à Johannesburg, elle rechignait à quitter sa maison et les tombes familiales. Même si je comprenais tout à fait son point de vue et ses sentiments, j'ai toujours espéré que je finirais par la convaincre de déménager à Johannesburg.

3. LETTRE À SES FILLES ZENI ET ZINDZI MANDELA, ALORS ÂGÉES DE 9 ET 10 ANS, DATÉE DU 23 JUIN 1969

Une fois de plus, notre mère adorée a été arrêtée, et maintenant papa et elle sont en prison. Je souffre de l'imaginer dans la cellule d'un commissariat, loin de chez elle, seule peut-être et sans personne à qui parler, ni rien à lire[3]. Vingt-quatre heures sur vingt-quatre, elle pleure pour ses petites. Il se passera peut-être des mois, voire des années, avant que vous la revoyiez. Pendant ce temps, vous vivrez comme des orphelines sans foyer ni parents, sans l'amour naturel, l'affection et la protection de maman. Désormais, vous n'aurez plus de fêtes d'anniversaire ou de réveillons de Noël, pas de cadeaux, pas de robes, pas de chaussures neuves ou pas de jouets. L'époque où, après un bain chaud, vous pouviez vous asseoir à table avec maman et vous régaler de sa simple et bonne cuisine, cette époque-là est terminée. Fini, les lits confortables, les couvertures chaudes et les draps propres dans lesquels elle vous bordait. Elle ne sera plus là pour organiser des soirées au

3. En 1969, Winnie fut incarcérée et placée en isolement pendant dix-sept mois.

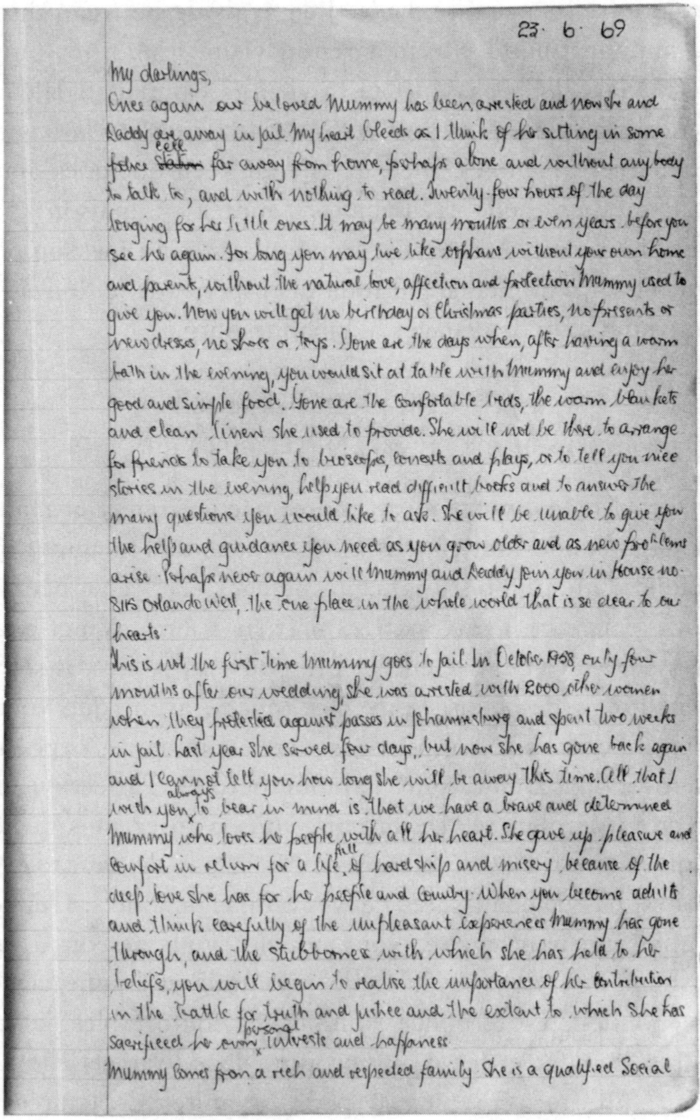

23. 6. 69

My darlings,

Once again our beloved Mummy has been arrested and now she and Daddy are away in jail. My heart bleeds as I think of her sitting in some police cell far away from home, perhaps alone and without anybody to talk to, and with nothing to read. Twenty-four hours of the day longing for her little ones. It may be many months or even years before you see her again. For long you may live like orphans without your own home and parents, without the natural love, affection and protection Mummy used to give you. Now you will get no birthday or Christmas parties, no presents or new dresses, no shoes or toys. Gone are the days when, after having a warm bath in the evening, you would sit at table with Mummy and enjoy her good and simple food. Gone are the comfortable beds, the warm blankets and clean linen she used to provide. She will not be there to arrange for friends to take you to bioscopes, concerts and plays, or to tell you nice stories in the evening, help you read difficult books and to answer the many questions you would like to ask. She will be unable to give you the help and guidance you need as you grow older and as new problems arise. Perhaps never again will Mummy and Daddy join you in House no. 8115 Orlando West, the one place in the whole world that is so dear to our hearts.

This is not the first time Mummy goes to jail. In October 1958, only four months after our wedding, she was arrested with 2000 other women when they protested against passes in Johannesburg and spent two weeks in jail. Last year she served four days, but now she has gone back again and I cannot tell you how long she will be away this time. All that I wish you always to bear in mind is that we have a brave and determined Mummy who loves her people with all her heart. She gave up pleasure and comfort in return for a life full of hardships and misery, because of the deep love she has for her people and country. When you become adults and think carefully of the unpleasant experiences Mummy has gone through, and the stubborness with which she has held to her beliefs, you will begin to realise the importance of her contribution in the battle for truth and justice and the extent to which she has sacrificed her own personal interests and happiness.

Mummy comes from a rich and respected family. She is a qualified Social

Extrait d'une lettre à ses filles Zeni et Zindzi Mandela, datée du 23 juin 1969, voir p. 177, 179, 180.

cinéma, au concert ou au théâtre avec des amis, ni pour vous lire de belles histoires avant de s'endormir, vous aider à déchiffrer des livres difficiles ou répondre à toutes vos questions. Elle ne pourra plus vous conseiller, vous guider comme il le faudrait, maintenant que vous grandissez et que de nouveaux problèmes se posent à vous. Papa et maman ne vous retrouveront peut-être plus jamais à la maison du 8115 Orlando West, cet endroit unique au monde si cher à nos cœurs.

Ce n'est pas la première fois que maman va en prison. En octobre 1958, quatre mois seulement après notre mariage, elle a été arrêtée avec 2 000 autres femmes qui manifestaient contre l'obligation d'avoir sur soi un laissez-passer pour circuler dans Johannesburg, et elle a passé deux semaines en détention. L'année dernière, elle y a séjourné quatre jours, mais cette fois je ne peux pas vous dire combien de temps cela durera. Tout ce que j'espère, c'est que vous n'oublierez pas que vous avez une maman courageuse et déterminée qui aime son peuple de tout son cœur. Elle a troqué le confort et les loisirs contre une vie de privations et de misère, du fait du profond amour qu'elle éprouve pour son peuple et pour son pays. Quand vous deviendrez adultes et que vous mesurerez à quel point ont été pénibles les épreuves que maman a connues, et avec quel entêtement elle s'est accrochée à ses convictions, vous commencerez à réaliser l'importance de sa contribution dans la bataille pour la vérité et la justice, et vous comprendrez pourquoi elle a sacrifié son intérêt personnel et son bonheur… Depuis cette époque, maman a une vie difficile, elle doit faire tourner la maison sans revenus fixes, et pourtant, elle a toujours réussi à vous nourrir, à vous acheter des vêtements, à payer vos frais de scolarité, le loyer de la maison, et même à m'envoyer de l'argent régulièrement. J'ai quitté la maison en avril 1961, alors que toi, Zeni, tu avais 2 ans et toi, Zindzi, 3 mois. Début janvier 1962, j'ai visité l'Afrique, puis Londres pendant dix jours. Je suis revenu en Afrique du Sud vers la fin juillet de la même année. J'ai été terriblement ému en revoyant maman. Je l'avais laissée en bonne santé, avec quelques rondeurs et des couleurs. Mais elle avait perdu du poids et n'était plus que l'ombre d'elle-même. Je compris d'un coup le poids que mon absence avait fait peser sur elle. J'avais espéré pouvoir lui parler de mon voyage, des pays que j'avais visités et des gens que j'avais rencontrés, mais mon arrestation, le 5 août, a mis fin à ce rêve. Quand maman fut arrêtée en 1958, je lui rendais visite tous les jours, je lui apportais des choses à manger, des fruits… Elle m'a dit plus tard [lors d'une des visites qu'elle lui a rendues en 1962] que malgré sa certitude de finir sans doute en prison, comme doivent s'y attendre tous les militants engagés dans la lutte pour la liberté, elle était résolue à ne pas quitter le pays et à souffrir avec son peuple. Comprenez-vous maintenant à quel point votre maman est courageuse ?

4. « LETTRE SPÉCIALE » À WINNIE MANDELA, DATÉE DU 16 JUILLET 1969, SUR LA MORT DE SON FILS, THEMBI[4]

Cet après-midi, le commandant a reçu le télégramme suivant de l'avocat Mendel Levin :

« Je vous prie d'informer Nelson Mandela que son fils Thembekile est décédé le 13 de ce mois suite à un accident de voiture au Cap. Il est mort sur le coup. »

4. Une lettre est « spéciale » lorsqu'elle n'est pas soumise aux quotas. Les permissions étaient en général accordées en rapport avec le décès d'un proche ou avec les études du détenu.

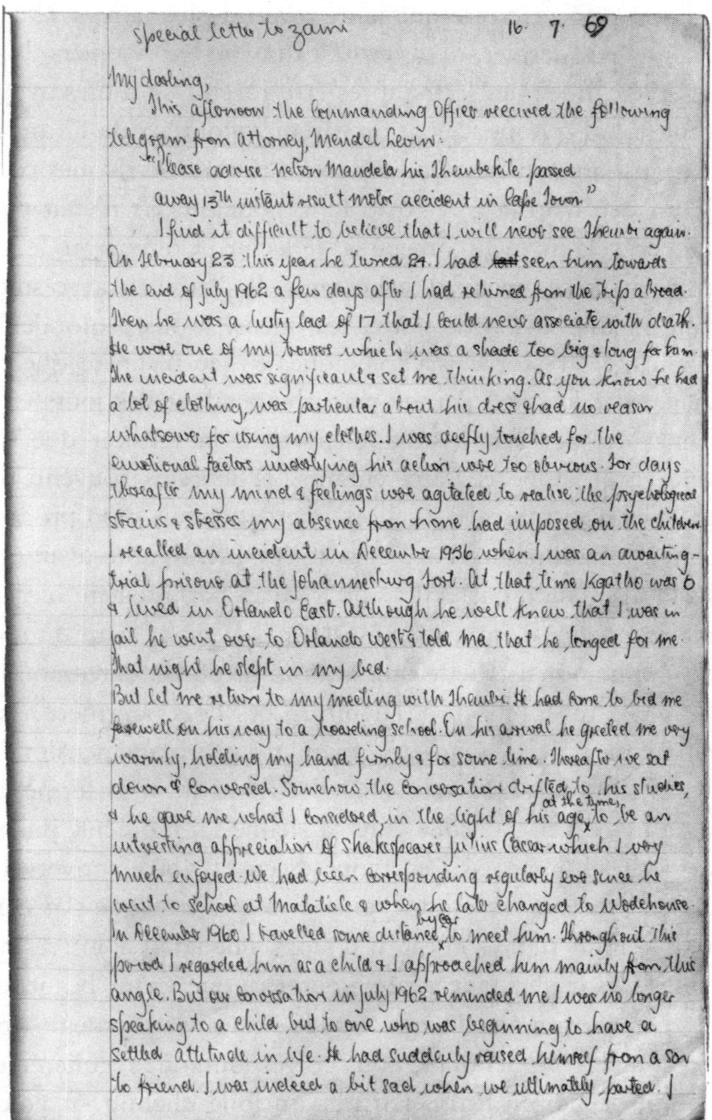
Special letter to Zami 16. 7. 69

My darling,

This afternoon the Commanding Officer received the following telegram from attorney, Mendel Levin:

"Please advise Nelson Mandela his Thembekile passed away 13th instant result motor accident in Cape Town."

I find it difficult to believe that I will never see Thembi again. On February 23 this year he turned 24. I had ~~last~~ seen him towards the end of July 1962 a few days after I had returned from the trip abroad. Then he was a lusty lad of 17 that I could never associate with death. He wore one of my trousers which was a shade too big & long for him. The incident was significant & set me thinking. As you know he had a lot of clothing, was particular about his dress & had no reason whatsoever for using my clothes. I was deeply touched for the emotional factors underlying his action were too obvious. For days thereafter my mind & feelings were agitated to realise the psychological strains & stresses my absence from home had imposed on the children. I recalled an incident in December 1956 when I was an awaiting-trial prisoner at the Johannesburg Fort. At that time Kgatho was 6 & lived in Orlando East. Although he well knew that I was in jail he went over to Orlando West & told Ma that he longed for me. That night he slept in my bed.

But let me return to my meeting with Thembi. He had come to bid me farewell on his way to a boarding school. On his arrival he greeted me very warmly, holding my hand firmly & for some time. Thereafter we sat down & conversed. Somehow the conversation drifted to his studies, & he gave me what I considered, in the light of his age at the time, to be an interesting appreciation of Shakespeare's Julius Caesar which I very much enjoyed. We had been corresponding regularly ever since he went to school at Matatiele & when he later changed to Wodehouse. In December 1960 I travelled some distance by car to meet him. Throughout this period I regarded him as a child & I approached him mainly from this angle. But our conversation in July 1962 reminded me I was no longer speaking to a child, but to one who was beginning to have a settled attitude in life. He had suddenly raised himself from a son to friend. I was indeed a bit sad when we ultimately parted. I

Extrait d'une lettre à Winnie Mandela, datée du 16 juillet 1969, voir p. 180, 182-184.

J'ai peine à croire que je ne reverrai plus jamais Thembi. Le 23 février dernier, il a eu 24 ans. Je l'ai vu vers la fin juillet 1962, quelques jours après être revenu de mon voyage à l'étranger. À l'époque, c'était un garçon vigoureux de 17 ans que je n'aurais jamais associé à la mort. Il portait un de mes pantalons, un peu trop large et trop long pour lui. Ce n'était pas si banal, et cela m'avait amené à réfléchir. Comme tu le sais, Thembi avait beaucoup de vêtements. Il s'habillait avec soin et n'avait aucune raison de porter les miens. Je fus profondément touché car les ressorts psychologiques en jeu n'étaient que trop évidents. Par la suite, j'ai été perturbé pendant des jours et des semaines en pensant à la douleur et à la tension que mon absence avait imposées aux enfants. Je me suis souvenu d'un incident en décembre 1956, alors que j'attendais mon procès en prison, à Johannesburg Fort. À cette époque, Kgatho avait 6 ans et vivait à Orlando East. Alors qu'il savait parfaitement bien que j'étais en prison, il était venu à Orlando West et avait dit à Ma que je lui manquais. Cette nuit-là, il avait dormi dans mon lit.

Mais revenons-en à Thembi. Lors de sa dernière visite, il venait me faire ses adieux avant de partir en pension. En arrivant, il m'a salué très chaleureusement, m'a fermement serré la main, et l'a gardée dans la sienne un moment. Ensuite, nous nous sommes assis et avons discuté. Notre conversation s'est focalisée sur ses études, puis il m'a fait ce que j'ai considéré, à la lumière de son esprit d'alors, une analyse intéressante du Jules César de Shakespeare, une pièce que j'aime beaucoup.

Depuis son entrée à l'école de Matatiele, et même après qu'il est allé à Wodehouse, nous correspondions régulièrement.

En décembre 1960, j'ai fait un long chemin en voiture pour le rencontrer. Durant toute cette période, je le considérais comme un enfant et je l'abordais comme tel. Cependant, notre conversation de juillet 1962 m'a rappelé que je ne parlais plus à un enfant mais à quelqu'un qui commençait à avoir un caractère forgé par la vie. Ce n'était plus seulement un fils, mais subitement aussi un ami. Je fus un peu triste quand finalement il dut partir. Je ne pouvais ni l'accompagner jusqu'à un arrêt de bus ni regarder partir son train, car un hors-la-loi – c'est ce que j'étais à l'époque – ne peut assurer ses devoirs parentaux, même les plus élémentaires. Ainsi mon fils – non ! mon ami – s'en alla seul, se débrouiller dans un monde où je ne pourrais le voir qu'en secret, et très rarement. Je savais que tu lui avais acheté des vêtements et donné de l'argent, mais je me suis tout de même vidé les poches pour lui donner le peu de sous qu'un misérable fugitif porte sur lui.

Un jour, pendant le procès de Rivonia, il s'est assis derrière moi. Je n'arrêtais pas de me retourner, de lui faire de petits signes de tête et de grands sourires. À ce moment-là, tout le monde pensait qu'on nous condamnerait à la peine capitale et c'est ce que je lisais sur son visage. Même s'il répondait toujours à mes signes de tête, je ne l'ai pas vu sourire une seule fois. Jamais je n'aurais imaginé que je ne le reverrais plus. C'était il y a cinq ans…

Tu ne m'as jamais autant manqué qu'aujourd'hui. En ce jour où le sort nous frappe si durement, tâche de t'en souvenir. P.J. Schoeman, l'écrivain, raconte l'histoire de ce chef africain qui emmena à la chasse son armée de superbes guerriers noirs. Au cours de la chasse, le fils du chef fut tué par une lionne, et le chef lui-même gravement lacéré. Lorsqu'on stérilisa sa plaie à l'aide d'une lance chauffée à blanc, le dignitaire blessé se tordit de douleur tant le traitement était pénible. Plus tard, à Schoeman qui lui demandait comment il se sentait, il répondit que la blessure invisible était plus déchirante que celle qui marquait ses chairs. Je sais maintenant ce que le chef voulait dire par là.

5. LETTRE ADRESSÉE À EVELYN MANDELA, DATÉE DU 16 JUILLET 1969, SUR LA MORT DE THEMBI

Cette semaine, le commandant m'a transmis un télégramme envoyé par l'avocat Mendel Levin, de Johannesburg, qui m'apprenait la mort de Thembi dans un accident de voiture au Cap, le 13 juillet.

J'écris pour vous faire part, à Kgatho, Maki[5] et à toi, de mon émotion et de ma sympathie. Mieux que n'importe qui, je sais à quel point ce coup a dû être dévastateur pour toi, car Thembi était ton premier fils, et c'est le deuxième enfant que tu perds. Je suis aussi conscient de l'amour passionnel que tu avais pour lui et de tous les efforts que tu as faits pour le préparer à trouver sa place dans la société industrielle, si moderne et complexe, qui est la nôtre. Je sais également que Kgatho et Maki l'adoraient et le respectaient, en souvenir des vacances et des moments heureux partagés avec lui au Cap.

Dans sa lettre d'octobre 1967, Maki me disait que Thembi t'aidait à leur acheter tout ce dont ils avaient besoin. Ma défunte maman m'a vanté sa chaleur et son hospitalité lorsqu'il l'avait hébergée. Au cours des cinq dernières années, et jusqu'en mars dernier, Nobandla m'a régulièrement parlé de son attachement, de son dévouement à la famille et de son engagement personnel auprès de tous ses proches. Je l'ai vu pour la dernière fois au procès de Rivonia et j'aimais qu'elle me parlât de lui car elle était l'une des seules à me donner de ses nouvelles.

5. Makawize (Maki) Mandela, la deuxième fille qu'il a eue avec sa première femme, Evelyn, voir Personnes, lieux et événements.

Sa mort m'a bouleversé autant que toi. Outre le fait que je ne l'ai pas vu depuis au moins soixante mois, je n'ai pas eu le privilège de le marier, ni de le porter en terre quand son heure a sonné. En 1967, je lui ai écrit une longue lettre pour attirer son attention sur certaines affaires dont, pensais-je, il était de son intérêt de s'occuper sans tarder. J'espérais que notre correspondance se poursuivrait et que je le rencontrerais avec sa famille à ma libération. Tous ces espoirs se sont évanouis puisqu'il est parti, si jeune, à seulement 24 ans, et que nous ne le reverrons plus. Peut-être trouverons-nous tous du réconfort dans le fait que ses nombreux amis le pleurent avec nous. Il a accompli ses devoirs envers nous en tant que parents et laisse un héritage dont tout parent peut être fier : la charmante Molokazana et deux adorables bébés[6].

Une fois de plus, je vous présente mes plus sincères condoléances, à Kgatho, Maki et toi. Je ne doute pas que vous trouverez la force et le courage de survivre à cette terrible tragédie.

6. LETTRE AU COMMANDANT DE ROBBEN ISLAND, DATÉE DU 22 JUILLET 1969

Mon fils aîné, Madiba Thembekile, âgé de 24 ans, est décédé au Cap le 13 juillet 1969, suite aux blessures reçues lors d'un accident de voiture.

Je souhaite assister, à mes frais, aux funérailles, et rendre un dernier hommage à sa mémoire. J'ignore encore où il sera enterré, mais je suppose que ce sera au Cap, à Johannesburg ou à Umtata. À cet effet, j'aimerais donc que vous m'autorisiez à partir immédiatement, sous escorte ou non, pour me

6. La femme de Thembi, Thoko, et ses deux filles, Ndileka et Nandi.

rendre à ses obsèques. S'il est déjà enterré au moment où vous recevez cette requête, alors je vous demande de me laisser me rendre sur sa tombe afin que j'y effectue la cérémonie réservée à ceux qui n'ont pu participer à l'inhumation.

J'ai l'espoir sincère qu'en cette occasion vous traiterez ma requête avec plus d'humanité que la précédente, il y a à peine dix mois, en septembre 1968, quand je vous demandais la permission d'assister à l'enterrement de ma mère. Approuver cette requête aurait été un geste généreux de votre part, et cela m'aurait profondément touché. Un geste d'une telle humanité, outre qu'il m'aurait permis d'être présent à ses côtés, aurait grandement contribué à me faire accepter ce coup dur et le sort douloureux qui m'a vu perdre ma mère alors que je suis en prison. Je voudrais ajouter que je n'ai plus vu mon défunt fils depuis un peu plus de cinq ans, ce qui vous fera facilement comprendre mon souhait d'assister à ses funérailles.

Pour finir, j'aimerais souligner qu'il existe des précédents, et que nombre de gouvernements ont par le passé favorablement accueilli des requêtes de cette nature.

7. LETTRE À NOLUSAPHO IRENE MKWAYI, DATÉE DU 29 SEPTEMBRE 1969[7]

J'ai fait une demande similaire lorsque ma mère est morte, il y a quelques mois, mais les autorités ont fait preuve d'inflexibilité en refusant ce que je considérais comme une requête raisonnable, en de telles circonstances. Néanmoins, cette fois j'espérais vaguement que la mort d'un deuxième membre de ma famille, survenant si vite après la première, conduirait les

7. Nolusapho Irene Mkwayi, épouse de Wilton Zimasile Mkwayi. Pour Wilton Zimasile Mkwayi, voir Personnes, lieux et événements.

autorités à me donner l'occasion, une fois dans ma vie, de rendre un dernier hommage à Thembi... Ma lettre a été tout bonnement ignorée, on ne m'a même pas fait la grâce d'en accuser réception. Une autre requête, dans laquelle je demandais à obtenir des copies des coupures de presse sur l'accident mortel, a été refusée, et jusqu'à maintenant je n'ai eu aucune information de première main sur la façon dont Thembi est mort... Non seulement on m'a empêché de voir une dernière fois mon fils aîné, mon ami et la fierté de mon cœur, mais on me laisse dans l'ignorance la plus complète.

8. LETTRE À IRENE BUTHELEZI, DATÉE DU 3 AOÛT 1969[8]

Les condoléances que mon chef, Mangosuthu [Buthelezi], m'a envoyées par télégramme de la part de la famille m'ont beaucoup ému. Je les ai reçues le 18 juillet (jour de mon anniversaire), et j'aimerais qu'il sache que j'ai grandement apprécié ce geste[9]. 1968 et 1969 ont été des années d'épreuves difficiles pour moi. J'ai perdu ma mère il y a seulement dix mois. Le 12 mai, ma femme a été incarcérée pour une durée indéfinie sous le coup de la loi antiterroriste, laissant des enfants en bas âge pratiquement orphelins, et maintenant c'est mon fils aîné qui s'en est allé, pour toujours. La mort est un désastre, quelle qu'en soit la cause et quel que soit l'âge du défunt. Quand elle arrive lentement, comme dans le cas d'une maladie normale, les proches du moins sont prévenus et le coup ne porte peut-être pas de la même façon. Mais quand vous apprenez que la mort s'en est prise à une personne forte, en bonne santé, dans la fleur de l'âge, il faut avoir vécu cette expérience pour

8. Irene Buthelezi, épouse de Mangosuthu Buthelezi. Voir note 9, ci-dessous.
9. Mangosuthu Buthelezi, voir Personnes, lieux et événements.

comprendre à quel point elle peut être paralysante. Le 16 juillet, quand on m'a annoncé la mort de mon fils, j'ai tremblé de la tête aux pieds et pendant quelques secondes je ne savais pas comment réagir. J'aurais dû y être mieux préparé, car Thembi n'est pas le premier de mes enfants qui soit décédé. Dans les années quarante, j'ai déjà perdu une petite fille de 9 mois[10]. Elle avait été hospitalisée et semblait se rétablir, mais sa condition s'est subitement aggravée et elle est morte dans la nuit. J'ai pu rester avec elle durant ces instants critiques où elle luttait désespérément pour retenir dans son petit corps les dernières étincelles de vie, qui s'éteignaient. Je ne saurais toujours pas dire si ce fut une chance ou un malheur d'assister à cette scène tragique. Par la suite, elle m'a hanté pendant des jours et des jours. Encore aujourd'hui, elle réveille en moi des souvenirs douloureux ; mais cela aurait dû m'endurcir face à la perspective d'événements similaires. Puis est arrivé le 26 septembre (l'anniversaire de ma femme), quand on m'a annoncé la mort de ma mère. Je l'avais vue pour la dernière fois lors d'une visite à Robben Island : à l'âge avancé de 76 ans, elle avait fait le voyage seule depuis Umtata. Son allure m'avait affligé. Elle avait perdu du poids, et même si elle se montrait enjouée et charmante, elle avait l'air malade et fatiguée. À la fin de la visite, je l'ai regardée marcher lentement vers le bateau qui la ramènerait sur le continent et, je ne sais pourquoi, la pensée m'a traversé l'esprit que je la voyais pour la dernière fois. Au fil des mois, l'impression qu'elle m'avait faite lors de sa dernière visite s'était estompée, et les lettres qu'elle m'écrivait, dans lesquelles elle me rassurait sur sa santé, avaient dissipé mes craintes. Si bien que quand l'heure fatale a sonné, le 26 septembre, j'étais encore une fois bien mal

10. Makawize Mandela, voir Personnes, lieux et événements.

préparé. Dans les jours qui suivirent, j'ai vécu des moments dans ma cellule dont je ne souhaite plus me souvenir. Mais rien de ce que j'ai connu à la fin des années quarante et en septembre dernier ne ressemble à ce que j'ai traversé ce 16 juillet. On m'a apporté la nouvelle vers 14 h 30. Mon cœur a soudain semblé cesser de battre et le sang chaud qui coule dans mes veines depuis cinquante et un ans s'est glacé. Pendant un long moment, je n'ai pu ni penser ni parler. Je m'étais vidé de toutes mes forces. Pour finir, écrasé par ce fardeau, j'ai retrouvé le chemin de ma cellule, le dernier endroit où un homme frappé par un tel chagrin devrait se trouver. Comme d'habitude, mes amis ont été d'une gentillesse et d'un soutien extraordinaires ; ils ont fait ce qu'ils ont pu pour que je ne m'effondre pas moralement.

9. LETTRE À NOLUSAPHO IRENE MKWAYI,
DATÉE DU 19 NOVEMBRE 1969

Je désirais assister aux funérailles de Thembi et lui rendre un dernier hommage, comme je l'aurais voulu pour maman. Même si je doutais qu'on m'y autorise, mon cœur s'est serré lorsque j'ai compris que je ne serais pas présent au bord de sa tombe – un moment qu'aucun parent ne peut souhaiter manquer. Beaucoup de ceux qui réfléchissent aux problèmes des prisonniers ont tendance à se concentrer sur la longueur des peines à purger, les travaux forcés auxquels nous sommes condamnés, les repas grossiers et sans saveur, l'ennui sinistre qui pèse sur tout prisonnier ainsi que sur l'effroyable frustration d'une vie passée à tourner en rond, toujours exactement au même endroit que la veille. Mais certains d'entre nous ont connu des expériences bien plus terribles que celles-là, qui dévorent jusqu'au tréfonds de l'être et de l'âme.

10. LETTRE À SON FILS, MAKGATHO, DATÉE DU 28 JUILLET 1969

Je déteste donner des leçons, Kgatho, même à mes propres enfants. Je préfère discuter de toutes choses sur un pied d'égalité. Mes opinions sont des conseils que j'offre en laissant la personne concernée libre de les accepter ou de les rejeter. Mais je manquerais à mes devoirs si je ne te faisais pas savoir que la mort de Thembi fait peser une grande responsabilité sur tes épaules. Désormais tu es l'aîné et c'est à toi que revient la charge de garder la famille unie en montrant le bon exemple à tes sœurs et en faisant la fierté de tes parents et de tes proches. Cela signifie que tu dois travailler encore plus dur à tes études, ne jamais te décourager face aux difficultés ou aux revers et ne jamais abandonner un combat, même dans les heures les plus sombres. Souviens-toi que nous vivons dans une ère nouvelle de progrès scientifiques, dont l'accomplissement le plus prodigieux est le récent vol jusqu'à la lune. C'est un événement sensationnel qui enrichira la connaissance que l'homme a de l'univers et qui débouchera peut-être sur la remise en cause de perceptions fondamentales dans de nombreux champs du savoir. La jeune génération doit se préparer, être prête à tirer parti des conséquences de nos découvertes dans le royaume de l'espace. En cette époque de compétition intense et brutale, les plus grandes distinctions iront à ceux qui auront enduré les formations les plus éprouvantes et bénéficieront des plus hautes qualifications dans leurs domaines respectifs. Les problèmes qui agitent aujourd'hui l'humanité exigent des esprits formés, et l'homme déficient à cet égard est comme un infirme, parce qu'il ne possède pas l'outillage intellectuel nécessaire pour s'assurer succès et victoire au service du pays et du peuple. Vivre une vie ordonnée et disciplinée, délaisser les plaisirs tapageurs qui attirent les garçons ordinaires, travailler dur et systématiquement à tes études tout au long de l'année, tout cela t'apportera de grandes récompenses, ainsi que le bonheur personnel. Cela incitera tes sœurs à suivre l'exemple de leur frère adoré et elles bénéficieront de tes connaissances scientifiques, de ta vaste expérience et de tes réussites. En outre, les hommes aiment s'entourer d'individus durs à la tâche, disciplinés et brillants ; en cultivant ces qualités, tu te gagneras beaucoup d'amis.

11. CONVERSATION AVEC RICHARD STENGEL À PROPOS DE SES LETTRES À WINNIE MANDELA

STENGEL : J'ai lu quelques-unes de vos lettres à votre femme. Elles sont très passionnées, mais il y a un ton inhabituel parce que vous semblez tout le temps vous contrôler. Comment l'expliquez-vous ?
MANDELA : Eh bien c'était, c'est une chose très difficile à expliquer. J'ai été son mari durant quatre ans avant d'aller en prison. Elle était très jeune, inexpérimentée ; elle avait deux enfants qu'elle ne pouvait pas élever correctement à cause du harcèlement et des persécutions de la police.
STENGEL : En quoi cela explique-t-il la passion dans vos lettres ?
MANDELA : Eh bien, vous comprenez, je pensais à elle chaque jour, évidemment, mais je voulais aussi lui remonter le moral, lui faire savoir qu'il y avait quelqu'un pour qui elle comptait.
STENGEL : Oui. C'est évident dans les lettres. Comment affrontiez-vous l'idée que votre femme… Vous étiez condamné à perpétuité, et déjà incarcéré depuis de nombreuses années. Dehors, elle avait une vie, elle rencontrait d'autres hommes… Il doit être très pénible de penser à ce genre de chose… Imaginer que,

peut-être, vous savez, elle rencontre d'autres hommes qu'elle pourrait apprécier ou qui pourraient prendre temporairement votre place. Comment viviez-vous cette situation ?

MANDELA : Eh bien, c'est une question dont il ne faut pas s'encombrer l'esprit. Vous devez vous souvenir que j'avais vécu quatre ans en clandestinité avant d'aller en prison. J'avais pris la décision de vivre en clandestinité. En d'autres termes... ces considérations n'étaient pas de nature matérielle pour moi, et puis il faut accepter la question humaine, le facteur humain, le fait qu'une personne a besoin de moments de détente. Mieux vaut éviter de se montrer curieux. Il est suffisant que cette femme me soit loyale, qu'elle me soutienne, qu'elle vienne me voir et m'écrive. C'est suffisant.

STENGEL : Et tout le reste... C'est suffisant et vous écartez le reste de votre esprit ?

MANDELA : Oh, oui.

STENGEL : Parce que ça n'a pas d'importance.

MANDELA : Exactement.

STENGEL : Et ça ne change pas vos relations ?

MANDELA : Non.

STENGEL : Dans le même ordre d'idées, comme vous étiez condamné à perpétuité, il était possible que vous ne refassiez jamais l'amour à une femme, que votre sexualité s'atrophie. Comment l'accepter ?

MANDELA : Ça, c'était vraiment très difficile. Nous n'avons jamais pensé que nous terminerions notre vie en prison. Notre moral était trop élevé pour ça, et nos camarades à l'étranger finissaient par marquer des points. L'organisation prenait de l'ampleur chaque jour, donc notre moral était bon et nous savions qu'un jour nous sortirions. D'ailleurs, dans une lettre que j'ai écrite pour qu'on la lise à ma fille Zindzi, je lui disais : « Je sortirai. » Cela représentait bien l'ambiance en prison. Nous n'avons jamais pensé que nous finirions derrière des barreaux.

12. LETTRE À WINNIE MANDELA, DATÉE DU 23 JUIN 1969

Ceux qui n'ont pas d'âme, pas le sens de l'orgueil national et aucun idéal au nom duquel ils pourraient se battre, ceux-là ne peuvent supporter ni l'humiliation ni la défaite ; ils ne s'appuient pas sur une culture nationale, n'ont pas de mission sacrée, ils ne peuvent devenir ni des martyrs, ni des héros. Le nouveau monde ne sera pas construit par ceux qui restent à l'écart les bras croisés, mais par ceux qui sont dans l'arène, les vêtements réduits en haillons par la tempête et le corps mutilé par les événements. L'honneur appartient à ceux qui jamais ne s'éloignent de la vérité, même dans l'obscurité et la difficulté, ceux qui essayent toujours et qui ne se laissent pas décourager par les insultes, l'humiliation ou même la défaite. Depuis l'aube de l'histoire, l'humanité a honoré et respecté les individus braves et honnêtes, les hommes et les femmes comme toi, mon amour – une fille toute simple qui vient d'un village reculé qu'on voit à peine sur les cartes, un kraal des plus humbles, même selon les critères des paysans.

13. LETTRE À ADELAIDE TAMBO, DATÉE DU 31 JANVIER 1970[11]

Il fut un temps où j'aurais trouvé très difficile de vivre sans voir Zami, sans recevoir de lettre ou de nouvelles d'elle et des enfants. Mais l'âme et le corps humain ont une capacité d'adaptation infinie et il est étonnant de voir comme on peut

11. Adelaide Frances Tambo voir Personnes, lieux et événements. Les censeurs de la prison ont écrit un mot sur sa lettre indiquant que c'était une « lettre à Adelaide Tambo » – Mandela avait utilisé un pseudonyme. Il est peu probable qu'elle ait été postée.

s'endurcir ; et comment des idées jadis considérées comme relativement peu importantes deviennent cruciales, pleines de sens.

Je n'avais jamais imaginé que le temps et l'espoir puissent représenter autant pour quelqu'un. À propos de la mort de maman et de Thembi, puis de l'incarcération de Zami, un personnage important a eu ce commentaire : « Vous n'êtes jamais simplement mouillé par la pluie, chaque fois vous subissez un vrai déluge. » C'est ce que je ressentais à l'époque. Mais les nombreux messages de condoléances et de solidarité que nous avons reçus nous ont redonné courage, et le moral est aussi bon que tu l'as toujours connu.

L'espoir est une arme puissante quand il ne reste plus rien d'autre.

Ce qui m'a soutenu en ces heures sombres, c'est de savoir que j'appartiens à une famille qui a déjà surmonté bien des épreuves. Dans une famille aussi grande, les opinions peuvent diverger sur presque tout mais nous réussissons toujours à régler les problèmes et à aller de l'avant. Cette pensée me donne des ailes.

14. CONVERSATION AVEC RICHARD STENGEL

STENGEL : Votre mère comprenait-elle votre lutte et vos sacrifices ?
MANDELA : Oui, elle comprenait. Pas dès le début, cependant. Un jour, alors que je revenais du travail, elle m'attendait : « Mon fils, tu dois retourner au Transkei. Deux hommes blancs sont venus me voir, ils parlaient très bien le xhosa et ils m'ont dit : "Écoutez, votre fils perd son temps. Il est avocat. Il s'associe à des gens qui créent des problèmes, qui n'ont pas de travail, comme M. [Walter] Sisulu. Vous devez sauver votre fils. Il ferait mieux de retourner au Transkei." » Et elle

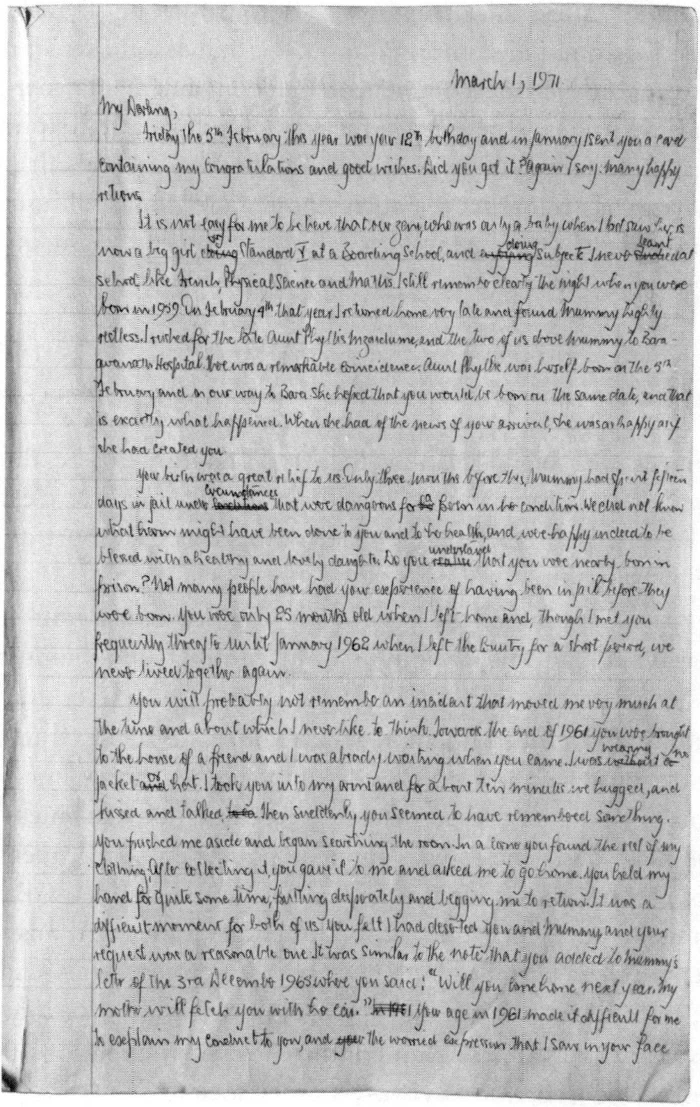
March 1, 1971.

My Darling,

Friday the 5th February this year was your 12th birthday and in January I sent you a card containing my congratulations and good wishes. Did you get it? Again I say: many happy returns.

It is not easy for me to believe that our Zeni, who was only a baby when I last saw her, is now a big girl, doing Standard V at a Boarding School, and doing subjects I never learnt at school like French, Physical Science and Maths. I still remember so clearly the night when you were born in 1959. On February 4th that year I returned home very late and found Mummy highly restless. I rushed for the late Aunt Phyllis Mzaidume, and the two of us drove Mummy to Baragwanath Hospital. There was a remarkable coincidence. Aunt Phyllis was herself born on the 5th February and on our way to Bara she hoped that you would be born on the same date, and that is exactly what happened. When she heard of the news of your arrival, she was as happy as if she had created you.

Your birth was a great relief to us. Only three months before this, Mummy had spent fifteen days in jail under circumstances that were dangerous for a person in her condition. We did not know what harm might have been done to you and to her health, and were happy indeed to be blessed with a healthy and lovely daughter. Do you understand that you were nearly born in prison? Not many people have had your experience of having been in jail before they were born. You were only 25 months old when I left home and, though I met you frequently thereafter until January 1962 when I left the country for a short period, we never lived together again.

You will probably not remember an incident that moved me very much at the time and about which I never like to think. Towards the end of 1961 you were brought to the house of a friend and I was already waiting when you came. I was wearing no jacket or hat. I took you into my arms and for about ten minutes we hugged, and kissed and talked. Then suddenly you seemed to have remembered something. You pushed me aside and began searching the room. In a corner you found the rest of my clothing. After collecting it, you gave it to me and asked me to go home. You held my hand for quite some time, pulling desperately and begging me to return. It was a difficult moment for both of us. You felt I had deserted you and Mummy and your request was a reasonable one. It was similar to the note that you added to Mummy's letter of the 3rd December 1965 where you said: "Will you come home next year. My mother will fetch you with her car." Your age in 1961 made it difficult for me to explain my conduct to you, and the worried expression that I saw in your face

Extrait d'une lettre à Zeni Mandela, datée du 1er mars 1971, à l'occasion de son douzième anniversaire.

insistait : « Allez, allez, repartons. Retournons au Transkei. » C'est alors que j'ai compris que j'avais fait les choses dans le désordre. Au lieu de commencer par convaincre ma mère, je tentais de rallier le peuple. Je me suis donc mis à lui expliquer pourquoi je faisais de la politique. Et plus tard, elle disait : « Si tu ne vas pas rejoindre les autres pour faire de la politique, je te déshérite ! » Oui. Mais il a fallu un moment avant qu'elle en vienne là. Mmmm...

15. CONVERSATION AVEC RICHARD STENGEL
À PROPOS DE SES SENTIMENTS EN QUITTANT SA FAMILLE

MANDELA : Et bien sûr, il y a le roi Sabata, le père du roi actuel... C'est mon neveu, il veillait sur ma mère et c'est lui qui l'a enterrée. Oui, j'ai été triste d'apprendre sa mort quand j'étais en prison.
STENGEL : C'était difficile pour vous ? L'idée que c'était vous, auparavant, qui faisiez bouillir la marmite et que maintenant vous étiez en prison ?
MANDELA : Oh oui, évidemment. C'était très difficile. Il m'arrivait de rentrer en moi-même, de m'interroger moi-même pour savoir si j'avais fait le bon choix, parce que non seulement ma mère mais aussi mes sœurs lutaient pour s'en sortir, même si deux d'entre elles étaient mariées. Je me demandais si j'avais eu raison de mener une action publique qui avait mis mes parents et ma famille dans de telles difficultés. Mais chaque fois, je finissais par me dire que c'était la bonne décision.
STENGEL : Il y avait donc un conflit entre vos obligations familiales et vos obligations vis-à-vis de la société ?
MANDELA : Oui, exactement.
STENGEL : Et cela vous tourmentait ?

MANDELA : Bien sûr. Ai-je pris la bonne décision ? Une décision peut-elle être juste quand elle provoque la souffrance de votre famille ? Et ma mère qui s'était démenée pour m'envoyer à l'école, même si plus tard c'est un membre de notre clan qui s'était occupé de moi... le chef Jongintaba Dalindyebo, qui agissait pour le compte de Sabata – il était son régent[12]. Il m'élevait et me traitait très bien, comme son fils. Je n'ai jamais eu à me plaindre de sa femme ni de lui. Mon devoir, dès que j'ai été en mesure de gagner ma vie, était de veiller sur ma mère et mes sœurs. Mais au moment critique, je n'ai pas pu.
STENGEL : Comme en philosophie morale, où certains disent que nous avons des obligations en premier lieu vis-à-vis de notre entourage ?
MANDELA : La famille, oui.
STENGEL : Donc c'est dur ?
MANDELA : Très dur. Très, très dur. Mais il fallait le supporter. Quand je prenais le temps d'y réfléchir, je me disais : « Malgré tout, la décision que j'ai prise était la bonne. » Parce qu'ils n'étaient pas les seuls à souffrir. Des centaines, des millions de gens souffraient dans notre pays, j'avais donc le sentiment de faire ce qu'il fallait.

16. LETTRE À ZENI ET ZINDZI MANDELA, DATÉE DU 1ER JUIN 1970

Cela fait maintenant huit ans que je ne vous ai pas vues, et il y a douze mois qu'on vous a enlevé votre mère.

L'année dernière, je vous ai écrit deux lettres – le 23 juin et le 3 août. Je sais maintenant que vous ne les avez jamais reçues. Comme vous avez toutes les deux moins de 16 ans et

12. Chef Jongintaba Dalindyebo, voir Personnes, lieux et événements.

que vous n'avez pas encore le droit de me rendre visite, vous écrire est le seul moyen à ma disposition pour rester en contact avec vous et avoir des nouvelles de votre état de santé et de vos résultats scolaires. Bien que ses lettres ne vous parviennent pas, je continuerai à les écrire tant qu'on m'en laissera le loisir. Je m'inquiète particulièrement du fait que, depuis plus d'un an, je n'ai pas eu d'informations de première main ; je ne sais pas qui vous garde pendant les vacances, où vous les passez, qui vous nourrit et vous achète des vêtements, qui paye vos frais d'école, de cantine, et contrôle vos devoirs. Je vous écris en espérant qu'un jour la chance sera de notre côté et que vous recevrez ces lettres. Entretemps, le simple fait de coucher mes pensées par écrit et d'exprimer mes sentiments m'apporte un peu de plaisir. C'est le moyen de vous transmettre mon amour, ma chaleur et mes bons vœux pour vous, et cela m'aide à calmer la douleur fulgurante qui me transperce chaque fois que je pense à vous.

17. LETTRE AU SÉNATEUR DOUGLAS LUKHELE DU SWAZILAND, DATÉE DU 1ER AOÛT 1970[13]

Mes lettres atteignent rarement leurs destinataires et celles que l'on m'envoie ne connaissent pas un meilleur sort. J'espère que les impitoyables agents du destin, qui interfèrent constamment avec ma correspondance et m'ont coupé d'avec ma famille en un moment si crucial, seront amenés par sens de l'honneur et de l'honnêteté à laisser passer celle-ci. Je sais que si elle arrive entre tes mains mes problèmes seront pratiquement terminés.

Tu sais que, comme la plupart de mes contemporains, je reste au fond quelqu'un de rustique, né et élevé dans un vil-

13. Douglas Lukhele. Avocat. Sénateur et procureur général du Swaziland. Il fit ses armes chez Mandela et Tambo. Voir note 14 de ce chapitre.

lage de campagne, avec ses immenses espaces, son grand air et son somptueux paysage. Même si avant mon arrestation, il y a huit ans, je vivais depuis deux décennies en ville, je n'ai jamais réussi à m'extirper de mon costume de paysan, et de temps à autre j'allais passer quelques semaines dans mon district natal pour retrouver un peu des jours heureux de l'enfance. En prison, mon cœur et mon âme se trouvent toujours ailleurs, loin de ce cachot, dans le veld et la brousse. Je vis avec ces souvenirs accumulés pendant un demi-siècle, pardessus les autres : je me revois soigner le bétail, chasser, jouer ; je revois l'époque où j'ai eu la chance de faire mon initiation traditionnelle. Je me revois déménageant dans le Reef dans les années quarante, happé dans le ferment des idées radicales qui agitaient les consciences des jeunes Africains les plus politisés… Je me souviens de l'époque où je vendais des articles de base, des timbres, où je passais la journée à faire toutes sortes de commissions, y compris acheter du shampoing et des cosmétiques pour des dames blanches. Chancellor House[14] ! C'est là qu'OR [Oliver Tambo] et moi sommes devenus des amis encore plus intimes qu'au lycée et à la Ligue de jeunesse. Autour de nous se développaient de nouvelles amitiés, porteuses de promesses – Maindy, Zubeida Patel et Winnie Mandleni, nos premières dactylos ; Mary Ann, dont la mort subite et inattendue nous a plongés dans la détresse ; Ruth, Mavis, Godfrey ; Freddy le boxeur, et Charlie le gardien honnête et populaire qui ne ratait jamais une journée au Mai-Mai[15]. Pendant un temps, tu t'es battu presque tout seul contre des

14. Chancellor House était l'immeuble où Mandela et Oliver Tambo prirent des bureaux pour leur cabinet, Mandela et Tambo, en 1952.
15. Le Mai Mai Market est le plus ancien et le plus important marché des médecines traditionnelles de Johannesburg.

difficultés incroyables pour maintenir la firme à flot pendant qu'OR et moi affrontions le Treason Trial[16]. Je me souviens aussi d'un incident étrange survenu alors que tu nous rendais visite, à Zami et à moi, dans notre maison d'Orlando West, en décembre 1960. Alors que tu arrivais à la porte, un éclair a frappé avec une telle force que Zeni, qui avait dix mois, a été projetée au sol où elle est restée immobile pendant quelques secondes. Quel soulagement quand elle s'est tournée et qu'elle s'est mise à hurler ! Il s'en est fallu d'un cheveu…

Les armes spirituelles peuvent être efficaces, leur impact est souvent difficile à apprécier, sauf à la lumière de l'expérience. En un sens, elles transforment le prisonnier en homme libre, le roturier en monarque, la boue en or. Pour le dire crûment, ce ne sont que ma chair et mes os qui sont coincés derrière ces murs épais.

Sinon je conserve mes opinions cosmopolites ; mes pensées sont aussi libres que le vol du faucon.

Ce qui ancre tous mes rêves, c'est la sagesse collective de l'humanité. Je suis plus que jamais convaincu que l'équité sociale est la seule voie vers le bonheur humain… Mes pensées tournent autour de cette question. Elles sont centrées sur les humains et les idées qui les dirigent ; sur le nouveau monde qui émerge ; la nouvelle génération qui déclare une guerre totale à toutes les formes de cruauté, qui se dresse contre un ordre social qui maintient les privilèges économiques d'une minorité et condamnent les masses populaires à la pauvreté, à la maladie, à l'analphabétisme et aux malheurs d'une société stratifiée.

16. Mandela et Oliver Tambo faisaient partie des 156 membres de l'Alliance des Congrès arrêtés et accusés de haute trahison en 1956, voir Personnes, lieux et événements.

18. LETTRE À WINNIE MANDELA, ALORS À LA PRISON DE PRETORIA, DATÉE DU 1ER AOÛT 1970

Les moissons de misère que nous avons récoltées lors de ces quinze derniers mois d'épreuves ne sont pas prêtes de s'effacer de mon esprit. J'ai l'impression que toutes les parties de mon corps, chair, sang, os et âme ne sont plus que de la bile, tant mon impuissance absolue à te venir en aide dans les moments terribles que tu traverses me rend amer. Quelle différence ce serait pour ta santé et ton moral, ma chérie, pour ma propre anxiété et pour la tension dont je n'arrive à me défaire, si seulement nous pouvions nous voir ! Si je pouvais être à tes côtés et t'étreindre, ou si je pouvais ne fût-ce qu'apercevoir ta silhouette à travers les barbelés qui nous sépareraient inévitablement !

La souffrance physique n'est rien comparée à la façon dont on a piétiné les tendres liens d'affection qui fondent notre mariage et tenté de briser notre relation de mari et femme. Quel épouvantable moment nous vivons ! Nos convictions les plus chères s'en trouvent mises à l'épreuve, comme nos résolutions. Mais tant que j'aurai le privilège de pouvoir communiquer avec toi, même si c'est pour la forme, et jusqu'à ce qu'on me retire expressément ce droit, nos dossiers témoigneront que j'ai essayé avec acharnement de t'écrire tous les mois. Je te le dois, et rien ne m'en distraira. Peut-être ma persévérance sera-t-elle un jour récompensée. Il y aura toujours des hommes de bonne volonté sur terre, dans tous les pays, et même dans le nôtre. Un jour, nous aurons pour nous le soutien sincère et indéfectible d'un homme honnête, placé au sommet de l'État, qui jugera incorrect de ne pas honorer son devoir consistant à protéger les droits et les prérogatives de ses ennemis les plus résolus, dans la bataille d'idées qui se joue ici ; un homme qui se fera de la justice et de l'équité une idée suffisamment haute pour nous garantir non seulement les droits et prérogatives que la loi nous accorde déjà, mais qui nous dédommagera pour ceux dont nous avons été privés.

En dépit de tout ce qui est arrivé, des vicissitudes et des revers de fortune des quinze derniers mois, je garde espoir. Il m'arrive même de croire que ce sentiment fait partie de moi. Je sens mon cœur pomper l'espoir et le diffuser dans toutes les parties de mon corps, où il me réchauffe le sang et me remonte le moral. Je suis convaincu qu'une avalanche de calamités personnelles ne peut pas écraser un révolutionnaire déterminé, pas plus que le brouillard obscur qui accompagne de telles tragédies ne peut le faire suffoquer. L'espoir est au combattant de la liberté ce que la bouée de sauvetage est au nageur : la garantie qu'il ne se noiera pas, qu'il restera à l'abri du danger. Ma chérie, je sais que si la richesse se mesurait en pesant l'espoir et le courage, avec ce que tu recèles en ton sein (cette idée, je la tiens de toi), tu serais certainement millionnaire. Souviens-t'en toujours.

19. LETTRE À WINNIE MANDELA, DATÉE DU 31 AOÛT 1970

S'il y a jamais eu une lettre que j'ai désespérément eu envie de garder, pour pouvoir la lire et la relire à tête reposée dans l'intimité de ma cellule, c'est celle-là. Ç'aurait été la compensation de tant de choses dont ton arrestation m'a privé – les cartes de Noël et celles de nos anniversaires de mariage –, ces petits riens que tu n'oubliais jamais. Mais on m'a ordonné de la lire sur place et on me l'a enlevée dès que je suis arrivé à la dernière ligne.

Le brigadier Aucamp a tenté de justifier cette procédure arbitraire par l'excuse peu crédible selon laquelle dans la lettre tu donnais son nom en guise d'adresse au lieu de ta prison. Puis il m'a expliqué que les lettres que je t'envoie te sont communiquées dans les mêmes conditions et qu'on ne t'autorise pas plus à les conserver. Quand je l'ai supplié de me donner des détails, il est resté évasif. J'ai compris qu'il y avait des enjeux importants qui rendaient nécessaires ces graves entorses à ton droit, en tant que prisonnière en attente d'un procès, d'écrire et de recevoir des lettres, ainsi que la limitation de mes privilèges dans ce domaine. Nos lettres font l'objet d'une censure particulière. La vérité vraie, c'est que les autorités ne veulent pas que tu partages avec tes camarades le contenu des lettres que je t'écris, et vice versa. Pour l'empêcher, ils sont prêts à recourir à n'importe quel moyen, juste ou pas. Il est possible qu'on réduise encore la communication entre nous, au moins pour la durée du procès. Comme tu le sais, mon droit d'écrire chaque mois à mes amis ou à mes relations, ainsi que celui de recevoir leur courrier, m'a pratiquement été retiré depuis ton arrestation. J'essaye de contacter Matlala depuis janvier dernier et Nolusapho depuis novembre.

Le 19 juin, le brigadier Aucamp m'a expliqué qu'un autre Département lui avait ordonné de ne pas transmettre ces lettres, et il ajouté qu'il n'était pas en position de me donner les raisons de ces instructions, mais qu'elles n'étaient pas liées au contenu de ce que nous écrivions. Cette explication a résolu l'énigme de la disparition mystérieuse de la plupart des lettres que j'ai écrites ces quinze derniers mois. Cette affaire a des implications encore plus graves. J'aimerais pouvoir me fier à ce que me disent les représentants de l'État, mais j'ai de plus en plus de mal à concilier mes souhaits avec la réalité. Deux fois, en juillet et au début de ce mois, on m'a informé que ta lettre n'était pas arrivée. J'ai pu établir qu'en fait elles se trouvent ici alors qu'on m'a assuré du contraire.

20. LETTRE À NONYANISO MADIKIZELA, DATÉE DU 1ER NOVEMBRE 1970[17]

S'il y a jamais eu une époque de sa vie où Zami a eu besoin de rester calme, prudente, de peser le pour et le contre et de réfléchir, réfléchir et encore réfléchir, c'est maintenant. Qu'elle agisse sans précipitation. Il en est qui ne veulent pas la voir libre et sont prêts à se servir de n'importe quel prétexte pour se jeter sur elle.

Une fois pointés tous ses défauts, elle demeure une femme d'une grande capacité, ambitieuse, pétrie de qualités bien supérieures à celles que j'ai jamais eues, et j'ai la plus grande estime pour elle. Elle mérite d'être encouragée et soutenue. L'un de mes plus grands regrets est de ne pas pouvoir la protéger – elle, la femme qui a la haute main sur tout ce que je fais, par sa connaissance, son expérience et ses conseils. En matière de courage et de dévouement, personne ne la surpasse. Mais, si éprise qu'elle soit des idéaux qui ont animé tant d'autres grandes femmes, elle vit néanmoins sur la planète Terre. Elle doit vivre, se nourrir, élever des enfants, m'entretenir et s'occuper de la maison. L'un de mes plus fervents espoirs, autrefois, était de subvenir à toutes ces choses, ce qui l'aurait laissée libre de vivre selon ses aspirations, avec l'indépendance qu'elle aurait souhaitée. Cette chance ne s'est pas présentée, je n'y suis jamais parvenu. Du fait des nombreuses mesures de restriction qui pèsent sur elle, personne ne veut l'employer et

17. Nonyaniso Madikizela. La sœur de Winnie.

elle a du mal à gagner sa vie. Quelle catastrophe pour une jeune femme de 36 ans ! Jamais je ne regretterai la décision que j'ai prise en 1961, mais j'espère qu'un jour elle cessera de tarauder ma conscience[18]. Veille sur elle, Nyanya. Je t'ai donné un aperçu de la femme que j'adore, de l'être humain qui se cache derrière le voile fin des vêtements qu'elle porte et du beau visage pour lequel elle est connue.

21. LETTRE À WINNIE MANDELA, DATÉE DU 16 NOVEMBRE 1970

Tu avais bien meilleure mine que je ne m'y attendais, mais par rapport à ce que tu étais la dernière fois que nous nous sommes vus en décembre 68… L'effet cumulé des mille et une contraintes que tu as subies est clairement visible. En regagnant ma cellule après notre entrevue, j'étais préoccupé. Je craignais, maintenant que tu dois vivre seule douze heures chaque nuit, que la solitude et l'angoisse n'empirent ta condition. Cette crainte continue de me hanter.

Par hasard, en descendant au parloir le 7 novembre, j'ai pu voir le bateau par lequel tu arrivais entrer gracieusement au port dans un nuage de vapeur. Il était très beau avec ses couleurs vives. Même à cette distance, il semblait l'ami des prisonniers, et à mesure qu'il approchait, j'ai senti une certaine tension m'envahir. Tu sais bien pourquoi ! J'ai pu également le voir repartir vers le continent. Même s'il conservait tout son éclat, la beauté que j'y voyais quelques heures auparavant n'était plus là. Je le trouvais à présent grotesque et inamical. Alors qu'il s'éloignait lentement en t'emportant à son bord, je me suis senti seul au monde. Les livres qui emplissent ma

18. Mandela fait référence à sa décision, en 1961, de passer à la clandestinité et de former le MK.

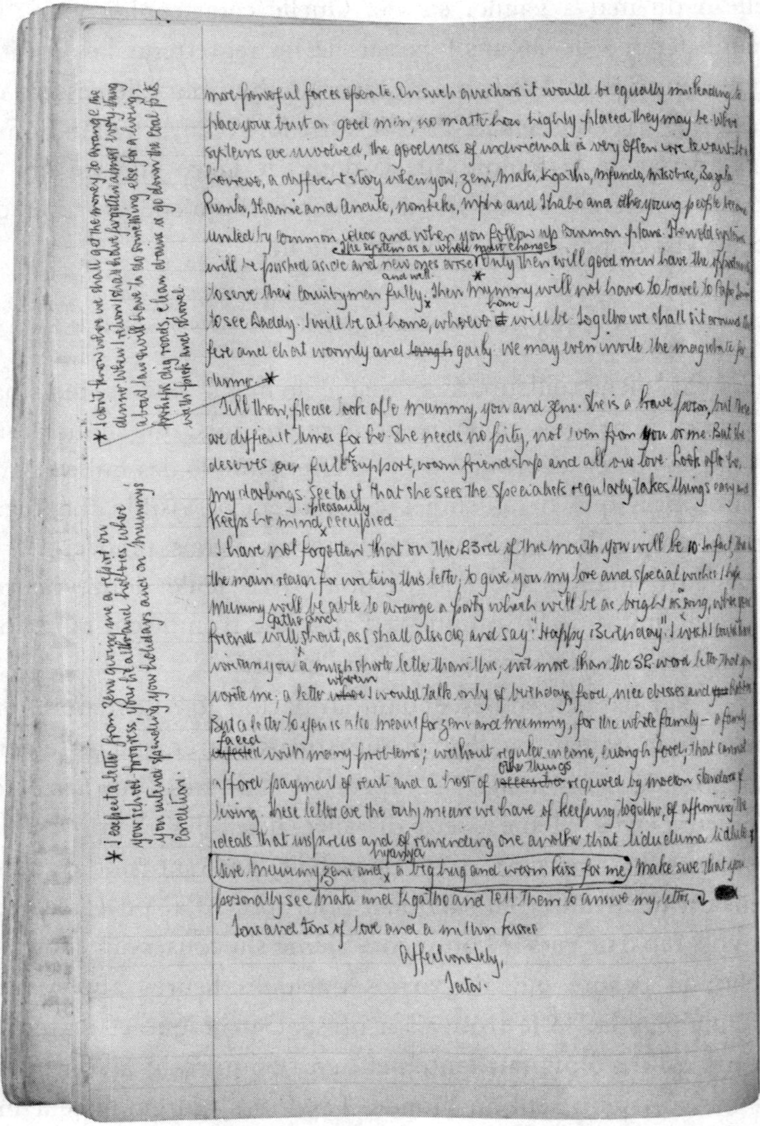

Extrait d'une lettre à Zindzi Mandela, datée du 1er décembre 1970.

cellule, qui m'ont tenu compagnie pendant toutes ces années, semblaient muets, dénués de réponse. Ai-je vu mon amour pour la dernière fois ? Telle était la question lancinante qui ne cessait de me hanter.

22. LETTRE À ZINDZI MANDELA, DATÉE DU 1ER DÉCEMBRE 1970

En de telles occasions, je me rends compte que je dépends complètement de maman dans presque tout ce que j'entreprends. Lorsqu'on m'a dit que ses amis et elle avaient été libérés, j'ai nourri l'espoir de la revoir bientôt et j'étais aussi excité que toi quand tu entends la clochette du camion de glaces ou quand maman t'achète une petite robe.

Je me suis efforcé de rester calme quand Kgatho m'a annoncé la douloureuse nouvelle. Peut-être aurais-je connu une plus brillante carrière au théâtre qu'en droit ou en politique. J'ai dû masquer mon dépit avec un certain talent, car j'ai réussi à faire croire à un ami proche que je n'étais pas le moins du monde affecté par le fait que ta mère ne puisse pas venir. Si seulement il avait su ! La vérité, c'est que les traits de mon visage ne montrent en rien l'état de mes sentiments. J'étais blessé, à terre.

Zeni et toi, et peut-être maman elle-même, vous pensez probablement, non sans raison, que le magistrat qui nous a traités avec une absence d'humanité et une mesquinerie si effroyables est un homme cruel. Il a sans doute lui-même une femme et des enfants, et il a probablement conscience du déchirement que provoque cette séparation forcée entre papa et maman, puisqu'on nous refuse le plaisir de nous voir. Pourtant je sais que cet homme est loin d'être cruel. Au contraire, dans les limites imposées par certaines habitudes désormais de mise dans notre pays, il est gentil et courtois, et en toute sincérité je le considère comme un gentleman. Au cours des neuf années où j'ai pratiqué mon métier d'avocat, j'ai fréquemment eu affaire à lui et j'avais toujours plaisir à argumenter devant un homme que je considérais comme juste et impartial.

Mais même un homme tel que le juge de la puissante Johannesburg, la plus grande ville d'Afrique du Sud, et la plus riche, a les mains étroitement liées. Il ne peut pas agir à sa convenance. Son devoir peut l'obliger à faire ce que sa nature personnelle rejette avec violence. Même des jeunes gens moins bien placés dans d'autres administrations détiennent plus de pouvoir que lui et ont leur mot à dire sur certaines de ses actions. Dans des affaires de ce genre, il n'est jamais sage d'isoler un individu et de faire porter toute la responsabilité sur ses épaules. Cet individu n'est peut-être pas directement responsable des décisions qu'il prend. Il peut n'être qu'un levier manœuvré par des forces plus importantes. Sur des questions comme celle-ci, il serait également malavisé de placer ta confiance entre les mains d'un homme bon, aussi haut placé soit-il. Là où des systèmes commandent, la bonté des individus n'a très souvent aucune importance. Bien sûr, il en va tout différemment quand des jeunes gens comme toi, Zeni, Maki, Kgatho, Mfundo, Motsobisi, Bazala, Pumla, Thamie, Andile, Nombeko, Mpho, Thabo et d'autres vous unissez autour d'idéaux communs et que vous mettez en œuvre des plans d'action établis tous ensemble[19]. Les vieux systèmes s'écrouleront et de nouveaux les remplaceront. Le système dans son entier doit changer. Alors seulement les hommes de bonne volonté auront pleinement l'opportunité de servir leurs compatriotes. Alors maman n'aura plus à faire le voyage jusqu'au

19. Nomfundo (Mfundo) Mandela, Matso (Motsobise) et Bazala Biyana, Thamie et Andile Waba : cousins des enfants de Mandela. Nombeko Gulwa : parent éloigné. Mpho et Thabo Ngakane : enfants d'amis proches de la famille.

Cap pour voir papa. Je serai à la maison, où qu'elle soit. Nous prendrons place ensemble autour du feu et nous discuterons dans la gaieté et l'harmonie. Nous inviterons peut-être même le juge à dîner, même si je ne sais pas où nous trouverons l'argent pour payer le dîner. Quand je sortirai, j'aurai à peu près tout oublié du droit et il faudra que je gagne ma vie autrement ; peut-être en creusant des routes, ou en nettoyant les égouts, ou encore en descendant dans les mines de charbon avec une pioche et une pelle...

23. LETTRE À JOYCE SIKHAKHANE, DATÉE DU 1ER JANVIER 1971[20]

Re roba matsoho à John et à toi[21] ! Est-ce vrai ? Pouvez-vous me faire cela ? Prendre une décision aussi capitale sans même m'en parler ? J'ai dû rater un buffet entier de viandes froides et de pudding à votre fête de fiançailles. J'aurais été accepté tel que je suis à votre mariage, sans avoir à enfiler une redingote, une chemise empesée et un haut-de-forme. Encore plus important pour moi, votre mariage m'eût donné une occasion de briller. Je m'entraîne tous les jours au pipeau. J'en suis toujours à faire mes premières gammes, mais avec un peu d'entraînement j'aurais pu tenter Le Messie de Haendel pour le grand jour.

24. CONVERSATION AVEC RICHARD STENGEL À PROPOS DU HARCÈLEMENT POLICIER SUBI PAR WINNIE MANDELA

STENGEL : Faisiez-vous des cauchemars récurrents quand vous étiez à Robben Island ?
MANDELA : Non, non, non, je n'en ai jamais fait.
STENGEL : D'accord.

20. Joyce Sikhakhane, voir Personnes, lieux et événements.
21. Re roba matsoho est une formule de félicitations au Setswana.

MANDELA : Non, je n'ai jamais fait de cauchemars.

STENGEL : Très bien. Selon vous, quel a été votre pire moment à Robben Island, là où vous avez touché le fond ?

MANDELA : Eh bien, c'est difficile, très difficile à dire. J'aurais du mal à parler d'un moment en particulier, mais je pensais souvent à ma femme, qui était harcelée et persécutée par la police, parfois même agressée, alors que je n'étais pas là pour la défendre. Ça a été très éprouvant pour moi. Et quand j'ai vu qu'elle était chassée par la police de tous les emplois qu'elle avait pu trouver... Ils allaient voir les employeurs et leur disaient : « En gardant cette femme ici, vous vous exposez à des problèmes. »

STENGEL : Et comment le viviez-vous ? Vous vous sentiez impuissant ? En colère ?

MANDELA : Eh bien, naturellement j'éprouvais de la colère, mais en même temps j'essayais de garder mon sang-froid et de me répéter que c'était le prix de notre engagement. Ça me bouleversait vraiment, mais j'éprouvais avant tout un sentiment de frustration et d'impuissance, c'est certain, parce que je ne pouvais rien y faire.

STENGEL : Et... j'ai lu que lorsque vous retourniez en cellule à la fin de la journée, il leur arrivait de vous passer des coupures de presse.

MANDELA : Oui, en effet.

STENGEL : Pourquoi ?

MANDELA : Ça arrivait de temps à autre. Quand il y avait de mauvaises nouvelles à propos de ma famille, ils posaient les articles sur ma table. Un procédé abject.

STENGEL : J'imagine que cela vous mettait en colère.

MANDELA : Oui, même si on s'habitue aux méthodes qu'ils emploient et qu'on décide de garder son calme quoi qu'il arrive. Bien sûr cela provoque de la colère, mais il faut s'efforcer de garder son calme.

STENGEL : D'accord. J'ai une citation de Mac Maharaj, qui disait à votre propos, et c'est en rapport avec ce que vous venez de dire : « Au fil de son incarcération, sa colère et sa haine du système n'ont fait qu'augmenter, mais les manifestations de cette colère sont devenues de moins en moins visibles[22]. » Vous confirmez ?

MANDELA : Eh bien, c'est sans doute correct, dans le sens où je travaille maintenant avec ceux-là mêmes qui m'ont jeté en prison, qui ont persécuté ma femme et fait exclure mes enfants de toutes les écoles... Et je fais partie de ceux qui disent : « Oublions le passé et pensons au présent. »

25. CONVERSATION AVEC RICHARD STENGEL À PROPOS DE LA COMMUNICATION AVEC D'AUTRES PARTIES DE LA PRISON

STENGEL : Comment communiquiez-vous avec les gens dans les autres parties de la prison ?

MANDELA : Nous passions les lettres en douce... C'est Kathrada, Ahmed Kathrada, qui s'en occupait. Mais il y avait des situations embarrassantes. Un jour, je me trouvais avec le gardien ; ils transportaient la nourriture dans des bidons et les cuisiniers avaient juste le droit de les passer par la porte, sans entrer eux-mêmes dans notre quartier. C'était le dernier service de la journée ; nous étions en pleine soirée, le soleil se couchait. Un jeune gars voulait absolument faire passer sa lettre, et alors que j'étais là pour récupérer ma nourriture, il me l'a collée dans les mains. À cette époque, bien sûr, les gardiens avaient du respect pour

22. Satyandranath (Mac) Maharaj, voir Personnes, lieux et événements.

moi et je me suis senti très mal. Je ne savais pas quoi faire, pas tant à cause d'une éventuelle sanction, mais à cause de l'effet que mon comportement aurait sur le gardien ; surtout qu'il était plus jeune que moi et que je ne voulais pas abuser du respect qu'il éprouvait à mon égard. Ça m'a vraiment mis à la torture, mais je me suis éloigné et j'ai donné la lettre à Kathrada. J'ai vraiment eu du mal à regarder le gardien dans les yeux.

STENGEL : Parce qu'il vous avait vu ?

MANDELA : Il a forcément vu... Nous étions à côté l'un de l'autre, et juste après avoir donné les bidons, le jeune gars des cuisines sort la lettre et me la tend... Parce qu'il était désespéré, il fallait qu'il la passe, elle contenait un message urgent.

STENGEL : Et c'était humiliant pour le gardien d'assister à la scène ?

MANDELA : Oui, c'était humiliant et il manquait à son devoir parce qu'il aurait dû intervenir contre ce garçon, et contre moi aussi. Il aurait dû confisquer la lettre, mais par respect pour moi il a fait comme s'il n'avait rien vu. Et ça m'a vraiment humilié. Abuser de sa confiance de cette façon... Mais en même temps, je ne pouvais pas repousser ce garçon : « Ne me la donne pas, garde-la. » Là, le gardien serait intervenu, il m'aurait puni. J'aurais été accusé. Mais nous avons pu faire ça en douce, tranquillement.

26. LETTRE À TIM MAHARAJ, DATÉE DU 1ER FÉVRIER 1971[23]

On a dit mille fois que ce qui compte n'est pas tant ce qui arrive à quelqu'un que la façon dont il affronte la situation. C'est sans doute idiot de ma part de te rappeler ce qui n'est

23. Tim Maharaj. La première femme de Mac Maharaj. Pour Mac Maharaj, voir Personnes, lieux et événements.

guère plus que du bon sens. D'ailleurs, chaque fois qu'il m'arrive d'être la victime d'un malheur, j'oublie tout à fait ces évidences et pour finir le déluge s'abat sur moi.

27. LETTRE PASSÉE CLANDESTINEMENT DEPUIS LA PRISON À DES AVOCATS DE DURBAN, DATÉE DE JANVIER 1977

Mes Seedat, Pillay and Co, Durban

J'ai l'intention d'entamer une procédure judiciaire dans le CPD [division provinciale du Cap] contre le Département des prisons, pour obtenir une déclaration des droits des prisonniers et un arrêté empêchant les autorités carcérales de dépasser leurs prérogatives et nous soumettre, mes camarades et moi-même, à une politique de persécution et à divers genres d'irrégularités.

À cet effet, je souhaite que vous agissiez pour mon compte et que vous transmettiez mes instructions à l'avocat G. Bizos, du barreau de JHB [Johannesburg], ou au confrère qu'il voudra bien recommander[24]. J'espère que vous serez en mesure d'organiser une consultation le plus tôt possible, à votre convenance, soit avec un jeune membre de votre cabinet, soit avec le Conseil quand l'ensemble des éléments de notre dossier sera entre vos mains.

Si pour quelque raison votre cabinet ne peut se rendre à une consultation, j'aimerais tout de même m'attacher vos services et serais très heureux de m'entretenir avec l'un de vos représentants. L'arrangement pour vos traitements et vos frais sera réglé directement avec vous ou votre représentant lors de la consultation.

24. George Bizos, voir Personnes, lieux et événements.

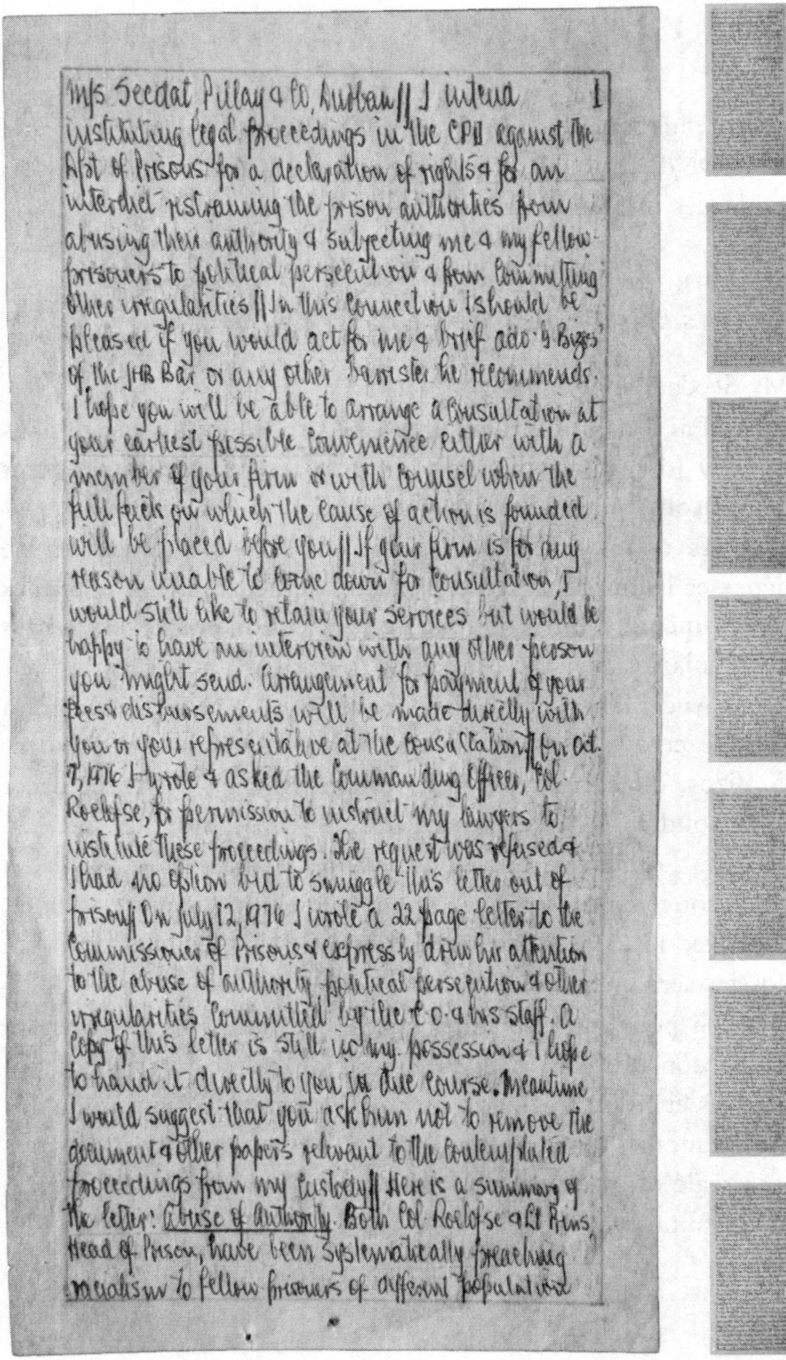
M/s Seedat, Pillay & Co, Durban // I intend 1
instituting legal proceedings in the CPD against the
Mst of Prisons for a declaration of rights & for an
interdict restraining the prison authorities from
abusing their authority & subjecting me & my fellow-
prisoners to political persecution & from committing
other irregularities // In this connection I should be
pleased if you would act for me & brief adv. G Bizos
of the JHB Bar or any other barrister he recommends.
I hope you will be able to arrange a consultation at
your earliest possible convenience either with a
member of your firm or with counsel when the
full facts on which the cause of action is founded
will be placed before you // If your firm is for any
reason unable to come down for consultation, I
would still like to retain your services but would be
happy to have an interview with any other person
you might send. Arrangement for payment of your
fees & disbursements will be made directly with
you or your representative at the consultation // On Oct.
7, 1976 I wrote & asked the Commanding Officer, Col
Roelofse, for permission to instruct my lawyers to
institute these proceedings. The request was refused &
I had no option but to smuggle this letter out of
prison // On July 12, 1976 I wrote a 22 page letter to the
Commissioner of Prisons & expressly drew his attention
to the abuse of authority, political persecution & other
irregularities committed by the C.O. & his staff. A
copy of this letter is still in my possession & I hope
to hand it directly to you in due course. Meantime
I would suggest that you ask him not to remove the
document & other papers relevant to the contemplated
proceedings from my custody // Here is a summary of
the letter: Abuse of Authority. Both Col Roelofse & Lt Prins,
Head of Prison, have been systematically preaching
racialism to fellow prisoners of different population

Extrait d'une lettre pour les avocats de Durban, sortie en cachette de la prison, datée de janvier 1977, voir p. 213, 215-224. La page ci-dessus est à taille réelle.

Le 7 octobre 1976, j'ai déposé une requête écrite au commandant, le colonel Roelofse, lui demandant sa permission de donner pour instruction à mes avocats d'entamer une procédure judiciaire. Ma demande a été rejetée et je n'ai donc d'autre option que de vous faire passer cette lettre clandestinement.

Le 12 juillet 1976, j'ai écrit une lettre de 22 pages au Commissaire des prisons en attirant expressément son attention sur les abus d'autorité, la politique de persécution et les autres irrégularités commises par le commandant et son équipe. Une copie de cette lettre est toujours en ma possession et je compte vous la remettre en mains propres, le moment venu. Je vous suggère de lui demander de ne pas la retirer de mon dossier, ainsi que les autres documents pertinents pour la procédure envisagée.

Voici le sommaire de la lettre : Abus d'autorité. Le colonel Roelofse et le lieutenant Prins, à la tête de l'institution pénitentiaire, ont systématiquement prôné le racisme aux détenus des différents groupes dans la section de la prison où je vis, et tenté de faire naître des relations hostiles entre nous.

Ingérence dans les relations sociales. Après avoir établi les faits soutenant cette allégation, j'ajoutais : « Je considère désormais les explications fallacieuses qui nous sont continuellement répétées par les gardiens à propos de notre correspondance et des prétendues objections au contenu de nos lettres ou à la personnalité de leur expéditeur comme une simple technique pour nous priver du droit légal de préserver de bonnes relations, à la fois entre nous et avec nos amis et nos proches. »

Censure du courrier sortant. Comme cela est souvent arrivé par le passé, la carte d'anniversaire que j'ai envoyée à ma fille en décembre 75 ne lui est jamais parvenue. En février dernier, j'ai écrit à ma femme pour déplorer ce fait. J'ai aussi fait référence à des photos que ma fille m'envoyait régulièrement et qui ont disparu sans laisser de traces. Le commandant a protesté contre ce paragraphe. Ma fille joue au rugby et, dans une autre lettre, je lui conseillais de faire attention à son régime. On m'a ordonné de retirer ce passage. Ma petite-nièce souhaitait étudier le droit et j'ai écrit à Mme F. Kentridge pour qu'elle la guide dans cette voie. Le lieutenant Prins m'a d'abord demandé de supprimer ce passage et, quelques semaines après que je lui eus donné la version expurgée de la lettre, m'a annoncé que la lettre ne serait pas expédiée car le Département faisait maintenant des objections à cause de sa destinataire. Je concluais : « M'empêcher de parler à ma femme de la carte d'anniversaire envoyée à ma fille et qui ne lui est jamais parvenue, m'empêcher de lui dire que je pense toujours à elle et que les photos qu'elle m'avait envoyées ont disparu n'a aucun sens. Cela n'est motivé ni par des questions de sécurité, ni par le désir de maintenir le bon ordre et la discipline, et encore moins par un souci d'améliorer ma condition. C'est également valable pour la lettre à Mme Kentridge… »

Censure du courrier entrant. Mais les pires abus en matière de correspondance sont commis à l'égard des lettres entrantes. Dans ce domaine, le commandant et son équipe se montrent de plus en plus invasifs. La censure est malveillante et vindicative et, là encore, n'est pas dictée par des considérations sur la sécurité, la discipline ou la volonté d'améliorer notre bien-être.

Je considère que ses méthodes font partie d'une campagne de persécution politique systématique et qu'elles visent à nous laisser dans l'ignorance de ce qui se passe en dehors de la prison, même en ce qui concerne notre propre famille. Le commandant ne cherche pas seulement à nous isoler du puissant courant de sympathie et de soutien qui n'a jamais cessé depuis les quatorze années de mon incarcération, sous forme de visites, de lettres, de cartes et de télégrammes, mais aussi à nous discréditer en nous présentant comme des gens irresponsables qui ne répondent pas au courrier qui leur est adressé et ne réagissent pas aux affaires importantes auxquelles il est fait référence dans leur correspondance.

En outre, le double niveau de censure est lâche et calculé dans le but de tromper le public en lui donnant l'impression que les lettres envoyées ne sont pas censurées. Lorsque les autorités contestent un passage, on nous ordonne de réécrire la lettre afin qu'il ne reste aucune preuve de cette lourde censure. Rien ne vous démontrera mieux l'étendue des amputations réalisées sur le courrier entrant qu'une lecture détaillée. La plupart des lettres de ma femme ne sont que des bouts d'information incohérents difficiles à lier ensemble, même dans un dossier[25].

Ma femme est allée plusieurs fois en prison et elle ne connaît que trop bien les règles qui s'y appliquent, ainsi que l'attention portée par les gardiens envers tout ce qu'ils peuvent considérer comme censurable. Elle s'efforce consciencieusement de s'en tenir aux affaires de famille, pourtant c'est à peine si une seule de ses lettres a échappé à la mutilation.

Le 24 novembre 1975, elle m'a écrit une lettre de cinq pages, dont seulement deux me sont parvenues. La politique de censure adoptée ici n'est pas suivie par d'autres gardiens plus jeunes, dans d'autres prisons. Comme vous le savez,

25. Les censeurs de la prison coupaient souvent des mots, des phrases ou des paragraphes qu'ils jugeaient offensants dans les lettres.

ma femme a récemment purgé une peine de six mois à Kroonstad[26]. Certaines des lettres que le commandant, là-bas, a laissées passer ont été lourdement censurées à leur arrivée ici.

Mais ce que je déteste par-dessus tout, c'est qu'on nous oblige à participer à ce mensonge pur et simple. Il est immoral que le commandant détruise ou retienne des lettres adressées à notre famille ou à nos amis et, pis encore, qu'il nous empêche de leur dire ce qu'il fait. Il est inhumain de laisser les nôtres continuer de gaspiller de l'argent, du temps, de l'énergie, de la bonne volonté et de l'amour à nous écrire des lettres et des cartes dont le commandant sait pertinemment qu'elles ne nous seront pas remises... Vous devriez rédiger un communiqué public dans lequel vous définiriez clairement la politique de votre Département, les cas où la censure s'applique et les catégories de personnes qui ne sont pas autorisées à écrire ou à nous envoyer des messages de soutien.

Disparition de lettres. Le nombre de lettres qui disparaissent en chemin est beaucoup trop important pour s'expliquer par l'inefficacité des autorités ou par le refus non motivé et répété du commandant de nous faire suivre notre courrier. Je suis amené à en conclure que leur disparition n'est pas accidentelle.

Les visites. Même ici, les mesures prises par les autorités afin de contrôler les conversations entre les prisonniers et leurs visiteurs dépassent le cadre des mesures de sécurité. Faire encadrer un visiteur par quatre, voire six gardiens, qui lui soufflent dans la nuque ou lui jettent un regard mauvais, est à l'évidence une forme d'intimidation.

26. Winnie fut condamnée pour avoir enfreint son ordre de bannissement parce qu'elle était en compagnie d'un autre banni.

Il est de mon devoir de vous dire que la conviction est partagée parmi les prisonniers qu'au cours de ces visites un appareil enregistre toutes les conversations, y compris les confidences entre mari et femme. Si tel est le cas, le déploiement de forces dont ces visites font généralement l'objet est encore moins justifié.

Capacités linguistiques des censeurs. L'homme qui est directement chargé de censurer le courrier et les magazines, le gardien Steenkamp, était auparavant responsable de ma section. Bien qu'il ait sans doute passé un diplôme d'anglais, il n'est pas plus compétent dans cette langue que moi en afrikaans, et je doute que le sergent Fourie vaille mieux sur ce plan.

Même le commandant a du mal à s'exprimer en anglais. En fait, au cours de mes quatorze années de détention, je n'ai jamais rencontré un gardien dont l'anglais soit plus pauvre que celui du colonel Roelofse, qui dirige la prison… où l'écrasante majorité des prisonniers sont anglophones et ne parlent pas l'afrikaans.

Interdiction de la correspondance avec des sympathisants politiques. Le lieutenant Prins m'a informé que nous ne sommes pas autorisés à communiquer avec des personnes considérées par le Département comme des alliés politiques, ni avec des proches d'autres prisonniers, quel que soit le contenu des lettres.

Télégrammes et cartes de Pâques. Le commandant a mis en œuvre une nouvelle tactique pour nous empêcher de lire les télégrammes qui nous sont envoyés. Désormais, on nous livre les messages gribouillés sur des bouts de papier, sans indication de la date d'envoi ou de réception, ni d'autres informations essentielles. Nous pensons aujourd'hui que ces télégrammes sont d'abord soumis à l'examen de la police de sécurité avant d'être communiqués à leur destinataire, et que cette pratique a été mise en place afin de cacher le délai qui en résulte.

Les gens qui envoient ces télégrammes paient plus cher afin d'être certains que leur message soit délivré rapidement et on est en droit de s'inquiéter quand un gouvernement limite en toute connaissance de cause l'efficacité et la vitesse d'un service public pour lequel les citoyens paient.

L'argent reçu par les prisonniers. L'impression générale parmi les prisonniers est que le commandant et la Police de sécurité se livre au racket. Le 31 mai 1976, le lieutenant Prins a fait passer un message m'annonçant que la somme de 30 rands avait été reçue de la part de M. et Mme Matlhaku le 5 novembre 1975. Aucune réponse ne m'a été fournie lorsque j'ai demandé pourquoi, cette année, on m'avait constamment répété que l'argent n'avait pas été reçu, et pourquoi l'argent n'était pas crédité sur le compte dont le service de comptabilité m'a remis un arrêté.

Je dois dire que la nonchalance avec laquelle ont été accueillies mes plaintes et la longueur des délais pour obtenir une information simple sur des transferts d'argent somme toute modestes devraient être un sérieux motif d'inquiétude. Par conséquent, vous devriez lancer une enquête dès que possible afin de rétablir la réputation de votre Département, fût-ce sur ce seul sujet.

Les discussions politiques lors des réunions du Conseil d'administration pénitentiaire. C'est désormais une pratique habituelle depuis plusieurs années : lors de ces réunions, les membres se livrent à des discussions politiques avec les prisonniers. Le Conseil se sert de ces discussions afin de persécuter ceux qui s'opposent à la politique du développement séparé.

L'absence de visite du COP [Commissaire des prisons] aux prisonniers politiques de Robben Island. Les abus décrits ci-dessus sont encore aggravés par le fait que vous ne veniez jamais visiter l'île, ce qui nous donnerait l'opportunité de discuter ces problèmes directement avec vous. La visite d'autres représentants du Département ne doit pas, ne peut pas se substituer à une visite en personne de l'homme qui est à sa tête.

L'une des principales causes de friction, ici, est le lien entre ce Département et la Police de sécurité, et l'une des premières choses à faire pour répondre à nos doléances est de trancher complètement ce lien. Pour tout ce qui nous touche de près ou de loin, beaucoup de prisonniers considèrent le COP comme un simple homme de paille, le vrai patron étant le chef de la Police de sécurité, qui dicte au COP non seulement ce qu'il doit faire, mais comment le faire.

Je me suis demandé si je devais continuer à me soumettre à une pratique que je juge malhonnête et qui donne l'impression que je jouis toujours de droits et de privilèges, alors que ceux-ci ont tellement été réduits qu'ils en ont pratiquement perdu toute valeur.

Mais je crois toujours que vous, qui êtes à la tête de ce Département, avec le grade de général, vous ne permettrez ni ne tolérerez ces méthodes sournoises et, à moins que votre décision en la matière ne me prouve le contraire, je continuerai à agir avec la conviction que vous n'êtes pas au courant de ce qui se passe dans cette prison.

Il est stupide de penser que la persécution, quelque forme qu'elle prenne, puisse changer nos opinions. Votre gouvernement et votre Département ont un lourd passé en matière de haine, de mépris et de persécution de l'homme noir, en particulier africain, une haine et un mépris qui constituent les principes de base des lois de ce pays. La cruauté que ce Département a mise à soumettre notre peuple à la pratique indécente de la thawuza, en vertu de laquelle on demandait aux prisonniers de se déshabiller et de présenter leur anus pour qu'un gardien l'inspecte, en présence des autres, la pratique tout aussi obscène d'un gardien insérant un doigt dans le rectum d'un prisonnier, ou les agressions brutales, quotidiennes, sans motif, tout cela a été modifié par votre gouvernement après que le scandale a éclaté au niveau national.

Mais l'inhumanité des gardiens de prison en Afrique du Sud reste la même, à ceci près qu'aujourd'hui elle passe par d'autres chemins et a pris la forme plus subtile de la persécution psychologique, un domaine dans lequel certains de vos officiers sont en passe de devenir des experts. J'ai l'espoir qu'un homme de votre rang et de votre expérience saisira la gravité de ces pratiques dangereuses et prendra immédiatement les mesures qui s'imposent pour y mettre fin.

Il est absurde et contraire à l'histoire de notre pays de penser qu'un jour notre peuple vous oubliera. Alors que cent soixante ans se sont écoulés depuis les exécutions de Slachter's Neck[27], 74 depuis les camps d'internement de la guerre des Boers et 61 depuis que Jopie Fourie[28] a prononcé son dernier discours.

Je ne vous croirais certainement pas si vous me disiez que vous avez oublié les Afrikaners patriotes, ces hommes dont les sacrifices vous ont aidés à vous libérer de l'impérialisme britannique et, vous en particulier, à vous élever à la tête du Département des prisons.

27. Révolte des Boers en 1815, durement réprimée par les Britanniques.
28. Héros afrikaner de la guerre de 14, exécuté par le gouvernement de Louis Botha.

Aucun homme ne peut raisonnablement croire que notre peuple, pour qui nous sommes des héros nationaux, nous qu'on persécute à cause de notre engagement, puisse nous oublier de notre vivant, au beau milieu de notre lutte pour une Afrique du Sud libre. Votre peuple massacre le mien aujourd'hui, pas il y a un siècle ou plus. C'est aujourd'hui que sévissent en Afrique du Sud l'oppression raciale, l'emprisonnement sans procès, la torture et les condamnations lourdes. Et les camps d'internement n'appartiennent pas au passé, ils menacent de réapparaître dans le futur immédiat. Comment notre peuple pourrait-il jamais nous oublier alors que nous luttons pour le libérer de votre joug ?

En Afrique du Sud comme dans beaucoup d'autres pays, divers problèmes divisent les prisonniers et les hommes au pouvoir. Je déteste la suprématie blanche et je la combattrai avec toutes les armes à ma disposition. Mais même quand la rupture entre nous aura pris des formes extrêmes, j'aimerais vous combattre sur le plan des principes et des idées, sans haine personnelle, de sorte qu'à la fin de la bataille, et quelle qu'en soit l'issue, je puisse vous serrer la main avec fierté, parce que j'aurai le sentiment d'avoir eu affaire à un adversaire digne et droit, qui ait observé un code élémentaire d'honneur et de décence. Mais si vos subordonnées continuent d'employer des méthodes ordurières, alors il sera difficile de résister à l'amertume et au mépris.

Ma lettre se termine ici. C'est un simple sommaire et des faits importants ont été laissés de côté.

En ce qui concerne la question de la correspondance, il se peut que le Département ne soit habilité à faire des objections qu'au contenu des lettres, et non à la personnalité de celui qui les écrit. Mais je n'ai pas accès au règlement complet des prisons. Peut-être pourriez-vous approfondir ce sujet.

J'ai presque oublié de vous dire que le 9 septembre, le commandant m'a informé qu'il avait reçu une lettre du Commissaire des prisons, en date du 26 août, dans laquelle ce dernier se déclarait satisfait que l'administration de l'île agisse comme il convenait et qu'il ne pouvait pas mener des enquêtes en s'appuyant sur les allégations d'individus détenus dans les prisons du pays. Par cette réponse, le Commissaire a donné sa bénédiction aux abus d'autorité, à la persécution systématique et aux diverses irrégularités mentionnées dans ma lettre du 12 juillet.

Pour finir, j'aimerais vous faire savoir que ces instructions ne peuvent être annulées que par moi… soit par un acte signé, soit directement lors d'une entrevue avec un représentant de votre cabinet.

Cordialement,

NR Mandela 466/64
Janvier 1977

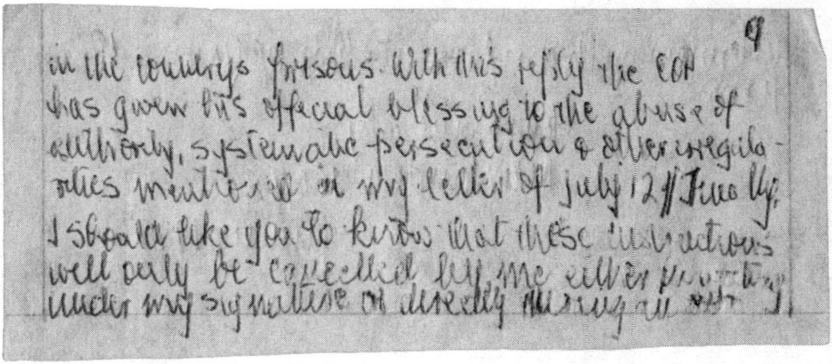

9

in the country's prisons. With this reply the CoP has given his official blessing to the abuse of authority, systematic persecution & other irregularities mentioned in my letter of July 12. Finally, I should like you to know that these instructions will only be cancelled by me either in writing under my signature or directly through an

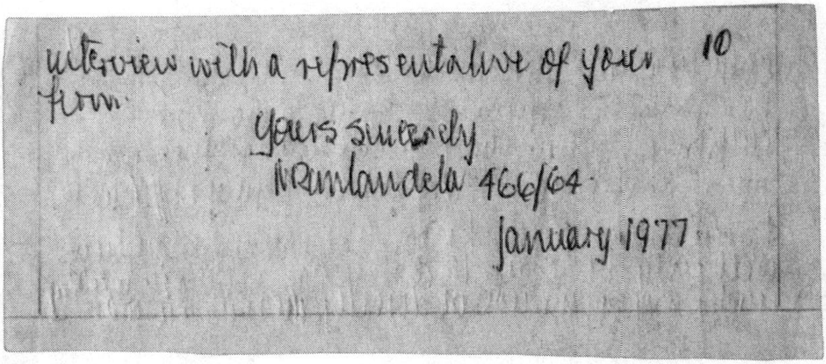

10

interview with a representative of your firm.

Yours sincerely
N.R. Mandela 466/64
January 1977

Extrait d'une lettre pour les avocats de Durban, sortie en cachette de la prison, datée de janvier 1977, voir p. 223-224.

CHAPITRE NEUF

Un homme conciliant

« Il arrive que de vieux chevaux célèbres
flanchent comme tant d'autres avant eux ;
certains finissent oubliés à jamais,
d'autres restent comme de simples noms
dans l'histoire, et n'intéressent
que les savants. »

Extrait d'une lettre à Archie Gumede, datée du 1er janvier 1975, voir p. 229.

1. LETTRE À ARCHIE GUMEDE, DATÉE DU 1ER JANVIER 1975

Il arrive que de vieux chevaux célèbres flanchent comme tant d'autres avant eux ; certains finissent oubliés à jamais, d'autres restent comme de simples noms dans l'histoire, et n'intéressent que les savants.

2. EXTRAIT DU MANUSCRIT AUTOBIOGRAPHIQUE INÉDIT ÉCRIT EN PRISON

(1) En racontant sa vie, on devrait évoquer franchement ses camarades politiques, leurs personnalités et leurs opinions. Le lecteur désire savoir quel genre de personne est réellement l'auteur, quelles relations il avait avec les autres, et la représentation ne doit pas passer par des épithètes usées, mais par les simples faits. (2) Mais l'autobiographie d'un combattant de la liberté est inévitablement influencée par la question de l'impact qu'aura telle révélation, aussi vraie soit-elle, sur la lutte qu'il mène. Si la divulgation de certains faits nous permet d'y voir plus clair et nous rapproche de notre but, il est de notre devoir d'écrire la vérité, même si celle-ci nuit d'une manière ou d'une autre aux individus concernés. Pour autant, il faut éviter que la franchise ne créée des tensions et des divisions inutiles, que l'ennemi saura exploiter pour retarder notre victoire. Il s'agit là d'un danger. (3) En outre, une extrême prudence est de mise lorsque l'autobiographie est écrite en prison, où l'on cohabite avec des camarades qui eux-mêmes subissent les épreuves de l'incarcération et côtoient chaque jour des officiers toujours prêts à persécuter les prisonniers. En écrivant dans de telles conditions, la tentation est grande de ne mentionner que ce qui donnera à vos camarades le sentiment

que leurs sacrifices n'ont pas été vains, ce qui éloignera leur esprit de leurs dures conditions d'existence, afin de leur apporter un peu de joie et d'espoir. La prudence dicterait en particulier de consulter autant que possible les camarades sur ce que vous souhaitez dire à leur sujet, de faire circuler le manuscrit et de leur donner la possibilité de faire valoir leur point de vue sur les controverses, de façon à ce que les faits eux-mêmes reflètent fidèlement les opinions de toutes les personnes concernées ; quels que puissent être par ailleurs les commentaires de l'auteur sur ces faits. Malheureusement, les conditions dans lesquelles j'ai écrit ce manuscrit ont rendu impossible de consulter au-delà d'un cercle proche d'amis, pour des raisons de sécurité[1].

3. EXTRAIT DU MANUSCRIT AUTOBIOGRAPHIQUE INÉDIT ÉCRIT EN PRISON

(15) Les feux des projecteurs se sont concentrés sur quelques figures bien connues parmi nous, comme Wilton Mkwayi, Billy Nair, Raymond Mhlaba, Ahmed Kathrada, Govan Mbeki et Walter Sisulu[2]. Somme toute, c'est naturel puisqu'ils font office de leaders dans le pays et que des centaines de milliers de gens, ici et à l'étranger, admirent leur courage et leur dévouement. Pleins d'allant et d'optimisme, ce sont des sources d'inspiration pour mes camarades. Ils font partie de ceux qui, en prison, ont su en permanence transmettre à nos membres la noble tradition de l'ANC[3]. Mais cela ne reflète pas toute l'histoire. Chacun de nos hommes est comme une pierre

1. Mandela écrivait en secret. Ahmed Kathrada et Walter Sisulu le relisaient pour vérifier l'exactitude des faits. Mac Maharaj et Laloo Chiba retranscrivaient le texte sur des bouts de papier minuscules.
2. Billy Nair, voir Personnes, lieux et événements.
3. Une alliance d'organisations antiapartheid composée de l'ANC, du SAIC, du COD et du CPC.

sur laquelle est bâtie l'organisation ; et tandis nous nous occupions ici d'une vingtaine d'hommes, d'autres dans la Section Principale ont eu à gérer les problèmes délicats de plusieurs centaines de captifs venus par des chemins tous différents, dont la grande majorité ne reçoivent ni visite, ni lettre, n'ont pas d'argent pour étudier, ne savent pas lire et écrire et sont constamment en butte à toutes les cruautés de la vie en prison.

4. EXTRAIT DU MANUSCRIT AUTOBIOGRAPHIQUE INÉDIT ÉCRIT EN PRISON

[Watler Sisulu] et Kathy [Kathrada] partagent un point commun qui forme l'une des bases de notre amitié, et qui est inestimable à mes yeux : ils n'hésitent jamais à critiquer mes erreurs et, tout au long de ma carrière politique, ils m'ont tendu un miroir dans lequel je pouvais me regarder. J'aimerais pouvoir en dire plus sur ce groupe de courageux camarades avec lesquels j'ai subi les humiliations quotidiennes et qui se sont toujours comportés avec dignité et détermination. J'aimerais pouvoir retranscrire nos conversations, nos plaisanteries, donner un aperçu de leur empressement à aider leurs camarades en difficulté, afin que vous vous fassiez par vous-même une idée de la qualité de ces hommes dont les vies ont été sacrifiées sur l'autel satanique de la haine raciale.

5. LETTRE À WINNIE MANDELA, DÉTENUE À LA PRISON DE KROONSTAD, DATÉE DU 1ER FÉVRIER 1975

Tu t'apercevras sans doute que la cellule est un lieu parfait pour apprendre à se connaître et pour étudier en permanence et dans le détail le fonctionnement de son esprit et de ses émotions. Les individus que nous sommes ont tendance à juger leur réussite à l'aune de critères extérieurs, tels que la position sociale, l'influence, la popularité, la richesse ou le niveau d'éducation. Ce sont bien sûr des notions importantes pour mesurer sa réussite – et on comprend que beaucoup tentent d'obtenir le meilleur d'eux-mêmes sur ces points. Mais d'autres critères intérieurs sont peut-être plus importants pour juger de l'accomplissement d'un homme ou d'une femme. L'honnêteté, la sincérité, la simplicité, l'humilité, la générosité, l'absence de vanité, la capacité à servir les autres – qualités à la portée de toutes les âmes – sont les véritables fondations de notre vie spirituelle. Mais cette réussite-là n'est pas accessible sans un travail d'introspection véritable et une connaissance de ses forces et de ses faiblesses. La détention a au moins le mérite d'offrir une bonne occasion pour travailler sur sa propre conduite, corriger le mauvais et développer le bon que l'on porte tous en soi. La pratique régulière de la méditation, disons un quart d'heure chaque jour avant de se coucher, peut y être très utile. Il est possible que dans un premier temps tu aies du mal à identifier les éléments négatifs de ta vie, mais tu en seras récompensée si tu en fais l'effort régulier. N'oublie pas qu'un saint est un pécheur qui cherche à s'améliorer.

6. LETTRE À MME D.B. ALEXANDER, DATÉE DU 1ER MARS 1970

L'un de mes passe-temps favoris est d'examiner toutes les cartes que j'ai reçues dans l'année écoulée. Il y a quelques jours encore, j'ai regardé celle que tu m'as envoyée en décembre dernier. Elle ne contient que quatre mots imprimés, auxquels tu en as ajouté trois de ton écriture claire et vive. Cette économie de mots est caractéristique de tous les messages de vœux que j'ai reçus de toi, pourtant ils sont pleins de chaleur et d'inspiration, et chaque fois qu'il m'en arrive, je me sens plus jeune que Leo, mon petit-fils.

7. LETTRE À ZAMILA [AYOB], DATÉE DU 30 JUIN 1987

Au début des années soixante-dix, j'ai écrit un jour à Zami une lettre que je trouvais romantique ; c'étaient les mots d'un homme qui adore sa femme et se prosterne devant elle. Dans cette lettre, j'écrivais aussi que Zeni et Zindzi grandissaient et devenaient de belles jeunes femmes, avec lesquelles je prenais un vrai plaisir à discuter. Ma femme adorée vit rouge et, en arrivant à la dernière ligne de sa réponse, je fus heureux de me trouver loin d'elle physiquement. Autrement, je me serais fait sectionner la veine jugulaire. On aurait dit que je l'avais trahie. Elle m'écrivait : « C'est moi, et pas toi, qui ai élevé ces filles, et maintenant tu les préfères à moi ! » Je fus tout bonnement stupéfait.

8. EXTRAIT DE LA SUITE INÉDITE DE SON AUTOBIOGRAPHIE

Ma formation et mon expérience d'avocat dans la plus grande ville d'Afrique du Sud, Johannesburg, m'avaient sensibilisé très tôt dans ma carrière politique à ce qui se passait dans les arrière-cours du pouvoir de ce pays. Cet aperçu fut largement confirmé par ma détention à Robben Island.

À l'époque, les gardiens de prison n'étaient pas vraiment issus du gratin de la communauté des Afrikaners. La plupart d'entre eux étaient hostiles à nos aspirations et considéraient les prisonniers noirs comme des sous-hommes. Ils étaient farouchement racistes, cruels et grossiers dans leur attitude avec nous.

Quelques hommes, cependant, faisaient exception parmi eux, et leur répétaient patiemment qu'en d'autres parties du monde les mouvements de libération finissaient par avoir gain de cause et par diriger le pays. Ces gardiens progressistes plaidaient pour que les prisonniers soient traités strictement selon le règlement, afin que, si, au bout du compte, ils étaient amenés à gouverner, ils traitent bien les Blancs en retour.

L'ANC a toujours souligné le fait que nous n'étions pas en lutte contre les Blancs eux-mêmes, mais contre la domination blanche et contre une politique qui se reflète dans la composition raciale des principales structures du gouvernement, à tous les échelons : local, provincial et national.

9. CONVERSATION AVEC RICHARD STENGEL À PROPOS DE SA PROMOTION À UN PLUS HAUT GRADE EN PRISON[4]

STENGEL : Pourquoi avez-vous été le premier ?

MANDELA : Eh bien, en somme, ce devait être dû à mes bonnes relations avec les autorités. Même s'ils nous maltraitaient, je restais en bons termes avec eux, je voulais être en mesure d'aller les voir et de discuter des problèmes. Parce que je m'inquiétais pour les gens, à la fois dans la section principale – des gens avec qui nous n'avions pas de contact – et dans notre section, dans notre groupe, toutes sortes de problèmes se posaient à moi, dont certains très sérieux, qu'il fallait régler en dehors de toute considération générale de politique... ou de la façon dont on nous traitait. Et donc, je gardais de bonnes relations avec eux, même avec Aucamp ou le Commissaire, le général Steyn... Je me battais sur des questions de principe et quand ils avaient tort, je ne reculais pas.

4. Les prisonniers étaient classés en quatre catégories allant de A à D ; les prisonniers de catégorie A étaient les plus privilégiés. À leur arrivée, les prisonniers politiques étaient classés dans la catégorie D, ce qui signifiait qu'ils ne pouvaient écrire et recevoir qu'une lettre tous les six mois et qu'ils n'avaient droit qu'à une visite dans le même laps de temps.

10. CONVERSATION AVEC RICHARD STENGEL À PROPOS DES GARDIENS DE PRISON

Je ne veux pas que nous donnions l'impression que tous les gardiens étaient des sauvages, des fripouilles, non. Dès le départ, il y a eu des gardiens pour penser qu'on devait nous traiter correctement… Sans me vanter, en général c'est à moi qu'ils venaient parler, surtout le week-end ou le soir. Et certains d'entre eux étaient vraiment des hommes bons. Ils exprimaient sans fard leur opinion sur le traitement qu'on nous infligeait. Ainsi que nous l'avons appris par la suite, quand nous avons mieux connu les gardiens et les officiers, il y avait de profonds désaccords entre gardiens. Certains disaient : « Nous n'avons pas le droit de traiter des êtres humains comme ça. Nous devons les traiter décemment. Nous devons leur laisser lire les journaux, leur donner des radios. » Et les autres répondaient : « Non, vous n'arriverez qu'à leur remonter le moral. Ne faites pas ça. » À quoi les premiers rétorquaient : « Mais ils seront quand même en prison… » Voilà à peu près les termes du désaccord. En constatant ce clivage parmi eux, nous avons en fin de compte décidé de déclencher une grève perlée : nous prenions une matinée entière pour remplir un seul camion. Ils ont tout essayé, nous ne bougions pas. Un jour, un officier, le sergent Opperman, nous a rassemblés : « Messieurs, il a plu la nuit dernière et la chaussée a en partie disparu. Il me faut de la chaux pour réparer les routes. Au moins cinq chargements aujourd'hui, cinq camions. Vous pouvez m'aider ? » Ce jour-là, comme cet officier nous avait rassemblés et s'adressait à nous avec respect, nous nous sommes dit que nous devions l'aider. Nous avons rempli les cinq camions en une heure. Et une fois qu'il a été parti, nous avons repris la grève perlée.

Voilà… Mais cet officier n'était pas seulement courtois : quand il était de faction aux cuisines, nous recevions notre ration. Dans les cuisines, il y avait beaucoup de détournements. On nous volait notre viande, notre sucre. Avec cet officier, nous étions certains d'avoir nos rations. Donc nous le respections. Beaucoup de gardiens avaient ce genre de comportement. Bien que nous ayons connu beaucoup de difficultés, il y a eu des moments plus heureux, où les gardiens nous traitaient comme des êtres humains.

11. CONVERSATION AVEC RICHARD STENGEL

STENGEL : Arrivait-il aux gardiens de parler de politique avec vous ?
MANDELA : Oh, oui. Très souvent. Il y avait des gardiens intelligents qui discutaient avec nous. Et au fil de ces discussions, ils se sont beaucoup rapprochés de nous. Ce sont devenus des amis. Certains le sont encore aujourd'hui. Oui.
STENGEL : Et comment cela a-t-il commencé ? Ils vous écoutaient et commençaient à donner leur opinion ?
MANDELA : Eh bien, ils nous posaient des questions. En ce qui me concerne, je n'ai jamais lancé une discussion politique avec un gardien. Je les écoutais. Vous avez plus d'impact quand vous répondez à quelqu'un qui vous pose des questions. Quand vous parlez sans qu'on vous le demande, certains vous en veulent et vous ne les convainquez pas. Mieux vaut garder ses distances. Mais si quelqu'un demande : « Qu'est-ce que tu veux, au juste ? » ; en général, c'est ce qu'ils demandent : « Alors, qu'est-ce que tu veux ? » Là, vous lui expliquez. « Mais tu as de quoi manger et tu t'inquiètes pour ça ? Pourquoi créer autant de problèmes, faire des misères au pays, attaquer des

gens innocents, les assassiner ? » Dès lors, vous pouvez argumenter : « Non, vous ne connaissez pas votre propre histoire. Quand vous étiez opprimés par les Anglais, vous avez fait exactement comme nous. C'est la leçon de l'histoire. »

12. CONVERSATION AVEC RICHARD STENGEL

STENGEL : Mac Maharaj disait qu'en prison vous étiez devenu le porte-parole d'autres prisonniers. C'était contre le règlement ?
MANDELA : Oui.
STENGEL : Mais ils l'ont tout de même permis ?
MANDELA : Oui.
STENGEL : Comment cela a-t-il été possible ?
MANDELA : En insistant et en affirmant nos droits. Ils étaient obligés d'accepter. Quand un homme se bat, même ses ennemis le respectent, surtout s'il se bat intelligemment. Je disais : « Ça, ce n'est pas tolérable ; voilà ce que j'ai vu. Qu'allez-vous faire ? Je ne sais pas si j'ai le droit de m'exprimer au nom des autres prisonniers, mais un crime, un délit, a été commis, qu'allez-vous faire ? Vous êtes officier : vous devez réagir. Très bien, si vous ne voulez rien faire, donnez-moi la permission d'écrire à votre hiérarchie. Et si votre hiérarchie ne dit rien, j'écrirai au ministre de la Justice. Si lui non plus ne m'aide pas, j'aurai épuisé tous les recours au sein de l'administration pénitentiaire. J'irai chercher du soutien ailleurs. » Ça leur faisait peur. Vraiment peur. J'insistais, et j'ai alerté les autorités sur beaucoup de cas, qui pour certains sont remontés jusqu'au ministre de la Justice, et comme je ne constatais aucune amélioration, je faisais passer une lettre dehors et sortais l'information par la presse. Du coup, quand je retournais les voir en leur disant : « Si vous ne vous occupez pas de ça, je sais

ce qu'il me reste à faire... », les précédentes expériences leur avaient appris à quoi s'en tenir. Donc, d'une certaine manière, ils m'ont permis de parler au nom des autres prisonniers.

13. CONVERSATION AVEC RICHARD STENGEL

STENGEL : Pensez-vous que les gens de votre génération ont toujours une sorte de déférence vis-à-vis de l'homme blanc qui n'existera plus pour la prochaine génération ? Même chez vous, par exemple, y a-t-il des résidus...

MANDELA : D'un complexe d'infériorité par rapport à l'homme blanc ?

STENGEL : Oui.

MANDELA : Je ne crois pas... Surtout après avoir été depuis si longtemps dans le mouvement de libération, avoir été en prison... L'un des objectifs de la Defiance Campaign en 1952 était de diffuser au plus grand nombre cet esprit de résistance à l'oppression : il ne faut pas craindre l'homme blanc, le policier blanc, la prison, les tribunaux... À l'époque, 8 500 personnes sont allées en prison en enfreignant volontairement des lois faites pour nous humilier, nous mettre de côté et réserver certains privilèges aux Blancs. Nous avons enfreint ces lois et purgé des peines, mais cette campagne a montré que notre peuple ne craignait plus la répression, qu'il était prêt à y répondre. Et si un homme est prêt enfreindre une loi, aller en prison, en ressortir, il est peu probable que cet homme soit intimidé par la vie en prison, de façon générale. Par conséquent, même dans notre vieille génération, il n'y a pas d'infériorité. Je dirais même que nous nous occupons des problèmes avec plus de maturité. Nous savons que la discussion est le meilleur moyen de convaincre quelqu'un. Parce que la plupart de ces types, vous savez, ne sont pas assez éduqués, ils n'ont pas la profondeur nécessaire pour apprécier ces problèmes. Mais quand vous leur opposez très tranquillement des arguments, sans élever la voix, vous n'avez pas l'air de remettre en cause leur dignité et leur intégrité. Il faut faire en sorte qu'ils se détendent et qu'ils comprennent vos arguments. Invariablement, quand vous vous asseyez avec quelqu'un et que vous lui parlez, il s'écroule. Même les gardiens de prison les plus endurcis finissent par s'écrouler…

Je me souviens d'un type, le sergent Boonzaier, quelqu'un de très intéressant. Un jour, nous nous sommes disputés et je lui ai fait quelques remarques désobligeantes en présence d'autres prisonniers. Mais après, je me suis rendu compte que j'y étais allé fort. Il était très jeune, dans les 20 ans, mais dur, distant et froid, et il avait commis une erreur, c'était incontestable. Mais je me disais que mes propos avaient été trop durs, je suis allé le trouver dans son bureau le lendemain : « Écoutez, je suis vraiment désolé pour ce que je vous ai dit. Ce n'était pas la chose à faire. Même si vous aviez tort, je suis désolé de vous avoir parlé de cette façon. » Il me répond : « Vous revenez maintenant ; après la façon dont vous m'avez parlé hier devant vos amis. Vous me parlez comme ça devant eux et maintenant vous venez ramper devant moi… [Rires.] et me demander de vous excuser. Appelez ces gars devant lesquels vous m'avez insulté. » Et j'ai dû les appeler et leur dire : « Non, non, il a raison. Je l'ai malmené en votre présence, et puis je m'excuse en privé et il n'a pas voulu l'accepter. » Pour finir, il a accepté les excuses. Mais dans sa façon de faire, il n'y avait aucune gratitude, vous comprenez. Il minaudait, c'est tout. [Rires.]

L'une des choses que craignaient les gardiens, c'était la visite d'un officier mieux gradé dans notre section. Ils voulaient être là pour accueillir l'officier. Un jour, j'ai vu un officier arriver au loin. Donc j'ai pensé que je devais l'en informer : « Monsieur Boonzaier, le colonel arrive. – Et alors quoi ? Il est déjà venu. Il peut venir seul jusqu'ici, il n'a pas besoin de moi. » [Rires.] Il était très indépendant. C'était un orphelin. Il m'a raconté son histoire, c'est pour cela que j'ai eu tellement honte de ce que j'avais dit. Il a été élevé dans un orphelinat. Il m'a expliqué qu'au petit déjeuner, et en fait pendant tous les repas, ils ne se parlaient pas entre eux parce qu'ils détestaient leur condition. Le fait de ne pas avoir de parent, d'amour parental, expliquait son attitude blessante à mon égard. Et je le respectais beaucoup parce qu'il ne pouvait compter que sur lui-même. Il était indépendant, il étudiait. Il n'avait peur de rien... Je crois qu'il a quitté la prison. C'est pour cela que j'en parle ouvertement. Sinon, ça pourrait avoir des répercussions.

14. LETTRE À WINNIE MANDELA, À LA PRISON POUR FEMMES, DATÉE DU 26 OCTOBRE 1976, ÉCRITE À L'ORIGINE EN XHOSA ET TRADUITE MALADROITEMENT EN ANGLAIS PAR UN OFFICIER

Il y a des moments de bonheur où je ris tout seul en repensant aux débouchés que j'avais, et aux moments de plaisir. Mais j'ai bien plus de temps pour la méditer que pour m'occuper de mes affaires importantes. Il y tant de choses qui nécessitent mon attention – causer avec les amis, lire des livres différents, des choses qui rafraîchissent l'esprit, écrire des lettres aux proches et réviser celles de l'extérieur. Les pensées ne me viennent qu'en me relaxant et sont centrées sur une seule personne, les amis que je connais très bien. La conscience est déchirée, le respect et l'amour ne cessent de croître. C'est la seule richesse que je possède.

2.

I wrote to the children just after your detention consoling them not to be worried about your absence from home. I also reminded them that you are experienced in facing difficulties at the same time wishing them good luck and success in the examinations. Although encouraging them, Iam always concerned about your health, spending speelless nights rhinking about the children who are left alone the damage of property in the house, thinking of friends and the loss of such a good paying job, the loss of money paid for examinations and the anxiety of not knowing when we shall meet again. The firls told me that they visited you several times and that you seemed to be in good health. Such messages gives one courage.

This year I received two letters from ZINDZI and none from ZENI. I did not want to ask her about that when they were here for fear that she would be ashamed. Although I wrote to them in September I will do so again next month. It sounds well that ZEIN and BAHLE are still in good terms. ZINDZI said she parted with FIDZA. Her new friend is MAFUTHA OUPA. She said you will explain all about that for she could take the whole day and night to do that. I hope you will write about that. I always think of a place where they can spend the holiday since you are not at home.

Although I am still without proof whether you received the letters of Sept. 1 and Oct. 1, as for the one of Aug. 1 I will always be expecting an answer to hear if you do receive my letters. In spite of what the contents of those letters might be, their main point love, sympathy, remembrance, respect and all that might be relevant to all that I had written therein. My main problem since I left home is my sleeping without you next to me and my waking up without you close to me, the passing of the day without my having seen you with that audible voice of yours. The letters I write to you and those you write to me are an ointment to the wounds of our separation.

As I am writing, the book of that famous author about the desert country is not far from me. The spiritual draught has vanished and substituted by the rain that fell as I completed it. Your letter dated 19/9 is just arriving now. As I am speaking, all the springs of life are running. The tributaries are full of clean water, the lakes are full and all the grandeur of nature has returned to normal. At this minute all my thoughts are beyond the Vaal in Johannesburg in the room where you are my sister.

With love,

DALIBUNGA.

Mrs. Nobandla MANDELA, Female Section, Johannesburg Prison,
P.O. Box 1133, Johannesburg (2000).

TRANSLATED FROM Xhosa to English by B/D/Sgt. RAPHADU.

CAPE TOWN.
1.11.1976.

Extrait d'une lettre à Winnie Mandela, datée du 26 octobre 1976, voir p. 240. Elle était à l'origine manuscrite et écrite en xhosa, mais elle a été traduite en anglais et tapée à la machine le 1er novembre 1976 par un fonctionnaire de la prison.

15. LETTRE À L'AVOCATE FELICITY KENTRIDGE,
DATÉE DU 9 MAI 1976

Cela fait maintenant seize ans que je suis enfermé et il se peut que mon point de vue paraisse daté, mais je n'ai jamais considéré que les femmes étaient moins compétentes que les hommes…

16. LETTRE À WINNIE MANDELA, DATÉE DU 2 SEPTEMBRE 1979

Tu auras parfaitement raison de considérer 1979 comme l'année des femmes. Elles semblent exiger que la société respecte enfin l'égalité des sexes. La Française Simone Veil a vécu des expériences terribles avant de devenir présidente du Parlement européen, tandis que Maria Pintasilgo gouverne avec autorité au Portugal. D'après les informations, on ne sait trop qui dirige la famille Carter. Il semble que ce soit l'épouse de Carter, Rosalynn, qui porte la culotte[5]. Inutile de mentionner le nom de Margaret Thatcher. Malgré l'effondrement de son empire mondial et son statut de puissance de troisième zone au sortir de la Seconde Guerre mondiale, la Grande-Bretagne reste à bien des égards le centre du monde. Ce qui s'y passe accapare l'attention aux quatre coins du monde.

Indira [Gandhi] nous rappelle à juste titre que sur ce plan l'Europe ne fait qu'imiter l'Asie qui, au cours des deux dernières décennies, a vu deux femmes occuper des fonctions de Premier ministre. D'ailleurs, au cours des siècles passés, beaucoup de femmes ont dirigé leur pays : Isabelle II d'Espagne, Élisabeth Ire d'Angleterre, la Grande Catherine de Russie (à quel point elle était grande, je l'ignore), la reine Batlowka, Mantatisi, et tant

5. Rosalynn Carter (1927-). Mariée au président Jimmy Carter.

d'autres[6]… Cependant, ces femmes se sont élevées à ces hautes responsabilités non par leurs mérites, mais par hérédité. Aujourd'hui, les projecteurs sont braqués sur des femmes qui se sont hissées au sommet par leurs propres moyens.

17. LETTRE À AMINA CACHALIA, DATÉE DU 20 AVRIL 1980

Comment oses-tu me torturer en me rappelant ce pigeon rôti ! Tu remues le couteau dans la plaie. Après vingt-huit années, je pense toujours avec nostalgie à ce jour mémorable. Oui, tu as raison ! Il serait temps que je puisse vous cuisiner autre chose. Où et quand ? Ça n'a plus d'importance. Le simple fait que tu y penses encore et que tu poses des questions aussi malicieuses est assez terrible. Je serais tenté de dire : faites bouillir ces fichus pigeons et faites-les voler loin, loin, loin. Si certains magnats de JHB [Johannesburg] commandent fréquemment des plats à un restaurant de Paris, pourquoi n'y arriveriez-vous pas sur quelques milliers de kilomètres ? Bien sûr, je prends mes désirs pour des réalités. Nous savons tous deux très bien que le plat n'atteindrait jamais l'Atlantique. En décembre dernier, notre amie Ayesha [Arnold], de CT [Le Cap], m'a fait parvenir de quoi préparer un menu de réveillon digne d'un monarque, sans avoir conscience que cette prison ne dispose pas du matériel nécessaire pour préparer un tel festin[7]. Quel régal c'eût été de goûter un vrai curry préparé comme à la maison ! Non seulement son colis lui a été renvoyé, mais certains bocaux ont été cassés. Ce qu'elle avait imaginé par affection et bienveillance s'est achevé dans la frustration,

6. Mantatisi (1780-1826). Régent du Batlokwa (Sotho), 1813-1826.
7. Le Dr Ayesha Arnold (mort en 1987) était une amie du Cap chez qui Zeni et Zindzi restaient quand elles rendaient visite à Mandela en prison. Elle écrivait à Mandela et lui envoyait à manger.

peut-être aussi avec un peu d'amertume. Je lui ai écrit une lettre pour la réconforter et ne peux qu'espérer qu'elle s'est sentie mieux après l'avoir reçue. Et alors même que je griffonne ces quelques lignes à la hâte, le cœur et la tête, le sang et le cerveau, se livrent une bataille, les premiers ne cessant de languir des bonnes choses de la vie, et la tête résistant à ces aspirations, guidée par les réalités concrètes de notre existence.

18. CONVERSATION AVEC RICHARD STENGEL

J'avais quelques ouvrages de [C.J.] Langenhoven : Christus Van Nasareth, Christ of Nazareth [Les Ombres de Nazareth]. Et l'autre s'appelait Loerelaai… C'était un livre très brillant, écrit dans les années vingt, dans lequel un homme voyageait de la terre à la lune. Il compare alors les conditions de vie sur la lune et sur la terre. En fait, non, c'était un homme qui voyageait de la lune jusqu'à la terre, et qui ensuite décrivait les différences entre la vie sur la lune et sur la terre, comment les rues y étaient pavées d'or, etc., puis comment il retournait sur sa planète…
STENGEL : Hmmm. Et pourquoi appréciiez-vous Langenhoven ? Qu'est-ce que vous aimiez en lui ?
MANDELA : D'abord, il écrivait très simplement. Et ensuite, c'était un écrivain plein d'humour, et bien entendu une partie de son œuvre avait pour but de libérer les Afrikaners de la tentation d'imiter les Anglais. Son idée était d'instiller une dose de fierté nationale parmi les siens, c'est pourquoi je j'aimais beaucoup. Oui… Et dans le domaine de la poésie, Opperman… Sa poésie n'était pas orientée par des idées précises, d'ordre politique ; c'était purement une affaire de littérature, et elle était très bonne.

19. LETTRE À WINNIE MANDELA, EN POSSESSION DU BRIGADIER AUCAMP, PRISON DE PRETORIA, DATÉE DU 1ER JANVIER 1970

Dans l'un de ses romans, Skaduwees van Nasaret [Les Ombres de Nazareth], Langenhoven décrit le procès du Christ mené par Ponce Pilate, à l'époque où Israël était sous la domination de Rome et où Pilate était son gouverneur militaire. J'ai lu ce roman en 1964 et je t'en parle de mémoire. Pourtant, même si l'épisode décrit dans ce livre a eu lieu il y a deux mille ans, l'histoire contient une vérité morale universelle, aussi neuve et profonde aujourd'hui qu'à l'apogée de l'Empire romain. Après le procès, Pilate écrit à un ami, à Rome, une lettre pleine de confidences étonnantes. Voilà l'histoire telle qu'il la raconte. Pour que ce soit plus facile à lire, je l'ai mis à la première personne :

« En ma qualité de gouverneur d'une province romaine, j'ai instruit beaucoup de procès impliquant des rebelles de tout genre. Mais le procès de ce Jésus, je ne l'oublierai jamais ! Un jour, une énorme foule de prêtres juifs et de leurs fidèles, tremblant littéralement de rage et d'excitation, s'est assemblée devant mon palais en exigeant que je crucifie cet homme qui se prétendait le roi des Juifs. L'homme que la foule me désignait avait les chevilles et les poignets lourdement enchaînés. Nos regards se sont croisés. Au milieu de ce tumulte, il demeurait parfaitement calme, aussi tranquille et confiant que s'il avait eu des millions de partisans de son côté. J'ai dit aux prêtres que le prisonnier avait enfreint la loi juive, et non la loi romaine, et que c'était à eux de le juger. Mais malgré mes explications, ils s'entêtaient à exiger sa crucifixion. J'ai immédiatement compris leur dilemme. Le Christ était devenu une force puissante dans le pays et le peuple était derrière lui. Dans cette situation,

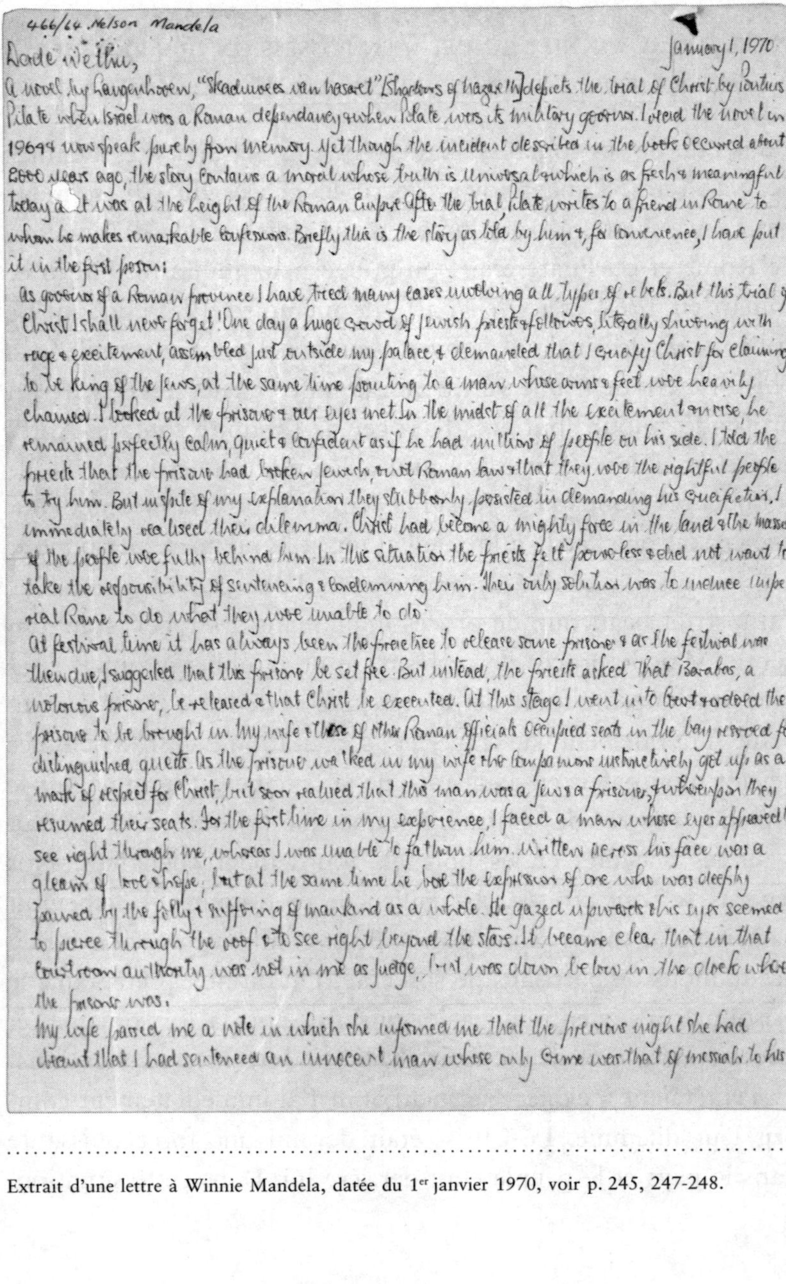

466/64 Nelson Mandela

January 1, 1970

Dade Wethu,

A novel by Langenhoven, "Skaduwees van Nasaret" [Shadows of Nazareth] depicts the trial of Christ by Pontius Pilate when Israel was a Roman dependency & when Pilate was its military governor. I read the novel in 1964 & now speak purely from memory. Yet though the incident described in the book occurred about 2000 years ago, the story contains a moral whose truth is universal & which is as fresh & meaningful today as it was at the height of the Roman Empire. After the trial, Pilate writes to a friend in Rome to whom he makes remarkable confessions. Briefly this is the story as told by him &, for convenience, I have put it in the first person:

As governor of a Roman province I have tried many cases involving all types of rebels. But this trial of Christ I shall never forget! One day a huge crowd of Jewish priests & followers, literally shivering with rage & excitement, assembled just outside my palace, & demanded that I crucify Christ for claiming to be King of the Jews, at the same time pointing to a man whose arms & feet were heavily chained. I looked at the prisoner & our eyes met. In the midst of all the excitement & noise, he remained perfectly calm, quiet & confident as if he had millions of people on his side. I told the priests that the prisoner had broken Jewish, not Roman law & that they were the rightful people to try him. But in spite of my explanation they stubbornly persisted in demanding his crucifixion. I immediately realised their dilemma. Christ had become a mighty force in the land & the masses of the people were fully behind him. In this situation the priests felt powerless & did not want to take the responsibility of sentencing & condemning him. Their only solution was to induce Imperial Rome to do what they were unable to do.

At festival time it has always been the practice to release some prisoner & as the festival was then due, I suggested that this prisoner be set free. But instead, the priests asked that Barabas, a notorious prisoner, be released & that Christ be executed. At this stage I went into Court & ordered the prisoner to be brought in. My wife & those of other Roman officials occupied seats in the bay reserved for distinguished guests. As the prisoner walked in my wife & her companions instinctively got up as a mark of respect for Christ, but soon realised that this man was a Jew & a prisoner, whereupon they resumed their seats. For the first time in my experience, I faced a man whose eyes appeared to see right through me, whereas I was unable to fathom him. Written across his face was a gleam of love & hope, but at the same time he bore the expression of one who was deeply pained by the folly & suffering of mankind as a whole. He gazed upwards & his eyes seemed to pierce through the roof & to see right beyond the stars. It became clear that in that courtroom authority was not in me as judge, but was down below in the dock where the prisoner was.

My wife passed me a note in which she informed me that the previous night she had dreamt that I had sentenced an innocent man whose only crime was that of messiah to his

Extrait d'une lettre à Winnie Mandela, datée du 1er janvier 1970, voir p. 245, 247-248.

les prêtres étaient démunis : ils ne voulaient pas prendre la responsabilité de sa condamnation à mort. La seule issue était que la Rome impériale fasse ce qui leur était impossible.

Lors des fêtes annuelles, la coutume voulait qu'on relâche des prisonniers. Comme les fêtes approchaient, j'ai proposé de le libérer. Les prêtres se sont récriés et ont demandé que Barabas, un autre détenu célèbre, soit relâché et qu'on exécute le Christ à sa place. Peu après, j'entrai dans le tribunal et demandai qu'on m'amène le captif. Ma femme et plusieurs dignitaires romains occupaient les sièges dans l'endroit réservé aux invités. Quand le prisonnier s'avança, ma femme et les dignitaires se levèrent aussitôt, par respect pour le Christ, mais ils se rendirent vite compte que cet homme était un Juif et un prisonnier et ils se rassirent. Pour la première fois de ma vie, je fis face à un homme dont les yeux semblaient me transpercer et m'obligèrent à baisser le regard. Sur sa tête brillait une auréole d'amour et d'espoir ; mais il avait en même temps l'expression d'un homme profondément peiné par la folie et les souffrances de l'humanité entière. Il leva le regard et ses yeux semblèrent voir par-delà le toit, et même par-delà les étoiles. Il devint évident que, dans cette salle de tribunal, je n'étais pas le juge qui détient l'autorité, mais l'accusé sur le banc.

Ma femme me fit passer un message m'informant qu'elle avait rêvé la nuit précédente que je condamnais un innocent dont le seul crime était d'être le messie de son peuple. “Devant toi, Pilate, se trouve l'homme de mon rêve ; que justice soit faite !” Je savais que ma femme disait vrai, mais mon devoir m'obligeait néanmoins à condamner cet homme. Peu importait qu'il soit innocent. Je rangeai le message dans ma poche et commençai le procès. J'énonçai au prisonnier les accusations retenues contre lui et lui demandai de m'indiquer s'il était ou non coupable. Il m'ignora superbement. Il ne faisait pas de doute que tout cela lui paraissait complètement superflu puisque j'avais déjà décidé de la sentence. Je lui répétai la question et lui assurai que j'avais le pouvoir de lui sauver la vie. L'auréole du prisonnier s'évanouit, il m'adressa un sourire et, pour la première fois, il parla. Il admit être roi et par cette seule réponse me détruisit totalement. J'avais imaginé qu'il nierait les accusations, comme tous les autres accusés, mais en reconnaissant sa culpabilité, il mettait un terme aux débats.

Vous savez, cher ami, qu'à Rome un juge ne rend sa décision qu'en fonction de l'accusation, de la loi et des preuves qui lui sont apportées, sans prendre en compte d'autres facteurs. Mais ici, dans ces provinces éloignées de Rome, nous sommes en guerre. Un homme engagé dans une bataille ne se soucie que de l'issue, de la victoire, et non de la justice. Le juge lui-même est mis à l'épreuve. Ainsi donc, alors que je savais cet homme innocent, ma charge me commandait de le condamner à mort, et c'est ce que je fis. La dernière fois que je l'ai vu, il s'avançait vers le Calvaire au milieu des huées, des insultes et des coups, sous le poids écrasant de la lourde croix sur laquelle il allait mourir. J'ai décidé de t'écrire cette lettre parce que je crois que cette confession faite à un ami sauvera au moins ma conscience tourmentée. »

Voilà résumée l'histoire de Jésus, qu'il n'est pas nécessaire de commenter ; sauf pour dire que Langenhoven a écrit ce texte afin de réveiller la conscience politique de son peuple, en Afrique du Sud, à un moment où, en dépit de l'indépendance dont les Afrikaners bénéficiaient officiellement, les organes du gouvernement, y compris la justice, étaient monopolisés par les Anglais. Pour un Afrikaner, cette histoire rappelle de mauvais souvenirs et ravive de vieilles plaies, mais tout cela appartient à une époque bel et bien terminée. Pour toi et moi, elle soulève des questions toujours d'actualité. J'espère que tu la trouveras intéressante et utile, et qu'elle t'apportera un peu de bonheur.

20. LETTRE À WINNIE MANDELA, DATÉE DU 26 OCTOBRE 1976, À LA PRISON POUR FEMMES DE JOHANNESBURG, ET TRADUITE DU XHOSA EN ANGLAIS PAR UN OFFICIER

Je viens de lire un livre de notre célèbre écrivain sur le désert du Karoo et d'autres lieux. Cela m'a rappelé les fois où j'ai traversé le Karoo en avion, en train et en voiture. Je l'ai revu encore en passant par le Botswana à mon retour d'Afrique. Mais de tous les déserts du monde, je ne crois pas qu'il y en ait un autre aussi effrayant que le Sahara, où il y a des tas et des tas de masses de sable infini qu'on voit même depuis les airs. Je n'y ai pas vu d'arbre ni de coin d'herbe.

Si sec était le désert qu'il ne recelait pas la moindre goutte d'eau pour étancher ma soif. Les lettres que la famille et toi m'envoyez sont comme la rosée, une pluie d'été et toute la beauté de notre pays qui rafraîchit l'esprit et redonne confiance. Depuis ton incarcération, je n'ai reçu qu'une seule lettre de toi, datée du 22 août. Je ne sais rien de ce qui se passe dans la famille, qui vit sous notre toit, paie le loyer et les notes de téléphone, qui subvient aux besoins des enfants, ni s'il y a une chance que tu retrouves ton emploi à ta libération. Tant que je n'aurai pas reçu de lettre de ta part m'expliquant tout cela, je ne serai pas fixé… Pendant que je t'écris, le livre de ce célèbre auteur sur le désert est posé à côté de moi. La sécheresse spirituelle est terminée ; s'y est substituée la pluie qui tombait quand je l'ai terminé. Ta lettre datée du 19 septembre m'arrive maintenant. En te parlant, les sources de la vie se mettent à rejaillir. Dans les affluents coule l'eau claire, les lacs sont pleins et toute la grandeur de la nature est revenue à la normale.

21. LETTRE À ZINDZI MANDELA, DATÉE DU 10 FÉVRIER 1980

L'autre jour, je compulsais les notes prises en lisant Black As I Am[8]. Malheureusement, je n'ai plus d'exemplaire en ma possession, et bien que je puisse maintenant lire ton recueil attentivement, je n'ai plus la possibilité de relire tes poèmes avec les photographies qui les accompagnaient. Néanmoins, quand j'ai vu pour la première fois ton anthologie, je me suis efforcé de me souvenir des images associées à chaque poème que je lisais.

Un arbre a été abattu
Par Zindzi Mandela
Un arbre a été abattu
et ses fruits ont été dispersés
J'ai pleuré
car j'avais perdu une famille
le tronc, mon père
les branches, son soutien
tant et tant
le fruit, la femme et les enfants
qui comptaient tant pour lui
aussi savoureux
et adorables qu'ils puissent être
tous à terre
les racines, bonheur
dont on le prive

8. Black As I Am est un recueil de poèmes publié par Zindzi quand elle avait seize ans et qui est dédié à ses parents.

En lisant « Un arbre a été abattu », avec l'image de l'arbre mort que mon esprit se représente si bien, les cases et la chaîne de montagnes à l'arrière-plan, j'ai immédiatement été fasciné par le symbolisme contradictoire qui se dégage de ces lignes. C'est peut-être le genre de contradictions inhérentes à toute forme de vie. Dans la nature et la société, ces contradictions sont au centre de chaque phénomène et ne font que stimuler le besoin d'une réflexion profonde et d'un véritable progrès.

Sans les lignes qui suivent, l'arbre aurait l'air tout ce qu'il a de plus ordinaire. À peine si on le remarquerait. Il semble avoir été frappé par la foudre à l'âge de pierre et sa sève sucée par des milliers de vampires. Si les objets inanimés pouvaient devenir des fantômes, cet arbre en aurait été un, sans aucun doute.

L'âge ou la maladie l'a détruit. Il ne peut plus prendre au piège l'énergie du soleil, ni puiser l'eau du sol. Ses branches, ses feuilles, la beauté et la dignité qui jadis attiraient l'œil des amoureux de la nature et des animaux ont disparu. Il n'est plus que bois de chauffe. Il est aussi nu et stérile que de la roche et peu de gens seraient prêts à croire qu'un jour il a porté des fruits.

Pourtant la métaphore transforme cet objet mort en un symbole vivant à la signification exceptionnelle, plus chargé de sens que n'importe quel arbre jeune et resplendissant, au sein d'une vallée fertile et bien irriguée ; il a autant de portée que la fronde de David, évoquée dans la Bible. Il doit y avoir peu de choses dans la nature qui soient aussi mortes que cet arbre tordu. Mais, en vers, il cesse d'être un objet insignifiant dans un endroit précis pour devenir une possession personnelle, une partie du monde artistique qui pourvoit aux besoins spirituels de lecteurs de nombreux pays. L'emploi adroit de cette métaphore fait de l'arbre le centre d'un conflit aussi vieux que la société elle-même ; le point de rencontre entre deux mondes : celui qui était et celui qui est ; le symbole d'une maison de rêve se dressant sur des fondations d'espoir, mais ébranlée par la réalité actuelle dans laquelle nous vivons.

L'art, quand il est bon, est toujours universel et intemporel. Ceux qui lisent ton recueil peuvent y lire leurs propres aspirations et leurs propres expériences. Je me demande quels conflits ce recueil a pu réveiller dans les pensées et les sentiments de maman. Elle a dû ressentir un bonheur et une fierté sans bornes. Mais il doit y avoir des moments où ta plume égratigne des zones plus sensibles de son être, et où elle doit frissonner sous l'effet d'une angoisse qui ne fait que renforcer son amertume.

L'arbre qu'on abat et les fruits qu'on disperse lui rappelleront le joli pêcher qui se dressait à côté de la fenêtre de notre chambre et sa récolte de pêches juteuses. Ses rêves ont dû être hantés par l'image d'un impitoyable bûcheron dont le métier serait de démolir ce que la nature a créé et dont le cœur jamais ne s'attendrit face aux lamentations d'un arbre qui tombe, à ses branches qui cassent et à ses fruits qui se dispersent.

Les enfants à terre et hors de portée ! Je pense immédiatement à Thembi et au bébé Makaziwe I qui lui a succédé et qui repose [au cimetière] Croesus depuis trois décennies. Je pense à vous tous, à la misère dans laquelle vous avez grandi et dans laquelle vous vivez encore maintenant. Mais je me demande si maman t'a jamais parlé de ton frère mort avant même de naître. Il était aussi petit que ton poing quand j'ai dû te quitter. Il a failli la tuer.

Je me rappelle aussi un dimanche, au crépuscule. J'aidais maman à sortir du lit pour faire sa toilette. Elle avait à peine 25 ans à l'époque, elle était adorable, à croquer, avec son corps chaud enveloppé dans un peignoir de soie rose. Mais en retournant à son lit, elle a eu un vertige et a failli s'écrouler. J'ai remarqué qu'elle transpirait beaucoup et me suis aperçu qu'elle était plus malade qu'elle n'avait voulu le dire. Je l'ai emmenée en vitesse chez le docteur et il l'a envoyée au Coronation Hospital, où elle est restée plusieurs jours. Ce fut son premier mauvais moment en tant qu'épouse, le résultat de l'énorme tension dans laquelle nous vivions à cause du Treason Trial, qui a duré plus de quatre ans. Un arbre a été abattu me rappelle toutes ces douloureuses expériences.

Mais une belle plume peut aussi nous rappeler les moments les plus heureux de notre vie, ramener de nobles idées près de notre cœur, dans notre sang et notre âme. Elle peut transformer la tragédie en espoir et en victoire.

22. LETTRE À WINNIE MANDELA, DATÉE DU 26 AVRIL 1981

Je continue à faire des rêves. Certains sont agréables, d'autres non. À l'aube du vendredi saint, toi et moi, nous nous trouvions dans une petite maison en haut d'une colline qui surplombe une vallée profonde, avec une grande rivière qui longe le bord d'une forêt. Je t'ai vue descendre la colline mais tu ne te tenais pas aussi droite que d'ordinaire et ta démarche paraissait mal assurée. Tu avais la tête baissée, comme si tu cherchais quelque chose devant toi. Tu as traversé la rivière et emporté mon amour, me laissant vide et préoccupé. Je t'ai regardée avec attention errer sans but dans la forêt, près des berges de la rivière. Juste au-dessus de toi se trouvait un couple qui offrait un contraste frappant. Les amoureux ne s'occupaient que d'eux-mêmes. L'univers tout entier semblait se concentrer en eux.

Inquiet pour ta sécurité et plein de désir, j'ai à mon tour descendu la colline pour t'accueillir pendant que tu traversais de nouveau la rivière pour revenir à la maison. La perspective de te rejoindre au grand air, dans un environnement aussi sublime réveillait de tendres souvenirs et j'avais hâte de te prendre par la main et de t'embrasser passionnément. À ma grande déception, je t'ai perdue dans les ravines qui coupaient la vallée et je ne t'ai retrouvée qu'en retournant à la maison. Mais la maison était maintenant pleine de camarades qui nous privaient de l'intimité et je me suis mis à ranger tout ce qui traînait. Dans la dernière scène, tu t'étais endormie, déprimée, fatiguée et tourmentée. Je me penchais pour poser une couverture sur les parties de ton corps exposées. Quand je fais des rêves comme celui-ci, je me réveille angoissé et inquiet, mais je suis aussitôt soulagé parce que je réalise que ce n'est qu'un rêve. Néanmoins, cette fois je me suis senti pétri de sentiments contradictoires.

23. LETTRE À AMINA CACHALIA, DATÉE DU 3 MAI 1981

De temps à autres courent des rumeurs selon lesquelles ma santé décline. Je serais au bout du rouleau. Le dernier racontar a dû secouer ma famille et mes proches. Il est vrai qu'une vilaine maladie peut dévorer tous les organes vitaux d'un corps sans que sa victime en ait conscience. Mais jusqu'ici je me porte comme un charme…

24. LETTRE À ZINDZI MANDELA, DATÉE DU 1ER MARS 1983

Souvent, quand j'arpente de long en large ma cellule ou que je reste étendu sur mon lit, mon esprit erre au loin, ressassant tel épisode ou telle erreur. Je me demande souvent, par exemple, si, lors de mes heureuses périodes hors de prison, j'ai suffisamment montré à quel point j'appréciais l'amour et la gentillesse de tous ceux avec qui je me suis lié d'amitié ou qui m'ont aidé quand j'étais pauvre et que j'essayais de m'en sortir.

25. LETTRE À THOROBETSANE TSHUKUDU, DATÉE DU 1ER JANVIER 1977[9]

Quatorze ans, c'est une longue période, au cours de laquelle revers et bonne fortune sont allés de pair. Les hommes et les femmes que j'aime ont vieilli rapidement, à cause de problèmes physiques et moraux trop affreux pour que je les mentionne, les liens d'affection se sont amenuisés tandis que l'idéaliste récitait son credo : l'absence rend ceux que nous aimons plus chers encore à notre cœur, les enfants grandissent et adoptent des points de vue contraires à ceux de leur père et de leur mère. Quand les absents finissent par revenir, ils découvrent un univers étrange et inhospitalier. Les rêves et les projets que nous avions formés s'avèrent difficiles à réaliser, et quand le sort s'acharne, le destin offre rarement des ponts d'or.

Mais des progrès significatifs sont toujours possibles si nous essayons de planifier nos vies et nos actions au détail près et que nous ne laissons le hasard intervenir que selon nos propres termes.

26. LETTRE À WINNIE MANDELA, DATÉE DU 9 SEPTEMBRE 1979

Des contre-vérités ont induit nombre d'innocents en erreur, car elles s'imbriquent à des faits bien réels et à des événements que

9. Thorobetsane Tshukudu était un faux nom d'Adelaide Tambo (Tshukudu était son nom de jeune fille), voir Personnes, lieux et événements. Mandela ne voulait pas que les autorités sachent qu'il écrivait aux Tambo, alors en exil en Grande-Bretagne, et la lettre fut envoyée par Winnie.

ceux qui ont encore une conscience ne nieront jamais. Les habitudes ne se perdent pas facilement, elles laissent des marques indélébiles, des cicatrices invisibles gravées dans notre chair, qui dévastent les principaux acteurs sans rémission possible, et qui menacent leurs descendants où qu'ils se tournent, les privant de la dignité, de la pureté et du bonheur qui devraient être les leurs. Ces cicatrices marquent les gens qui les arborent, elles mettent en pleine lumière, pour le public attentif, les embarrassantes contradictions avec lesquelles chaque individu se débat. Et ces contradictions tendent un miroir fidèle à ceux qui en sont affectés, elles proclament : « Quels qu'aient été mes idéaux dans la vie, voilà ce que je suis. »

Notre existence a ses propres garde-fous, ses propres compensations. On nous dit qu'un saint est un pécheur qui s'efforce d'atteindre la pureté. On peut être un mauvais garçon pendant les trois quarts de sa vie et être canonisé pour avoir vécu comme un saint le quart restant. Dans la vraie vie, nous ne côtoyons pas des dieux mais des êtres ordinaires, comme nous-mêmes : des hommes et des femmes pleins de contradictions, constants et capricieux, forts et faibles, glorieux et infâmes, des gens dans le sang desquels des vers se battent chaque jour contre de puissants pesticides. Sur quel aspect faut-il se concentrer pour juger l'autre ? Cela dépend du caractère de chacun. Comme nous jugeons les autres, ils nous jugent. Le soupçonneux sera toujours tourmenté par le soupçon, le crédule sera toujours prêt à avaler n'importe quoi[10], tandis que le vindicatif maniera la hache plutôt que le plumeau. Mais le réaliste, fût-il choqué et déçu par les faiblesses

10. Oo-thobela sikutyele est une expression xhosa signifiant celui qui se joue des autres lorsqu'ils sont vulnérables ou crédules.

de ceux qu'il aime, examine le comportement humain sous tous ses angles, objectivement, et il se concentre sur les qualités édifiantes d'une personne, qui élèvent son esprit et attisent son enthousiasme envers l'existence.

27. LETTRE À MAKI MANDELA, DATÉE DU 27 MARS 1977

Comme tu le sais, j'ai été baptisé dans l'Église méthodiste et élevé dans des écoles wesleyennes – Clarkebury, Healdtown et Fort Hare. J'ai habité à Wesley House. À Fort Hare, j'ai même été moniteur à l'école du dimanche. Ici, j'assiste encore à tous les services à l'Église et j'apprécie certains sermons… J'ai mes propres croyances quant à l'existence ou non d'un Être suprême et il est possible que l'on puisse expliquer facilement pourquoi l'homme, depuis des temps immémoriaux, croit à l'existence d'un dieu.

Je suis sûr que tu n'ignores pas que la prétendue civilisation européenne a largement été influencée par la civilisation antique des Grecs et des Romains. Pourtant, en dépit de leurs connaissances scientifiques avancées dans certains domaines, les Grecs n'avaient pas moins de quatorze dieux. Tu as dû déjà entendre les noms de certains d'entre eux – Apollon, Atlas, Cupidon, Jupiter, Mars, Neptune, Zeus, etc. Un sondage récent en Angleterre s'interrogeait pour savoir combien de gens croyaient en Dieu. Si je me rappelle correctement les chiffres, moins de trente pour cent de la population totale s'est déclarée croyante. Je ne ferai aucun commentaire de quelque nature que ce soit là-dessus, si ce n'est pour dire que, d'après mon expérience, mieux vaut garder tes convictions religieuses pour toi. Sans le savoir, tu peux offenser beaucoup de gens pour qui tout cela n'a aucun fondement scientifique, qui considèrent que c'est pure fiction.

28. LETTRE À ZINDZI MANDELA, DATÉE DU 25 MARS 1979

À peu près en même temps, le prêtre nous parla d'un Népalais qui avait des pouvoirs similaires à ceux du fils de Satan. Selon le prêtre, le Népalais tuait des chats, des chiens et des cochons simplement en les regardant. Il prétendait pouvoir faire de même, et sans plus de difficultés, avec des êtres humains. Le prêtre nous a alors raconté qu'un prêtre chrétien, là-bas, avait dit aux Népalais que la puissance de Dieu était plus grande dans le cœur des hommes que celle du diable. Ensuite, il avait lancé au Népalais le défi de le surpasser en force. L'histoire veut que, le jour venu, le prêtre, accompagné d'anciens, implora Dieu de lui accorder la force et de démontrer la supériorité de la foi chrétienne. Finalement, le Népalais se convertit au christianisme.

Mon seul problème avec ce sermon, c'est que je n'aime pas les miracles, qui ont toujours lieu dans des pays lointains ; surtout quand une explication scientifique est impossible. Ce conte est difficile à croire, même raconté depuis la chaire. Cependant, s'il vise seulement à évoquer le combat entre le bien et le mal, entre la justice et la cruauté, alors j'en accepte le symbolisme.

29. LETTRE À LA PRINCESSE ZENANI MANDELA DLAMINI, DATÉE DU 25 MARS 1979[11]

L'habitude de se préoccuper des détails et d'apprécier les petits gestes de courtoisie est révélatrice des bons caractères.

11. Zenani (Zeni) Mandela, voir Personnes, lieux et événements. Épousa le prince Thumbumuzi (Muzi) Dlamini, fils du roi Sobhuza du Swaziland, en 1973.

30. CONVERSATION AVEC RICHARD STENGEL POUR SAVOIR SI LES PRISONNIERS DU « MOUVEMENT DE CONSCIENCE NOIRE », À ROBBEN ISLAND, TROUVAIENT QUE LEURS CAMARADES DE L'ANC ÉTAIENT TROP MODÉRÉS[12]

Non, je ne crois pas, et bon nombre d'entre eux nous ont rejoints. Les gens se faisaient une fausse idée de l'ANC, parce que tout homme politique commence par être agressif envers l'ennemi. C'est parfait, peut-être, mais pas si vous voulez éduquer les gens et leur faire partager votre point de vue, comme dans le cas des gardiens de prison. Vous ne pouvez pas vous permettre d'être agressif. En étant agressif, vous les rejetez et les obligez à vous combattre, alors qu'une approche plus mesurée, surtout si vous avez confiance en ce que vous défendez, donne de bien meilleurs résultats.

31. CONVERSATION AVEC RICHARD STENGEL

STENGEL : Ce week-end, vous avez employé une parabole, la parabole du soleil et du vent.

MANDELA : Oui, oui, je me rappelle.

STENGEL : J'ai trouvé qu'elle était très imagée et je pensais que nous pourrions peut-être l'utiliser quelque part dans le livre.

MANDELA : Oui.

STENGEL : Je me demandais si vous pourriez me la répéter ?

MANDELA : Oui, l'important était que le message de paix s'ancre profondément dans l'esprit de notre peuple, dans sa perception… Je comparais la force de la paix à celle de la

12. Le Mouvement de la Conscience noire (« Black Consciousness Movement ») était un mouvement antiapartheid ciblant les jeunes et les ouvriers noirs, voir Personnes, lieux et événements.

violence, à travers l'histoire d'une dispute entre le soleil et le vent. Le soleil dit : « Je suis plus fort que toi », et le vent répond : « Non, c'est moi qui suis le plus fort. » Pour se départager, ils décident d'éprouver leur force sur un voyageur… qui porte une couverture. Ils se mettent d'accord pour déclarer que celui qui amènera le voyageur à se débarrasser de sa couverture l'emportera. Le vent commence. Il se met à souffler, mais plus il souffle fort, plus le voyageur s'accroche à sa couverture. Le vent souffle encore et encore mais en vain. Comme je l'ai dit, plus il souffle, plus le voyageur serre la couverture contre lui. Le vent finit par abandonner. Alors le soleil commence avec ses rayons, doucement d'abord, puis ils gagnent en puissance et à mesure qu'ils chauffent… le voyageur se dit que la couverture ne lui est plus très utile, puisqu'elle était destinée à lui tenir chaud. Il décide donc de la desserrer un peu, mais le soleil continue à rayonner, de plus en plus fort, et il finit par la rejeter. Donc, grâce à une méthode douce, il est possible de l'emporter. Cette parabole signifie que, par la paix, vous pourrez convertir les gens les plus déterminés, les plus enclins à la violence, et que c'est la méthode à employer.

CHAPITRE DIX

Tactique

Les idéaux que nous portons dans notre cœur, nos rêves les plus chers et nos plus fervents espoirs ne se réaliseront peut-être pas de notre vivant. Mais là n'est pas la question. Le fait de savoir que durant ta vie tu as fait ton devoir, que tu as été à la hauteur des attentes de tes camarades est en soi une expérience gratifiante et une réussite superbe.

Lettre à Sheena Duncan, datée du 1er avril 1985, voir p. 265.

1. LETTRE AU RÉVÉREND FRANK CHIKANE, DATÉE DU 21 AOÛT 1989[1]

La victoire d'une grande cause ne se mesure pas seulement en atteignant le but final. C'est déjà un triomphe de se montrer à la hauteur de ses attentes au cours de sa vie.

2. LETTRE À SHEENA DUNCAN, DATÉE DU 1ER AVRIL 1985[2]

Les idéaux que nous portons dans notre cœur, nos rêves les plus chers et nos plus fervents espoirs ne se réaliseront peut-être pas de notre vivant. Mais là n'est pas la question. Le fait de savoir que durant ta vie tu as fait ton devoir, que tu as été à la hauteur des attentes de tes camarades est en soi une expérience gratifiante et une réussite superbe.

3. LETTRE AU PROFESSEUR SAMUEL DASH, DATÉE DU 12 MAI 1986[3]

Vous ne pouvez pas ouvrir les portes de cette prison afin que je puisse en sortir comme un homme libre, et vous ne pouvez guère plus améliorer les conditions dans lesquelles je dois vivre. Mais votre visite m'a sans aucun doute permis de supporter plus facilement toute la sévérité qui m'entoure depuis ces 22 dernières années.

1. Frank Chikane (1951-). Religieux, activiste antiapartheid, écrivain et personnalité publique. Membre de l'ANC.
2. Sheena Duncan (1932-2010). Activiste antiapartheid. Leader de Black Sash, une organisation antiapartheid féminine. Mandela lui écrivit cette lettre pour le trentième anniversaire de la fondation de Black Sash.
3. Samuel Dash (1925-2004). Membre du conseil d'administration de la Ligue internationale des droits de l'homme. Conseiller en chef de la commission sénatoriale qui traita le Watergate. Dash fut le premier Américain à interviewer Mandela en prison.

4. EXTRAIT DU MANUSCRIT AUTOBIOGRAPHIQUE INÉDIT ÉCRIT EN PRISON

J'ai bien sûr conscience que d'énormes efforts ont été faits, ici et à l'étranger, pour ma libération, ainsi pour que celle d'autres prisonniers politiques. Cette campagne nous a beaucoup encouragés et nous a montré que nous avions des amis par centaines de milliers. Outre l'affection de ma femme et celle de ma famille, peu de choses m'ont davantage soutenu que le fait de savoir que, en dépit de toutes les tentatives de l'ennemi pour nous isoler et nous discréditer, les gens un peu partout ne nous oublient pas. Nous connaissons bien nos ennemis – ils aimeraient nous relâcher en position de faiblesse, et non de force, mais ils n'en auront plus jamais l'opportunité. Néanmoins, aussi satisfaisante que soit l'insistance de nos amis pour nous faire libérer, le réalisme nous oblige à écarter complètement la possibilité que cette demande soit acceptée. Mais mon optimisme ne faiblit pas. Par-delà les murs de la prison, je vois les nuages noirs s'écarter et le ciel bleu à l'horizon. Aussi mauvais qu'aient été nos calculs, et quelles que soient les difficultés auxquelles nous devrons encore faire face, je sais que je sortirai, que je marcherai d'un pied ferme sous le soleil, parce que la force de mon organisation et la détermination sans faille de notre peuple finiront par l'emporter.

5. LETTRE À HILDA BERNSTEIN, DATÉE DU 8 JUILLET 1985

En parlant de progrès, je repense à 1962, quand j'écoutais les histoires des camarades de Ben Bella, qui étaient très instructives[4].

4. Mandela fait référence à son entrainement militaire au Maroc en 1962.

Lors de certaines de ces discussions, j'avais affaire à des gens très jeunes, qui avaient parfois à peine 20 ans, mais qui parlaient comme des vétérans, avec autorité, de sujets vitaux sur lesquels, pour le moins, j'étais un simple amateur. J'en rougis presque de honte en me demandant pourquoi nous étions si loin derrière sur ce plan. Mais aujourd'hui les choses ont changé, et c'est une fierté pour nous de savoir qu'en Afrique du Sud il y a des jeunes gens déterminés dont le niveau de conscience est remarquablement élevé. Si tes genoux se raidissent, que tes yeux se voilent et que tes cheveux blanchissent, console-toi en te disant que tu as grandement contribué à faire naître ce ferment.

6. LETTRE À LORD NICHOLAS BETHELL, DATÉE DU 4 JUIN 1986[5]

Mais je dois dire que je suis d'autant plus inquiet que je suis mis sur la touche et que j'assiste en simple spectateur à la tourmente tragique qui déchire notre pays et engendre des passions si dangereuses. Il se peut que le jour soit encore loin où les nations transformeront leurs puissantes armées en mouvements pacifiques, et leurs armes mortelles en d'inoffensifs socs de charrue. Mais c'est une vraie source d'espoir de voir aujourd'hui des organisations mondiales, des gouvernements, des chefs d'État, des groupes influents et des individus se battre avec sincérité et courage pour la paix dans le monde.

7. LETTRE À HILDA BERNSTEIN, DATÉE DU 8 JUILLET 1985

L'esprit continue à ruminer sur des événements enfuis depuis longtemps, dont certains impliquaient des amis qui ne sont

5. Lord Nicholas Bethell (1938-2007). Homme politique britannique, historien et activiste des droits de l'homme. Membre à la fois de la Chambre des lords et du Parlement européen. Il interviewa Nelson Mandela à la prison de Pollsmoor en 1985.

plus. Ce qui nous attriste, c'est dans la majorité des cas de n'avoir pu leur rendre un dernier hommage, ni même envoyer un message de condoléances à leurs proches – Moses et Bram, Michael et JDB, Duma et Jack, Molly et Lilian, MP et Julian, George et Yusuf. La liste est longue et je ne risque pas de l'épuiser ici. Mais la brutalité de la mort de Ruth [First] nous a choqués d'une manière indicible. Presque trois ans après ce tragique événement, la plaie n'a pas complètement cicatrisé. Tu me le concéderas sans difficulté, peu de ses amis furent épargnés par sa verve. Mais nul n'irait nier que son engagement était total et qu'elle apportait beaucoup. Sa mort a été un cruel coup du sort pour nous tous.

8. CONVERSATION AVEC RICHARD STENGEL SUR SON RETOUR EN PRISON APRÈS SON OPÉRATION DE LA PROSTATE EN NOVEMBRE 1985

STENGEL : Vous avez été surpris qu'ils vous laissent tout seul dans cette cellule ?

MANDELA : Non… Le commandant était le brigadier Munro, il est venu me chercher, et en sortant de l'hôpital il m'a dit : « Nous n'allons pas vous ramener auprès de vos amis, de vos camarades[6]. Vous allez rester seul. » Je lui ai demandé pourquoi, il m'a répondu qu'il ne savait pas : « J'ai reçu ces instructions d'en haut. »

STENGEL : Mais vous n'aviez pas demandé votre transfert ?

MANDELA : Non, non, non, oh non. Je ne l'avais pas demandé, mais bien sûr j'ai décidé de m'en servir pour entamer des négociations, parce que c'était une affaire sensible… La pro-

6. Mandela avait partagé une cellule commune avec Walter Sisulu, Raymond Mhlaba, Andrew Mlangeni et Ahmed Kathrada.

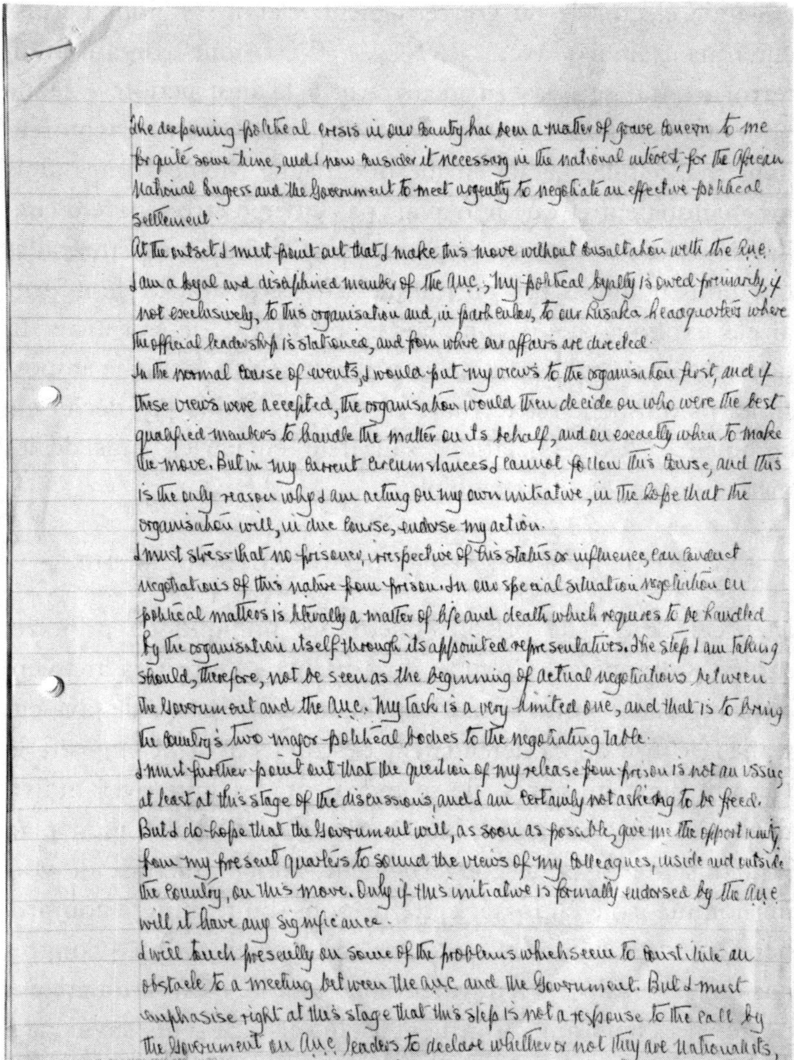

The deepening political crisis in our country has been a matter of grave concern to me for quite some time, and I now consider it necessary in the national interest for the African National Congress and the Government to meet urgently to negotiate an effective political settlement.

At the outset I must point out that I make this move without consultation with the A.N.C. I am a loyal and disciplined member of the A.N.C.; my political loyalty is owed primarily, if not exclusively, to this organisation and, in particular, to our Lusaka headquarters where the official leadership is stationed, and from where our affairs are directed.

In the normal course of events, I would put my views to the organisation first, and if these views were accepted, the organisation would then decide on who were the best qualified members to handle the matter on its behalf, and on exactly when to make the move. But in my current circumstances I cannot follow this course, and this is the only reason why I am acting on my own initiative, in the hope that the organisation will, in due course, endorse my action.

I must stress that no prisoner, irrespective of his status or influence, can conduct negotiations of this nature from prison. In our special situation negotiation on political matters is literally a matter of life and death which requires to be handled by the organisation itself through its appointed representatives. The step I am taking should, therefore, not be seen as the beginning of actual negotiations between the Government and the A.N.C. My task is a very limited one, and that is to bring the country's two major political bodies to the negotiating table.

I must further point out that the question of my release from prison is not an issue at least at this stage of the discussions, and I am certainly not asking to be freed. But I do hope that the Government will, as soon as possible, give me the opportunity from my present quarters to sound the views of my colleagues, inside and outside the country, on this move. Only if this initiative is formally endorsed by the A.N.C. will it have any significance.

I will touch presently on some of the problems which seem to constitute an obstacle to a meeting between the A.N.C. and the Government. But I must emphasise right at this stage that this step is not a response to the call by the Government on A.N.C. leaders to declare whether or not they are nationalists,

/and to...

Brouillon manuscrit d'une lettre proposant des pourparlers entre l'ANC et le gouvernement, vers 1985.

pagande électorale du gouvernement, c'était : « Nous ne discuterons jamais avec l'ANC... C'est une organisation terroriste qui se livre au meurtre et à la destruction. » Donc pour agir, il fallait tout faire confidentiellement. Étant seul dans ma cellule, j'étais en mesure d'agir. Même si mes amis me manquaient et que je n'avais pas envie d'être séparé d'eux, j'ai décidé de saisir cette opportunité. J'ai dit à mes camarades que nous n'allions pas polémiquer sur cette affaire. Je ne leur ai pas expliqué que je comptais en profiter. Si je leur avais dit que je voulais négocier, cela m'aurait rendu la tâche impossible. Ils auraient rejeté toute discussion. Donc j'ai décidé de commencer les négociations sans leur en parler, puis de les mettre devant le fait accompli[7].

9. EXTRAIT DE LA SUITE INÉDITE DE SON AUTOBIOGRAPHIE

Mes camarades de prison étaient des hommes de principe, droits et honnêtes. Comme ils avaient à l'esprit la manière dont certains révolutionnaires, ailleurs dans le monde, avaient trahi la cause qu'ils défendaient dès qu'ils avaient emporté la victoire ou juste après, ils se méfiaient des initiatives individuelles. Si mes camarades avaient connu d'emblée mon plan pour discuter avec le gouvernement, leur inquiétude de voir un homme isolé endosser cette responsabilité eût été compréhensible. Les quartiers généraux de l'organisation [Congrès national africain] se trouvaient en Zambie, c'est là qu'étaient postés les chefs qui dirigeaient la lutte. Eux seuls savaient à quel moment stratégique il fallait agir. L'ANC n'a jamais dévié du principe selon lequel la libération de notre pays

7. En français dans le texte.

s'obtiendrait au bout du compte par le dialogue et la négociation.

Cependant, j'ai approché le gouvernement sans même en parler à mes camarades de prison. C'est au cours de ces discussions que le Dr Niel Barnard, chef des services de renseignements du régime d'apartheid, m'a appris que leur équipe avait décidé d'entamer des négociations confidentielles avec Thabo Mbeki, lequel, d'après ses sources, était favorable à des négociations[8].

J'ai protesté contre cette proposition au motif que ces discussions ne pourraient jamais rester secrètes. Comprenant qu'elles devaient avoir lieu à l'étranger, j'ai fait remarquer qu'ils devraient contacter le président ou le secrétaire général de l'ANC, respectivement Oliver Tambo ou Alfred Nzo[9]. J'ai aussi déclaré que commencer des discussions secrètes avec lui pourrait ruiner la carrière politique de ce jeune homme de talent. Je croyais que Barnard aurait tenu compte de mon conseil.

J'ai donc été choqué d'apprendre que Barnard l'avait ignoré et s'était mis en contact avec Thabo Mbeki. Mais ce dernier a eu la sagesse de refuser de s'engager dans des discussions clandestines sans le consentement de l'organisation. Il a fait part de cette proposition au président, qui l'a autorisé à rencontrer Barnard avec son ami, Jacob Zuma[10].

8. Dr Lukas (Niël) Barnard, voir Personnes, lieux et événements.
9. Alfred Baphetuxolo Nzo, voir Personnes, lieux et événements.
10. Jacob Gedleyihlekisa Zuma (1942-). Président de l'Afrique du Sud (2009-).

10. CONVERSATION AVEC RICHARD STENGEL SUR LES POURPARLERS DES ANNÉES QUATRE-VINGT[11]

STENGEL : Et vous n'arrêtiez pas de leur répéter que la lutte armée n'avait eu lieu qu'en réaction aux agissements du gouvernement, et parce qu'ils ne vous laissaient pas manifester pacifiquement ou vous défendre par la voie légale.

MANDELA : Oui.

STENGEL : Que répondaient-ils ?

MANDELA : Eh bien, évidemment, ils ne pouvaient pas répondre. Au départ, ils avaient adopté la posture habituelle consistant à dire que la violence et les actes criminels sont intolérables. Mais ce que je cherchais à mettre en avant, c'est que les moyens employés par les opprimés pour faire progresser leur cause sont déterminés par l'oppresseur lui-même. Quand l'oppresseur emploie des méthodes pacifiques, les opprimés l'imitent ; mais quand il a recours à la force, les opprimés eux aussi recourent à la force. C'était mon argument. Puis ils soulevèrent une question qui, à mon sens, était sensée : « Nous avons passé toute l'année à déclarer publiquement que nous ne négocierions pas avec l'ANC. Maintenant, vous nous dites que nous devrions négocier. Nous allons perdre toute crédibilité auprès de notre peuple. Comment faire pour l'éviter ? Nous pouvons discuter avec vous, peut-être notre peuple l'accepterait-il, mais pas avec l'ANC en tant que tel ; ce serait une rupture radicale avec la politique que nous avons défendue. Nous perdrions toute crédibilité. » C'est la question qu'ils posaient.

11. Mandela écrivit au ministre de la Justice Kobie Coetsee en 1985 pour lui demander une entrevue afin de discuter de la possibilité de pourparlers entre l'ANC et le gouvernement.

Et j'avais du mal à savoir quoi répondre. Je leur ai dit : « C'est vous qui avez appliqué l'apartheid. C'est vous qui avez défendu l'idée qu'il fallait renvoyer les Noirs loin des villes. Maintenant, vous avez évolué. Le système des laissez-passer était, comment disiez-vous, l'un de vos actes politiques majeurs, et pourtant vous avez abrogé cette loi, sans perdre votre crédibilité… Il faut regarder la question des négociations avec le même point de vue. Vous devez être capables de dire à votre peuple que le problème ne se réglera pas sans l'ANC. » C'était mon approche. Mais il était difficile de répondre à cette question, car ils n'avaient pas tort.

STENGEL : Et les autres questions qu'ils voulaient discuter avec vous étaient en rapport avec les droits des diverses communautés : comment allons-nous protéger les intérêts de la minorité blanche ?

MANDELA : Oui, oui.

STENGEL : Que leur avez-vous dit pendant ces discussions ?

MANDELA : Je les ai renvoyés à un article que j'avais publié en 1956 dans un journal qui s'appelait Libération, où j'avais écrit que la Charte de la liberté ne constituait pas un projet socialiste[12]. En fait, pour les Africains, il s'agissait d'un projet capitaliste parce que les Africains auraient enfin l'opportunité, qu'ils n'avaient jamais eue jusque-là, de devenir propriétaires de ce qu'ils voulaient, et que le capitalisme prospérerait comme jamais. C'est le point de vue que j'ai défendu.

12. La Charte de la liberté, voir Personnes, lieux et événements.

11. CONVERSATION AVEC RICHARD STENGEL À PROPOS DE LA CLINIQUE CONSTANTIABERG OÙ ON TRAITA SA TUBERCULOSE

STENGEL : À quoi ressemblait Constantiaberg ?
MANDELA : Oh, c'était très bien. En fait, le jour où on m'y a emmené, Kobie Coetsee [le ministre de la Justice] est venu me voir très tôt le matin, puis ils m'ont amené le petit déjeuner. Le jour de mon arrivée, ils n'étaient pas au courant du régime qu'on m'avait prescrit : un régime sans cholestérol, ce qui signifiait que je n'avais droit ni aux œufs ni au bacon. Mais ce matin-là, ils m'ont apporté deux œufs et un tas de bacon, plus des céréales [Rires.], et alors le major, qui s'occupait de moi à la prison Victor Verster, a dit : « Non, Mandela, vous n'avez pas le droit de manger ça, c'est contre les instructions du docteur. » Je lui ai dit : « Aujourd'hui, je suis prêt à mourir. Je vais manger quand même. » [Rires.] Oui, ça faisait longtemps que je n'avais pas eu droit à des œufs et à du bacon.

12. CONVERSATION AVEC RICHARD STENGEL À PROPOS DE SON TRANSFERT DE LA CLINIQUE CONSTANTIABERG À LA PRISON VICTOR VERTSTER EN DÉCEMBRE 1988

Je connaissais bien les habitudes des gardiens… Et ce jour-là, j'ai vu à partir de petits détails qu'il allait se passer quelque chose, quelque chose d'extraordinaire… Le major était très tendu, irritable, il y avait beaucoup de conciliabules entre les gardiens. Ils étaient très vigilants, empêchaient quiconque de rentrer dans mon service, sauf l'infirmière qui y travaillait. Je voyais bien qu'il se passait quelque chose mais je ne savais pas

quoi. Pour finir, dans la soirée, le major est venu et m'a dit : « Mandela, préparez-vous. On vous emmène à Paarl[13].
– Pourquoi ?
– Vous serez là-bas à partir de maintenant. »
Et à 21 heures, nous sommes partis avec une grosse escorte. Il faisait noir quand nous sommes arrivés et nous nous sommes rendus dans une immense chambre... mais qui était pleine d'insectes. Je suis habitué aux insectes et c'était un endroit très sauvage, que j'aimais beaucoup. Quand vous aimez la nature, c'est un endroit où vous êtes heureux. Mais il y avait tout de même beaucoup d'insectes, dont des espèces que je n'avais encore jamais vues... des mille-pattes, par exemple, un peu partout. Il y en avait beaucoup.
STENGEL : Dans votre chambre ?
MANDELA : Oui, dans la chambre, surtout. Et le matin, je les ai balayés. Il y avait aussi des moustiques. Mais j'ai très bien dormi. Puis le lendemain après-midi, Kobie Coetsee, le ministre de la Justice, est venu. Il voulait savoir comment était le bâtiment – la maison – et il l'a inspecté pièce par pièce. Nous sommes allés dehors pour examiner l'enceinte sécurisée et il a dit : « Non, il faut la surélever. » Il faisait attention à tout, il voulait s'assurer que je sois confortablement installé. Il m'a aussi amené des bouteilles de bon vin, très cher... Il était très gentil, très aimable, et il m'a dit : « On va vous installer ici. C'est une étape entre la prison et la libération. Nous espérons que vous apprécierez. Nous voulons améliorer la confidentialité des discussions entre nous. » Et j'ai apprécié.

13. La prison Victor Verster est située entre Paarl et Franschloeck au Cap-Occidental, voir Personnes, lieux et événements.

STENGEL : Et aviez-vous le sentiment d'être à mi-chemin entre la détention et la liberté ?

MANDELA : Eh bien, c'est l'impression que ça donnait, parce qu'ils ont mis une clôture en dehors de l'enceinte, si bien qu'il y avait beaucoup d'espace pour bouger. Je pouvais marcher dehors, arpenter la propriété. Le gardien, qui faisait la cuisine pour moi, l'officier Swart[14], venait à 7 heures du matin et partait à 4 heures de l'après-midi. Pas de clés. Je pouvais rester dehors aussi longtemps que je le voulais. Et quand il rentrait chez lui, il y avait des gardes de nuit, et j'avais une piscine... Donc c'était très confortable. La seule chose, c'est que j'étais entouré de barbelés et d'une enceinte sécurisée ; sinon, j'étais libre...

Swart devait me préparer à manger et faire la vaisselle. Mais j'ai pris sur moi de la faire, pour évacuer la tension et le ressentiment qu'il aurait pu avoir en étant au service d'un prisonnier pour qui il cuisinait. J'ai proposé de faire la vaisselle mais il a refusé... Il m'a dit que c'était son travail. Alors je lui ai proposé de partager. Il a insisté, et il était sincère, mais je l'ai obligé, littéralement, à me laisser faire la vaisselle, et nous avons entretenu d'excellentes relations. C'est quelqu'un de très sympathique, le gardien Swart, un très bon ami. On se parlait simplement : « S'il te plaît, mon vieux, passe-moi un bout de papier parce je dois appeler le Commissaire des prisons, encore une fois... »

13. CONVERSATION AVEC RICHARD STENGEL À PROPOS DE CE QU'IL A APPRIS EN PRISON

Je ne suis pas en mesure d'isoler un facteur unique qui m'aurait plus impressionné que les autres, mais d'abord il

14. Jack Swart était le gardien qui cuisinait pour Nelson Mandela à la prison Victor Verster.

y avait la politique du gouvernement qui était très brutale, impitoyable ; il faut aller en prison pour réellement comprendre ce qu'est la politique d'un gouvernement. Derrière les barreaux. En même temps, on découvre que tous les gardiens ne sont pas des monstres. Bien sûr il y a les directives et les gardiens qui en règle générale sont brutaux, mais il y a quand même des gens très bons, humains, qui nous traitaient très bien. Dans le cadre du règlement, et parfois en sortant un peu de ce cadre, ils essayaient d'améliorer nos conditions de vie.

Et puis il y a la question du militantisme des prisonniers. Étant donné la dureté des conditions, surtout pendant les années soixante, on aurait pu s'attendre à ce que les gens courbent l'échine. Mais pas du tout. Dès le début, ils se sont battus. Et certains de ceux qui menaient ces luttes étaient à peine connus... D'ailleurs, ils ne le sont toujours pas. Il y avait, vous savez, un esprit de résistance, la capacité de l'homme à résister à l'injustice même à l'intérieur de la prison. Et j'ai appris qu'il n'est pas besoin d'avoir des diplômes pour avoir les qualités d'un meneur d'hommes, pour s'opposer à l'injustice sous quelque forme qu'elle s'exprime... Beaucoup d'entre nous adoptaient une attitude militante, préféraient être punis et même frappés plutôt que de baisser la tête. Dans la section où nous nous trouvions, il y avait des personnes très cultivées, qui avaient beaucoup lu, beaucoup voyagé de par le monde, et avec qui c'était un réel plaisir de parler. Quand vous vous asseyiez pour discuter avec elles, vous aviez toujours le sentiment d'apprendre quelque chose.

14. CONVERSATION AVEC RICHARD STENGEL À PROPOS DU HARCÈLEMENT POLICIER À L'ENCONTRE DE WINNIE MANDELA

Ils ont harcelé la camarade Winnie pendant les vingt-sept ans où j'ai été absent. Ce que je critiquais, c'est qu'ils en faisaient un élément de propagande et de publicité. Quand Winnie a atterri à l'aéroport international Jan Smuts après m'avoir vu, il y avait un attroupement inhabituel de journalistes qui lui ont posé des questions relatives à notre rencontre, puis elle est montée dans sa voiture et est partie pour Orlando. Elle avait un bus dans lequel avaient pris place ses supporters. Sur la route de Soweto, la police a fait arrêter le bus, l'a fouillé et l'a saisi. Ce n'était absolument pas nécessaire. C'était simplement une manière de faire de la propagande dans le pays et dans le reste du monde. Ils auraient pu tranquillement mener leur enquête, avec dignité, et même saisir le bus s'ils pensaient que c'était leur devoir. Mais ce n'est pas ce qu'ils ont fait… Deuxièmement, quand ils ont opéré une descente à la maison, ils ont fait venir la SABC [South African Broadcasting Corporation], et la descente a été diffusée à la télévision. Il était aux environs de 3 heures du matin et on a montré ma femme en peignoir, ma fille… Ils ont fait se déshabiller certaines personnes dans les pièces du fond… Donc ils organisaient le battage médiatique. Ce n'était pas une simple enquête de police, c'était du spectacle pour la propagande. Et c'est cela que je critiquais.

15. LETTRE AU CHEF MANGOSUTHU BUTHELEZI, DATÉE DU 3 FÉVRIER 1989

Le plus grand défi qu'ont aujourd'hui à affronter les dirigeants est celui de l'unité du pays. À nul autre moment de l'histoire du mouvement, il n'a été à ce point crucial que notre peuple parle d'une seule et même voix et qu'il œuvre dans le même sens. Tout acte, toute déclaration, quelle qu'en soit la source, qui tende à créer ou à accentuer des divisions, dans la situation politique actuelle, serait une erreur fatale qu'il faut éviter à tout prix… La lutte est notre vie et, même si la victoire n'est pas encore à portée de main, nous pouvons déjà rendre cette lutte immensément enrichissante ou absolument désastreuse. Au cours de toute ma carrière politique, peu de choses m'ont davantage empli de détresse que de voir mon peuple s'entretuer comme il le fait aujourd'hui[15].

16. CONVERSATION AVEC AHMED KATHRADA À PROPOS D'UN DISCOURS DE WINNIE MANDELA, AUQUEL IL AURAIT DONNÉ SON AVAL, SUR LE « SUPPLICE DU PNEU » – LE FAIT DE BRÛLER DES GENS VIVANTS EN METTANT LE FEU À DES PNEUS ARROSÉS DE PÉTROLE, PASSÉS AUTOUR DE LEUR COU

KATHRADA : Tu aurais approuvé le « discours du collier » de Winnie.

MANDELA : Bon sang…

KATHRADA : Anthony Sampson m'a envoyé une retranscription d'une conversation. Bon, on ne sait pas qui a pris ces

15. Les membres de l'ANC et du Parti Inkatha pour la liberté (IFP) étaient engagés dans une lutte sanglante pour la suprématie dans diverses régions du pays.

notes[16] : « NM a approuvé le discours du collier de WM. Il dit que c'était une bonne chose, puisque aucun Noir ne s'en est pris à WM. Cependant, il a émis des réserves sur l'attaque de WM contre Rex Gibson, du Star, car celui-ci a publié un article défendant le discours quelques jours plus tôt. »

MANDELA : J'ai expressément condamné ce discours.

KATHRADA : Sampson dit : « En ce qui concerne le contentieux autour des commentaires de Madiba sur le "discours du collier", j'ai pensé que tu voudrais voir le document sur lequel mes remarques s'appuient. Il semble authentique et se trouvait dans une archive publique. Je ne crois pas pouvoir l'ignorer, mais bien sûr je peux préciser que le président le contredit catégoriquement. Ceci étant, il serait utile d'expliquer ou de réfléchir à l'origine de ce malentendu. »

MANDELA : Mais pourquoi ne nous fait-il pas confiance ? Qui tient ces archives ? Il n'existe aucun document de ce genre… J'ai condamné ce discours sans réserve…

KATHRADA : Comme moi.

MANDELA : C'est absolument faux.

17. CONVERSATION AVEC RICHARD STENGEL SUR LES ÉTUDES EN PRISON

STENGEL : Aimiez-vous étudier le droit en prison, ou est-ce que ça vous paraissait loin de ce que vous viviez ? Ou trop éloigné de la lutte ?

MANDELA : Non, j'appréciais. Le droit… Je m'intéresse beaucoup au droit. Mais j'étais trop occupé à Robben Island. Je n'ai fait aucun progrès dans mes études. La première année ça

16. Les notes avaient été prises par l'avocat de Mandela, Ismail Ayob, et se trouvaient dans les archives de l'ANC à l'université de Fort Hare.

allait, la deuxième aussi, mais pendant la dernière je n'avais pas assez de temps pour étudier à cause des problèmes politiques. Je crois que j'ai échoué trois fois au concours final. Ce n'est qu'en allant à la prison de Pollsmoor que j'ai pu me concentrer, surtout quand j'étais tout seul. J'ai pensé tout de suite que je réussirais. Mais en fait, j'ai abandonné – j'ai littéralement abandonné.

18. CONVERSATION AVEC RICHARD STENGEL

Avec l'ANC, quand nous traitons un problème, nous commençons par entendre tous les avis contradictoires, puis nous débattons jusqu'à trouver un consensus qui emporte la décision. De manière générale, à Robben Island, le camarade [Harry] Gwala menait un groupe ayant une approche spécifique et grâce à ses connaissances, à son habileté et à son expérience, il parvenait à influencer un grand nombre de camarades[17]. Nous finissions presque toujours par trouver un consensus, sur tous les sujets. Et nous avions la certitude d'avoir considéré le problème sous tous les angles… Par exemple, sur la question des relations entre l'ANC et le parti communiste, il avait tendance à amoindrir les différences, et beaucoup de nos débats tournaient là-dessus. Alors que d'autres voulaient maintenir une démarcation claire et nette, il était enclin à l'atténuer. En prison, il y avait sans doute une raison qui expliquait cela, parce que nous voulions parler d'une seule et même voix. Mais malgré tout, ce n'était pas la bonne solution, le PC et l'ANC ont toujours été très différents, même s'ils coopéraient.

17. Arry (Mphephethe) Themba Gwala (1920-1995). Enseignant, homme politique et prisonnier politique. Membre du SACP. Membre du MK.

19. CONVERSATION AVEC RICHARD STENGEL

Eh bien, comme vous le savez, à cette époque j'aimais beaucoup lire ; avant d'être trop occupé pour ça. C'est l'une des choses qui me manquent et que j'appréciais en prison. Je me levais, je prenais un bain, j'attendais le médecin de l'hôpital... puis je prenais le petit déjeuner et j'étais libre de m'asseoir et d'étudier. Cette scène où Koutouzov [dans Guerre et Paix] discute pour savoir s'il faut ou non défendre Moscou est très belle. Alors que tout le monde lui dit qu'il ne faut pas abandonner la capitale, il pense qu'il faut protéger l'armée russe jusqu'à l'arrivée de l'hiver, parce que l'armée napoléonienne ne pourra pas rivaliser avec elle pendant l'hiver... « Je ne me soucie pas des immeubles ; ce serait céder à l'émotion. Je me soucie seulement de sauver mon armée de la destruction. » Et c'était aussi l'attitude de Shaka [roi zoulou] quand il se battait[18]. Il a fait retraite face à l'attaque d'une tribu. Quand l'ennemi est arrivé au kraal royal, ses conseillers lui ont dit : « Nous devons résister maintenant, nous devons nous battre. » Il a répondu : « Pourquoi devrais-je défendre des maisons ? Si elles sont détruites aujourd'hui, nous les reconstruirons demain. Mais si l'armée est détruite, il faudra des années pour en former une autre. » Il a battu en retraite en s'assurant que sur le chemin l'adversaire ne puisse pas mettre la main sur quoi que ce soit : ils ont emmené le bétail, emporté le maïs et le millet, les haricots, etc. Il a fait en sorte qu'il n'y ait strictement rien à manger. Alors l'armée ennemie a fini par être épuisée et affamée... Pendant qu'il s'enfuyait l'ennemi le sui-

18. Shaka ka Senzangakhona (1787-1828). Roi des Zoulous, 1816-1828.

vait de près – très près –, puis celui-ci finit par s'arrêter, en espérant une bataille finale. Mais lui n'attaquait pas, il ne voulait pas. Quand ils s'arrêtaient, lui aussi s'arrêtait, et quand ils avançaient, il battait en retraite.

Pour finir, l'ennemi s'est retiré, rongé par la faim. Et aussi parce que la nuit [Shaka] envoyait ses hommes se mêler à l'ennemi. Ils avaient le même uniforme... Et au cœur de la nuit, les hommes de Shaka poignardaient l'homme à côté d'eux, puis ils se mettaient à pleurer et à dire : « Le sorcier, Umthakathi, m'a attaqué. » Et tout le monde se réveillait. Vous comprenez ? Il les tenait éveillés et les obligeait à se tenir aux aguets alors qu'ils étaient épuisés et affamés. Et ça a duré jusqu'à ce qu'ils atteignent une grande rivière, où il n'y avait qu'un gué. Pour traverser, l'ennemi à dû rompre ses rangs. Quand la moitié des soldats eut traversé, il lança sa charge. Il les attaqua et les balaya... puis il traversa et balaya l'autre moitié. Il a employé une tactique semblable à celle de Koutouzov contre Napoléon.

20. CONVERSATION AVEC KATHRADA

MANDELA : J'aurais pu gagner beaucoup d'argent quand j'étais à Victor Verster, tu sais. Deux journaux complètement différents sont venus pour me prendre en photo en me promettant un demi-million.

KATHRADA : Elles ont été publiées dans les journaux.

MANDELA : Ah oui ?

KATHRADA : Non, non, attends un peu, ou c'est le gardien Christo Brand qui m'en a parlé ? Mais j'étais au courant.

MANDELA : Un demi-million !

KATHRADA : Oui. Ah, c'est ça, Brand nous en a parlé.

MANDELA : Je leur ai dit : « Non je ne peux pas accepter. »

KATHRADA : Oui. Mais ce n'était pas quand tu étais à la clinique ?
MANDELA : Quoi ?
KATHRADA : Ce n'était pas pendant que tu étais à la clinique ?
MANDELA : La deuxième fois, oui.
KATHRADA : Ah.
MANDELA : Mais l'autre fois, c'était à Victor Verster. Je leur ai dit : « Écoutez, je suis en train de négocier et si les gens s'apercevaient que je profite de ma situation, je n'aurais plus aucun crédibilité. Je ne peux pas. » Ils ont répété : « Un demi-million de rands. »
KATHRADA : Oui.
MANDELA : Pauvre comme je suis, avec des enfants et des petits-enfants.
KATHRADA : Oui.
MANDELA : Et je n'ai pas voulu y penser, parce que je me disais que si je prenais le temps d'y réfléchir, je serais tenté.
KATHRADA : Ah.
MANDELA : Alors je leur ai dit non. Je ne voulais pas, et j'ai commencé à parler fort, à être abrupt, parce que je pensais aussi à tous les appareils d'écoute.
KATHRADA : Oui.
MANDELA : Parce que nous étions à l'intérieur de la maison, dans le salon.
KATHRADA : Ah.
MANDELA : Et j'ai dit : « Non, non, non, non, non. Je ne veux même pas y réfléchir. Je suis engagé dans des négociations. Peut-être que si je n'étais pas en train de négocier, j'y réfléchirais, mais pas maintenant ! » J'étais très abrupt.
KATHRADA : Ah.

MANDELA : Alors ils ont dit : « Et que diriez-vous de 750 000 rands ? » J'ai explosé : « Vous pouvez bien me donner 750 millions ! »
KATHRADA : Ah.
MANDELA : « Je ne les prendrai pas. » J'ai refusé net. Et puis quand j'étais à la clinique, il y a eu un autre journal. Cette fois, c'était un million.
KATHRADA : Oui. C'était Time Magazine, je crois.
MANDELA : Oui, tu dois avoir raison.
KATHRADA : Hmmm.
MANDELA : J'ai refusé, alors que j'étais pauvre. C'est vraiment terrible, d'être pauvre…
KATHRADA : Oui, j'ai aussi écrit sur les privations dont on souffre en prison.
MANDELA : Oui.
KATHRADA : Tu es tenté par plein de choses.
MANDELA : Absolument. Et par rapport à dehors, tu sais, ne serait-ce que prendre l'habitude d'informer tes camarades chaque fois qu'on te fait une proposition…

21. LETTRE À LA SŒUR SHAUNA BRADLEY, DATÉE DU 21 AOÛT 1989[19]

Un matin j'écoutais à la radio un sermon dans lequel le pasteur donnait des conseils pour affronter les problèmes. Il disait que les problèmes sont toujours temporaires, qu'ils dépendent de la manière dont on les considère, qu'ils sont souvent suivis par des moments plus heureux.

19. Shaka Bradley était infirmière à l'hôpital de Constantiaberg.

22. CONVERSATION AVEC RICHARD STENGEL

STENGEL : Les gens disent : « Le problème de Nelson Mandela, c'est qu'il veut toujours voir le bon côté des autres. » Que répondez-vous à cela ?
MANDELA : C'est ce que pensent beaucoup de gens. On me le dit depuis l'adolescence. Je ne sais pas, je crois que les gens… Il y a peut-être un fond de vérité là-dedans. Mais quand vous êtes une personnalité publique, vous devez partir du principe que les autres sont intègres tant que vous n'avez pas la preuve du contraire. Et quand vous n'avez pas de preuve du contraire et que les gens font des choses qui vous semblent bonnes, pour quelle raison les soupçonneriez-vous ? Pourquoi penser qu'elles font le bien parce qu'elles ont des arrière-pensées ? Et si vous obtenez la preuve, vous traitez le problème, la déloyauté, et vous passez à autre chose. Parce que c'est comme cela qu'on avance dans la vie avec les autres. Il faut avoir conscience que les gens sont issus de la boue de la société dans laquelle on vit, que ce sont des êtres humains. Ils ont des qualités et des faiblesses. Votre devoir, c'est de travailler avec des êtres humains en tant qu'êtres humains, et non en les prenant pour des anges. Par conséquent, une fois que vous savez que tel homme a telle vertu et telle faiblesse, vous vous en accommodez et vous essayez de l'aider à surmonter cette faiblesse. Je ne vais pas être effrayé à cause des erreurs commises par un homme ou de ses travers. Je ne peux pas me laisser influencer par cela. Et c'est pour cela que beaucoup de gens me critiquent.

Dans la position que j'occupe, la tâche principale est de garder unies des factions différentes. En conséquence, vous devez écouter avec beaucoup d'attention quand quelqu'un vient vous exposer un problème. Mais tout en écoutant et en répondant à ce problème, vous devez garder à l'esprit que le facteur dominant est l'unité de l'organisation. Il faut que les gens puissent venir vous voir pour que vous continuiez à exercer votre rôle.

23. CONVERSATION AVEC RICHARD STENGEL

On trouve que je regarde trop le bon côté des gens. C'est une critique que je dois prendre en compte et à laquelle j'ai essayé de m'adapter, mais vraie ou fausse, je pense que c'est plutôt une qualité. C'est une bonne chose de partir du principe que les autres sont intègres et honorables, parce que vous attirez l'intégrité et l'honneur si vous les recherchez chez les gens avec qui vous travaillez. Et on a plus de facilité à développer des relations personnelles quand on part du principe que les gens à qui on s'adresse sont intègres. Je le crois.

CHAPITRE ONZE

Au fil du calendrier

Une entrée de l'agenda dans lequel Mandela prit des notes à laquelle figure le mot « Descente ».

Mandela a conservé ses agendas des prisons de Robben Island, Pollsmoor et Victor Verster, qui vont de 1976 à 1989. Avec les carnets, ils sont les témoignages les plus directs de ses pensées intimes et de sa vie au quotidien. Il ne rédigeait pas des notes chaque jour. En fait, il se passait parfois des semaines sans qu'il en écrive ; ce qui explique certains longs intervalles entre celles qui composent le chapitre 11. Des notes existantes, les plus importantes et les plus intéressantes ont été compilées dans ce chapitre. Même si cette sélection ne représente qu'un petit pourcentage du total, la teneur générale des agendas n'a pas été profondément altérée. L'inclusion de certaines entrées peut paraître étrange. Il faut cependant garder à l'esprit que certaines denrées considérées comme normales dans le monde extérieur relèvent du luxe en prison. Le lait pour le thé, par exemple, était un événement. De même que les visites et les lettres. Et la simple mention d'une « descente » masque une menace bien réelle.

18 AOÛT 1976

Reçu informations sur l'arrestation de Zami.
C.O. (l'officier commandant) nie avoir reçu la carte d'anniversaire.

23 AOÛT 1976

Informé par le W/O (gardien) Barnard que la carte est confisquée.

8 DÉCEMBRE 1976

Commencé à lire Enterre mon cœur à Wounded Knee, de Dee Brown : envoyé une lettre à l'U[niversité de] Londres[1].

1. Enterre mon cœur à Wounded Knee, de Dee Brown (publié en 1973 en France - Stock).

23 DÉCEMBRE 1976

Anniversaire de Zindzi.

17 JANVIER 1977

Colporter des ragots sur les autres est certainement un vice, mais sur soi c'est une vertu.

20 JANVIER 1977

Rêvé que Kgatho tombait dans un fossé et se cassait la jambe.

21 FÉVRIER 1977

Descente d'environ 15 gardiens dirigés par Barnard.

2 MARS 1977

Gros tremblements à 6 h 55[2].

25 MARS 1977

Rêvé que Kgatho, George et moi cavalions dans un champ verdoyant et dévalions une colline au galop. Kgatho tombe, je veux l'aider. Je me réveille alors que je me précipite vers lui.

25 AVRIL 1977

Journalistes, photographes et équipes de TV visitent l'île, prennent les cellules des prisonniers et les bâtiments en photo[3].

4 JUIN 1977

Visite de Zami et Zindzi pendant une demi-heure. M'apprennent que la déportation vers Brandford a eu lieu le 16.5.77[4].

2. Un tremblement de terre avait eu lieu sur le continent, provoquant de gros dégâts dans la ville de Tulbagh.
3. Le gouvernement invita vingt-cinq journalistes à Robben Island pour faire taire les rumeurs sur les mauvais traitements infligés aux prisonniers.
4. Suite à son incarcération en 1976, Winnie avait été bannie de Johannesburg et confinée à Brandfort, dans l'État libre, en 1977.

11 JUILLET 1977

Lame de rasoir.

22 AOÛT 1977

Colis comprenant mousse à raser et 2 crèmes pour la peau.

7 NOVEMBRE 1977

Le major Zandburg apprend à Madiba [lui-même] que K.D. [Kaiser Matanzima] souhaite lui rendre visite le 02/12/77. Madiba répond qu'il vaut mieux reporter la visite[5].

29 DÉCEMBRE 1977

2 100 ml dentifrice Mentadent.
6 grandes soupes Vinolia.
1 grand flacon de vaseline pour cheveux.
1 kg d'Omo [poudre à lessive].

11 MARS 1979

Syndrome DDD : débilité, dépendance, défiance.

27 AVRIL 1979

Le ministre Jimmy Kruger visite l'île, accompagné par G. du Preez. Nous discutons pendant ± 15 minutes[6].

9 MAI 1979

Consultation avec le Dr A.C. Neethling, ophtalmologue.
Vue excellente. Infection virale partira bientôt, pas besoin de nouvelles lunettes.

5. Mandela et les autres condamnés du procès de Rivonia avaient décidé que Mandela ne rencontrerait pas Matanzima, à cause de son soutien à la politique des bantoustans.
6. James Kruger (1917-1987). Homme politique. Ministre de la Justice et de la Police, 1974-1979. Président du Sénat, 1979-1980.

20 MAI 1979

Virus de nouveau actif, passe de l'œil gauche au droit.

21 MAI 1979

Œil droit particulièrement douloureux et rouge.

22 MAI 1979

Commencé dans l'après-midi les gouttes d'Albucid.

23 MAI 1979

Rêve que je rentre à la maison la nuit portes grandes ouvertes, Zami endormie dans un lit, dans l'autre chambre peut-être Zeni et Zindzi. Beaucoup d'écoliers dehors. J'embrasse Zami et elle m'ordonne de me mettre au lit.

24 MAI 1979

Commencé à prendre les gouttes pour œil Albucid 30 % à mi-journée.

1ER JUIN 1979

« Espérer est facile, c'est vouloir qui gâche tout. »

2 JUIN 1979

Dans un pays malade, chaque pas vers la santé est une insulte pour ceux qui prospèrent sur le malade.
Le but de la liberté est de la créer pour les autres.

3 JUIN 1979

Zami et Zazi pendant 1 h[7]. Zami en pull rouge et bonnet.
Zazi en manteau pareil au mien.

7. Zaziwe (Zazi) est la fille de Zenani et la petite-fille de Mandela.

12 JUIN 1979

[En afrikaans] Gén. Roux est venu. Parlé avec Brig. [brigadier] Du Plessis.

14 JUIN 1979

21e anniversaire de mariage.

14 JUILLET 1979

Visite de Zeni, Zindzi et Zamaswazi pendant 45 minutes[8]. Zamaswazi a froid et crie fréquemment.

6 AOÛT 1979

Le ministre L. le Grange visite la prison, accompagné par C.O.P. (le Commissaire des prisons) Du Preez[9].

15 SEPTEMBRE 1979

L'éminent chef en exercice Bambilanga m'a rendu visite pendant 1 h 30[10].

9 OCTOBRE 1979

Entrevue avec M. A.M. Omar à propos de l'affaire opposant l'État à Sabata Dalindyebo.

17 OCTOBRE 1979

Poids sans vêtements : 75 kg.

20 OCTOBRE 1979

Entrevue avec Zindzi pendant ± 1 h.
Zindzi rayonne de beauté. Reste avec Anne [sic] Tomlinson.

8. Zamaswazi (Swati) est la fille de Zenani et la petite-fille de Mandela.
9. Le ministre de la Loi et de l'Ordre Louis le Grange. Du Preez était Commissaire des prisons.
10. Albert Bambilanga Mtirara. Chef des AbaThembus.

21 OCTOBRE 1979

Zindzi revient pour ± 45 minutes. Toujours aussi belle et radieuse.
Discussions sur les livres et l'éditeur Mike Kirkwood.

5 NOVEMBRE 1979

Hospitalisé : opération mineure, un tendon déchiré à la cheville droite ; réalisée par le Dr Breytenbach.
Rêve : Zindzi et moi visitons Bara [l'hôpital Baragwanath] de nuit. Elle demandait pourquoi j'avais pris tel avocat plutôt qu'un autre.

17 NOVEMBRE 1979

Zami vient me voir pendant ± 2 h. Robe bleu clair – revenue à un poids raisonnable, était vraiment très élégante.

19 NOVEMBRE 1979

Points de suture enlevés par le sergent Kaminga. Osselet assez gros retiré de la cheville droite par le Dr Breitenbach. Anesthésiste, Dr C. Moss.

3 DÉCEMBRE 1979

Lettre à propos achat savates adressée au Major Harding.

25 DÉCEMBRE 1979

Visite de 1 h de Zami et Swati. Produits de Noël de Pietermaritzburg.

26 DÉCEMBRE 1979

Visite de 45 mn de Zami et Swati. Promesses d'envoyer 20 photos.

3 JANVIER 1980

Lecture de Black As I Am : les 55 poèmes de Zindzi. « Je suis Noire et j'ai quatorze ans », à paraître bientôt.
À NM, en détention, et Nomzamo Mandela, condamnée au silence, parce qu'ils endurent la souffrance pour nous tous[11].

10 JANVIER 1980

Nouvelle lame.

13 JANVIER 1980

Du lait pour le thé.

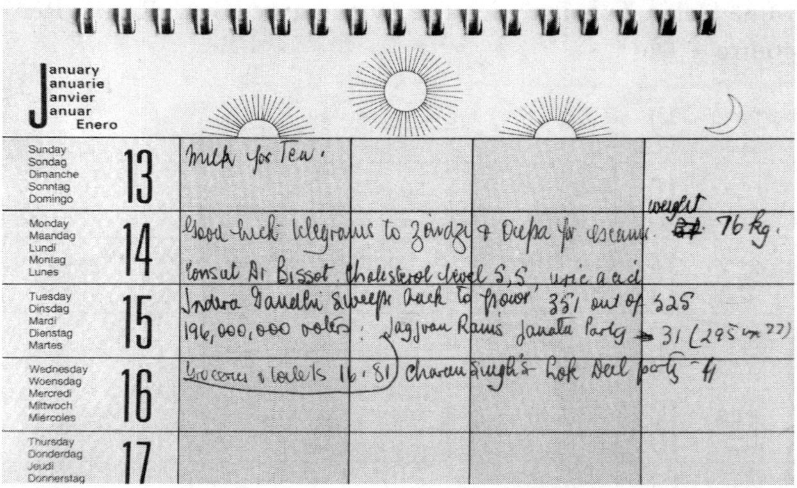

Voir-ci-dessus.

26 JANVIER 1980

Visite de Zami pendant ± 45 mn. Se plaint que Madiba a l'air fatigué.

11. La dédicace de Black As I Am.

13 MARS 1980

Premier anniversaire de Swati.

19 MARS 1980

Reçu un télégramme de Zami m'apprenant la mort de Lily [Lilian Ngoyi].

20 MARS 1980

Envoyé un télégramme de condoléances (urgent) à Edith Ngoyi[12].

14 MAI 1980

Mme Helen Suzman, députée, vient avec Gén. Roux. Rencontre ± 1 h[13].

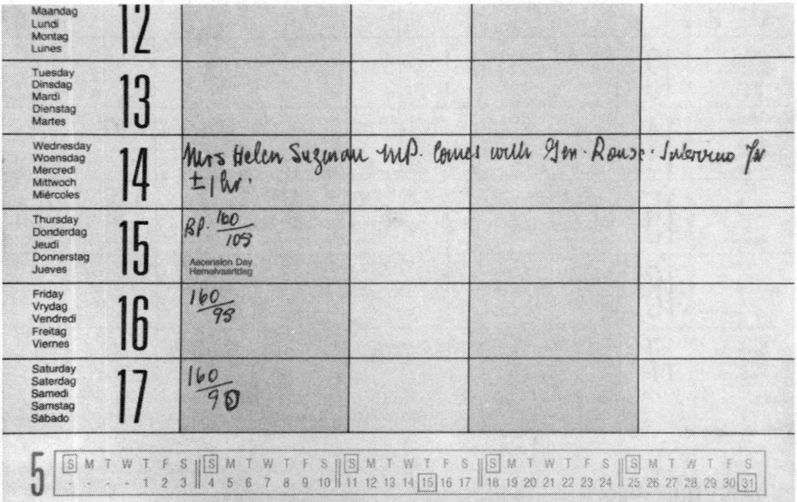

Voir-ci-dessus.

12. La fille de Lilian Ngoyi.
13. Helen Suzman, voir Personnes, lieux et événements.

23 MAI 1980

Consultation avec le Dr A.L. Maresky qui me déclare en bonne condition. Le cœur va mieux que la dernière fois qu'il m'a examiné.

Rêvé que je revenais à la maison, la nuit, presque à l'aube. J'embrassais Zami, malade, qui rentrait par la porte de derrière de notre maison d'Orlando. Zeni a environ 2 ans et elle avale une lame de rasoir qu'elle vomit. Je lui donne une fessée.

25 MAI 1980

Rêvé de Zami, Zeni et Zindzi. Zeni a à peu près 2 ans. Zindzi me demande de l'embrasser et se plaint que je ne suis pas assez démonstratif. Zeni me demande la même chose.

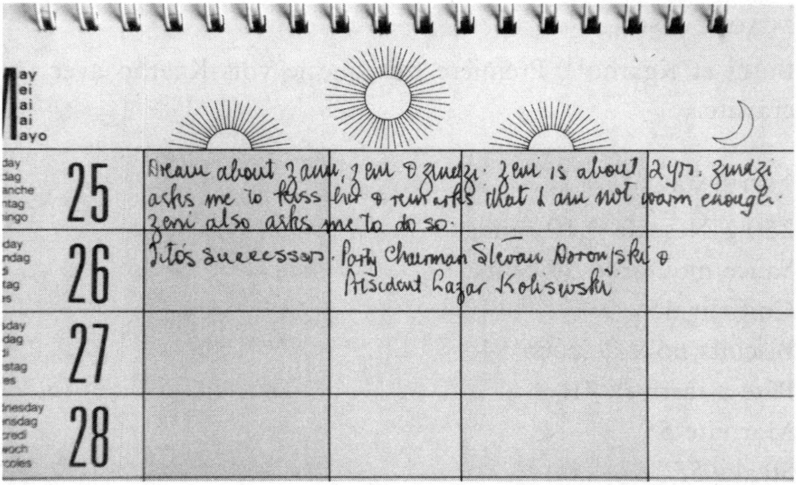

Voir-ci-dessus.

8 JUIN 1980

Zami revient, radieuse dans son haut bleu.

9 JUIN 1980

Compte : 41,44 rands.

24 JUIN 1980

Le sergent Kaminga prend ma tension artérielle 180/90.

30 JUIN 1980

Examiné par Dr Kaplan TA 120/80 poids 78 kg.
M'a aussi lu le rapport d'électrocardiogramme du Dr Mersky.

13 JUILLET 1980

Zami, Zindzi et Zobuhle sont venues pour une visite prolongée[14].
Annonce de la mort de Sir Seretse Khama.

24 AOÛT 1980

Buthi et Kgatho[15]. Première fois que je vois Kgatho avec un cravate.

7 SEPTEMBRE 1980

250 g Nescafé 4,10 rands
Sauce moutarde 54 cents
Coiffeur 45
Biscuits noix de coco 54
Pâte à tartiner 71
Marmite 55
Steaks 55
Limonade 26
Pâte à gâteau 250 g 38

14. Zobuhle est Zoleka Seakamela (1980-). Fille de Zindzi et petite-fille de Mandela.
15. Buthi (qui signifie « frère », mais pas nécessairement frère de sang). Parent de Mandela de sa ville natale.

14 SEPTEMBRE 1980

Zami et Oupa. Zami était adorable dans sa robe marron, avec un collier plaqué or. Oupa en costume (noir) à rayures blanches[16].

10 OCTOBRE 1980

73 personnes ont signé la pétition pour la libération de NM.

11 OCTOBRE 1980

Jour des prisonniers[17].

27 OCTOBRE 1980

Documents pris sans mon consentement par le gardien Pienaar.

3 NOVEMBRE 1980

« Libérez M » à l'université du Zimbabwee a récolté 600 signatures pour sa libération.
Organisateur, Clifford Mashiri

28 NOVEMBRE 1980

[En Afrikaans] Tant que les Afrikaners se croiront une race supérieure ayant le droit d'imposer sa force aux autres, le futur restera sombre.
Le Bantu Education Act porte en lui un stigmate[18]. Aucun système, même si on l'améliore, ne peut être accepté à partir du moment où il repose sur la séparation raciale.

16. Oupa Seakamela. Le compagnon de Zindzi à cette époque.
17. La Journée de solidarité avec les prisonniers sud-africains avait été décidée par l'Assemblée générale des Nations unies en 1976.
18. Le Bantu Education Act de 1953 légalisait la séparation des races dans les établissements scolaires.

25 DÉCEMBRE 1980

Zami, Zindi et Zobuhle en visite à RI pour ± 1 h. Toutes deux en tenue légère. Promis de poser pour Ayesha : Commémoration à Dbn [Durban]. Prix Nehru[19].
La cassette du discours d'Indira Gandhi n'est pas arrivée.

22 JANVIER 1981

L'huile d'onagre réduit la pression artérielle, le niveau de cholestérol et le surpoids.

18 FÉVRIER 1981

Princesse Anne 23 951	Chancelier de l'université de Londres
Jack Jones 10 507	
N.M. 7 199	

Parmi les soutiens de N.M., des personnalités de renom : le professeur Barbara Hardy et le journaliste et commentateur Jonathan Dimbleby[20].

1ER AVRIL 1981

Documentaire sur Mandela : le producteur de la BBC Frank Cox, qui a réalisé le documentaire TV sur l'évasion hors d'AS [Afrique du Sud] de l'éditeur Donald Woods, prépare un documentaire sur N.M. qui se tournera en juin.
Le casting des acteurs sud-africains noirs et blancs démarre en juin. Le programme durera 50 mn et fera partie d'une série de 3 films sur les droits de l'homme. Le tournage aura lieu quelque part en Grande-Bretagne, où l'on reconstituera Robben Island.

19. Mandela se vit décerner le Jawaharlal Nehru Award for International Understanding par le gouvernement indien en 1979.
20. Mandela fut nommé chancelier de l'université de Londres en 1981.

3 AVRIL 1981

L'évêque [Desmond] Tutu fait un discours à la Chambre des communes en point d'orgue de la campagne « Libérez M[21] ». Sont présents Michael Foot[22], David Steel[23]. Pétition signée par 94 députés, 25 pairs, 30 ecclésiastiques, dont 19 évêques, 98 professeurs et 500 organisations représentant au total 12 000 000 de personnes.

5 MAI 1981

Le martyr de l'IRA [Armée républicaine irlandaise] Bobby Sands est mort.

10 MAI 1981

Zami et Swati vers 10 h du matin : Swati cogne sur les vitres qui nous séparent en criant : « Ouvrez, ouvrez ! » Pour finir, elle se met à pleurer et la sœur de Mda la fait sortir.

17 MAI 1981

Nombre de prisonniers qui étudient

Standard	529
JC	102
Examen lycée	127
Licence	59
Diplôme	17
Total	334

30 % d'entre eux ne passent pas l'examen

21. L'archevêque Desmond Tutu, voir Personnes, lieux et événements.
22. Michael Foot (1913-2000). Leader du Parti travailliste et écrivain.
23. David Steel (1938-). Homme politique britannique et leader du Parti libéral, 1976-1988.

5 AOÛT 1981

Le Dr Ekwueme (Alex), vice-président du Nigeria, reçoit le Freedom of Glasgow au nom de NM des mains de M. Michael Kelly, le Lord Provost. Le rouleau symbolisant cet honneur sera conservé à la Maison du gouvernement de Lagos. « Quand M retrouvera sa liberté, dans un avenir que j'espère proche, il viendra à Lagos le recevoir. »

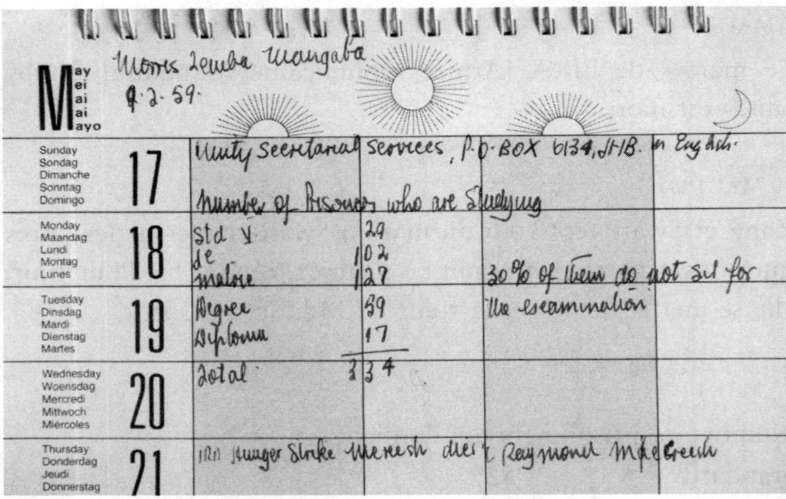
May Mei Mai Mai Mayo
Morris Zemba Mangaba
9.2.59.

Sunday Sondag Dimanche Sonntag Domingo 17
Unity Secretarial Services, P.O. BOX 6134, JHB. in English.
Number of Prisoners who are Studying

Monday Maandag Lundi Montag Lunes 18
Std V 29
JC 102
Matric 127
30 % of them do not sit for

Tuesday Dinsdag Mardi Dienstag Martes 19
Degree 59
Diploma 17
the examination

Wednesday Woensdag Mercredi Mittwoch Miércoles 20
Total 334

Thursday Donderdag Jeudi Donnerstag 21
IRA Hunger Strike Mickey Devine dies. Raymond McCreesh

Voir p. 303.

15 AOÛT 1981

Zami et Kobuhle : j'embrasse Kobuhle à travers la vitre et lui parle au téléphone. Elle s'agite et rend la conversation avec Zami absolument impossible. Nous décidons qu'elle ne reviendra pas le lendemain.

19 AOÛT 1981

Anthony Bobby Tsotsobe, 25
Johannes Shabangu, 28
David Moise
condamnés à mort par le juge Theron (Charl[24]). « Longue vie à l'esprit des masses laborieuses d'Afrique du Sud, longue vie à l'esprit de l'humanité à travers le monde, longue vie à NM ; longue vie à Solomon Mahlangu[25] ! »

26 SEPTEMBRE 1981

Zami passe son 45e anniversaire avec nous. Elle raconte le harcèlement incessant contre elle et la famille de la part de la police sud-africaine, plus le passeport de Zindzi et Mabitsela qui vit à la maison[26].
Zeni et Zindzi partent pour Rio de Janeiro, les USA et Madrid le 9.10.81.

19 NOVEMBRE 1981

Assassinat de [Griffiths] Mxenge[27].

14 DÉCEMBRE 1981

Le commandant m'a informé que Zami a eu un accident de voiture au mont Ayliff. Sérieuses blessures au cou, à l'épaule et aux côtes. Ainsi qu'une fille Madikizela de 14 ans. Hospitalisée à Kokstad. Sera peut-être transférée à Durban. Télégramme immédiatement parti.

24. Anthony Bobby Tsotsobe, Johannes Shabangu et David Moise étaient tous membres du MK.
25. Solomon Mahlangu (1956-1979). Membre du MK. Il fut pendu.
26. Mabitsela était M.K. Malefane. Membre du MK. Il habitait dans la maison de Winnie.
27. Mlungisi Griffiths Mxenge (mort en 1981). Activiste antiapartheid, avocat défenseur des droits de l'homme et prisonnier politique. Membre de l'ANC. Il fut assassiné par la Police de sécurité.

6 JANVIER 1982

L'explosion d'une bombe à Soweto a secoué le Orlando Community Hall vers 9 h ce matin. Le souffle a brisé les vitres des maisons voisines, fissuré les murs : deuxième explosion dans le secteur.

28 JANVIER 1982

L'ordre de bannissement de Zami à Brandfort et son assignation à résidence sont prolongés d'une année supplémentaire.

30 JANVIER 1982

Main gauche de Zami toujours plâtrée. N'a pas l'air au mieux. Nouveau plâtre mis par le chirurgien orthopédique de Bloemfontein, le Dr Shipley. Va le voir le 10 février. Si pas d'amélioration, opération possible.

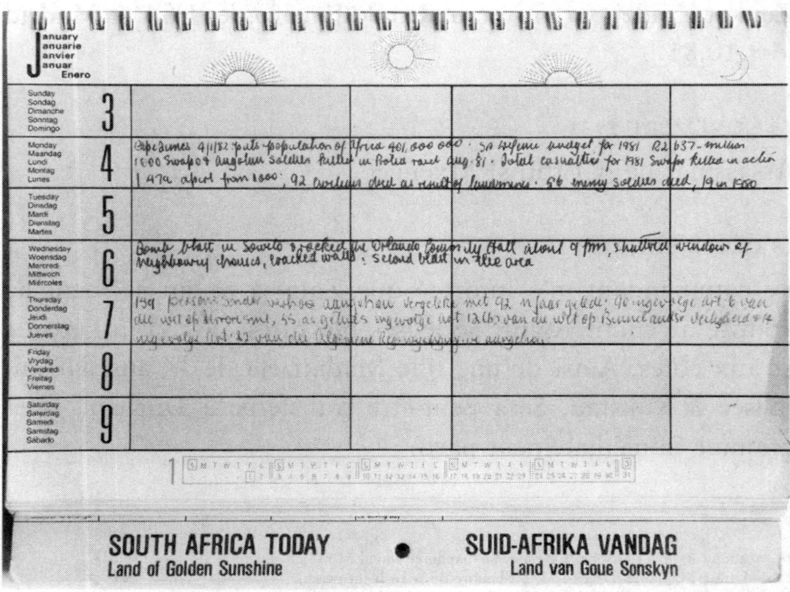

Voir ci-dessus.

31 JANVIER 1982

Zami revient avec des lunettes de soleil. Me postera des photos du mariage de Thembi lundi matin.

26 MARS 1982

Tom Lodge : « Politique et Résistance noire en Afrique du Sud : 1948-1981 »
[Mandela est subitement transféré à la prison de Pollsmoor sur le continent, le 30 mars 1982.]

24 AVRIL 1982

Zami me rend visite à Pollsmoor, accompagnée par M. Allister Sparks, mais on ne l'autorise pas à entrer[28].

25 AVRIL 1982

Zami revient, de nouveau accompagnée d'A.S. Elle a l'air d'aller très bien. Prévoit de revenir le mois prochain.

5 MAI 1982

Paquet de Bisto [sauce en poudre] donnée aux cuisines par l'adjudant Terblanche avec instruction d'en mettre une cuillère à café chaque mercredi. Première dégustation.

12 MAI 1982

Deuxième utilisation de Bisto.

17 MAI 1982

Le Syndicat unitaire des ouvriers (Londres) va donner 1 800 rands à Zami pour qu'elle puisse rendre visite à Madiba.

28. Allister Sparks (1933-). Écrivain, journaliste et commentateur politique.

Zami a pu rendre visite à Madiba le mois dernier grâce à la générosité d'une femme du Dorset, Mme Majorie Ruck.

26 JUIN 1982

Zami en manteau beige foncé rapporte les menaces de mort et la tentative de faire sauter le combi [minibus] : elle se trouvait avec Mabitsela mais il n'est pas monté dans la cabine.

1ER AOÛT 1982

Carte d'anniversaire à Ayesha.

7 AOÛT 1982

Maki (visite demandée pour le 30 avril). Maki est venu passer une heure, elle reste à Cowley House

8 AOÛT 1982

Maki, une demi-heure. Deux dents de devant arrachées et une sur le côté.

17 AOÛT 1982

[En Afrikaans, sans doute tiré d'une coupure de presse] Un colis piégé a coûté la vie à Ruth First : Ruth First, représentante de l'ANC [Congrès national africain], est morte à Maputo après qu'un colis piégé lui a explosé entre les mains. L'incident a eu lieu au Centre universitaire des études africaines, où elle travaillait, selon l'agence de presse officielle, Angop. Parmi les personnes à proximité se trouvait le directeur du centre, M. Aquino de Braganca, blessé par l'explosion, d'après un membre de sa famille. Apparemment, l'un des conseillers du président Samora Machel aurait précisé que la blessure n'était pas grave.

Livres d'elle : 177 jours, Le Canon du fusil, un essai sur le militarisme en Afrique, une biographie d'Olive Schreiner et une étude de la Libye moderne.

21 AOÛT 1982

Le roi Sobhuza est mort à l'âge de 83 ans[29].

25 SEPTEMBRE 1982

Zami porte une tenue dont Ngugi, du Kenya, lui a fait cadeau[30].

2 OCTOBRE 1982

Rêvé de Zami et moi mangeant dans le même plat... Après seulement quelques bouchées, je partais pour régler des affaires pressantes, espérant revenir rapidement et terminer le repas avec elle. Hélas, j'étais retenu plusieurs heures et m'inquiétais de plus en plus de ta réaction et de ton angoisse. C'était un rêve confus. Hobdozela glissant sur une berge humide et chutant dans une rivière avec un membre de la famille sur son dos.

2 DÉCEMBRE 1982

Breyten Breytenbach sorti de la prison de Pollsmoor[31].

4 JANVIER 1983

L'ancien chef du Parti libéral britannique, M. Jeremy Thorpe, a rencontré Zenani au cours d'un voyage d'affaires au Swaziland[32]. M. Thorpe, qui fait la promotion d'un système de

29. Ngwenuama Sobhuza II (1899-1982). Roi Sobhuza du Swaziland. Beau-père de Zenani.
30. Ngugi wa Thiong'o (1938-). Écrivain kenyan.
31. Breyten Breytenbach (1939-). Écrivain et peintre. Détenu à la prison de Pollsmoor pendant sept ans sous le coup du Terrorism Act (Loi antiterroriste).
32. John Jeremy Thorpe (1929-). Leader du Parti libéral britannique.

construction de maisons à bas coût grâce à du foin hautement comprimé, a discuté de l'assignation à résidence de Zami et de l'incarcération de son mari.

7 JANVIER 1983

Zami a subi une descente de police pendant trois heures, fouille par six véhicules de police en présence des députés Helen Suzman et Peter Soal[33]. Le tout avec citations à comparaître pour avoir selon eux enfreint un ordre de bannissement. Ils ont confisqué affiches, livres, documents et dessus-de-lit. Aussi photographié 6 patients se rendant à la clinique mobile.

31 JANVIER 1983

Le Sowetan. 31/01/83 : La Police de sécurité a pris son couvre-lit – les sénateurs veulent le remplacer. De puissants membres du Congrès américain vont remplacer le dessus-de-lit que les policiers sud-africains ont récemment saisi chez Mme W.M. [Winnie Mandela]. Le nouveau couvre-lit sera offert à la femme du leader de l'ANC comme un symbole des inquiétudes du Congrès concernant les droits de l'homme en Afrique du Sud.

2 FÉVRIER 1983

Admis à l'hôpital Woodstock.

3 FÉVRIER 1983

Opération conduite à l'arrière du crâne et à l'orteil du pied droit.

33. Peter Soal (1936-). Conseiller de la ville de Johannesburg et député.

5 FÉVRIER 1983

Zindzi a l'air radieuse et joyeuse.

14 FÉVRIER 1983

Le gardien Van Zyl retire les points de suture à la tête.

15 FÉVRIER 1983

Sœur Ferrara, de l'hôpital Woodstock, retire le point de suture au gros orteil : le Dr Stein explique que selon les rapports de laboratoire, la grosseur n'était pas maligne dans l'orteil.

21 MARS 1983

Ancienne Olympe : le leader noir emprisonné N.M. est fait citoyen d'honneur du village grec.

22 MARS 1983

Le Mouvement antiapartheid et le Comité américain contre l'apartheid ont publié hier une déclaration portant plus de 4 000 signatures demandant la libération du chef de l'ANC, NM.

24 MARS 1983

Le chef de l'ANC distingué : le City College of N.Y. [New York] va honorer l'avocat N.M. pour « son engagement désintéressé aux principes de la liberté et de la justice ». Dr Bernard Harleston, président de l'Université. « La distinction sera remise en juin. »

29 MARS 1983

Zami invité à assister à l'inauguration du Parlement de Bonn le 29 mars par Die Grunenim [sic]. Nouvelles du Sowetan. Une rue de Camden, à North London, où le mouvement antiapartheid a ses quartiers généraux, va être renommée Mandela Street en hommage au chef de l'ANC en détention. Elle s'appelle actuellement Selous Street, d'après l'explorateur britannique qui a aidé Cecil John Rhodes à placer la Rhodésie sous la domination coloniale[34].

25 AVRIL 1983

Résolution Mandela : un démocrate libéral a demandé au Congrès de nommer NM, le chef emprisonné de l'ANC, et sa femme W citoyens d'honneur des États-Unis. M. Crockett a reçu le soutien de 12 de ses collègues députés quand il a présenté sa résolution – M. Crockett[35]. On parle d'un centre de ressources dédié à l'information sur l'Afrique du Sud, qui dit-on serait le premier du genre, afin de commémorer l'œuvre de Ruth First, tuée par un colis piégé à Maputo l'an dernier. Le principal but de ce centre, qui verra le jour dans une université britannique, sera de copier sur microfilm tous les documents historiques, économiques et sociologiques relatifs à l'Afrique du Sud détenus par l'ensemble des universités et des institutions à travers le monde.

21 MAI 1983

UDF formé pour lutter contre les propositions constitutionnelles du gouvernement – TIC, CUSA, SAAWU, ASSOCIATION CIVIQUE DE SOWETO et autres[36]. 32 organisations – plus de 150 délégués et observateurs ont adopté une déclaration instituant l'UDF et promettant de lutter contre les réformes constitutionnelles du gouvernement. Président, Dr I. Mohammed.

34. Selous Street devait son nom à Frederick Courtney Selous (1851-1917).
35. George W. Crockett, Jr (1909-1977). Membre de la Chambre des représentants des États-Unis, 1980-1991.
36. Congrès des indiens du Transvaal, Conseil des syndicats sud-africains, Union syndicale des ouvriers sud-africains.

4 JUIN 1983

Herald : Le Conseil de la ville de Dublin a décidé d'ériger un buste de NM pour marquer sa « remarquable contribution à la liberté ». Au départ, il était question de nommer NM Freeman of Dublin, mais plusieurs conseillers ont estimé que ce ne serait pas approprié puisqu'il ne pourrait être présent pour recevoir cette distinction.

9 JUIN 1983

Simon Mogoerane, Jerry Masololi et Marcus Motaung pendus à la prison centrale de Pretoria[37].

14 JUIN 1983

L'avocat Ismail Mahomed et le procureur Ismail Ayob – consultation sur les conditions de vie à la prison de haute sécurité de Pollsmoor.

1ER JUILLET 1983

Mme Helen Suzman, députée, visite la section, accompagnée par les Brig[adiers] Munro et Bothma. Nous lui présentons nos doléances, lui montrons la cour et les chambres individuelles en construction. Lui ai notifié que c'est un honneur d'être reçu docteur de l'université de Bruxelles.

3 DÉCEMBRE 1983

Poids nu : 76,8 kg Taille : 1,78 m.

37. Membres du MK qui furent exécutés pour haute trahison.

13 DÉCEMBRE 1983

L'archevêque Huddleston, président du Mouvement antiapartheid, a dévoilé une plaque à Leeds, dans le Yorkshire, baptisant officiellement les jardins devant le City Hall d'après le leader de l'ANC emprisonné, NM. La plaque en ardoise décrit M comme « un symbole de la résistance à l'apartheid en Afrique du Sud » et lit une déclaration faite par lui. La cérémonie d'inauguration a suivi une réunion au City Hall au cours de laquelle plusieurs personnes ont évoqué M. Un message du secrétaire général des Nations unies, M. Javier Pérez de Cuéllar, a été lu.

16 JANVIER 1984

Planté carottes, betteraves et arachides[38].

18 JANVIER 1984

Planté des tomates dans deux bacs séparés.

19 FÉVRIER 1984

Reçu de nouveaux résultats. 2 visites de Zami à partir de 8 h 45 : habillée de blanc avec un beau collier autour du cou. Elle et Ompa se rendent à Umtata demain.

28 FÉVRIER 1984

Le brig. Munro m'informe que K.D. [Matanzima] désire me voir, ainsi que Walter [Sisulu]. Nous rappelons à K.D. la décision prise à R.I. [Robben Island] : une telle rencontre ne serait pas judicieuse.

38. Mandela faisait pousser des légumes sur le toit de la prison de Pollsmoor.

1er MARS 1984

Autre entrevue avec le brig. Munro après que j'ai demandé l'autorisation d'écrire à OR [Oliver Tambo] et Govan [Mbeki], m'a encore proposé une visite de K.D[39].

7 MARS 1984

CT [le Cape Times] annonce que Zami va rapporter à Madiba l'offre de libération de K.D.

8 MARS 1984

Zami portant une combinaison brun foncé et un chapeau assorti m'a rapporté la proposition de Daliwonga. 2 visites de 40 minutes chacune.
CT fait d'autres comptes-rendus. [Kobie] Coetsee déclare qu'aucune libération n'est envisagée.

10 MARS 1984

CT. Madiba revoit sa femme et répond à l'offre de KD.

12 MARS 1984

CT. Le chef de l'ANC, NM, rejette l'offre : il s'oppose à sa libération et à son confinement dans le Transkei : déterminé à retourner chez lui à Soweto, il ne resterait pas dans le Transkei.

15 MARS 1984

Le disque de Madiba se vend bien. La chanson appelant à la libération de NM a fait son entrée dans les charts. « Free NM », des Specials – un groupe multiracial – est n° 4 du

39. Archibald Mvuyelwa Govan Mbeki, voir Personnes, lieux et événements.

classement de Capitol Radio et n° 68 dans les classements nationaux[40].

22 MARS 1984

Envoyé la somme de 49,40 rands au Time pour renouvellement. Électrocardiogramme réalisé par le Dr Le Roux – satisfaisant. Trace de sang dans l'urine. Hypertension 140/90.

1ER MAI 1984

Cape Times 01/05 : Mme M, femme d'esprit, qu'on ne peut citer selon la loi sud-africaine parce qu'elle est bannie, tient des discours dans lesquels elle ne mâche pas ses mots. On l'entend et on la voit partout en mai.

12 MAI 1984

Zami et Zeni : visite d'elles pour la première fois. 2 visites.

18 JUIN 1984

Sowetan : le président cubain Fidel Castro a remis l'une des médailles les plus prestigieuses de Cuba à NM, leader du mouvement interdit l'ANC, qui est en prison depuis 22 ans. L'Ordre de Playa Giron (la Baie des Cochons) a été reçu par M. Alfred Nzo, secrétaire général de l'ANC en visite à Cuba. M. Jesus Montane, député membre du Politburo de Cuba, a déclaré que « M est un exemple de l'indomptable esprit de résistance, il est une source inspiration ».

23 JUIN 1984

Maki et Dumani pendant 40 minutes[41].

---

40. « Free Nelson Mandela » était une chanson contestataire écrite par Jerry Dammers, de The Specials (sortie sur le single Free Nelson Mandela/Break Down the Door, 1984).
41. Dumani Mandela. Le fils de Makawize Mandela et le petit-fils de Mandela.

16 JUILLET 1984

Cape Times. Faisant allusion au leader de l'ANC, NM, qui purge une condamnation à perpétuité, M. [Allan] Hendrickse a déclaré qu'il était temps qu'il soit libéré[42]. « S'il a fait quelque chose de mal, il a certainement payé sa dette », a-t-il dit.

18 JUILLET 1984

Abonnement au Star renouvelé pour 6 mois, prenant effet au 03/03/84.
Abonnement 95,28 rands.

5 AOÛT 1984

Zami revient pour 2 visites de 40 minutes chacune ; c'est Maritjie[43] qui l'a amenée. Zami raconte que Shennaz a écrit plusieurs lettres que je n'ai pas reçues[44].

12 AOÛT 1984

Sunday Express Review : Jouvert Malherbe : Jimmy Cliff a fait part de son intention de ne pas revenir en Afrique du Sud tant que le pays ne serait pas gouverné démocratiquement[45]. Déclaration faite pendant le festival NM annuel au Crystal Palace Bowl de South London, la semaine dernière.
Environ 5 000 personnes ont accouru au théâtre pour écouter Cliff, le surdoué sud-africain de la trompette Hugh Masekela, plusieurs groupes africains et le combo reggae britannique vitaminé, Aswad, qui a clos le spectacle en beauté.

42. Allan Hendrickse (1927-2005). Ministre, enseignant et membre du Labour Party sud-africain.
43. Marietjie van der Merwe. Épouse de Harvey van der Merwe, un ami de Mandela.
44. Shenaz Meer. Fille de Fatima Meer, voir Personnes, lieux et événements.
45. Jimmy Cliff (1948-). Chanteur de ska et de reggae jamaïcain.

28 AOÛT 1984

Sang dans les urines. Un autre échantillon emporté par le major Burger.

30 AOÛT 1984

Tension artérielle prise par le major Burger 140/80.

5 SEPTEMBRE 1984

Crédit : 560,77 rands. Consultation avec le Dr Loubscher, urologue, l'urine testée a confirmé la présence de sang : radios effectuées par MM Basson, Pienaar, etc. Diagnostique un problème aux reins mais sans certitude sur la maladie : examens complémentaires au Volkshospital [sic] demain.

6 SEPTEMBRE 1984

Passé un scanner au Volkshospital [sic]. Découvert un kyste au rein droit et au foie ; celui du rein uniquement de l'eau ; dans le foie, peut-être calcifiée. Examens complémentaires prévus à l'hôpital.

12 SEPTEMBRE 1984

Admis à l'hôpital Woodstock pour investiguer les problèmes rénaux.

1ER NOVEMBRE 1984

Tension artérielle 170/100 prise par sœur du Toit.

Cape Times : Comment l'ANC a basculé dans la lutte armée. Andrew Prior. Département de sciences politiques.

14 NOVEMBRE 1984

Sol Plaatje, nationaliste sud-africain 1876-1932 (de Brian Willan)[46]

12 DÉCEMBRE 1984

Résultats : échoué sur les six sujets[47].

1ER JANVIER 1986

Le colonel Marx me conduit aux jardins extérieurs de la prison. Passé une demi-heure à examiner l'agencement. Oiseaux intéressants. Plus tard, rejoint par mes quatre camarades du toit dans mes quartiers, où nous avons mangé des snacks pendant environ une heure.

4 JANVIER 1986

Conduit aux jardins par le Lt Barkhuizen. Passé une heure et ramené un sac plein de tomates.

6 JANVIER 1986

01/11/85 poids 72 kg, Taille 1,80 m[48].

12 JANVIER 1986

Conduit dans les jardins par Lt Barkhuizen et passé une hr (heure) à voir différents champs. Le Brig. Munro donne des instructions pour que nous restions éloignés de la route pour des raisons de sécurité.

14 JANVIER 1986

Déménagé dans la cellule d'à côté parce qu'on repeint la mienne.

46. Sol Plaatje : un nationaliste sud-africain, Brian Willan (publié en 1984). Solomon Tshekisho Plaatje, voir Personnes, lieux et événements.
47. Mandela fait référence à ses études pour son diplôme de droit.
48. Mandela mesure deux centimètres de plus que la dernière fois, en décembre 1983, ce qui montre la nonchalance des gardiens qui effectuent les mesures.

23 JANVIER 1986

Informé que la demande de prise, de plaques et de bouilloire électrique a été refusée, de même que la demande d'autorisation d'envoyer des livres en cadeau aux docteurs associés à l'opération. Vu le film Le Choix de Sophie[49].

24 JANVIER 1986

Conduit par le brig. Munro jusqu'aux jardins après fermeture des cellules, puis à travers la grande étendue de vignes de Tokai au pied de la montagne, derrière les maisons dont l'opulence se voit même à travers les murs.

28 JANVIER 1986

Vu des films à la bibliothèque 1) Terroristes et otages ; 2) Étudiants à Moscou ; 3) Situation des femmes maories ; 4) Animation.

31 JANVIER 1986

Le commandant me fournit à minuit et quart la copie du discours du président Botha. À 3 h 15, entrevue de 40 minutes avec mes camarades du toit.

1ER FÉVRIER 1986

Consultation de 3 h avec George. Vais faire une demande pour une consultation avec tout le monde le 14.2.
Il a refusé de serrer la main aux autres.

5 FÉVRIER 1986

Célébré l'anniversaire de Zeni en ouvrant une boîte de mouton. Entretien de 40 mn avec Tyhopho [Walter Sisulu].

49. Le Choix de Sophie (sorti en 1982).

7 FÉVRIER 1986

Vu quatre bobines d'Amadeus[50]. Histoire passionnante mais j'ai trouvé la fin très convenue.

12 FÉVRIER 1986

Passé un peu plus de deux heures avec [Wilton Mkwayi] Ndobe à l'occasion de son 66e anniversaire. Avons dîné ensemble et partagé un gâteau de Noël. Lui ai demandé de discuter avec les autres camarades de nos instructions à George Bizos.

21 FÉVRIER 1986

Ai reçu une visite spéciale de 80 min de Zami et Zindzi. Quelques minutes après leur départ, le brig. Munro est venu me voir. Passé ± 45 minutes avec un personnage très important, le général Obasanjo[51]. Auparavant, vu le film : Boetie gaan green toe[52].

5 AVRIL 1986

Xhamela [Walter Sisulu] et moi témoins au mariage de Dideka et Ndobe prononcé par l'évêque Sigabe Dwane, assisté du révérend Mpumlwane, en présence de Mme Sallie, du brig. Munro et du gardien Gregory[53]

Visite de Muzi et Zeni pendant 80 minutes.

8 AVRIL 1986

Zami et NoMoscow me rendent une visite de 40 minutes et m'apprennent la mort de Sabata la veille[54]. Zami doit informer la famille et essayer de ramener le corps de Lusaka.

50. Amadeus (sorti en 1984).
51. Olusegun Obasanjo (1937-). Général de l'armée nigériane. Président du Nigéria, 1999-2007. Il faisait partie du groupe des sept personnes éminentes envoyées par le Commonwealth pour enquêter sur l'apartheid en Afrique du Sud.
52. Peut-être Boetie Gaan Border Toe (sorti en 1984).
53. James Gregory (1941-1993). Gardien, censeur et auteur de Goodbye Bafana (publié en 1995).
54. NoMoscow. Femme du roi Sabata et mère du roi Buyelekhaya. Le roi Jonguhlanga Dalindyebo mourut en exil en Zambie.

15 AVRIL 1986

Vu le film tragique Paul Jacob and Nuclear Gang, plus Electric Boogie, une nouvelle danse déroutante[55].

18 AVRIL 1986

Vu le film Missing (Porté disparu) et le match de 1974 des Lions contre les Springboks, que les Lions ont gagné 12-3.

5 MAI 1986

Mme la députée Helen Suzman et M. Tiaan Van Der Merwe m'ont rendu visite de 9 h 30 à 11 h 05[56]. Avons une conversation à bâtons rompus sur des questions politiques.

6 MAI 1986

Le brigadier Munro m'apprend que le général Venter voudrait des informations plus précises à propos de Bambilanga et Daliwonga[57].

16 MAI 1986

Entrevue avec tous les membres de l'E.P.G. [Commonwealth Eminent Persons Group, Groupe des Sages du Commonwealth].

28 MAI 1986

« Je sais pourquoi chante l'oiseau en cage », de Maya Angelou. Film de la bibliothèque.

55. Paul Jacobs and the Nuclear Gang (sorti en 1978). Electric Boogie (sorti en 1983).
56. Tiaan van der Merwe. Député du Parti fédéraliste progressiste (Progressive Federal Party).
57. Daliwonga, c'est-à-dire K.D. Matanzima.

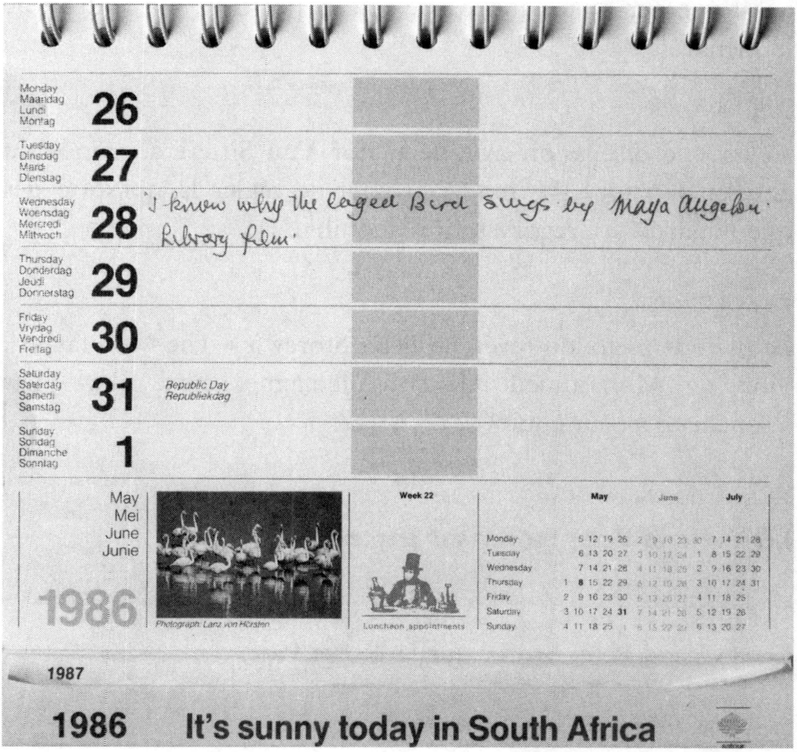

Voir p. 322.

16 JUIN 1986

Rêvé que Zami était devenue procureur. Elle apparaissait dans un dossier contre Mandela et Tambo, plaidait pour un jugement par contumace. NM arrive au tribunal pour demander l'annulation du jugement et je l'interpelle dans le tribunal.

17 JUIN 1986

Le gardien Gregory m'apprend avec insolence que la lettre qu'il a égarée est perdue et qu'il ne peut rien y faire. Il déclare aussi que personne, quelle que soit sa position, n'a le droit de le menacer.

18 JUIN 1986

Ai eu une discussion avec le major Van Sittert à propos du gardien Gregory. Le major promet de régler la question dès que le gardien Gregory sera disponible.

18 AOÛT 1986

Le prélude pieux du révérend Peter Storey à « The Monday »[58]. Film de Mohammed Ali en Allemagne, ainsi que « Les Tronches » et un court[59].

19 AOÛT 1986

Le révérend Peter Storey sur le pardon.

20 AOÛT 1986

Le révérend Peter Storey sur le Notre Père.

25 AOÛT 1986

Tension artérielle prise par le major Burger, 140/80.
Le révérend Brian Johanson... sur « vivre debout ».

26 AOÛT 1986

Le révérend Brian Johanson sur « vivre en marchant ».

27 AOÛT 1986

Le révérend Brian Johanson sur « vivre assis ».

58. Le révérend Peter Storey. Pasteur méthodiste.
59. Les Tronches – Revenge of the Nerds (sorti en 1984).

4 SEPTEMBRE 1986

Le père Michael Austin de Johannesburg. Sur « vivre comme le Christ ».

Tension artérielle 120/70 prise par le major Burger.

5 SEPTEMBRE 1986

Père Michael Austin : Loyola disait que si quelqu'un lui annonçait qu'il allait mourir, il continuerait à jouer aux cartes.

10 SEPTEMBRE 1986

Exécution de Zondo (Sibusiso), Sipho Bridget Xulu et Clarence Lucky Payi[60].

1ER OCTOBRE 1986

Reçu un poste de télévision. Tout le programme bouleversé à regarder la télévision de 4 h à 6 h 45.

8 OCTOBRE 1986

On m'a fourni une nouvelle antenne, bien meilleure.

10 OCTOBRE 1986

Rencontre avec Daliwonga, accompagné de H.T. Munzi, consul du Transkei, et Nelson Mabunu[61].

19 OCTOBRE 1986

Le président Samora Machel est mort dans un accident d'avion à la frontière entre l'Afrique du Sud et le Mozambique.

60. Membres du MK qui furent exécutés le 9 septembre 1986.
61. Nelson Title Mabuna (mort en 1996). Imbongi. (Un imbongi est un poète de louanges traditionnelles.)

20 OCTOBRE 1986

La radio annonce la mort de Samora Machel, président de la république du Mozambique. Le ministre de la Défense, le ministre des Transports et le ministre des Affaires étrangères.

11 DÉCEMBRE 1986

Posté la carte d'anniversaire de Zindzi. Rêvé de Jimmy et Connie[62]. Jimmy nous rend visite, à Zami et moi, et nous l'invitons à venir passer les vacances avec nous. Également rêvé que je demandais à M. Sidelsky de me trouver un travail.

26 DÉCEMBRE 1986

Passé la journée avec des camarades qui en sont au début et ai profité d'un excellent déjeuner.

27 JANVIER 1987

[En afrikaans] Pas satisfait par la preuve de la lettre manquante de Zami. Ce n'était pas une photocopie. Entre-temps, le bureau de poste a promis d'envoyer une photocopie.

18 FÉVRIER 1987

1 bobine de 50 mètres de fil dentaire.
Commencé à recevoir 1 litre de lait frais par jour.

20 FÉVRIER 1987

Tension artérielle 120/80.

23 FÉVRIER 1987

Célébré l'anniversaire de Thembi avec une part de tarte aux fruits et des cacahouètes.

62. Dr James (Jimmy) Lowell Zwelinzima Njongwe (1919-1976). Médecin et activiste antiapartheid. Président de la section du Cap de l'ANC. Constance (Connie) Njongwe (1920-2009). Infirmière et activiste antiapartheid. Épouse du Dr James Njongwe.

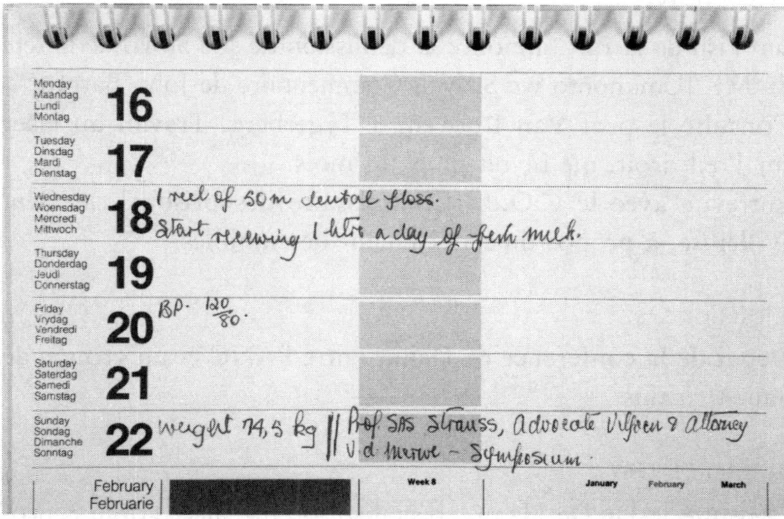

Voir p. 326.

4 AVRIL 1987

Examiné par le Dr Marshall : problème à l'œil droit. Ne vois rien.

8 AVRIL 1987

Consultation avec le prof J. Van Rooyen, à [l'hôpital] Tygelberg. A découvert une lésion de la rétine et recommande de nouvelles lunettes de lecture. Nous revoyons dans une quinzaine.

20 AVRIL 1987

Reçu pendant 2 h la visite de 4 camarades de la section des femmes de la prison[63].

63. Walter Sisulu, Raymond Mhlaba, Andrew Mlangeni et Ahmed Kathrada étaient désormais détenus dans la section pour femmes de la prison de Pollsmoor.

22 AVRIL 1987

Jim Fish de la BBC annonce la démission de Joe Slovo de la tête du MK [Umkhonto we Sizwe]. Commentaire de John Barratt[64].
Consulté le prof Van Rooyen, à Tygerberg. Travail au laser sur l'œil droit, me revoit dans un mois.
Entrevue avec le C.O.P. [Commissaire des prisons], le Gén. Willemse, à propos du harcèlement des familles.

9 JUILLET 1987

Début de la conférence de Dakar entre l'ANC et un groupe de Sud-Africains.

14 JUILLET 1987

Consulté le Dr De Haan, spécialiste oreille, nez, gorge à propos douleur mâchoire droite. Examen ne révèle aucune anomalie autre qu'un conduit légèrement enflé dans l'oreille droite et probablement sans rapport avec la douleur.

6 AOÛT 1987

Anniversaire d'Ayesha : à 9 h 20 le sergent Brand m'informe de la mort d'Ayesha. Immédiatement rédigé un télégramme à envoyer à Ameen et aux enfants.

19 AOÛT 1987

Poids 67 kg : masse corporelle sans les vêtements.
Nouvelle lame de rasoir.

20 AOÛT 1987

Mesure de la cellule : 6,4 mètres × 5,4 mètres.

64. John Barratt (1930-2007). Directeur national de l'Institut sud-africain des affaires étrangères, 1967-1994.

22 AOÛT 1987

Entretien de 1 h avec Kathy [Ahmed Kathrada] pour son anniversaire.

7 SEPTEMBRE 1987

Efforts pour éviter le sucre dans l'alimentation.

12 SEPTEMBRE 1987

Ma sœur Mabel me rend une visite de 40 mn. Lui ai donné 120 rands[65].

26 SEPTEMBRE 1987

Fêté l'anniversaire de Zami avec du mouton biryani, des haricots et un rocher aux fruits.

27 DÉCEMBRE 1987

Harley m'informe que notre nouvelle maison de Soweto a été bombardée et endommagée. Vu Tyhopho pendant 40 mn.

5 JUIN 1988

Consultation avec le Dr Shapiro à propos des douleurs sous la clavicule droite et au pied gauche. Les radios ne révèlent aucune anomalie, mais il y a des traces de sang dans l'urine. Suggère un examen par un urologue.
Poids : 72,5 kg.

12 AOÛT 1988

Admis à l'hôpital Tygerberg après 22 h. Examiné par le Prof. Rossenstrauch.

65. Nontancu Mabel Timakwe (née Mandela) (1924-2002).

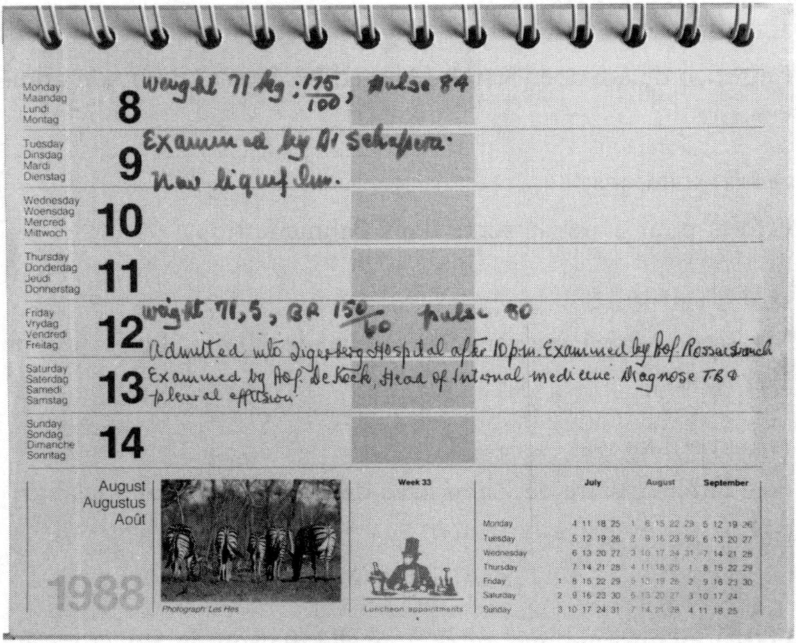

Voir p. 329 et suivante.

13 AOÛT 1988

Examiné par le Prof. De Kock, chef du service de médecine interne. Diagnostique tuberculose et épanchement pleural.

17 AOÛT 1988

Visite du révérend Anthony Simmons.

24 AOÛT 1988

Poids : 71 kg. L'infirmière Elaine Kearns part en congé à partir du 25/08/88.
Pyjama neuf.

25 AOÛT 1988

Poids : 70,3 kg.

10 SEPTEMBRE 1988

Examiné par le Dr Stock. Apporte des noisettes du jardin.

11 SEPTEMBRE 1988

Examiné par le Dr Stock : Observations notées par la sœur E. Kearns (aucun rapport avec la gardienne). E. Kearns de Tygerberg. Sœur Laetitia Johnson note les observations le soir. Sœur Marlene Vorster apporte du gâteau au chocolat.

12 SEPTEMBRE 1987

Poids 69,5 kg.

14 SEPTEMBRE 1988

Sœur Killassy Pam, E. part pour une semaine de vacances.

20 SEPTEMBRE 1987

Examiné par le Dr Stock. La gardienne Tee annonce qu'elle va prendre l'avion pour Londres et rendre visite à sa sœur malade.

22 SEPTEMBRE 1987

Poids 70 kg. Quatre échantillons de sang prélevés par le major Kleinhans.
Le Dr Stock n'est pas arrivé comme prévu. Il arrive vers 17 h. A appris que je tousse de nouveau. Je l'assure du contraire.

26 SEPTEMBRE 1988

Poids 71 kg. Le Dr Sock me fait un examen de routine.
Visité le « jardin » pendant ± 45 mn. Froid et brumeux.

27 SEPTEMBRE 1988

Le Dr Stock me fait un examen de routine.
L'infirmière Kay a fêté son 21e anniversaire le 25/09/88. Reçu la visite de sœur Bradley.

28 SEPTEMBRE 1988

Reçu nouvelle tenue de prisonnier.

15 OCTOBRE 1988

Examen de routine par le Dr Sock. Autre examen par le prof De Kock.
Reçu la visite de Zami, Leabie, Zindzi, Zozo et Zondwa[66].

17 OCTOBRE 1988

Passé un examen sur le règlement militaire.
Examen par le Dr Stock à 17 h 30.

22 OCTOBRE 1988

Examen de routine par le Dr Stock. Me prescrit deux longues paires de bas de contention et du Cepacol.

24 OCTOBRE 1988

Poids 71 kg. Le Dr Stock m'examine : reçu 500 g de cacahouètes ; 1 kg de noix du Brésil ; 100 g d'amandes. Le Dr Strauss, superintendant de Tygerberg, m'a rendu visite.

3 NOVEMBRE 1988

Examen par le Dr Stock. Le major Marais m'avise que ma demande pour acheter des vêtements a été accordée. Poids 71 kg.

66. Nomabandla Piliso (née Leabie) (1930-1997). Zozo est la fille de Zindzi et la petite-fille de Mandela, et Zondwa est le fils de Zindzi et le petit-fils de Mandela, aussi appelé Gadaffi (1985-).

19 NOVEMBRE 1988

Examen par le Dr Stock. Sœur Ruth Skosan prend un congé de quinze jours.

21 NOVEMBRE 1988

Poids 73 kg. Sœur Ray part pour trois semaines de vacances à Johannesburg. Examiné par le Dr Stock.

30 NOVEMBRE 1988

Examiné par le Dr Stock. Retourné deux fois, pour les résultats des tests sanguins et pour en savoir plus sur l'état de sœur Julie Morgan. Les tests révèlent une méningite virale.

7 DÉCEMBRE 1988

Examiné par le Dr Stock.
Transféré de l'hôpital Contantiaberg à 9 h 30 vers Praal [à la prison Victor Verster].

8 DÉCEMBRE 1988

Adresse privée X 6005 South Paarl. Prison 1335/88.
Examiné par le Dr Schoening. 7624-41011 (02211).

23 DÉCEMBRE 1988

Passé 7 h avec les camarades de Pollsmoor.

25 DÉCEMBRE 1988

Visite de Zami, Zindzi, Zozo et des 2 Zondwa[67].

67. Un Zondwa est le fils de Zindzi, l'autre est Zondwa Malefane, fils de M.K. Malefane.

2 JANVIER 1989

Visite du brigadier T.T. Matanzima de 19 h 15 le matin [sic] jusqu'à 13 h 30.
Accepté de recevoir les deux parties opposées dans la querelle autour de la succession de Tembu.

17 JANVIER 1989

Zami et Zindzi m'ont rendu visite de 11 h jusqu'à 13 h 15. Avons déjeuné ensemble.

25 JANVIER 1989

Me suis rendu à la société de radiographie Ormond and Partners à City Park. Sur la route du retour, passé par Langa, Gugulethu, Crossroads, Khayelitsha, Strand, Beaufort West, Du Toit Pass [sic], Grabouw, Elgin et Frenchoek [sic]. 9,70 rands au sergent Gregory.

27 JANVIER 1989

Traitement tuberculose terminé.

24 FÉVRIER 1989

Visite de M. Sidelsky pendant ± 40 mn Sa femme et sa fille, Ruth, n'ont pas été autorisées à entrer. Barry, un ministre du culte en Israël. Colin qui travaille comme agent immobilier[68]. Donné 9,70 rands au Sgt Gregory.

12 MARS 1989

Jusqu'ici, reçu 674 cartes d'anniversaire des Démocrates du Cap.

---

68. Les enfants de Lazar Sildesky.

15 MARS 1989

Visite de Tyhopho de 11 h 15 jusqu'à 14 h.

16 MARS 1989

Examiné par le prof. M.B Van Rooyen. Détérioration de l'œil droit mais opération contre-indiquée. Passé par Wellington, Worcester, Rawsonville, Tulbagh par le tunnel Du Toit [sic]. Nouvel examen par le Dr Van Seggelin. Également allé à [la prison de] Pollsmoor.

17 MARS 1989

Visite de Bri Bri [Wilton Mkwayi] de 11 h 15 à 13 h 30. Liquifilm.

24 MARS 1989

Visite de Mandla de 11 h 30 à 13 h 30[69]. M'a amené le Prix Sakharov. Rouleau, chèque et médaille.

25 MARS 1989

Visite de Wonga [K.D. Matanzima], Mafu et leurs femmes[70]. 400 rands de Wonga et 200 de Mafu. Ramassé en plus une pièce de 5 rands dans la salle de bains.

26 MARS 1989

Visite de Mandla de 11 h 10 à 12 h 50. Lui ai donné 400 rands en plus des 90 déjà donnés le 24.3.89.

69. Mandla Mandela (1974-). Le fils de Makgatho et le petit-fils de Mandela.
70. Mafu, pour Mafu Matanzima.

30 MARS 1989

Visite de Mme Engelbrecht et M. Nel de la First National Bank de Paarl. Lettre à Shenge expédiée par la poste aujourd'hui. Amenée en termes de requêtes par les autorités carcérales.

21 AVRIL 1989

Remise de 57 cartes d'anniversaire écrites par des membres du Parti travailliste de Londres.

31 MAI 1989

Zami arrive à la porte sans prévenir. Demande à pouvoir venir avec Zindzi.

8 JUIN 1989

Visite d'Amina et Yusuf Cachalia pendant 3 heures.

9 JUIN 1989

Visite du gén. W. [Willemse], avons échangé nos points de vue sur des sujets de grande importance.

14 JUIN 1989

Visite de Mike Rossouw.

On m'a conseillé de ne pas recevoir de visites jusqu'au 24 de ce mois.

15 JUIN 1989

Visite de Xhamela [Walter Sisulu] pendant environ 30 mn.

20 JUIN 1989

Informé que le plan a échoué.

26 JUIN 1989

Visite du Gén. Willemse et d'un autre de 9 h à 11 h 45.

4 JUILLET 1989

Rencontre cruciale avec le min. K.C. [Kobie Coetsee].

5 JUILLET 1989

Rencontre avec personnalité très importante – aucune discussion politique.
Pression artérielle : 7 h 170/100 15 h 45 160/90.

11 JUILLET 1989

Pression artérielle : 7 h 180/90 14 h 30 210/90.
Visite du G.W. [général Willemse] avec de 2 autres. Visite du chef MB Joyi et de son frère pendant ± 3 h.

13 JUILLET 1989

Pression artérielle : 7 h 160/80 15 h 45 : 170/90.
Visite de Mme Helen Suzman.

14 JUILLET 1989

Visite de Katy [Kathrada], Mmpandla [Mlangeni], Mokoni [Motsoaledi], Ndobe [Mhlaba] et Xhamela [Sisulu].

18 JUILLET 1989

Pression artérielle 170/80 7 h du matin.
71e anniversaire. Visite de Zami et de tous les enfants et petits-enfants, sauf la famille de Zeni et Isaac.

19 JUILLET 1989

Sortie de 10 h 15 à 15 h 45.

2 AOÛT 1989

Visite des camarades de Pollsmoor et Robben Island pendant 5 h.

3 AOÛT 1989

Visite de Fatima [Meer] de 9 h 15 à 15 h 45.

4 AOÛT 1989

Visite de Mme Stella Sigcau de 10 h à 15 h 30[71].

8 AOÛT 1989

Visite des chefs Zanengqele Dalasile et Phathekile Holomisa.

10 AOÛT 1989

Visite de Mamphela Ramphele pendant 3 h[72].

11 AOÛT 1989

Entretien de 3 h avec Oscar Mpetha à Pollsmoor[73].

12 AOÛT 1989

Appris qu'OR a fait une attaque lors d'un vol pour Londres. Zeni et les enfants ne sont pas venus.

71. La princesse Stella Sigcau (1937-2006). Premier ministre du Transkei, 1987, et ministre de l'Afrique du Sud post-apartheid.
72. Mamphela Ramphele (1947-). Universitaire, docteur et activiste antiapartheid.
73. Oscar Mafakafaka Mpetha (1909-1994). Activiste antiapartheid, syndicaliste et prisonnier politique.

13 SEPTEMBRE 1989

Visite de kgatho, Zondi, Mandla et Ndaba[74].

20 SEPTEMBRE 1989

Pression artérielle. 7 h 165/90 15 h 45 160/80.
M. F. de Klerk nouveau président de l'Afrique du Sud[75].

10 OCTOBRE 1989

Pression artérielle. 180/90.
Annonce de la libération prévue de Tyhopho et d'autres[76].
Visite de Kgatho de 7 h 15 à 8 h 30.
Visite des ministres Coetsee et G. Viljoen[77].

11 OCTOBRE 1989

Radio des poumons et des jambes par le Dr Kaplan. Monté au sommet de Paarl Rock.

13 OCTOBRE 1989

Visite de Jeff Masemola de 10 h 45 à 16 h[78].

16 OCTOBRE 1989

Visite de Rochelle[79].

18 OCTOBRE 1989

Visite de 7 parents et amis du Thembuland.

74. Ndaba Mandela. Le fils de Makgatho et le petit-fils de Mandela.
75. Frederik Willem (F.W. de Klerk), voir Personnes, lieux, événements.
76. Walter Sisulu, Raymond Mhlaba, Ahmed Kathrada, Andrew Mlangani, Elias Motsoaledi, Jeff Masemola, Wilton Mkwayi et Oscar Mpheta ont été libérés cinq jours plus tard de la prison de Johannesburg.
77. Gerrit Viljoen (1926-2009). Ministre de l'aménagement constitutionnel. Il a fourni un cadre pour les discussions du gouvernement avec l'ANC.
78. Jafta (Jeff) Kgalabi Masemola (1928-1990). Activiste et prisonnier politique.
79. Rochelle Mtirara. La petite-fille de Mandela par tradition.

19 OCTOBRE 1989

Visite de quatre parents et amis : Zami passe un message.

26 OCTOBRE 1989

Parlé à Cyril et Murphy[80].

29 OCTOBRE 1989

Rassemblement national pour célébrer la libération de 7 prisonniers, plus Govan.

31 OCTOBRE 1989

Visite de Zami, Zindzi et du bébé de 9 h à 17 h.

10 NOVEMBRE 1989

Visite de 5 camarades de Robben Island de 11 h à 16 h.

28 NOVEMBRE 1989

70e anniversaire de Mary Benson[81].

13 DÉCEMBRE 1989

Rencontré le président F.W. de Klerk pendant 2 heures 55 mn.

29 DÉCEMBRE 1989

Pression artérielle 7 h 160/9 08 h 30 140/80 16 h 160/80.
Visite de Laloo Chiba, Reggie Vandeyar et Shirish Nanabhai[82].

80. Cyril Ramaphosa et Murphy Morobe.
81. Mary Benson (1919-2000). Écrivain et activiste antiapartheid.
82. Reggie Vandeyar et Shirish Nanabhai, membres du MK, ont été prisonniers politiques.

30 DÉCEMBRE 1989

Parlé à Xhamela et Ntsiki[83].

31 DÉCEMBRE 1989

Pression artérielle 7 h 155/80 15 h 45 140/80.
Taille de pantalon 42/108.
Style 8127.

83. Ntsiki, c'est-à-dire Albertina Sisulu.

Le séjour de Mandela dans la maison de la prison Victor Verster marqua une période de transition entre l'emprisonnement et la liberté. Datée du 13 janvier 1990, ceci est la toute dernière note qu'il écrivit depuis Victor Verster.

Des canards attroupés marchent maladroitement dans le salon, ils flânent sans apparemment avoir conscience de ma présence. Des mâles aux couleurs vives, mais qui restent dignes et ne se comportent pas comme des play-boys. Quelques instants plus tard, ils s'aperçoivent de ma présence. S'ils sont surpris, ils ont la grâce de ne rien en laisser paraître. Néanmoins, je décèle un invisible sentiment de malaise de leur part. Il semble qu'ils soient troublés, et bien que je craigne que leur peur ne les conduise à salir un tapis très onéreux, je tire quelque satisfaction à les voir aussi fébriles. Subitement, ils poussent des cris rauques et répétés et sortent à la file. Je suis soulagé. Ils se comportent bien mieux que mes petits-enfants. Eux mettent toujours la maison sens dessus dessous.

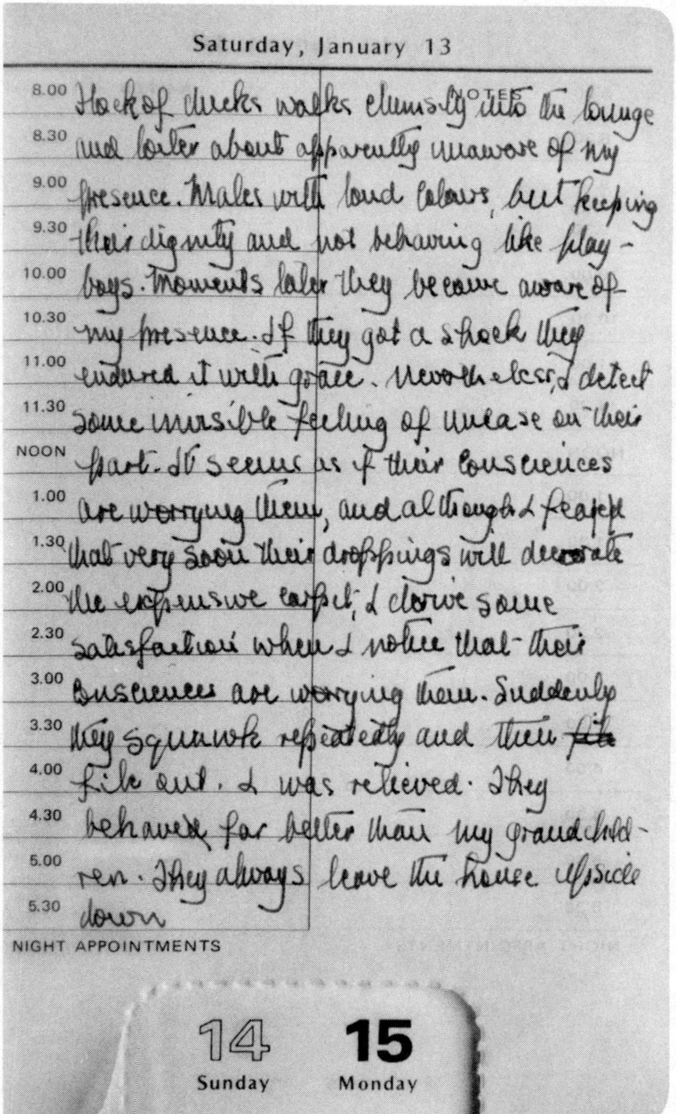

Saturday, January 13

NOTES

8.00 Flock of ducks walks clumsily into the lounge
8.30 and loiter about apparently unaware of my
9.00 presence. Males with loud colours, but keeping
9.30 their dignity and not behaving like play-
10.00 boys. Moments later they became aware of
10.30 my presence. If they got a shock they
11.00 endured it with grace. Nevertheless, I detect
11.30 some invisible feeling of unease on their
NOON part. It seems as if their consciences
1.00 are worrying them, and although I fear
1.30 that very soon their droppings will decorate
2.00 the expensive carpet, I derive some
2.30 satisfaction when I notice that their
3.00 consciences are worrying them. Suddenly
3.30 they squawk repeatedly and then ~~file~~
4.00 file out. I was relieved. They
4.30 behaved far better than my grandchild-
5.00 ren. They always leave the house upside
5.30 down

NIGHT APPOINTMENTS

14 Sunday 15 Monday

Voir p. 342.

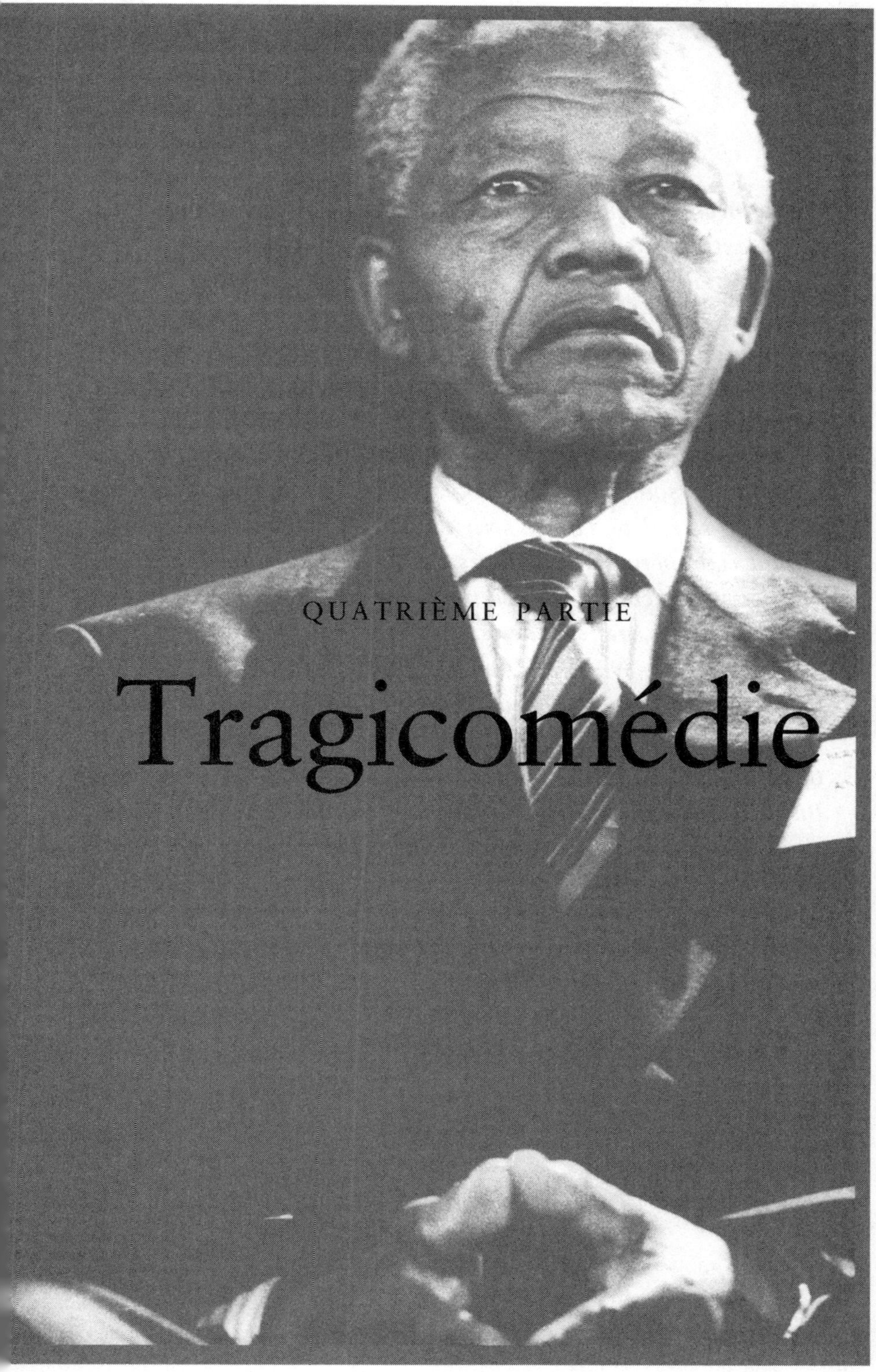

QUATRIÈME PARTIE

Tragicomédie

Les années qui suivirent la libération de Nelson Mandela furent extrêmement agitées pour lui. Il s'occupa d'organiser le Congrès national africain, de mener les négociations, de préparer les élections, de gouverner en tant que président et de voyager à travers le monde dans la peau du leader le plus célèbre de son temps, tout cela en faisant face à la douleur provoquée par son divorce avec Winnie. Secret jusque dans sa vie privée, il a toujours eu des réserves quant à évoquer ses relations personnelles. Son temps ne lui appartenait presque pas. Cela se reflète dans la série de sept carnets qu'il a remplis durant cette période. En dehors des longs « comptes-rendus » qu'il écrivait pendant les réunions, les entrées sont des notes sèches, hachées, qui scandent les événements au jour le jour.

En 1990-1994, l'Afrique du Sud a été en proie aux bains de sang et à la peur. Des milliers d'hommes et de femmes ont été brutalement abattus pour des motifs politiques. Les massacres, comme ceux de Sebokeng, Boipatong et Bisho, étaient ordinaires. Sur le pays flottait le spectre d'un coup de force de l'extrême droite blanche soutenue par l'armée. Le pragmatisme exigeait la poursuite des négociations et une politique de réconciliation. Les entretiens de Mandela avec Richard Stengel et Ahmed Kathrada pour les projets de livres qu'il avait autorisés eurent lieu durant la période où il s'efforçait de rassembler le pays (avant avril 1994) ou tandis qu'il le dirigeait (à partir de mai 1994). Un jour, il assiste de ses propres yeux aux effets de la violence ; le lendemain, on le voit méditer calmement sur le passé. Même s'il appréciait probablement ces entretiens, pendant lesquels il riait fréquemment (comme par exemple la fois où, en baissant les yeux, il s'aperçoit qu'il a mis ses chaussettes à l'envers), il bâillait très fréquemment et se plaignit à une occasion d'être incapable de garder les yeux ouverts.

Le souvenir que Nelson Mandela garde de ses années de prison n'est pas dénué de nostalgie. La routine. La camaraderie. Les leçons de la vie. Du temps pour lire et étudier. Du temps pour écrire des lettres. Pour méditer. Pourtant, d'une certaine façon, il est resté durant cette période un prisonnier. Au fil des ans, il a fréquemment plaisanté avec ses visiteurs et hôtes en expliquant qu'il n'était toujours pas libre et en désignant ses assistants personnels : « Et voilà mes geôliers. »

CHAPITRE DOUZE

De l'impasse au miracle

« Nous ne sous-estimons pas l'ennemi.
Par le passé, dans des confits où il était
en infériorité, il s'est battu avec courage,
emportant l'admiration de tous.
Mais à cette époque il avait quelque chose
à défendre – son indépendance.
Aujourd'hui, les positions sont inversées –
il incarne la minorité qui oppresse,
largement inférieure en nombre
dans ses frontières et isolée du monde
entier. Et l'issue du conflit sera
certainement différente. »

Extrait du manuscrit autobiographique inédit écrit en prison, voir p. 351.

1. EXTRAIT DU MANUSCRIT AUTOBIOGRAPHIQUE INÉDIT
ÉCRIT EN PRISON

Nous ne sous-estimons pas l'ennemi. Par le passé, dans des confits où il était en infériorité, il s'est battu avec courage, emportant l'admiration de tous. Mais à cette époque il avait quelque chose à défendre – son indépendance. Aujourd'hui, les positions sont inversées – il incarne la minorité qui oppresse, largement inférieure en nombre dans ses frontières et isolée du monde entier. Et l'issue du conflit sera certainement différente. Tout au long de notre histoire, de Autshumayo [sic] à Luthuli, les héros nationaux ainsi que tout notre peuple ont travaillé depuis plus de trois siècles à faire tourner la roue de la vie. De la cire séchée et de la rouille la bloquent encore, mais nous avons réussi à la faire grincer, à la mouvoir d'arrière en avant et nous vivons dans l'espoir confiant qu'un jour nous parviendrons à lui faire effectuer un tour complet, afin que les exaltés s'écroulent et que les méprisés s'exaltent, non – afin que les exaltés et les damnés de la terre vivent en égaux.

2. CONVERSATION AVEC RICHARD STENGEL
À PROPOS DE SON STYLE COMME ORATEUR

STENGEL : On vous reproche parfois de ne pas être plus véhément comme orateur.
MANDELA : Eh bien, dans un climat de cette nature, quand on essaye de trouver un accord par les négociations, on n'a surtout pas besoin de discours démagogiques. Il faut s'adresser au peuple avec sobriété, parce qu'il veut se faire une idée de la façon dont vous vous comportez et dont vous vous exprimez,

pour savoir comment vous abordez les questions de fond pendant les négociations. Les masses aiment voir des hommes responsables, qui parlent de manière responsable. Elles préfèrent cela, donc j'évite les discours démagogues. Je ne veux pas exciter les foules. Je veux qu'elles comprennent ce que nous faisons pour les amener à un esprit de réconciliation.

STENGEL : Diriez-vous que vos discours aujourd'hui sont différents de ceux du début, avant que vous alliez en prison ?

MANDELA : Eh bien, je me suis assoupli, c'est incontestable. Jeune homme, vous savez, j'étais très radical, j'avais des discours très virulents où je cognais sur tout le monde. Mais aujourd'hui, je dois diriger… et la démagogie n'est pas appropriée.

3. EXTRAIT DE LA SUITE INÉDITE DE SON AUTOBIOGRAPHIE

Les leaders comprennent tout à fait que les critiques constructives faites au sein de l'organisation, aussi dures soient-elles, constituent l'une des méthodes les plus efficaces pour régler les problèmes internes et faire en sorte que les opinions de chacun des camarades soient prises en compte, et qu'un camarade ne craigne pas, en exprimant librement son point de vue, d'être marginalisé ou pire, persécuté.

C'est une grave erreur pour tout dirigeant d'être exagérément sensible aux critiques, de mener les discussions comme un maître d'école pérorant devant des écoliers moins informés et expérimentés. Un dirigeant doit toujours encourager et accueillir avec équanimité un échange libre et sans entraves. Mais nul ne devrait jamais mettre en cause l'honnêteté d'un autre membre, qu'il s'agisse d'un simple adhérent ou d'un dirigeant.

4. EXTRAIT DE LA SUITE INÉDITE DE SON AUTOBIOGRAPHIE

Il ne faut jamais perdre de vue que l'objectif final d'un débat, à l'intérieur comme à l'extérieur d'une organisation, d'un rassemblement politique, du Parlement ou de n'importe quelle instance gouvernementale, et ce quels que soient nos différends, est d'en sortir plus forts, plus proches, plus unis et plus confiants. L'abolition des différences et des soupçons mutuels à l'intérieur d'une organisation, ou entre une organisation et ses adversaires, ainsi que la mise en œuvre d'une ligne politique définie en commun devraient être en permanence le principe qui nous guide.

5. CONVERSATION AVEC RICHARD STENGEL
À PROPOS DE SA SÉPARATION AVEC WINNIE MANDELA

Non, je ne veux pas rentrer dans les détails, sauf que j'ai dû me séparer d'elle pour des raisons personnelles.

6. EXTRAIT D'UN CARNET

Nombre de morts à Sannieville, Krugersdorp
18 personnes ont été assassinées en plein jour aux funérailles de Ntuli[1].

Toutes les preuves qui s'accumulent depuis deux ans indiquent que le NP [Parti national] et le régime connaissent l'identité des tueurs, les raisons pour lesquelles ils ont tué des hommes, des femmes et des enfants innocents et sans défense, et combien ils ont été payés pour le faire.

Pourquoi n'envoie-t-on pas le 32e bataillon sur place ?

1. Sam Ntuli (mort en 1991). Membre assassiné de l'ANC. À ses obsèques, des hommes armés firent feu sur la foule en deuil.

7. EXTRAIT D'UN CARNET – RÉFLEXIONS SUR LES NÉGOCIATIONS

1) Début des négociations
2) Les prisonniers politiques doivent être libérés avant Noël

Avant.

Ravir les pensées et les sentiments de l'assistance grâce à l'art de l'éloquence – dans ce cas particulier avec une musique pleine de vie et des danses animées, qui sont comme des gouttes d'eau tombant d'un ciel bleu.

8. EXTRAIT D'UN CARNET

Penser avec le cerveau, pas avec le sang.

9. EXTRAIT D'UN CARNET

Le sida est un problème majeur auquel il faut s'attaquer à l'échelle mondiale. Cela exige des ressources qui dépassent largement les capacités d'un continent. Aucun pays seul n'a la capacité d'y faire face.

Une épidémie de sida détruirait ou retarderait la croissance économique à travers le monde. Il faut une stratégie planifiée au niveau mondial.

10. EXTRAIT D'UN CARNET

Le continent africain est déjà conscient de l'importance de l'environnement. Mais la plupart des problèmes du continent en matière d'environnement découlent simplement de la pauvreté et du manque d'éducation. L'Afrique n'a pas les ressources

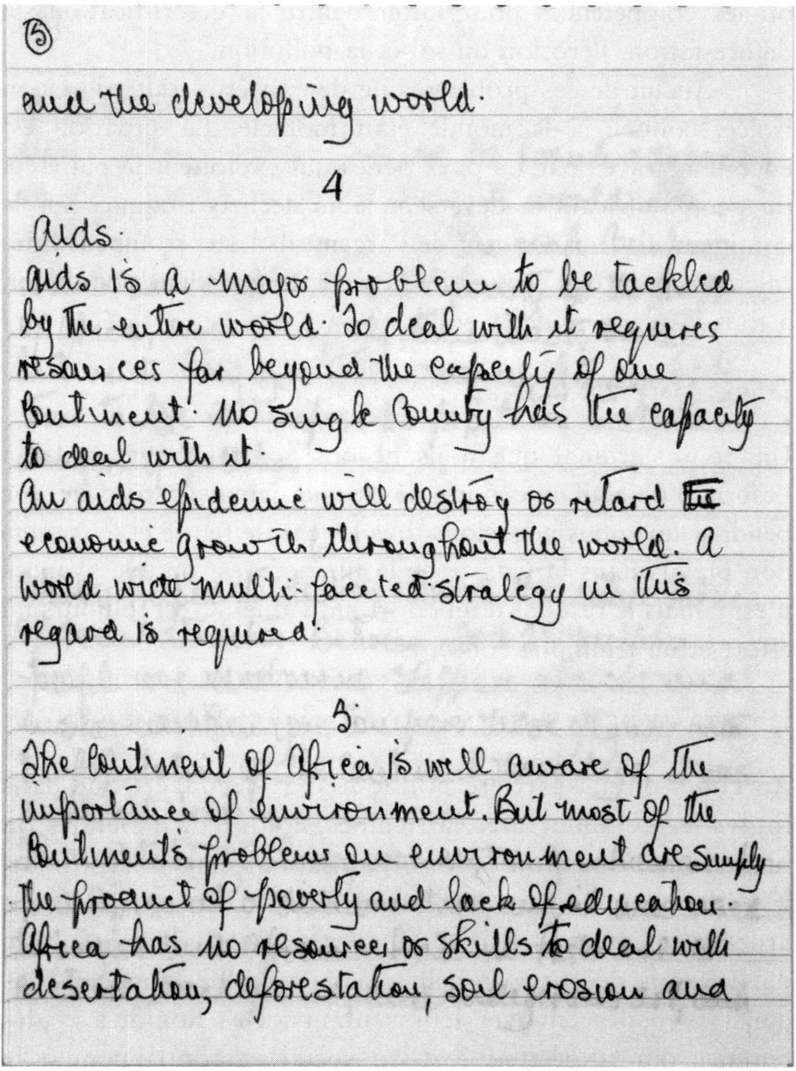
(5)

and the developing world.

4

Aids.

aids is a major problem to be tackled
by the entire world. To deal with it requires
resources far beyond the capacity of one
continent. No single country has the capacity
to deal with it.
An aids epidemic will destroy or retard the
economic growth throughout the world. A
world wide multi-faceted strategy in this
regard is required.

5.

The continent of Africa is well aware of the
importance of environment. But most of the
continent's problems on environment are simply
the product of poverty and lack of education.
Africa has no resources or skills to deal with
desertation, deforestation, soil erosion and

Extrait d'un carnet, voir. p. 354.

ou les compétences pour lutter contre la désertification, la déforestation, l'érosion du sol et la pollution.

Aucun de ces problèmes ne devrait être traité de façon isolée, comme si le monde était morcelé. La situation est encore aggravée par les pays riches qui exploitent la pauvreté du peuple africain et déversent leurs déchets toxiques sur le continent. Ils leur donnent de l'argent, ils les corrompent littéralement pour que ceux-ci les laissent exposer leur population à tous les dangers de la pollution.

11. EXTRAIT D'UN CARNET

Un point cardinal que nous devons constamment garder à l'esprit, l'objectif que nous ne devons jamais perdre de vue pendant que nous négocions tous les cas de figure et les points non prévus dans la Charte de la liberté, c'est qu'une avancée n'est jamais le résultat d'un effort individuel. C'est toujours un effort et un triomphe collectifs.

12. EXTRAIT DE LA SUITE INÉDITE DE SON AUTOBIOGRAPHIE

Au cours de ma carrière politique, j'ai découvert que dans toutes les communautés, africaines, coloured, indiennes ou blanches, et dans toutes les organisations sans exception, il y a des hommes et des femmes de valeur qui désirent ardemment mener leur vie dans la paix et la stabilité, avec des revenus décents, de belles maisons et de bonnes écoles dans lesquelles envoyer leurs enfants. Des hommes et des femmes qui respectent le tissu social et contribuent à le maintenir.

13. EXTRAIT D'UN CARNET

21.9.92
Troika, enquête, actions de masse – sentiment
Mise en cause, inquiétude concernant l'économie, tissu social des Noirs
NB
Il faudrait balayer la salle du conseil avant la réunion de 13 h

14. EXTRAIT D'UN CARNET

À l'avenir, viens tôt
Un mouvement plus fort pour l'unité
Manœuvre pour discréditer certaines organisations
Attaquer un jeune homme incapable de se défendre
Révision
Admission
100 sur mille
Humphrey – vidéo
Consulter les chefs
Les chefs ne doivent pas être membres d'organisations politiques
[Décembre 1991]

15. BROUILLON D'UNE LETTRE À GRAÇA MACHEL, VERS 1992[2]

Perdre ton bagage, surtout en partant pour l'étranger, a dû être une expérience éprouvante. Je préfère ne pas penser à tes soucis et aux inconvénients que tu as dû subir parmi des étrangers dans un pays lointain. Heureusement, tu ne m'en as parlé

2. Graça Machel, voir Personnes, lieux, événements.

qu'à la fin de ta visite, et ma détresse a été atténuée par le fait de savoir que tu repartirais bientôt rejoindre les enfants.

Tu as dû beaucoup leur manquer, et bien que Zina et toi m'ayez rassuré, j'ai eu du mal à trouver du réconfort… Tu deviens unique aux yeux de ton frère, mes pensées et mes sentiments reviennent constamment vers toi. Te rendre successivement dans deux capitales a dû être assez fatigant, mais tu es quelqu'un de remarquable et je sais que tu es à même de porter un poids aussi énorme sur tes épaules.

16. EXTRAIT D'UN CARNET, NOTES PRISES AU COURS DES NÉGOCIATIONS POLITIQUES DE LA CODESA [CONVENTION POUR UNE AFRIQUE DU SUD DÉMOCRATIQUE][3]

1) Suggestion pour stopper la violence
2) Pouvons-nous rester indifférent aux massacres et continuer à parler du régime ?
3) Nous retirer de la CODESA ne serait-il pas le meilleur moyen d'aller de l'avant ?
4) Nous devrions nous retirer

17. EXTRAIT D'UN CARNET

20.8.92

Rencontre avec 3 régions du Natal[4]

Violence : nombre de morts

Mars	140 morts
Avril	91

3. CODESA était un forum de négociations multipartites qui a débuté le 21 décembre 1991 au World Trade Center de Johannesburg.
4. La violence entre les partisans du Parti Inkatha pour la liberté et l'ANC a provoqué des milliers de morts dans le KwaZulu-Natal entre 1985 et 1995.

Mai	79
Juin	82
Juillet	133
Août	52

Plus de 700 morts
7 000 réfugiés dans les Midlands
Ngwelezana et Stanger
Attaques par de petits groupes d'hommes armés – les attaques ont lieu dans des places fortes de l'ANC. Cibles principales, l'ANC et ses alliés.
Rôle intime [sic] des forces de sécurité.
Fusil à pompe – tirent au plomb.
Attaques de gens présents aux événements de l'ANC
Existence d'unités de choc –
Juin – 119 personnes tuées par des unités de choc
45 notamment au Natal

18. EXTRAIT D'UN CARNET

26.8.92
Celui qui dirigera le pays aura besoin d'une économie forte.
2 mois que l'économie chute.
Redresser l'économie sera extrêmement difficile.

19. EXTRAIT D'UN CARNET

J'étais en prison quand elle [Ruth First] a été assassinée, me sentais presque seul au monde. Ai perdu une sœur d'armes.

Je ne me console pas en sachant qu'elle vit, par-delà la tombe. Cette commémoration

Cette femme juive issue d'une famille aisée s'est mise au ban de sa communauté privilégiée

20. BROUILLON D'UNE LETTRE AU PRÉSIDENT F.W. DE KLERK, VERS 1992, À LA VEILLE DU MASSACRE DE BISHO[5]

À envoyer à M. F.W. de Klerk vers 7 h 30.

Je fais suite à notre conversation plus tôt dans la soirée, et je vous confirme que vos propos m'ont paru en contradiction avec le contenu de votre lettre du 4 septembre 1992.

Dans cette lettre, vous évoquez expressément des actions planifiées dans le Ciskei le 7 septembre 1992. Vous déclarez ensuite que votre gouvernement ne s'oppose pas aux manifestations pacifiques qui se déroulent dans les conditions stipulées par l'Accord de paix nationale et qui respectent les directives de la commission Goldstone[6].

Pour cette raison, faites-vous remarquer, vous ne remettez pas en cause les objectifs de la marche, tels qu'ils ont été définis par ses organisateurs.

Vous notez également que vous faites tout votre possible pour favoriser un accord entre toutes les parties, afin que l'action prévue se déroule pacifiquement. Vous me demandez alors de m'assurer que l'ANC coopère pleinement sur ce point. Je vous ai rassuré sans difficulté sur notre coopération.

Toutes ces déclarations et ces promesses concernaient ce qui était prévu à l'intérieur, et non à l'extérieur du Ciskei.

5. Vingt-huit partisans de l'ANC furent tués par balles par des soldats le 7 septembre 1992, au cours d'une marche de protestation pendant laquelle 70 000 partisans de l'ANC essayaient de pénétrer dans un stade à Bisho, dans le Ciskei.
6. Le National Peace Accord, négocié par les organisations politiques sud-africaines en 1991, visait à stopper la violence. La Commission Goldstone fut créée pour enquêter sur les violences et les intimidations politiques.

Notre position aujourd'hui a radicalement changé. Nulle part dans la lettre susmentionnée vous ne m'avez averti que, pendant que vous sollicitiez notre coopération, vous déployiez des troupes aux frontières du Ciskei, mettiez en place des barrages routiers et déclariez la région zone de troubles, toutes choses qui, comme vous le savez, créent des tensions.

Tout aussi perturbant est le fait que ce soir vous déclarez, en contradiction avec votre lettre du 4 septembre, que vous ne ferez pas ingérence dans les affaires du Ciskei. Ces contradictions sont malheureuses et me laissent à penser que vous et moi ne négocions pas en toute honnêteté. Je vous conjure d'honorer notre accord du 4 septembre et de ne rien faire qui puisse nuire au climat nécessaire à des négociations sereines, alors que nous avons travaillé si dur pour arriver jusque-là.

Je vous confirme par ailleurs que nous ne reconnaissons pas les bantoustans, et qu'en conséquence nous ne nous considérons pas liés par les décisions de leurs tribunaux. Nous espérons que toutes les parties concernées aideront à mettre un terme à cette ambiance délétère et permettront que les manifestations prévues aient lieu dans le calme.

La marche sera dirigée par notre secrétaire général, Cyril Ramaphosa, Chris Hani, Gertude Shope, Ronnie Kasrils, Raymond Suttner, Tony Yengeni et d'autres[7].

Bien à vous,

Nelson Mandela
Président de l'ANC

7. Matamela Cyril Ramaphosa (1952-). Tembisile (Chris) Hani. Gertrude Shope (1925-). Ronnie Kasrils (1938-). Dr Raymond Suttner (1945-). Tony Yengeni (1954-). Leaders de l'ANC.

21. EXTRAIT D'UN CARNET

Notre force réside dans la discipline.
Le droit de manifester pacifiquement.
C'était criminel.
Des forces démocratiques.
Pas une revanche. Rester prêt à tout.
Tout ce que nous entreprenons doit l'être dans le cadre du processus de paix. Nous ne pouvons nous permettre d'être accusés de violer le processus de paix.

22. EXTRAIT D'UN CARNET

Notre position actuelle sur ce point est la même que celle de la république fédérale d'Allemagne, qui a dans sa Constitution une clause faisant de la nationalisation une option possible pour le gouvernement, en cas de besoin. Ce pays n'a pas exercé cette option depuis des décennies.

L'économie de l'Afrique du Sud est en mauvais état.

23. EXTRAIT D'UN CARNET, VERS 1993

Au cours de la période qui s'ouvre devant nous, nous devons tous réfléchir à nous détacher de notre passé – nous devons changer d'approche.

Dans une telle situation, chacun s'inquiète de l'avenir. Que va-t-il arriver à ma femme, à mes enfants et à moi ? Chaque pays a besoin d'une force de police qui protège sa population ainsi que ses valeurs.

Nous qui nous sommes combattus, nous devons changer.

Nous venons d'un environnement qui considérait les forces de police comme hostiles. Vous venez d'un milieu dans lequel le gouvernement défendait les intérêts du parti au pouvoir. Sans aucun doute, nombre d'entre vous sont entrés dans la police pour servir l'État et le peuple. Mais le parti au pouvoir se croyait synonyme de l'État.

Maintenant que nous allons vers un État où chacun sera reconnu, les forces de police pourront protéger le peuple.

L'idéal serait que ceux qui étaient dans les forces de police et ceux qui s'y opposaient y travaillent ensemble.

Il ne fait pas de doute que l'ANC sera un incontournable parti de gouvernement. Nous voulons éviter les erreurs du passé, nous ne voulons pas que la police devienne le défenseur de l'ANC. Cela ne signifie pas que les individus qui composent la police soient neutres.

Les forces de police sont neutres vis-à-vis des partis politiques, mais elles défendent la démocratie.

Elles s'occupent des problèmes concrets.

À l'évidence, nous allons connaître des changements. Même dans la situation actuelle, il faut toujours diriger les forces de police.

Idéalement, tous les changements doivent se faire avec les membres des forces de police et avec des gens extérieurs. Le changement ne pourra se faire qu'avec leur implication.

C'est le point de vue que nous, I.G. of N [Gouvernement national par intérim], nous défendons – l'Unité vaincra.

En appeler à eux pour qu'ils participent à ce processus – en particulier au sein des forces de police. De cette façon, ils feront en sorte que l'ANC s'occupe de leurs problèmes.

24. EXTRAIT DE LA SUITE INÉDITE DE SON AUTOBIOGRAPHIE

En 1959, Chris [Hani] s'était inscrit à l'université de Fort Hare et avait attiré l'attention de Govan Mbeki. Govan a joué un rôle prépondérant dans la formation et le développement de Hani. C'est à cette époque que Hani s'est familiarisé avec les idées marxistes et qu'il a adhéré au Parti communiste sud-africain, déjà illégal et clandestin. Il soulignait toujours le fait que sa conversion au marxisme avait approfondi sa perspective non raciale. Hani était un garçon intrépide et direct qui n'hésitait pas à critiquer même sa propre organisation quand il trouvait qu'elle ne prenait pas la bonne direction. Il disait : « Nous qui nous trouvions dans les camps pendant les années soixante, nous n'avions pas une compréhension très fine des problèmes. Nous étions presque tous très jeunes, nous avions tout juste 20 ans. Nous étions impatients d'agir. Ne nous dites pas qu'il n'y a pas de routes, répétions-nous sans cesse. Envoyez-nous en éclaireurs pour que nous en trouvions. C'est pour cela que nous avons été entraînés. »

25. EXTRAIT D'UN DISCOURS DIFFUSÉ À LA TÉLÉVISION NATIONALE APRÈS L'ASSASSINAT DE CHRIS HANI PAR JANUSZ WALUS LE 10 AVRIL 1993[8]

Ce soir, je m'adresse à tous les Sud-Africains, noirs et blancs, du plus profond de mon être.

Un homme blanc, plein de préjugés et de haine, est venu dans notre pays et a commis un acte si infâme que toute notre nation vacille au bord du désastre.

8. Chris Hani, voir Personnes, lieux et événements.

Une femme blanche, d'origine afrikaner, a risqué sa vie pour que nous connaissions l'assassin de Chris Hani et que nous l'amenions devant la justice[9].

L'homme qui a tué de sang-froid Chris Hani a propagé une onde de choc dans notre pays et à travers le monde. Notre peine et notre colère sont incommensurables.

Ce qui s'est passé est une tragédie nationale qui a touché des millions de gens, par-delà les divisions politiques et raciales.

Notre douleur commune et notre colère légitime s'exprimeront par une commémoration nationale qui coïncidera avec ses funérailles...

L'heure est venue pour tous les Sud-Africains de se dresser contre ceux qui, d'où qu'ils viennent, veulent détruire ce pour quoi Chris Hani s'est battu toute sa vie – la liberté pour tous.

L'heure est venue pour nos compatriotes blancs, de qui continuent de nous parvenir des messages de condoléances, de tendre la main en prenant conscience de la perte que ce décès représente pour notre pays, et de se joindre aux funérailles et aux commémorations.

L'heure est venue pour la police d'agir avec compréhension et retenue, pour les hommes et les femmes qui sont dans ses rangs de se mettre vraiment au service de la communauté, de la population dans son ensemble. En cette heure tragique, nous ne supporterions pas de perdre une autre vie.

Nous sommes à un tournant.

Nos décisions et nos actions vont êtres décisives pour que notre douleur, notre peine et notre indignation nous permettent d'avancer vers ce qui est la dernière solution pour

9. Mandela fait référence à la voisine de Hani, qui nota la plaque d'immatriculation de Walus' et appela la police.

notre pays – un gouvernement du peuple, élu par le peuple et pour le peuple.

Ne laissons pas des hommes bellicistes et assoiffés de sang nous précipiter dans des actions qui transformeraient notre pays en un nouvel Angola.

Chris Hani était un soldat. Il croyait en une discipline de fer. Il suivait les ordres à la lettre. Et il mettait lui-même en pratique ce qu'il prêchait.

Manquer de discipline, c'est fouler aux pieds les valeurs que défendait Chris Hani. Ceux qui se laissent aller à des actes de cette nature ne servent que les intérêts des assassins et ils profanent sa mémoire.

Au contraire, quand nous agissons ensemble, en tant que peuple, avec discipline et détermination, rien ne peut nous arrêter.

Honorons ce soldat de la paix comme il convient. Consacrons-nous encore et toujours à l'avènement de la démocratie, pour laquelle il a combattu toute sa vie ; une démocratie qui apportera de vrais changements, des changements tangibles, dans la vie des ouvriers, des pauvres, des sans-emplois et des déclassés.

26. EXTRAIT DE LA SUITE INÉDITE DE SON AUTOBIOGRAPHIE

Hani a passé les dernières années de sa vie à parcourir l'Afrique du Sud de long en large pour parler lors de rassemblements : fêtes villageoises, conseils syndicaux, associations de riverains. Il a mis toute son autorité et son prestige militaire à défendre les négociations, parlant souvent avec beaucoup de patience à des jeunes gens très sceptiques, ou aux communautés les plus touchées par la Troisième Force (groupes extrémistes blancs)… Clive Derby-Lewis a reconnu qu'ils espéraient faire dérailler les négociations en déclenchant une vague de violence raciale, au risque de provoquer une guerre civile. Cela montre le mérite des Sud-Africains, et c'est un hommage à la mémoire de Chris Hani que sa mort, aussi tragique soit-elle, ait souligné la nécessité d'un accord négocié.

27. EXTRAIT D'UN CARNET

14.5.1993

1.
La priorité est de s'engager auprès des opprimés.
Notre succès ou notre échec se mesureront à notre capacité à répondre à leurs besoins et à leurs aspirations.
Pour être plus spécifique, nous devons leur fournir une maison et mettre un terme à la précarité ; au chômage, à la crise de l'école, au manque d'équipements médicaux.

2.
La peur des minorités quant à leur avenir.

3.
Menace de l'extrême droite, non d'adversaires noirs.

28. CONVERSATION AVEC RICHARD STENGEL

Oui. Vous comprenez, Chris Hani était un héros pour notre peuple, surtout pour les jeunes, et il y avait de la colère après sa mort. Il fallait que nous fassions quelque chose pour canaliser cette colère, et le meilleur moyen d'y parvenir était d'organiser des manifestations à travers tout le pays de façon à ce que les gens puissent l'exprimer. Si nous ne l'avions pas fait, l'extrême droite et les hommes malfaisants qui la composent auraient réussi à entraîner le pays dans une guerre raciste, avec des pertes humaines incalculables, des bains de sang… Mais grâce aux initiatives que nous avons prises pour l'éviter, et malgré des actes de violence isolés, ces manifestations se sont bien passées… Nous avons annihilé les objectifs des gens qui avaient tué Hani.

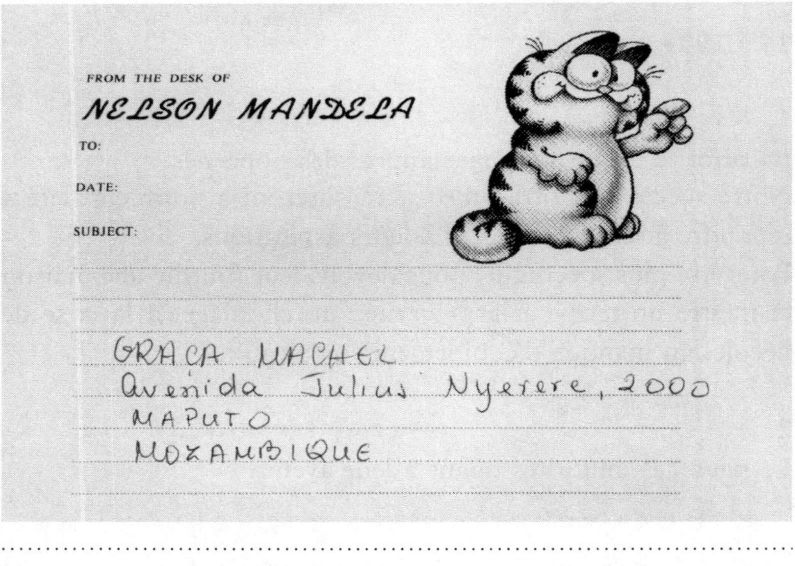

Mandela écrivit l'adresse de Graça Machel (qui devint plus tard sa troisième femme) sur sa carte personnelle.

29. EXTRAIT D'UN CARNET

J'ai rencontré Graça Machel à Johannesburg en pas moins de trois occasions différentes. Elle était toujours polie, discrète et compréhensive. Mais à Maputo, où elle a été ministre de l'Éducation et de la Culture pendant quatorze ans, et où elle est toujours députée du Parlement en charge des Affaires étrangères, j'ai rencontré une Graça totalement différente, ferme et autoritaire, quoique toujours courtoise et charmante. J'avais énormément de respect pour le président Chissano[10].

30. EXTRAIT D'UN CARNET, VERS 1993

Je partirai à 7 heures demain matin pour Pietermaritzburg + reviendrai dimanche soir. Dans cette région, quelques individus affiliés à la Troisième Force, dont on pense qu'ils appartiennent aux forces de police de l'État, ont récemment tué un nombre alarmant de civils innocents, y compris des enfants allant à l'école. Le massacre a commencé la veille des pourparlers de paix à Johannesburg. Nous soupçonnons ces individus de vouloir que notre peuple continue à s'entretuer, avec comme objectif ultime de stopper les négociations. Nos enquêtes ont montré des divergences singulières entre la version de la police et la nôtre.

31. EXTRAIT D'UN CARNET, VERS 1993

Écrire des lettres à mes amis était l'un de mes grands plaisirs, chaque lettre m'apportait beaucoup de joie. La pression du travail m'empêche pratiquement de m'y consacrer aujourd'hui. En dehors de lettres formelles tapées dans le bureau du Président, je ne me rappelle pas avoir écrit de courrier personnel depuis février 1990.

32. BROUILLON D'UNE LETTRE À GRAÇA MACHEL

La situation en Angola est une grande source d'inquiétude.

Maintenant sur un plan personnel : M. Samaranch, président du Comité international olympique, m'a invité dans un

10. Joaquim Alberto Chissano (1939-). Président du Mozambique, 1986-2005.

centre de remise en forme en Suisse pour un check-up et un traitement d'environ une semaine ; bien que je connaisse peu ce genre de centres, j'ai accepté de m'y rendre. Tu connais probablement mieux que moi ce type d'institution et je serais heureux que tu me dises ce que tu en penses.

Comme je rencontrais les filles pour la première fois, j'ai hésité à discuter de certaines idées avec elles, notamment Olivia. Je voulais en savoir plus sur sa scolarité. Étant ta fille, on attend beaucoup d'elle, à la fois au Mozambique et à l'étranger. L'obtention de diplômes reconnus la mettrait sans doute dans une meilleure position pour servir le Mozambique et son peuple. Si elle s'intéresse aux grandes écoles ou aux universités, nous pouvons en discuter tous les deux. Il serait peut-être plus sage de ne pas lui en parler tant que nous n'aurons pas eu l'occasion d'échanger nos points de vue sur la question.

Je suis retourné au bureau le 8 mars et me suis immédiatement plongé dans le travail, le premier rendez-vous étant prévu à 7 h du matin et le départ du bureau à 17 h. Hier, j'ai commencé à 6 h 45 mais suis revenu à la maison à 2 h de l'après-midi. Nous essayons de restreindre mes horaires de bureau à la matinée. Aujourd'hui, j'ai encore commencé à 6 h 45. J'ai déjeuné avec les membres du Conseil de direction de la Liberty Life Insurance Company et d'autres grands patrons avant de rentrer chez moi à 15 h 45.

Lorsque des amis voyagent à l'étranger, et même si nous n'avons jamais vraiment vécu avec eux, nous nous sentons seul. Il y a toujours un conflit entre la réalité et les sentiments, entre le cerveau et le sang.

33. CONVERSATION AVEC RICHARD STENGEL

En fait, il était clair qu'il se passait quelque chose : le nombre d'actes de violence qui entraînaient la mort d'une ou plusieurs victimes était d'un nombre inacceptable. En outre, les arrestations et les condamnations étaient rares et espacées, et il était évident qu'il y avait connivence de la part des forces de police. Certains incidents laissaient entendre que la police elle-même était impliquée, ainsi que l'armée. En allant dans les townships, en parlant aux gens sur place, il ne faisait aucun doute pour eux que la police était de mèche. Hier je suis allé dans le Vaal, à Sebokeng, et dans mon discours j'ai dit que la police était mouillée[11]... Auparavant, j'étais passé à l'hôpital, où j'avais vu des gens, des patients, qui avaient reçu une balle mais s'en étaient sortis. L'un d'eux, une jeune femme, ou une jeune fille, m'a dit qu'elle s'était fait tirer dessus par un Blanc en bakkie [pick-up], oui... Je lui ai dit : « Ma foi, c'est la première fois que j'entends dire cela. » Elle m'a répondu : « J'ai vu l'homme blanc très distinctement quand il a tiré. » Et la presse, comme la TV et la radio, ont dit : « Quatre hommes blancs »... alors que cette jeune fille disait : « Non, il n'y avait qu'un Blanc. »

34. EXTRAIT D'UN CARNET

Sur l'abaissement de l'âge de vote en dessous de 18 ans... D'après les explications données par Cyril [Ramaphosa] hier matin, il apparaît que le N.C. [Comité de négociation] ne suit

11. Le 26 mars 1990, douze personnes furent tuées et trois cent blessées quand la police ouvrit le feu sur des manifestants de l'ANC à Sebokeng, à cinquante kilomètres de Johannesburg.

pas ma proposition, comme je le croyais, et que l'organisation dans son ensemble l'a rejetée[12].

Je n'aurais pas dû faire cette déclaration politique majeure sans l'avoir d'abord fait avaliser et clarifier, quel que soit mon statut de camarade.

Ma déclaration doit être une gêne réelle pour les structures de l'organisation qui définissent la politique, et pour tous les membres...

35. EXTRAIT DE LA SUITE INÉDITE DE SON AUTOBIOGRAPHIE

Aux réunions de l'ANC, j'ai souvent répété que je ne voulais pas des camarades faibles ou des marionnettes qui gobaient tout ce que je dis, simplement parce que j'étais président de l'organisation. Je souhaitais une relation saine dans laquelle nous puissions traiter les problèmes, non pas comme un maître et ses serviteurs, mais en égaux, chacun pouvant exprimer son opinion librement, franchement, sans craindre d'être marginalisé ou persécuté.

Par exemple, l'une des propositions que j'ai faites et qui a provoqué un grand tollé, était de ramener l'âge du droit de vote à 14 ans, un pas franchi par plusieurs pays à travers le monde. C'était lié au fait que dans ces pays, la jeunesse à cet âge était aux avant-postes de la lutte révolutionnaire. La contribution de ces garçons avait conduit les gouvernements victorieux à les récompenser en leur octroyant le droit de vote. L'opposition à ma proposition, chez les membres du Comité national exécutif, fut si véhémente que je battis en retraite. Le journal The Sowetan en rajouta en publiant une caricature qui

12. En 1993, Mandela proposa de ramener l'âge de vote de dix-huit à quatorze ans. L'idée fut rejetée par le Comité exécutif de l'ANC.

montrait un bébé votant en couche-culotte. C'était une manière frappante de ridiculiser mon idée. Je n'ai pas eu le courage d'insister.

36. EXTRAIT D'UN CARNET

Les dirigeants se divisent en deux catégories

a) ceux qui sont versatiles, dont on ne peut prédire les actions, qui sont d'accord un jour sur un sujet et qui se désavouent le lendemain.
b) ceux qui sont constants, qui ont le sens de l'honneur, une vision.

37. EXTRAIT D'UN CARNET

La première tâche d'un dirigeant est de bâtir une vision.

La seconde est de se trouver des partisans qui l'aident à mettre en œuvre sa vision, ainsi que des équipes efficaces qui maîtrisent le processus. Le peuple ainsi guidé sait où il va parce que le dirigeant lui a communiqué sa vision et que ses partisans adhèrent au projet comme aux moyens de l'accomplir.

38. EXTRAIT DE LA SUITE INÉDITE À SON AUTOBIOGRAPHIE

Il faut un homme phénoménal pour réussir à garder unie une immense organisation multiraciale avec des écoles de pensée divergentes, des partisans déployés sur des continents lointains, et une jeunesse bouillonnante de colère face à la répression que subit son peuple ; une jeunesse qui croit que la colère seule, sans ressources ni préparation appropriée, peut suffire à renverser un régime raciste.

C'est ce qu'a réussi OR [Oliver Tambo]. Par les prisonniers politiques et de droit commun dans le pays, par les combattants de la liberté à l'étranger, par les diplomates, les chefs d'État, OR était reconnu comme l'exemple parfait du leader brillant et équilibré, certain de contribuer à restaurer la dignité du peuple opprimé qu'il souhaitait voir prendre son destin en main.

39. EXTRAIT DE LA SUITE INÉDITE DE SON AUTOBIOGRAPHIE

La mort d'OR [Oliver Tambo] a ressemblé à la chute d'un chêne millénaire, qui dominait et embellissait tout le paysage, exerçait une attirance sur tout ce qui l'entourait, les hommes comme les animaux. C'était la fin d'une période, d'un leader aux fortes convictions religieuses, d'un mathématicien et d'un musicien accompli qui était sans égal dans sa dévotion à son peuple[13].

40. CONVERSATION AVEC RICHARD STENGEL À PROPOS DE LA MORT D'OR [OLIVER TAMBO]

Je me suis senti très seul, bien sûr, et même en le voyant étendu, gisant, je n'arrivais pas à croire qu'il était mort. C'était une tragédie.

41. BROUILLON D'UNE LETTRE À GRAÇA MACHEL

Certaines personnes, à leur humble façon, deviennent précieuses aussi bien à l'échelle nationale qu'internationale.

J'ai pris un peu de temps pour réfléchir aux conseils que tu m'as donnés l'autre jour. J'espère que tu comprendras qu'il n'est jamais facile pour ceux qui sont directement impliqués

13. Oliver Tambo, qui était revenu en Afrique du Sud en 1991 après trois décennies d'exil, mourut d'une attaque le 24 avril 1993.

dans quelque chose d'y réfléchir objectivement, puisqu'ils sont invariablement influencés par leurs émotions plutôt que par le raisonnement. Néanmoins, je cherche une solution pour répondre à certaines de tes inquiétudes, et je te tiendrai au courant le moment venu.

Ce serait une malheureuse erreur de ta part de continuer à rabâcher que tes conseils pourraient être mal interprété parce que tu t'ingères dans des affaires qui ne te concernent pas. Ton opinion est pertinente et, comme toujours, je sais que ce que je vais te dire ne va pas te donner la grosse tête. Mais je connais quelqu'un, une sœur en fait, qui à son humble façon devient précieuse sur le plan international ; elle a visité notre pays plusieurs fois, et quelques autres aussi.

42. CONVERSATION AVEC RICHARD STENGEL À PROPOS DE SON ENTREVUE AVEC LE DRAMATURGE ARTHUR MILLER

Je ne me rappelle plus très bien les détails aujourd'hui, mis à part que notre Département de l'information et de la publicité m'a dit que la BBC voulait envoyer Arthur Miller. Bien entendu, j'avais très envie de le rencontrer, c'était une personnalité internationale d'un courage immense et c'était un honneur pour moi qu'il m'interviewe…

Nous avons passé quatre heures ensemble. Cela a confirmé l'impression que j'en avais, à savoir que c'était un homme remarquable. Il savait quelles questions poser. Comme tous les hommes vraiment grands, il ne s'imposait pas. Il essayait de me mettre aussi à l'aise que possible malgré sa grande taille… [Rires.] J'étais vraiment très heureux de le rencontrer, de rencontrer Arthur. C'est vraiment un homme impressionnant.

43. EXTRAIT D'UN CARNET, VERS 1993

À la veille de mon départ d'Afrique du Sud pour les USA et les Nations unies, quelques personnes ont été abattues sur une autoroute en périphérie de Johannesburg.

Une fois de plus, la police n'a pas protégé le peuple. Elle a mené une enquête de routine et n'a pas réussi à remonter la piste des assassins.

Et pourtant, c'est toujours le même mode opératoire depuis trois ans. En l'espace de trois années, plus de 10 000 personnes ont été massacrées, et une poignée seulement de meurtriers ont été appréhendés.

Leur échec patent démontre la culpabilité des forces de police sud-africaines et d'une partie des effectifs militaires dans cette tentative de déstabilisation, ainsi que la connivence du gouvernement.

Les victimes sur le terrain ont la sensation que les forces de sécurité prennent part aux meurtres.

Mon expérience et celle de mes camarades de l'ANC nous obligent à constater que le gouvernement De Klerk ne montre aucune volonté de lutter adéquatement contre ce problème crucial.

44. EXTRAIT D'UN DOSSIER PERSONNEL, VERS 1994

Le pays tout entier a été profondément choqué par le meurtre de tous ces enfants à Mitchell's Plain[14].

Dimanche dernier, j'ai envoyé un télégramme de solidarité aux familles endeuillées, télégramme que nous avons diffusé auprès des médias.

14. Dix-neuf garçons avaient été assassinés par un meurtrier en série à Mitchell's Plain, au Cap.

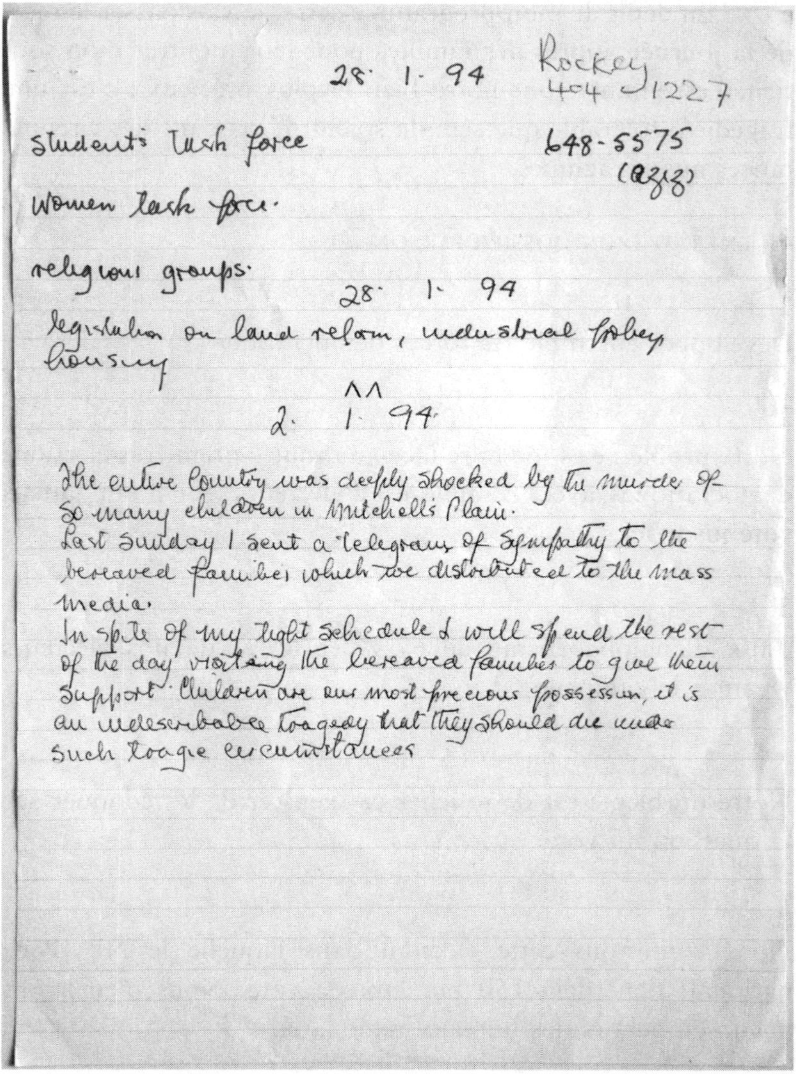

28· 1· 94 Rockey 404 1227

Students task force 648-5575 (Aziz)

Women task force.

religious groups.

28· 1· 94

legislation on land reform, industrial policy, housing

2· 1· 94

The entire country was deeply shocked by the murder of so many children in Mitchell's Plain.
Last Sunday I sent a telegram of sympathy to the bereaved families which we distributed to the mass media.
In spite of my tight schedule I will spend the rest of the day visiting the bereaved families to give them support. Children are our most precious possession, it is an indescribable tragedy that they should die under such tragic circumstances

Extrait d'un dossier personnel, janvier 1994, voir p. 376, 377.

En dépit de mon programme serré, je vais passer le reste de la journée auprès des familles pour leur montrer mon soutien. Les enfants sont notre bien le plus précieux ; c'est une tragédie intolérable que ceux-là soient morts dans des circonstances aussi tragiques.

45. EXTRAIT D'UN DOSSIER PERSONNEL

1.
Développer ensemble les forces démocratiques.

2.
Notre problème est de faire face aux toutes premières élections démocratiques avec 17 millions d'électeurs qui n'ont jamais voté jusqu'ici.

3.
Taux d'analphabétisme de 67 % et 63 % de nos électeurs vivant à la campagne.

4.
Notre problème est de toucher ces gens et de les éduquer sur la question du vote.

5.
Nous contestons cette élection dans laquelle le NP [Parti national] tient déjà 150 bureaux de vote. Nous n'en avons aucun en dehors des bureaux régionaux.

6.
Le NP est l'un des partis politiques les plus efficaces et les mieux organisés du pays.

7.
Profiter du soutien massif – les sondages d'opinion indiquent que nous deviendrions un parti majoritaire. Mais le point décisif est de réussir à emmener les électeurs jusqu'aux bureaux de vote.

46. EXTRAIT D'UN CARNET, VERS 1994

1.
Faire sentir mon expérience politique personnelle.

2.
Contraste entre la première peine et deux peines ultérieures.
Prisonnier affrontant l'inconnu.
Persuader 25 camarades de quitter la prison...

3.
Mort de ma mère et de mon fils aîné.
Causes naturelles, accident.
Refus de me laisser assister aux obsèques.

4 .
N'ai pas remercié ceux qui m'ont aidé au début des années 40.

5.
Espérais qu'ils seraient en vie à ma sortie. Ils sont tous mort.
Croyais que le monde lui-même mourait.

6.
Harcèlement de ma famille.
Zami et les enfants.

Persécution psychologique –
Mauvaises nouvelles à propos de ma femme.

7.
Relations entre prisonniers et gardiens très mauvaises.
Mais disputes violentes entre gardiens – sergent Opperman.

8.
Unité parmi les prisonniers – ANC, PAC, APDUSA – Makwetu, Pokela, Eddie, Neville, Saths Cooper, Walter, Govan, Kathy, Peake, Dennis Brutus – lâches – héros[15].

9.
Opportunité de prendre du recul et de réfléchir.

10.
Kramat, pièces, Antigone.
Possibilité de lire biographies et journaux, échange d'opinions avec les autres.

11.
Négociations – réunions avec P.W. Botha[16].

12.
Rencontre avec De Klerk le 09/02/89.

13.
Pollsmoor et Victor Verster.

15. Clarence Makwetu, John Nyathi Pokela, Edward (Eddie) Daniels, Dr Neville Alexander, Sathavisan (Saths) Cooper, Walter Sisulu, Govan Mbeki, Ahmed Kathrada, George Peake, Dennis Brutus, voir Personnes, lieux et événements.
16. Pieter Willem (P.W.) Botha, voir Personnes, lieux et événements.

Je recevais des rapports des services de renseignements selon lesquels l'extrême droite des Afrikaners était décidée à empêcher par la violence les élections à venir. Pour réagir comme il convient, le président d'une organisation doit soigneusement vérifier la véracité de ce genre de rapports. C'est ce que je fis, et après avoir découvert qu'ils étaient exacts, j'ai décidé d'agir.

Je me suis rendu en avion jusqu'à Wilderness, où l'ancien président P.W. Botha avait pris sa retraite, et je lui ai rappelé la déclaration rédigée en commun lorsque j'étais encore en prison, en juillet 1989. Dans cette déclaration, nous avions juré d'œuvrer ensemble pour la paix dans notre pays. Je l'ai informé que la paix était désormais menacée par l'extrême droite et lui ai demandé d'intervenir. Il s'est montré coopératif et m'a confirmé que les Afrikaners étaient déterminés à empêcher les élections. Mais il a précisé qu'il ne voulait pas discuter de cette question uniquement avec moi, avant de suggérer que nous en parlions avec le président De Klerk, Ferdi Hartzenberg et le général [Constand Viljoen][17].

J'ai proposé que nous appelions également le leader d'extrême droite Eugene Terre'Blanche, en partant du principe que c'était un démagogue qui attirerait une foule plus grande que le président De Klerk[18]. Sur ce point, l'ancien président n'a rien voulu savoir et je n'ai pas insisté.

Je suis retourné à Johannesburg, où j'ai aussitôt appelé le président De Klerk pour l'informer de l'invitation de Botha.

17. Ferdinand Hartzenberg (1936 –). Venu du Parti national, il a pourtant aidé à constituer le Parti conservateur en 1982. Constand Viljoen (1933-). Ancien chef des forces de défense et leader du Front de la liberté.
18. Eugene Ney Terre'Blanche (1941-2010). Fondateur de l'extrême droite afrikaner.

Il était tout aussi hostile à l'idée que nous allions rencontrer l'ancien président que ce dernier l'était vis-à-vis de Terre'Blanche. Je suis alors entré en contact avec le professeur Johan Heyns, un théologien afrikaner progressiste, pour qu'il m'aide à réunir le général, Hartzenberg, Terre'Blanche et moi-même[19]. Inflexible, Terre'Blanche a rejeté l'idée de rencontrer un « communiste comme moi », selon ses propres termes.

J'ai alors rencontré le général et Hartzenberg et leur ai demandé s'il était vrai qu'ils se préparaient à empêcher les élections par des moyens violents. Le général a fait preuve de franchise en l'admettant, il a aussi précisé que les Afrikaners s'armaient et qu'une guerre civile sanglante menaçait le pays. J'étais sous le choc, mais j'ai fait semblant d'avoir une confiance absolue dans la victoire du mouvement de libération. Je leur ai dit qu'ils nous donneraient du fil à retordre car ils étaient mieux préparés que nous sur le plan militaire, qu'ils disposaient d'armes plus dévastatrices et que, grâce à leurs ressources, ils connaissaient mieux le pays que nous. Mais je les ai prévenus que, à la fin de ce pari désespéré, ils seraient écrasés. Que nous étions au seuil d'une victoire historique après avoir infligé un coup mortel à la suprématie blanche. J'ai ajouté que ce n'était pas grâce à leur consentement, mais en dépit de leur opposition. Et j'ai conclu que notre cause était juste, qu'elle était soutenue par le plus grand nombre ainsi que par la communauté internationale. Eux n'avaient rien de cela. Je leur ai alors demandé de renoncer à leurs projets et de se joindre aux négociations du World Trade Center.

19. Johan Adam Heyns (1928–94). Théologien de l'Église réformée néerlandaise.

48. EXTRAIT DE LA SUITE INÉDITE DE SON AUTOBIOGRAPHIE

Mon accession au poste de premier président élu démocratiquement de la République d'Afrique du Sud s'est faite plus ou moins contre mon gré.

Alors que la date des élections générales approchait, trois dirigeants expérimentés de l'ANC m'ont informé qu'ils avaient consulté une grande partie de l'organisation et que, à l'unanimité, ils avaient décidé que je devrais occuper la présidence si nous gagnions les élections. Ils m'ont dit que c'est ce qu'ils proposeraient à la première réunion de notre groupe parlementaire. J'ai déconseillé cette option en arguant que j'allais avoir 66 ans, qu'il serait sage d'avoir quelqu'un de bien plus jeune, homme ou femme, qui ait évité la prison, rencontré des chefs d'État et de gouvernement, participé à des réunions d'organisations mondiales ou continentales, quelqu'un qui s'était tenu au courant des événements nationaux et internationaux et qui pourrait, tant bien que mal, anticiper le cours futur des événements.

J'ai précisé que j'avais toujours admiré les hommes et les femmes qui mettaient leur talent au service de la communauté, ces hommes et ces femmes respectés et admirés pour leurs efforts et leurs sacrifices, même s'ils n'avaient pas occupé de poste important au gouvernement ou dans la société civile. La combinaison du talent et de l'humilité, la faculté d'être à l'aise avec les pauvres et les puissants, les faibles et les forts, les gens ordinaires et les rois, les jeunes et les vieux, les hommes et les femmes, et la capacité à parler simplement à tous, sans distinction de race ou d'origine, sont admirées par l'humanité à travers le monde…

J'ai dit aux trois dirigeants que je préférerais servir mon pays sans occuper de position dans l'organisation ou au gouvernement. Cependant, l'un d'eux m'a renvoyé dans les cordes. Il m'a rappelé que j'avais toujours défendu l'importance des décisions collectives, et que tant que nous nous en tenions à ce principe, nous ne pouvions pas nous tromper. Il m'a brusquement demandé si je mettais en doute ce que j'avais prêché avec tant de constance. Bien que ce principe n'ait jamais eu pour conséquence d'interdire de défendre ses propres convictions, j'ai accepté.

Néanmoins, j'ai exprimé clairement que je ne ferais qu'un mandat. Ma déclaration sembla les prendre de court, et ils me répondirent que cette question serait à trancher par l'organisation. Ne voulant aucune ambiguïté sur ce point, peu après mon élection, j'ai déclaré que je n'effectuerais qu'un mandat et que je ne chercherais pas à me faire réélire.

49. EXTRAIT DE LA SUITE INÉDITE À SON AUTOBIOGRAPHIE

Le jour du vote, une vieille dame africaine du Northern Transvaal, comme on l'appelait alors, a dit au responsable de son bureau de vote qu'elle désirait voter pour le garçon qui avait fait de la prison. Elle n'a mentionné aucun nom et ne savait pas à quelle organisation il appartenait. Après quelques interrogations, le responsable a pu régler cette question.

50. EXTRAIT DE LA SUITE INÉDITE DE SON AUTOBIOGRAPHIE

Les combattants d'Umkhonto we Sizwe (MK) affichaient un courage incomparable, ils infiltraient le pays, attaquaient des installations du gouvernement et affrontaient les forces de l'apartheid… réussissant de temps à autre à leur faire prendre la fuite.

D'autres résistants œuvraient à l'intérieur des frontières, clandestinement ou non, encourageant les masses à se soulever contre toutes les formes d'oppression et d'exploitation. Ils bravaient un régime brutal sans se soucier de ce qui leur arriverait. Pour la libération, ils étaient prêts au sacrifice ultime.

Pendant ce temps, d'autres qui languissaient dans les prisons de l'apartheid affirmaient sans crainte leur droit à être traité comme des êtres humains dans leur mère patrie. Ils se jetaient littéralement dans la gueule du lion, démontrant une fois de plus le principe universel qui veut qu'aucune vilenie ne peut souffler la flamme de la liberté.

Soudain, en avril 1994, ces avaleurs de feu qui avaient maîtrisé l'art de la résistance et qui avaient œuvré sans repos à la destruction totale de la suprématie blanche, sans aucune pratique ni expérience de la gouvernance, se virent confier la tâche grandiose de gouverner le pays le plus avancé et le plus riche du continent africain.

Le défi sans précédent consistait à restaurer la dignité du peuple en abolissant toutes les formes de discrimination raciale et en introduisant le principe d'égalité dans toutes les sphères de la vie.

Tel était le défi fondamental qui attendait ces pionniers du gouvernement démocratique. Tel était le vaste Rubicon que les combattants de la liberté devaient franchir, eux qui avaient prôné la résistance, le boycott et les sanctions. À l'ancien terroriste revenait la tâche d'unir l'Afrique du Sud, de mettre en œuvre le principe au cœur de la Charte de la liberté, selon lequel l'Afrique du Sud appartient à tout son peuple, noir et blanc.

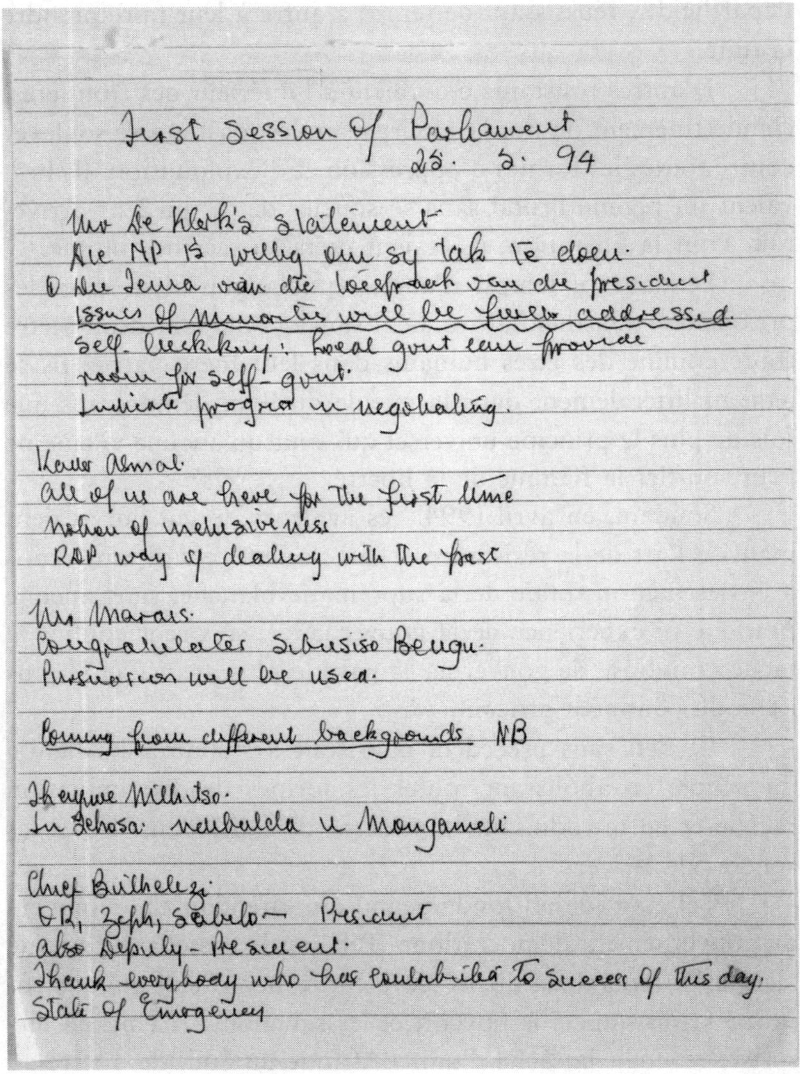
First Session of Parliament
25. 5. 94

Mr De Klerk's statement
Die NP is willig om sy taak te doen.
Die Tema van die toespraak van die president
Issues of minorities will be further addressed.
Self-beskikking: local govt can provide
room for self-govt.
Indicate progress in negotiating.

Kader Asmal
All of us are here for the first time
Notion of inclusiveness
RDP way of dealing with the past

Mr Marais.
Congratulates Sibusiso Bengu.
Persuasion will be used.

Coming from different backgrounds NB

Thenjiwe Mtintso.
In Xhosa: ndibulela u Mongameli

Chief Buthelezi
OR, Zeph, Sabelo — President
also Deputy-President.
Thank everybody who has contributed to success of this day.
State of Emergency

Notes prises par Mandela lors de sa première session au Parlement en tant que président d'Afrique du Sud, 25 mai 1994.

51. EXTRAIT DE LA SUITE INÉDITE DE SON AUTOBIOGRAPHIE

De bons leaders apprécient à sa juste mesure le fait que l'apaisement des tensions dans la société, de quelque nature que ce soit, mette en avant les esprits créatifs en réunissant les conditions d'un environnement idéal pour que les hommes et les femmes de vision puissent avoir une influence sur la société. À l'inverse, les extrémistes ne produisent que de la tension et des défiances réciproques. Un raisonnement clair et un plan bien conçu ne furent jamais leurs armes de prédilection.

52. EXTRAIT DE LA SUITE INÉDITE DE SON AUTOBIOGRAPHIE

Le régime d'apartheid avait discrédité la loi et l'ordre. Les droits de la majorité de la population étaient impitoyablement ignorés, c'était le règne de la condamnation sans procès, de la torture et du meurtre d'activistes politiques, les critiques ouvertes contre les juges de cour d'appel indépendants qui rendaient des jugement allant à l'encontre du régime, et de la mainmise des avocats conservateurs sur la justice. La police, notamment la branche de la sécurité, rendait elle-même la justice. À cause de ces pratiques barbares, et aussi en raison de mes convictions, j'ai saisi la moindre opportunité pour promouvoir le respect pour la loi et pour la justice… Dans la nouvelle Afrique du Sud, nul n'est au-dessus des lois, même pas le président. La loi et la magistrature qui l'incarne doivent être respectées.

53. EXTRAIT D'UN DOSSIER PERSONNEL

Le président et les deux vice-présidents, le ministre de la Défense et de la sécurité, les généraux Georg Meiring et Van

Der Merwe doivent être briefés aussi vite que possible par les services de renseignements sur les questions suivantes.

1) Des documents contenant des renseignements ont-ils été détruits ou effacés des ordinateurs entre la période allant du 1er février 1990 au 31 mai 1994 ?
   a) Si c'est le cas, quelles étaient les particularités de ces documents et de ces informations ?
   b) Les dates de destruction ou d'effacement
   c) Le (ou les) nom(s) de la (ou des) personne(s) qui a (ont) autorisé les destructions ou effacements.

2) Le Conseil de sécurité et ses structures, comme le Comité de liaison, existent-ils encore ?
   a) Si oui, qui sont les membres du Conseil de sécurité et du Comité de liaison ?
   b) Si non, les détails exacts concernant son démantèlement
   c) La liste des membres avant son démantèlement
   d) Le but du Conseil de sécurité
   e) Qu'est-il advenu de ses fonds et de ses équipements ?

3) La liste des agents qui ont infiltré des organisations ou des institutions dans le but de les espionner.

4) Le Bureau de coopération civile existe-t-il encore ? Fournir une explication détaillée de ses structures et de son personnel
   a) Si non, quand a-t-il été démantelé ?
   Qu'est-il advenu de ses fonds et de ses équipements ?

5) La Direction des opérations secrètes existe-t-elle encore ?
   a) Si oui, qui sont ses membres ?

b) Si non, quand a-t-elle été dissoute ?
c) Qu'est-il advenu de ses fonds et de ses équipements ?

6) La copie originale du rapport du général Pierre Steyn doit être produite
   a) Pour quels actes criminels plusieurs gradés de l'armée ont-ils été révoqués ou forcés à démissionner suite à ce rapport ?
   Qui est responsable de la violence politique qui a conduit au meurtre de près de 20 000 personnes ?
   Il a été dit que les responsables de cette violence motivée sur le plan politique sont également responsables de la mort de partisans de la liberté tels que Neil Aggett, [Rick] Turner, Imam Haroon, Ahmed Timol, David Webster, [Matthew] Goniwe, ainsi que de Griffiths et Victoria Mxenge ; les Pebco 3 ; Bheki Mlangeni.

7) L'unité Vlakpaas existe-t-elle encore[20] ?
   Qui étaient ses membres et que leur est-il arrivé ? Quel était ou est son but ? Si elle a été démantelée, qu'est-il advenu de ses fonds et de ses équipements ?

8) Informations détaillées sur les opérations des unités de choc dans le pays. Sont-elles exactes ? Combien étaient-ils payés selon les membres de l'Unité V du rapport Goldstone ?

20. La « Vlakplaas Unit », une division de l'unité contre-insurrectionnelle de la police sud-africaine, a torturé et tué de nombreux activistes antiapartheid.

54. EXTRAIT D'UN CARNET

Confiant et plein d'espoir
(Middleburg)
Diverses sources ont porté des appréciations encourageantes sur la performance du gvt.
Revue de 1995 et perspectives médiatiques positives pour 1996.
L'espoir en l'avenir continue de prévaloir.
Planification en cours ou achevée. Résultats visibles, changement s'accélère.
Transformé le gouvernement local.
Confiance en la hausse de l'économie – AS [Afrique du Sud] a connu une nette fuite des capitaux en 1985 ; poursuivie pendant neuf ans et demi, jusqu'en 1994 –
51,7 milliards de rands ont quitté le pays.
La situation s'est complètement inversée après le 10 mai 1994.
Afflux de capitaux –
De mi-1994 à fin 1995, afflux de capitaux estimé à 30 milliards de rands.
À fin 1995, la Reserve Bank avait remboursé tous les emprunts étrangers à court terme.
La confiance revient.
63 % = 66 %
Immersion dans des domaines auparavant inaccessibles

55. EXTRAIT D'UN DOSSIER PERSONNEL, VERS 1996

Bains de sang dans le Transvaal à partir de juillet 1990 ou 1991
Sebokeng ± 32
Krugersdrop – 36

Sebokeng – 200
Soweto et JHB – 45 + 9
Rendez-vous avec De Klerk à propos de Sebokeng 1990 –
Il n'a jamais exprimé ses condoléances.
Aucune arrestation.
800 000

56. EXTRAIT D'UN CARNET

1. Téléphoner à Ted
2. Kofi Annan
3. Jakes Gerwel[21]
4. Oprah Winfrey
5. Bas de contention

57. EXTRAIT D'UN DOSSIER PERSONNEL

Les voyages à travers le monde de Gra [Graça Machel] sont une source d'inquiétude pour moi depuis pas mal de temps, et je serai vraiment soulagé quand son contrat avec l'Unicef expirera à la fin de l'année et qu'elle pourra consacrer ses capacités hors du commun au peuple, notamment aux enfants du Mozambique.

Elle est revenue en août 96 en AS [Afrique du Sud], où ses collèges et elle mettaient la dernière main à un rapport pour l'ONU[22]. Elle a vécu avec nous, comme d'habitude, jusqu'à son départ pour le Mozambique. Je ne peux pas décrire ma joie et mon bonheur d'être aimé par une femme aussi modeste, et pourtant si gracieuse et brillante.

21. G.J. (Jakes) Gerwell, voir Personnes, lieux, événements.
22. En 1994, Machel avait été désignée par les Nations unies pour diriger une étude sur l'impact des conflits armés sur les enfants.

Heureusement, les inventions modernes nous permettent de rester en contact même quand elle est à l'étranger. C'est un réconfort et une satisfaction incroyables pour moi que de savoir qu'il y a quelqu'un dans l'univers sur qui je peux compter, surtout dans des domaines où mes camarades ne peuvent rien pour moi.

58. EXTRAIT D'UN DOSSIER PERSONNEL

Comme d'habitude à 21 heures, ma petite-fille Rochelle s'assoit sur mon lit après m'avoir administré mon traitement pour les yeux. Je m'attends à ce qu'elle me dise quelques mots attentionnés avant de me souhaiter bonne nuit. Mais elle lâche une bombe. « Grand-père, dit-elle, je dois t'annoncer quelque chose qui va te dévaster. Ce n'est pas le genre de chose à laquelle tu t'attends de ma part… Je vais donc quitter la maison immédiatement et m'installer ailleurs. Tu as toujours souligné l'importance de l'éducation en général, surtout que j'appartiens à la Maison royale thembu, dont les performances sur ce plan n'ont jamais été médiocres. Tu m'as toujours pleinement soutenue. Tu seras toujours dans mes pensées, grand-père. Mais je quitte la maison pour m'installer ailleurs. » Elle était restée très aimable tout ce temps, mais elle parlait sans peur, avec fermeté.

J'étais stupéfait, je n'arrivais pas à croire que ma propre petite-fille puisse me fendre le cœur. Elle s'est toujours soigneusement occupée de moi, m'ôtait mes chaussettes et mes chaussures avant que je me retire au lit, me racontait de belles histoires, me demandait à quelle heure je voulais le petit déjeuner le lendemain matin.

59. EXTRAIT D'UN DOSSIER PERSONNEL – NOTES SUR LA SAINT-VALENTIN EN RÉPONSE À UNE ÉCOLIÈRE LUI DEMANDANT CE QUE CE JOUR SIGNIFIAIT POUR LUI

Mon âge et une culture assez conservatrice rendent difficile pour moi le fait de parler en public de mes sentiments. Et ça l'est encore plus quand la question est posée par une jeune fille dont je pourrais être le grand-père. Il n'est pas impossible que si l'on tentait de trouver une définition qui s'écarte des dictionnaires habituels, et en gardant à l'esprit toutes les formes principales de civilisation, il y ait autant de définitions que d'êtres humains.

J'espère que l'individu moyen éprouve les plus hauts degrés de l'attachement sentimental et du bonheur lorsqu'il est amoureux…

Cela en choquera probablement certains de voir que mon ignorance est colossale sur ces choses simples que les gens prennent pour acquises. Étant né et ayant grandi dans un environnement rural avec des parents qui ne savaient ni lire ni écrire, je n'ai pratiquement jamais entendu parler de la Saint-Valentin dans ma jeunesse.

Après avoir déménagé en ville, j'ai petit à petit été amené à m'engager politiquement, ce qui m'a laissé peu de temps pour en apprendre davantage sur ces questions. Ce n'est qu'au cours des cinq dernières années que j'ai reçu des cartes et des cadeaux à la Saint-Valentin. Mais il y a naturellement énormément de respect pour ceux qui apportent du bonheur aux autres.

Malheureusement, mon emploi du temps bien rempli ne me laisse pas la liberté de célébrer la Saint-Valentin, ni aujourd'hui ni dans les jours à venir.

Les jeunes gens de la génération actuelle sont pour la plupart indépendants et ils réfléchissent avec leur propre échelle de valeurs. Il serait bien présomptueux de la part d'un homme de 78 ans de leur donner des conseils sur la manière de gérer ses relations. D'ailleurs, ce n'est pas une question de conseils, mais de condition sociale. Qu'on donne aux jeunes la possibilité de s'éduquer et d'améliorer leur vie, ils tutoieront l'excellence.

Je suis enclin à penser que ceux qui souscrivent aux mêmes valeurs, qui partagent une vision commune et qui acceptent l'autre tel qu'il est, posent les bases d'une bonne relation. Pour autant, il y a toujours une grande variété d'exceptions.

60. EXTRAIT D'UN CARNET, VERS 1996, À PROPOS D'UNE ÉVENTUELLE TRANSFORMATION DE ROBBEN ISLAND EN MUSÉE

Robben Island
Min. de l'Art, Culture, etc.
Structure indépendante
Sort de l'ordinaire
Désir humain de l'exploiter
Destruction touristique
Le musée doit être une source d'inspiration, pas d'argent
Conseil d'administration spécial

61. EXTRAIT D'UN CARNET

1.
Engagement ailleurs : bon courage.

2.
L'Irlande a été sous les feux des projecteurs durant toute son histoire.

3.
Jamais difficile d'identifier qui a initié les problèmes.
Mais on arrive vite au point où aucune des deux parties n'a complètement tort ou complètement raison.

4.
Mise en cause des leaders irlandais, incapables de résoudre leurs problèmes.

62. EXTRAIT D'UN JOURNAL PRÉSIDENTIEL

Lundi 29.12.97 : Quitté Qunu pour C.T. [Le Cap] mais annulé ma présence au mariage de la fille de Franklin Sonn à cause d'une grave sciatique à la jambe gauche[23].

30.12.97 : Le couple de mariés, au lieu d'arriver à 7 h comme prévu pour le petit déjeuner, n'est arrivé qu'à 8 h 45. Leur photographe du journal Rapport devait partir. Le couple espagnol a quitté Ysterplaat à 10 h et est arrivé à Maputo à 12 h 15. Me suis installé à la Guest House gouvernementale la plus proche de la résidence de Gra [Graça Machel].

31.12.97 : Suis resté à l'étage, immobilisé par une sévère sciatique. Visite du camarade président Joachim Chissano, qui m'informe de l'assignation à domicile de K.K. [Kenneth Kaunda] et des conditions de cette assignation[24].
Ai dîné avec Gra et les enfants et ai fini l'année en contemplant les feux d'artifice du Polana Hotel.

23. Franklin Sonn (1939-). Membre de l'ANC. Ambassadeur de l'Afrique du Sud aux États-Unis, 1995-1998.
24. Kenneth (K.K.) Kaunda (1924-). Président de la Zambie, 1964-1991. Il fut assigné à résidence pendant cinq mois.

1.1.98 : N'ai pas pu me rendre au repas familial. J'ai dîné avec Zina dans mes quartiers privés. Souhaité bonne année à Zindzi et Rochelle. Theron et physiothérapeutes.

2.1.98 : P.M.M

3.1.98 : Rien de spécial – refusé de retourner à S.Q.

4.1.98 : H.C. est venu.
Le Dr Hugo, Theron. Avons dîné avec Gra. M'ont fait deux injections et sont repartis.

5.1.98 : Dispute avec Judy. Gra par rapport à WM [Winnie Mandela]. J'ai dit que je ne voulais pas d'une relation où je ne pourrais pas partager certaines choses. Elle fait partie de votre histoire.

6.1.98 : H.C. au Mozambique veut un autre contrat de quatre ans.

7.1.98 : Rencontré pendant un quart d'heure mon ami Jeremy Anderson, ancien directeur de la réserve naturelle du Mpumalanga. Congratulé Arap Moi pour sa réélection à la présidence du Kenya.

Téléphoné depuis Maputo au chef Antonio Fernandez à Washington pour lui souhaiter un joyeux anniversaire et une bonne année. Il m'a dit qu'il avait essayé plusieurs fois de me contacter de Washington mais n'a jamais pu me joindre. Cela me fait parfois de la peine que des amis de longue date, qui ont partagé tout ce qu'ils avaient à l'époque où nous luttions seuls contre l'apartheid, soient considérés par le staff comme de simples étrangers qui ne font que déranger le Président.

19.1.98 : Appelé au 9e étage de Shell House, où l'on m'a informé que la sécurité n'était pas favorable à ce que j'occupe un bureau à cet étage et recommandait que je retourne au 10e étage[25]. J'ai décidé de passé outre à leur recommandation. Le secrétaire général Kgalema [Motlanthe] était d'accord avec moi[26]. Ai aussi eu une discussion avec le S.G. [secrétaire général] sortant Cheryl Carolus sur cette question, quand j'ai expliqué que je ne céderai pas[27].

22.1.98 : Le roi Letsie III et moi, en présence du président Masire du Botswana, lançons le Projet hydraulique des hauts plateaux du Lesotho. Mais nous avons dû partir sans dîner à cause des conditions météo.

23.1.98 : Ai rendu visite à la reine en exercice du Western Pondoland et à la reine mère afin de leur présenter mes respects. Me suis arrangé avec Colleen Ross pour faire admettre le futur roi Ndamase Mangaliso à la faculté de Kearnsley[28].

24.1.98 : Inspecté la maison de M. Zeka qui est à vendre pour 950 000 rands, me suis renseigné sur les détails financiers.

24.1.98 : Rencontré le chef Bangilizwe, Dalaguba, Zwelodumo, le chef Sandile Mgudlwe, le chef Khawudle, le chef Sibmela et le chef Mnqanqeni.

24.1.98 : Commandé à Georg Meiring d'envoyer un hélicoptère en Tanzanie.

25. Shell House abritait les quartiers généraux de l'ANC au centre de Johannesburg.
26. Kgamela Petrus Motlanthe (1949-). Membre dirigeant de l'ANC. Président par intérim de l'Afrique du Sud, septembre 2008 – mai 2009. Vice-président de l'Afrique du Sud, 2009-.
27. Cheryl Carolus (1958-). Homme politique. Membre de l'ANC. Haut-commissaire de l'Afrique du Sud à Londres.
28. La reine Bongolethu Ndamase, mère de Ndamase Ndamase, l'actuel chef d'une section des AbaThembus.

24.1.98 : Déjeuner avec le roi Buyelekhaya et la reine[29].

24.1.98 : Reçu un appel du président Clinton.

25.1.98 : Reçu un appel du président Museveni.

63. EXTRAIT D'UN CARNET

Les festivités de Qunu pour la nouvelle année m'ont mis quelque peu mal à l'aise. Le jour de Noël, nous avions plus de 1 000 enfants des villages environnants et environ 100 adultes. Nous avions abattu 11 moutons, dont l'un fut offert à Zwelibanzi Dalindyebo, roi des Thembus, ainsi qu'un bœuf à Zwelethini ka Zulu, roi des Zoulous. La foule était d'humeur joyeuse et elle n'a rien laissé de la viande sauf la peau et les cornes.

D'ordinaire, mes invités pour le Nouvel An sont moins nombreux que pour Noël. Mais cette fois, je n'avais fait tuer que 12 moutons en pensant que cela suffirait. Vous imaginez ma gêne quand il arriva davantage de gens que pour Noël et quand des enfants qui avaient fait des kilomètres depuis Qunu se plaignirent de n'avoir pas mangé. La prochaine fois, je ne me laisserai pas prendre au dépourvu.

Visite de Thandizulu Sugcau, roi des Pondos. Selon la coutume, j'ai égorgé un mouton pour lui en faire don. Il n'était pas tout à fait d'accord avec la suggestion de son frère, Vulindlela Ndamase, roi du Pondoland oriental, qui considère que les rois devraient être membres de la Maison des chefs traditionnels dans leurs régions respectives. J'ai donc déclaré que je préférais

29. Buyelekhaya Dalindyebo. Héritier du trône royal AbaThembu. La reine Noluntu Dalindyebo. Femme du roi Buyelekhaya Dalindyebo.

qu'ils me guident sur ce point précis et j'ai proposé qu'ils se rencontrent pour adopter une position commune.

Autre visite de la reine Cleopatra Dalindyebo, en compagnie du chef Mokwanele Bhalizulu, qui dirige la région. Ivresse parmi les chefs thembus.

64. EXTRAIT D'UN CARNET

Sommes-nous loin de développer une base de données commune
Contrôle de la corruption
Qualification des analystes
Beaucoup de vols illégaux
Voyager à l'étranger à intervalles réguliers

65. EXTRAIT D'UN CARNET

1.

Nous ne passons qu'une fois en ce monde et les occasions ratées ne se présentent pas deux fois.

2.

Fixe-toi des buts et des objectifs dans la vie et, autant qu'il est possible, n'en dévie pas.

3.

L'ANC a très bien compris ce principe.

4.

Dès le début des années 50, nous invitions tous les Sud-Africains à réclamer une charte populaire.

5.

Nous invitions aussi les responsables de tous les partis politiques à nous rejoindre pour un Congrès populaire. Le NP [Parti national], le Parti libéral.

6.

Avons adhéré à un principe politique – la Charte de la liberté qui proclamait que l'Afrique du Sud appartient à tous ses citoyens.

7.

L'appel de 1961 pour une Convention populaire.

8.

En 1984, l'ANC a contacté le président Botha – rencontre entre l'ANC et le NP.

Renverser la suprématie blanche, le travail du mouvement de libération – ANC, PAC, AZAPO, à divers niveaux[30].

La transformation est aussi un effort collectif.

9.

L'initiative de l'ANC a changé la situation. De l'impasse au miracle.

10.

Programmes de développement – Noirs et Blancs.

Les Portes du Monde se sont ouvertes.

30. L'Azapo (Azanian People's Organisation), fondée en 1978, s'inspirait du Mouvement de la Conscience noire et regroupait trois organisations interdites : La Black People's Convention (BPC), la South Africain Students' Organisation (SASO) et les Black Community Programmes (BCP).

CHAPITRE TREIZE

Au loin

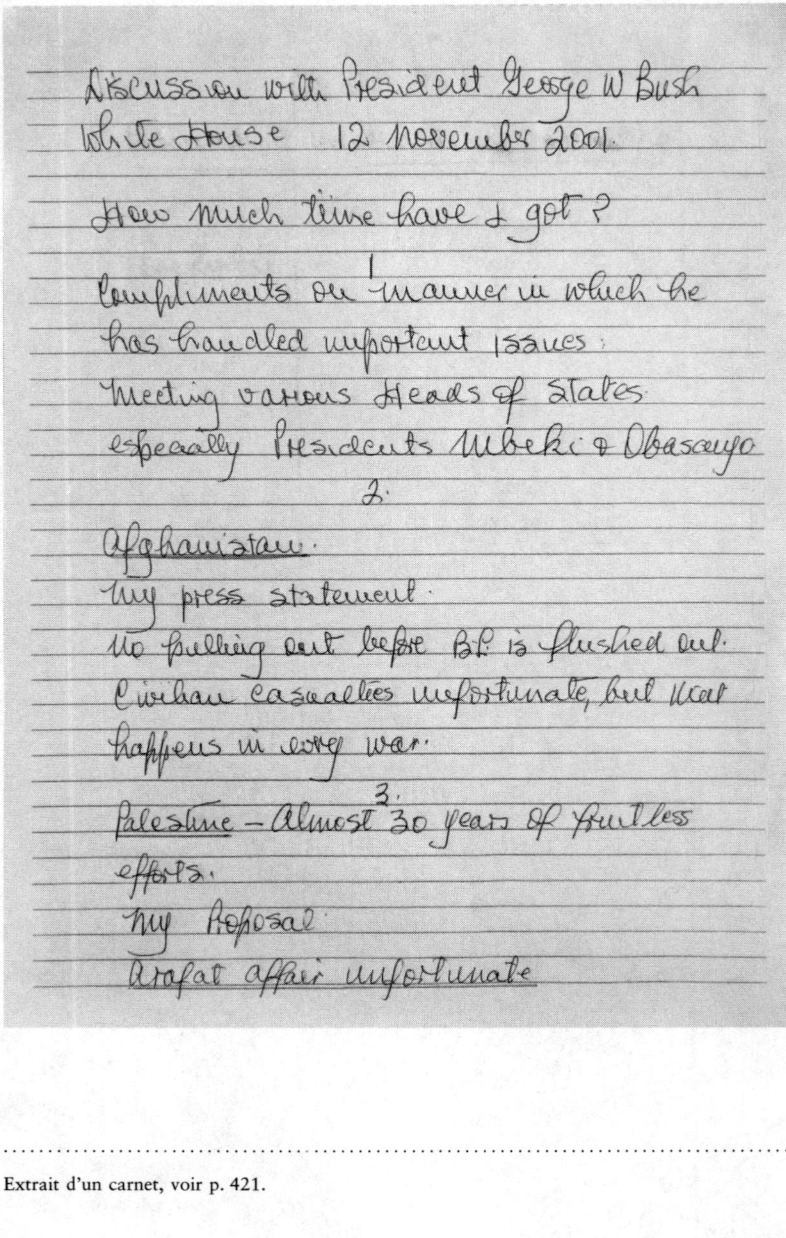

Discussion with President George W Bush
White House 12 November 2001.

How much time have I got?

1

Compliments on manner in which he has handled important issues:
Meeting various Heads of States
especially Presidents Mbeki & Obasanjo

2.

<u>Afghanistan.</u>
My press statement.
No pulling out before B.L. is flushed out.
Civilian casualties unfortunate, but that happens in every war.

3.

<u>Palestine</u> – Almost 30 years of fruitless efforts.
My Proposal
<u>Arafat affair unfortunate</u>

Extrait d'un carnet, voir p. 421.

1. CONVERSATION AVEC RICHARD STENGEL
À PROPOS DE SON VOYAGE EN ÉGYPTE

[Yasser] Arafat se trouvait lui aussi en Égypte et je l'ai rencontré après mon entrevue avec [le président] Hosni Moubarak. Moubarak – je l'ai rencontré en sortant de l'aéroport. Je suis allé dans son palais, il m'a bien reçu et nous avons dîné là-bas, après que je l'eus mis au courant de notre situation et que je l'eus remercié pour son soutien ainsi que pour celui du peuple d'Égypte. Nous avons dîné puis je suis rentré à mon hôtel et j'ai rencontré Arafat le lendemain.

C'était assez téméraire parce que je devais le rejoindre dans une salle de réunion, sous l'escorte de la police, mais la foule était si importante que c'en était effrayant. J'ai vite compris ce qui allait se passer. J'ai dit à l'officier de police qu'il devrait appeler des renforts pour nous ouvrir un passage. Ils ont essayé ; ils ont rassemblé des policiers, plus qu'on ne nous en avait attribué, afin de nous escorter. Puis l'officier responsable m'a dit que je devais sortir. J'ai dit : « Non, faisons d'abord sortir mon entourage. » J'avais peur à cause de la foule, vous voyez, je me disais que si je passais en premier, il pouvait y avoir une bousculade qui dégénère, et que ma délégation ne pourrait pas s'en tirer parce que la police concentrerait ses moyens sur moi, autour de moi ; au risque de me couper de ma délégation. Alors l'officier a essayé de rejoindre ma délégation mais il a fait quelques pas et est revenu en disant : « Non, venez maintenant. » Alors je suis sorti. Malgré le cordon qu'ils avaient formé, la foule s'est ruée en avant. J'ai perdu une chaussure dans le tumulte. Il a fallu me la rapporter une fois à l'intérieur de la salle… et on m'a séparé de Winnie. Ils l'ont repoussée à l'extérieur.

Ils veulent vous toucher, vous serrer la main, et dans la masse, il peut y avoir des gens très égoïstes, qui vous attrapent et ne veulent pas vous lâcher, alors les autres se battent aussi pour vous toucher. « Oh, je voulais vous voir depuis tellement longtemps ; quel jour béni, je vous touche la main ! » Et ils vous serrent… Vous voyez, j'avais les cheveux ébouriffés, on m'a marché sur le talon et la chaussure est partie. Ils ont cherché Winnie pendant environ dix minutes, et pour finir ils ont réussi à la faire entrer. Elle était tellement en colère après moi qu'elle ne m'a pas parlé de la journée ! « Pourquoi n'est-tu pas restée avec moi ? lui ai-je dit. – Je n'avais pas le choix ! » On me tirait dans un sens et dans l'autre, et les soldats eux-mêmes, la police, me poussaient pour m'extirper de la foule. Je n'ai même pas eu l'opportunité de m'adresser à eux parce qu'ils ne se taisaient pas ; ils criaient : « Mandela » Ce genre de chose, en admiration, vous imaginez. J'essayais de leur dire : « Écoutez, je suis venu pour vous parler. » Mais ils ne m'en laissaient pas l'occasion. Donc je me suis dit : « Puisque c'est comme ça, je m'en vais. » L'ordre est revenu, à peu près. Mais quand j'ai voulu repartir, ils se sont remis à crier. Nous avons décidé d'aller en haut, au balcon, pour essayer de leur parler, mais ça n'a servi à rien. Je n'ai jamais vu autant de chahut pendant une rencontre. Du chahut à cause de l'enthousiasme, de l'amour. Je n'ai jamais pu leur parler. J'ai essayé plusieurs fois. Et j'ai fini par abandonner.

2. CONVERSATION AVEC RICHARD STENGEL
À PROPOS DE SA VISITE AUX ÉTATS-UNIS

Oh, les Américains étaient très chaleureux et très enthousiastes… Bien entendu, c'était très excitant d'atterrir à New York, une ville dont j'entendais parler ou sur laquelle je lisais des choses depuis mon adolescence. J'étais avec Thabo Mbeki, le chef du Département des affaires étrangères, Thomas Nkobi, le trésorier général, Barbara Masekela qui est aujourd'hui à la tête du cabinet du Président, ainsi que quelques autres... On nous a escortés jusqu'à notre hôtel.

Je ne me rappelle pas quand a eu lieu le défilé dans les rues ... L'enchaînement des événements... Cette parade a été mon expérience la plus excitante aux États-Unis... Je savais que la lutte antiapartheid en Afrique du Sud suscitait un intérêt général aux États-Unis, mais le fait de voir à quel point les gens s'y investissaient à New York a été très encourageant. L'enthousiasme, les remarques qu'ils faisaient et qui montraient leur solidarité indéfectible avec notre lutte – dans la rue, dans les immeubles, dans les bureaux et les bâtiments résidentiels – c'était tout simplement stupéfiant. J'en suis resté complètement abasourdi... Savoir que vous êtes l'objet d'autant de bonne volonté vous rend humble... Voilà ce que je ressentais.

3. CONVERSATION AVEC RICHARD STENGEL À PROPOS DE SA VISITE AUX NATION UNIES

J'ai prononcé un discours, puis pendant la session il a fallu me faire sortir parce que nous avions beaucoup d'amis aux Nations unies qui venaient me serrer la main. Je ne pouvais pas leur serrer la main en restant assis. Avec les diplomates et en particulier les dames... Alors quand quelqu'un arrivait, je me levais, c'était instinctif, pour lui serrer la main. Thabo Mbeki et Frene Ginwala, membres de notre délégation, m'ont rappelé que je devais rester assis[1]. J'ai dit : « Mais je ne peux

1. Frene Ginwala (1932-). Journaliste et homme politique. Speaker de l'Assemblée nationale d'Afrique du Sud, 1994-2000.

pas. Quand quelqu'un vient me voir, il faut bien que je me lève pour lui serrer la main. » Ils m'ont répondu que je perturbais le déroulement de la conférence. « Eh bien, empêchez-les de venir me saluer. Tant que vous les laissez m'approcher, je n'ai pas d'alternative, je dois me lever. » Alors ils m'ont dit : « Pars, maintenant. Il vaut mieux que tu partes plutôt que de perturber la conférence », et c'est pour ça que je suis parti. [Rires.] Oui. Et ils m'ont dit : « Tu rentres et tu ne bouges pas tant que la conférence n'est pas finie, tant que le Conseil de sécurité des Nations unies n'en a pas terminé. » Et c'est ce qui s'est passé. [Rires.]

4. CONVERSATION AVEC RICHARD STENGEL
À PROPOS DES SERVICES DE SÉCURITÉ AMÉRICAINS

Les services de sécurité américains sont très professionnels... Ils vous expliquent comment vous déplacer, et ils vous disent que le moment le plus dangereux, c'est quand vous partez de quelque part pour retourner à votre voiture, ou quand vous sortez de la voiture pour aller quelque part. Ils insistent sur le fait qu'il faut se déplacer rapidement... Quand vous voyagez d'un endroit à un autre, vous êtes entouré par des hommes de la sécurité. Il est difficile de s'arrêter pour parler à des gens comme on aimerait le faire quand on visite un lieu... pour savoir ce qu'ils pensent, quelles sont leurs opinions sur tout un tas de sujets. Mais la sécurité, ici comme aux États-Unis, ne vous laisse pas le faire. C'est pourquoi il est très difficile de se représenter les différences entre les diverses régions qu'on visite.

5. CONVERSATION AVEC RICHARD STENGEL À PROPOS DE L'INVESTITURE DU PRÉSIDENT CLINTON

Je n'ai jamais vu autant de gens rassemblés en un endroit, à part à la Zion Christian Church en avril dernier où il y avait un million de personnes. Là où a eu lieu l'investiture, il y a une petite colline et on voyait les gens qui descendaient dans la vallée, qui bouchaient les rues... Il y avait une plate-forme, une scène, puis la cérémonie a démarré. Elle s'est déroulée avec une précision vraiment très impressionnante. Cette capacité à organiser un tel événement est extraordinaire. Je n'arrivais pas à me concentrer à cause de l'enthousiasme des gens qui venaient me saluer et qui parfois m'empêchaient de voir ce qui se passait sur la scène. Pour me protéger, les services de sécurité se sont postés devant moi et m'ont bouché la vue... J'étais extrêmement impressionné par le soutien affiché à l'ANC. Je me disais que des gens comme Oliver [Tambo] et d'autres avaient fait un travail remarquable pour que ces gens, les Américains, connaissent l'ANC. Les gens savaient qui j'étais. Et même si ça m'empêchait de bien suivre les événements, j'aimais l'ambiance, parce qu'elle était pleine de chaleur, de gentillesse et d'amour. Et ensuite le discours de Clinton a fait taire tout le monde. C'était général, très bref... Il n'a dit que ce qui était nécessaire, ce qui m'a paru admirable. Et bien sûr on sentait qu'il admirait Bush, maintenant que leur combat était terminé. Les Américains se rassemblaient pour affronter ensemble les problèmes. J'ai trouvé qu'il y avait là une belle et grande vision...

Au cours de la soirée, il y a eu des danses et j'ai moi-même dansé, puis on m'a dit que M. Kwesi Mfume, président du groupe des députés noirs, et moi-même allions rencontrer Clinton dans une antichambre[2]… Nous y sommes allés, nous lui avons serré la main puis nous avons discuté un moment, mais ça n'a pas duré parce qu'il était très sollicité… Après cela, il est retourné dans la salle. Il y avait un groupe qui jouait ; il s'est mis au saxophone et a commencé à improviser avec lui. Et nous avons tous dansé, nous nous sommes amusés… C'était très émouvant, vraiment… Ce côté informel, de sa part, c'était fabuleux… Avoir un président qui soit si proche de son peuple. Il sait vraiment parler aux gens et ça m'impressionnait énormément. Avec beaucoup de dignité, mais toujours avec simplicité.

6. CONVERSATION AVEC RICHARD STENGEL À PROPOS DU CONCERT DE WEMBLEY, À LONDRES

Je voulais voir Tracy Chapman et les Manhattan Brothers… J'ai toujours été intrigué par cette jeune femme, et j'étais assis dans une loge quand elle est arrivée sur scène. J'étais très excité, elle s'est mise à jouer et je commençais à vraiment apprécier la musique quand on m'a dit que Neil Kinnock était arrivé et que je devais aller le rencontrer. J'étais heureux de voir Neil Kinnock parce que le Parti travailliste, dont il était le chef, a toujours ardemment défendu notre lutte, la lutte antiapartheid. Ils avaient exigé ma libération et m'avaient accueilli quand j'étais venu à Londres. C'était quelqu'un de très bien… mais je regrettais de manquer Tracy Chapman. Après ma rencontre avec Neil Kinnock, je suis retourné à mon siège et les Manhattan Brothers sont arrivés sur scène. Ils sont

2. Kweisi Mfume (1948-). Président de la National Association for the Advancement of Coloured People.

liés à tellement de souvenirs des années cinquante… Et alors j'ai appris que l'ambassadeur de Russie était venu me voir. Deux événements auxquels je voulais vraiment assister et que je ratais… À la fin du concert, je suis allé voir toutes les stars et je leur ai serré la main. J'étais vraiment très heureux de ce moment, mais bien évidemment les services de sécurité m'ont gêné. Ils ne voulaient pas que je reste longtemps… donc j'ai juste eu le temps de serrer la main aux artistes et de les féliciter. Et j'ai fait un discours aussi, bien sûr.

7. CONVERSATION AVEC RICHARD STENGEL À PROPOS DE LA NATIONALISATION

Il y avait toujours des remous en Afrique du Sud suite à la déclaration que j'avais faite en prison, quand j'avais dit que la nationalisation était toujours notre politique ; nous n'avions pas changé… Bien sûr, c'est le milieu des affaires qui réagit le plus et ça donnait à réfléchir parce qu'il est très important d'avoir son soutien… Quand je suis sorti de prison, nous nous sommes appliqués à expliquer pourquoi nous avions adopté la politique de nationalisation, mais les hommes d'affaires américains nous mettaient beaucoup de pression pour que nous changions notre fusil d'épaule… Comme il fallait encourager les investissements en Afrique du Sud, c'était une question à laquelle nous devions réfléchir sérieusement…

Le moment clé fut le Forum économique mondial à Davos, en Suisse, où j'ai rencontré les grands capitaines d'industrie de ce monde… Ils se sont exprimés en toute franchise sur la question de la nationalisation et je me suis rendu compte, comme jamais auparavant, que si nous désirions attirer les investisseurs, nous devions réviser notre position, sans toutefois ôter la nationalisation des mesures que nous pouvions employer. Il ne fallait pas que les hommes d'affaires craignent que leurs investissements ne soient nationalisés.

8. CONVERSATION AVEC RICHARD STENGEL À PROPOS DE SON VOYAGE AU CANADA

STENGEL : Au Canada, vous avez été reçu par M. Mulroney[3] ?

MANDELA : Oui, c'est exact, et j'ai fait un discours lors d'un meeting. Et quand je suis sorti, une dame est venue me poser une question. Brian Mulroney m'avait donné cinq millions de dollars et cette femme m'a demandé : « M. Mandela, ces cinq millions de dollars que M. Mulroney vous a donnés, allez-vous les utiliser pour assassiner les gens ? Comme vous l'avez fait ? » Je voulais lui répondre posément et sérieusement, mais avant que j'aie pu faire quoi ce soit on l'a repoussée. Ils l'ont bousculée, vous savez, et elle est tombée… J'ai essayé de l'empêcher mais j'ai été trop lent et ils m'ont poussé dehors. En fait, elle avait fait partie du PAC [Congrès panafricain]… Et la façon dont elle m'a regardé en me disant : « Mandela, ces cinq millions de M. Mulroney, allez-vous vous en servir pour assassiner des gens ? » [Rires.]… Bon sang ! Ils l'ont vraiment malmenée.

9. CONVERSATION AVEC RICHARD STENGEL À PROPOS DE GOOSE BAY

Au Canada, dans une ville qui s'appelle Goose Bay, nous avons atterri pour refaire le plein avant de partir pour Dublin, et alors que je marchais vers le terminal de l'aéroport, j'ai vu

3. Brian Mulroney (1939-). Premier ministre du Canada, 1984-1993.

des gens contre la clôture et j'ai demandé à l'officier qui nous emmenait au terminal : « Qui sont ces gens ? » Il m'a dit : « Ce sont des Esquimaux. » Je n'avais jamais vu d'Esquimaux et je me les étais toujours imaginés en train de chasser des ours polaires et des phoques… Je me suis dit que je devrais aller voir ces gens. Et j'ai été très heureux d'aller à leur rencontre car c'étaient de jeunes gens, vers la fin de l'adolescence. En discutant avec eux, j'ai été surpris de constater qu'ils étaient au lycée. Ils savaient – ils avaient appris que nous allions atterrir pour refaire le plein et… J'ai été très heureux de les rencontrer et très impressionné parce qu'ils étaient au courant de ma libération ; ils avaient vu ma sortie de prison et ils connaissaient un ou deux discours que j'avais prononcés. Ce fut une conversation très fascinante, un vrai choc. Ça m'a secoué, j'ai pris conscience que je savais bien peu de choses sur les Esquimaux, puisque je n'aurais pas imaginé qu'ils allaient au lycée… et qu'ils étaient comme nous. Je ne l'aurais pas imaginé. Même si j'étais accaparé par la lutte, j'aurais dû savoir que les peuples, où qu'ils soient à travers le monde, ne restent pas arriérés.

J'ai beaucoup apprécié cette conversation, mais au final elle m'a valu une pneumonie. J'arrivais d'Oakland, où la température était de 40 degrés, et nous avions volé jusqu'à Goose Bay où il faisait moins quinze et où il y avait de grandes étendues de neige… Avec le changement de climat, à force de rester dehors, j'ai pris froid (alors que j'avais un manteau) avant même de rentrer dans le terminal. Il faisait chaud dans le terminal ; il y avait un feu et la responsable était une dame, une Esquimaude, pas du tout une sauvage, quelqu'un de très cultivé, qui m'a parlé d'un ami à elle travaillant à l'ambassade du Canada en Afrique du Sud. Et il y avait un autre Esquimau qui lui servait d'assistant. Lui aussi était très impressionnant et il m'a dit : « Selon la coutume, je dois vous accueillir avec de la musique. » Il a pris une guitare traditionnelle – ça se voyait à la manière dont le bois était travaillé. Et même les cordes étaient arrangées différemment que celles des guitares occidentales. Puis il m'a expliqué : « Je vais vous jouer une chanson d'accueil qui parle de la nuit. » Et il s'est mis à jouer. L'air était pesant et sombre d'abord, et puis il a changé. Il est devenu plus enjoué ; c'était à peine perceptible. Et il a continué à jouer et c'est devenu de plus en plus vif et même son visage changeait, en même temps que la musique, jusqu'à ce qu'il atteigne un pic. Leur musique était vraiment très enjouée, très vivante, et c'est comme ça qu'ils nous ont accueillis.

10. CONVERSATION AVEC RICHARD STENGEL À PROPOS DE SA PNEUMONIE

C'est en Irlande que le froid m'a rattrapé. J'ai téléphoné à mon médecin de famille, le Dr Nthato Motlana, et au Dr Gecelter, celui qui avait aidé pour mon opération. Je leur ai demandé de venir me retrouver à Dublin parce que je ne me sentais pas bien. Je pensais qu'il valait mieux que ce soient des gens habitués à me traiter qui m'examinent. Ils ont déclaré qu'il n'y avait rien de grave… J'ai aussi été traité par le médecin du Premier ministre à Dublin avant de faire un discours devant les deux chambres du Parlement. Puis nous sommes allés à Londres. Je me rétablissais, et en sortant de notre hôtel, comme j'ignorais qu'il pleuvait, Winnie m'a dit : « S'il te plaît, retournons chercher ton manteau. » Mais je ne voulais pas arriver en retard pour voir le Premier ministre et j'ai dit : « Non, allons-y. Nous serons en retard si nous remontons. »

Avant de grimper en voiture, j'ai pris quelques gouttes. Et ça a aggravé la situation. Cette fois, la pneumonie est devenue sérieuse. En sortant, je suis tombé sur des jeunes, des adolescents eux aussi. Ils voulaient des autographes, donc je leur ai dit : « Écoutez, je suis pressé. Je vous les donnerai en revenant. » Ils m'ont demandé à quelle heure. Je leur ai répondu : « Plus tard dans l'après-midi. » Et… j'ai oublié. En revenant, je me dépêchais pour aller à un autre rendez-vous lorsque je suis tombé sur eux. Ils m'attendaient… Ils étaient déjà là le matin à 9 heures et ils m'attendaient alors qu'il était 16 heures. Alors je leur ai dit : « Messieurs, je suis désolé mais je dois me dépêcher, j'ai un autre rendez-vous.

– Mais vous avez promis. Vous nous avez donné votre parole… Votre parole d'honneur ! Nous vous avons attendu. Signez-nous des autographes ! »

Comme ils ont dit que j'avais donné ma parole, je ne pouvais plus reculer et j'ai signé un autographe pour chacun d'entre eux… Alors que je m'y mettais, un type qui était avec nous m'a dit : « Non, n'en signez qu'un. » Mais les enfants m'avaient attendu toute la journée, donc j'ai signé tout ce qu'ils m'ont demandé. Quelqu'un m'a dit : « Ils vont revendre les autres. » [Rires.] C'est ce qu'ils font. Ils font la chasse aux autographes et ensuite ils vendent à la criée : « Voulez-vous l'autographe d'un tel et un tel ? » 5 livres, quelque chose comme ça. Donc ils devaient gagner un peu d'argent. [Rires.]

J'ai rencontré Mme Thatcher pendant près de trois heures, et bien entendu nous avons discuté de la question des sanctions et de la situation politique en Afrique du Sud. Elle s'intéressait à nos relations avec Buthelezi… Je ne suis arrivé à rien sur la question des sanctions. Je lui ai dit : « Nous sommes une communauté opprimée et nous devons mettre la pression sur le régime afin qu'il change de politique, et la seule pression de nature à le faire bouger consisterait exercer des sanctions. » Je ne pouvais rien obtenir. Au demeurant, elle était charmante. Ensuite, nous avons déjeuné tous les deux. Elle était très cordiale, vous savez ; tout le contraire de ce qu'on m'avait dit. Oui. Et en fait, j'ai dû m'excuser parce que je devais me rendre à un autre rendez-vous. Mais elle-même s'est montrée très généreuse de son temps, et elle m'a énormément impressionné. J'étais impressionné par sa force de caractère – une vraie dame de fer…

En Irlande, j'avais déclaré qu'en Afrique du Sud nous avions décidé de discuter avec le régime, avec l'ennemi, et que nous considérions que cela correspondait aux préceptes des Nations unies. Les États membres doivent essayer de résoudre les conflits par des moyens pacifiques. Et j'avais demandé à l'IRA et au gouvernement britannique de régler leurs différends pacifiquement. On m'a reposé la question à la Chambre des communes, et j'ai répété ce que j'avais dit. [Rires.] Mais le député qui a soulevé cette question et qui m'a critiqué d'avoir fait cette suggestion s'est fait conspuer par les autres… Il s'est fait huer. Les gens criaient : « N'importe quoi ! », « Ce sont des âneries ! » [Rires.].

11. CONVERSATION AVEC RICHARD STENGEL À PROPOS DE SON DÉPLACEMENT AUX PAYS-BAS

J'ai trouvé la reine des Pays-Bas très intéressante, très intelligente, très bien informée, très confiante et très accessible. Il n'y avait pas de protocole rigide… J'ai passé un moment charmant avec elle et j'ai été plutôt étonné par la quantité d'informations dont elle disposait et par l'envie qu'elle manifestait de discuter des problèmes du monde… Une grande dame, vraiment.

La reine Élisabeth est l'une des monarques qui règne depuis le plus longtemps et elle aussi est une grande dame. Quand vous parlez avec elle, elle a un merveilleux sens de l'humour… J'ai eu l'occasion de l'observer durant la conférence du Commonwealth à Harare, je crois. On a demandé au Dr Mahathir, le Premier ministre de Malaisie, de porter un toast, et il a dit : « Eh bien, nous appartenions à l'Empire britannique et la reine Élisabeth était là. Notre sultan ne dirigeait rien et nous avions un vice-roi et des conseillers dont les avis avaient force de loi. Nous appartenons au Commonwealth, même si la richesse n'est pas si commune…[4] » Et elle appréciait toutes ses plaisanteries, vous savez. Par la suite, j'ai eu l'occasion de lui parler. Elle était pétillante, très à l'aise. J'ai trouvé que c'était une grande dame, très intelligente. Très intelligente. Son entourage est sans doute très protocolaire, mais en tant qu'individu, c'est quelqu'un de très simple. Elle m'a fait très bonne impression.

12. CONVERSATION AVEC RICHARD STENGEL À PROPOS DE SON VOYAGE EN FRANCE

J'ai été reçu en grande pompe par le président François Mitterrand. C'est une fausse idée de croire que les socialistes sont des bandits. L'organisation prévue voulait que j'arrive d'un côté de la place et lui de l'autre, et que nous nous retrouvions au milieu… Il était venu avec Danielle [sa femme], et Winnie était avec moi. Il pleuvait. Les conditions météo n'étaient vraiment pas bonnes, mais il avait passé un manteau, et moi aussi. Nous nous sommes rejoints au milieu et nous nous

4. Littéralement, « Commonwealth » signifie « bien-être commun », mais « wealth » a aussi l'acception de « richesse », ou « opulence ».

sommes serré la main ; puis nous sommes allés vers une sorte de tente et nous avons discuté là-bas. Je lui expliqué la situation en Afrique du Sud, puis nous sommes allés dîner…

On nous a affrété l'un des avions du gouvernement pour aller de Paris à Genève. Il faisait très mauvais temps, les gens étaient très anxieux et j'ai voulu plaisanter. J'ai lancé : « Si quelque chose arrive à ma femme, je les traîne au tribunal. » Mais personne n'a compris la plaisanterie ; ils s'inquiétaient à cause des turbulences… Parce que si l'avion s'était crashé, nous serions tous morts et je n'aurais pas pu entreprendre quoi que ce soit. Ils étaient si angoissés qu'ils n'ont pas saisi la plaisanterie.

13. CONVERSATION AVEC RICHARD STENGEL

Ah ça… Le pape est lui aussi un homme remarquable[5]. Modeste, très modeste. J'ai eu une audience avec lui pendant une demi-heure, si je ne me trompe pas. Puis il a fait venir les autres, le reste de la délégation, et il nous a donné des médailles avant de prier pour nous. J'étais impressionné, vous savez, parce que en prison j'avais lu une histoire… Il faisait un séjour dans les Alpes, et il marchait avec un de ses collègues quand soudain il s'est arrêté et a dit : « Au fait, c'est l'anniversaire de Nelson Mandela aujourd'hui. » C'est ce qu'on racontait… Il avait juste dit : « Vous vous rappelez que c'est l'anniversaire de Nelson Mandela ? »

STENGEL : Vraiment ?

MANDELA : C'est ce qu'il a dit, je m'en souviens. C'est donc un homme qui ne s'intéressait pas de manière superficielle à la situation en Afrique du Sud… Il nous a très bien reçus. Je lui

5. Le pape Jean-Paul II (1920-2005).

ai expliqué les récents événements, puis il a déclaré qu'il soutenait pleinement notre lutte et qu'il nous souhaitait d'avoir la force de vaincre… Oui, il est linguiste ! C'est un linguiste. Vous saviez qu'il jouait de la guitare ? C'est quelqu'un de vraiment merveilleux. [Rires.] Et c'est le pape qui a le plus voyagé à travers le monde… J'ai rencontré le Premier ministre Andreotti et le président aussi[6]… Comment puis-je oublier le nom du président ? [Rires.]

14. CONVERSATION AVEC RICHARD STENGEL

Dans un autre pays – je ne le mentionnerai pas parce que les gens peuvent être très susceptibles en Afrique –, dans un autre pays, nous avions l'impression, quand nous étions en prison et après en être sortis, qu'il s'agissait d'une démocratie, parce qu'il y avait des élections. C'est ce que nous croyions. Je suis reçu là-bas, on me traite comme un chef d'État, etc., et le soir, au banquet, je félicite le président d'avoir installé la démocratie dans le pays et d'avoir laissé la possibilité au peuple de déterminer qui doit gouverner. Mais pendant que je parle, je vois des gens sourire ironiquement [Rires.], donc je demande à un des nôtres : « Quelle est la situation ici ? » Il me dit : « Eh bien, vous avez prononcé de belles paroles, mais savez-vous combien il y a de gens en prison ici pour la seule raison qu'ils s'opposent au gouvernement par des moyens pacifiques ? Ils veulent se mesurer aux dirigeants actuels dans des élections, mais comme le gouvernement a peur d'eux, il les a mis en prison. » [Rires.] Très dur… Maintenant, quand je vais dans un pays, je me sens tenu de lire d'abord un résumé de la

6. Francesco Cossiga (1928-). Président de la République italienne.

situation locale, de connaître le cadre général du système politique et les problèmes qui existent.

15. CONVERSATION AVEC RICHARD STENGEL À PROPOS DE SA RENCONTRE AVEC FIDEL CASTRO

Castro est un homme très frappant. Nous avons chacun prononcé un discours lors d'un meeting commun. Comment s'appelait cette ville ? Une foule comme ça dans un si petit pays ? C'était un rassemblement fantastique ; je crois qu'il y avait environ trois mille personnes. Tout le monde avait une chaise pour s'asseoir. Il a parlé pendant environ trois heures sans la moindre note, il a cité de grands hommes, et il a montré que l'Amérique était en faillite. Et personne n'est parti, à part quelques instants pour aller aux toilettes… J'étais extrêmement impressionné par Castro, et aussi par son humilité – c'était quelqu'un de très humble, vous voyez. Quand nous avons défilé à travers la ville, il s'est renfoncé dans son siège et a croisé les bras pendant que moi je saluais la foule… J'ai vu à quel point il était populaire et libre. Après les discours, nous nous sommes mêlés à la foule ; il saluait tout le monde… J'ai remarqué qu'il saluait un Blanc, puis juste après un Noir. Je ne sais pas si c'était un pur hasard ou si c'était délibéré. Il était très chaleureux, il restait un moment à leur parler… J'ai ensuite compris que l'enthousiasme, les saluts, ne s'adressaient pas à moi, mais à Castro… Personne ne s'intéressait à moi… [Rires.] Il m'a profondément impressionné.

16. CONVERSATION AVEC RICHARD STENGEL À PROPOS DE SA VISITE AU KENYA, EN OUGANDA ET AU MOZAMBIQUE

En Ouganda comme au Kenya, j'ai trouvé le climat… très intéressant. En Ouganda, le sol est tellement riche que vous pouvez littéralement jeter n'importe quelle graine par terre, elle poussera. Ils sont autosuffisants pour des choses comme les fruits et un certain nombre d'autres produits agricoles. Et au Kenya, je me suis aperçu qu'ils pouvaient semer du maïs toute l'année. Il y avait des cultures à trois étapes différentes en même temps : une prête à être récoltée, une autre qui ne tarderait pas, et la dernière qui commençait tout juste à pousser. Ce qui montre à quel point le climat est bon pour l'agriculture. En Afrique du Sud, en dehors des fermes où l'irrigation est suffisante, on ne plante le maïs qu'une fois par an. J'ai rencontré le président Chissano, du Mozambique, à Maputo. La guerre avait mis à mal l'économie du pays. Ils traversaient une période difficile, mais je trouvais que Chissano s'occupait au mieux du problème. Et j'ai aussi rencontré Mme Graça Machel, la femme du président du Mozambique décédé, ce dont j'ai été très heureux. C'est là que je l'ai rencontrée pour la première fois. Une femme très impressionnante, et une personnalité remarquable. J'ai passé trois jours à Maputo. Le jour où nous partions, nous avons reçu une alerte à la bombe depuis l'Afrique du Sud. On disait qu'il y avait une bombe dans l'avion. Il a fallu nous faire sortir et descendre nos bagages. Ils ont dû le passer au peigne fin et le vol a été reporté au lendemain. Quand nous sommes revenus, la sécurité était encore renforcée à l'aéroport parce que les gens qui avaient lancé la menace d'une bombe avaient également dit qu'ils s'occuperaient de moi à mon retour. Mais il ne s'est rien passé.

17. EXTRAIT D'UN CARNET

Discussion avec le président George W. Bush.
Maison-Blanche, 12 novembre 2001.
De combien de temps vais-je disposer ?

1.

Compliments sur la façon dont il a géré des problèmes délicats. Rencontré divers chefs d'État, notamment les présidents Mbeki et Obasanjo.

2.

Afghanistan.

Ma déclaration à la presse.

Pas question de se retirer tant que B.L n'est pas complètement balayé.

Pertes civiles malheureuses, mais inhérentes à la guerre.

3.

Palestine – presque trente ans d'efforts infructueux.

Ma proposition.

L'affaire Arafat malheureuse.

4.

Augmentation du financement du Burundi[7].

5.

Lockerbie[8].

7. En 1999, Nelson Mandela fut désigné par le secrétaire général des Nations unies médiateur en chef des négociations de paix afin de mettre un terme à la guerre civile au Burundi entre Tutsis et Hutus.
8. Suite à l'attentat de Lockerbie contre le vol 103 de la Pan Am, dans lequel 270 personnes trouvèrent la mort, Mandela intervint auprès du dirigeant libyen, le colonel Mouammar Kadhafi, pour qu'il livre Abdelbaset Ali Mohmed Al-Megrahi et son co-accusé aux Nations unies.

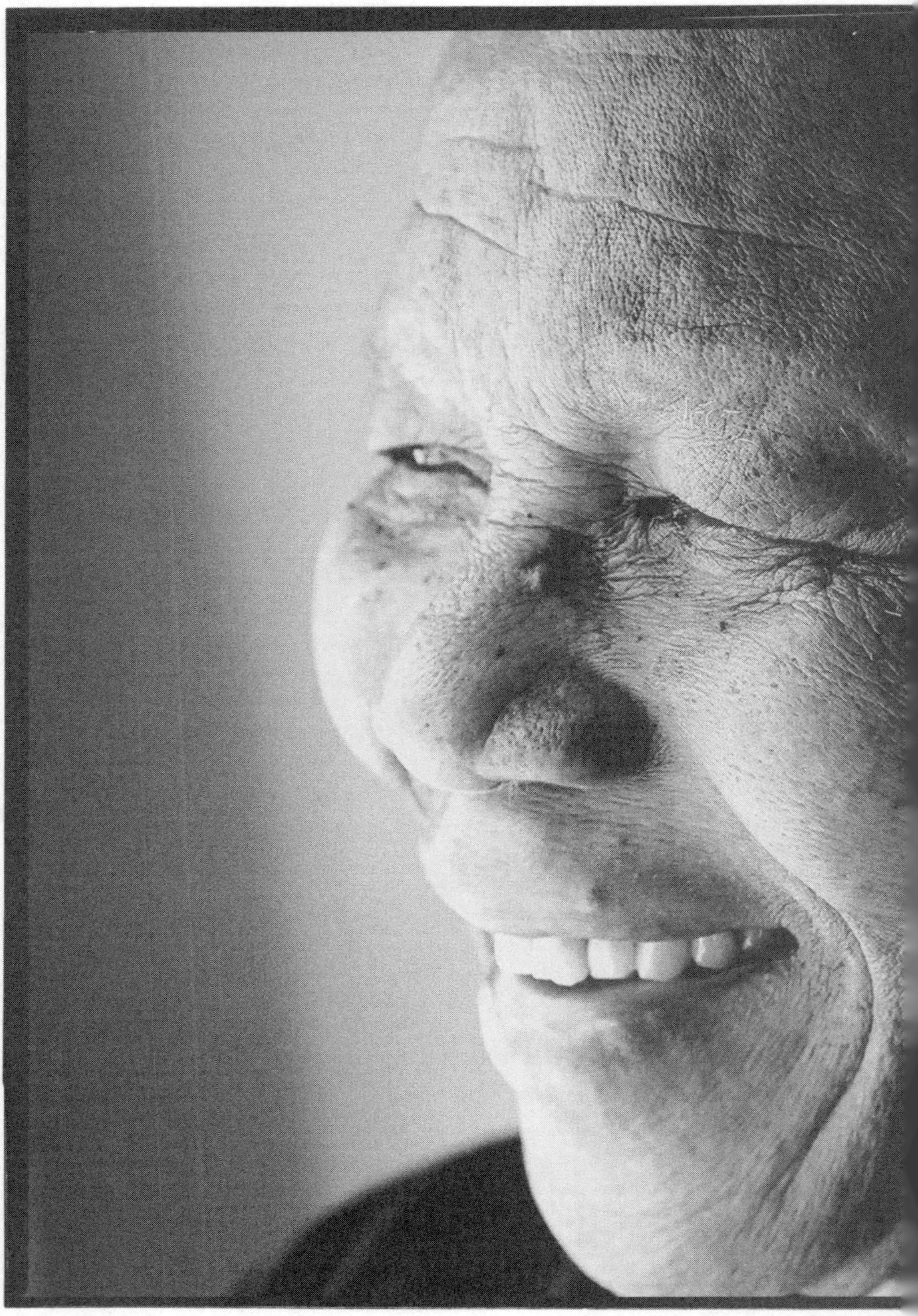

CHAPITRE QUATORZE

À la maison

« Le pillage des territoires indigènes, l'exploitation de sa richesse en minerais et autres matières premières, le confinement du peuple dans des régions précises et les restrictions à la libre circulation ont été, en dehors de rares exceptions, la règle du colonialisme dans ce pays. »

Extrait de la suite inédite de son autobiographie, voir p. 427.

1. EXTRAIT DE LA SUITE INÉDITE DE SON AUTOBIOGRAPHIE

Le pillage des territoires indigènes, l'exploitation de sa richesse en minerais et autres matières premières, le confinement du peuple dans des régions précises et les restrictions à la libre circulation ont été, en dehors rares exceptions, la règle du colonialisme dans ce pays.

C'est la forme que le colonialisme britannique a prise en Afrique du Sud, tant et si bien que, après la promulgation du Land Act en 1913 par le gouvernement sud-africain, une minorité blanche d'à peine 15 % de la population possédait environ 87 % des terres, tandis que la majorité noire – Africains, Coloured et Indiens – n'en occupait que 13 %. Ils étaient obligés de vivre dans la misère et la pauvreté ou de chercher des emplois dans les fermes des Blancs, dans les mines et dans les zones urbaines.

Quand le Parti nationaliste est arrivé au pouvoir en 1948, les Afrikaners ont agi avec une cruauté incroyable et ont entrepris de dépouiller les Noirs des maigres droits à la terre dont ils disposaient encore.

Des communautés petites et grandes, qui occupaient leurs terres depuis des temps immémoriaux, qui y avaient enterré leurs ancêtres et leurs proches, furent impitoyablement déracinées et rejetées dans le veld, livrées à elles-mêmes. Tout ceci a été le fait d'une communauté blanche menée par un pasteur instruit mais infâme et par ses successeurs, qui se sont servis de leurs talents et de leur religion pour commettre de nombreuses atrocités, des atrocités proscrites par Dieu, à l'encontre de la majorité noire. Pourtant ils prétendaient que c'était Dieu qui inspirait leurs projets diaboliques.

(Citation : Sol Plaatje sur le Land Act de 1913)

2. CONVERSATION AVEC AHMED KATHRADA À PROPOS DES PROBLÈMES QUE POSE LE FAIT D'ÊTRE CONNU

MANDELA : Oh, au fait, je t'ai dit que j'ai marché de Lower Houghton jusqu'à la maison de Michael ? Michael Harmel et Eli Weinberg[1] ?

KATHRADA : À l'époque ?

MANDELA : Non, non, dimanche dernier. Je suis parti de Lower Houghton et je suis allé jusqu'à leur maison, leur ancienne maison.

KATHRADA : Bon sang… J'espère que tu étais accompagné par des gens de la sécurité…

MANDELA : Oui… De la police, aussi.

KATHRADA : Oh. Ça fait un long chemin ?

MANDELA : Il m'a fallu un peu plus d'une heure pour y arriver.

KATHRADA : C'est une sacrée promenade.

MANDELA : Il y a une bonne distance. Mais je marchais très lentement, je n'étais pas pressé.

KATHRADA : Ça n'a pas attiré l'attention ?

MANDELA : Alors là ! Ne m'en parle pas !

KATHRADA : Ah.

MANDELA : C'est quand même une vie difficile…

KATHRADA : Oui.

MANDELA : Pas moyen de faire ce que tu veux.

KATHRADA : Oui, c'est très…

MANDELA : J'aime me promener. Mais c'est difficile aujourd'hui… Ici, à Westbrook, c'est bien avec la cour…

KATHRADA : Oui, elle est très grande.

1. Eli Weinberg, voir Personnes, lieux et événements.

3. CONVERSATION AVEC AHMED KATHRADA
À PROPOS DE PLUSIEURS OFFICIERS DE POLICE

KATHRADA : Tu te rappelles le jour où nous sommes allés à Howick ?
MANDELA : Hmmm.
KATHRADA : Le colonel qui était là... Il m'a dit que Van Wyk a une ferme. Il m'a même dit où c'était, mais j'ai oublié.
MANDELA : Ah oui ?
KATHRADA : Hmmm.
MANDELA : Tu sais qu'il avait fait de très belles déclarations.
KATHRADA : Oui, dans le Sunday Times ?
MANDELA : Hmmmm.
KATHRADA : Où il disait qu'il serait prêt à servir sous un gouvernement Mandela.
MANDELA : C'est ça, oui.
KATHRADA : Qu'il serait « honoré » de servir...
MANDELA : Hmmm. C'est bon de voir ces gens-là. Dirker est mort, non ?
KATHRADA : Non, il est tout ce qu'il y a de plus en vie... Quelques journalistes sont allés le voir.
MANDELA : Vraiment ?
KATHRADA : Et Dirker leur a dit : « Est-ce que vous faites partie de l'AWB [Afrikaner Weerstandsbeweging] ? » Le journaliste a répondu que non, et il lui a lancé : « Alors je ne vous parle pas. »
MANDELA : Il fait partie de l'AWB ?
KATHRADA : Oui. Dirker, sans aucun doute.
MANDELA : C'est vrai.
KATHRADA : Il est à Oudtshoorn. Tu sais qu'il vient d'Outdtshoorn...

MANDELA : Lui aussi a une ferme ? Ou bien…

KATHRADA : Je ne sais pas s'il a une ferme mais il vit à Outdshoorn… C'était quelqu'un d'assez cruel.

MANDELA : Ah ça… Et qu'est-il arrivé à Kruger ? Tu sais ?

KATHRADA : Pas du tout. Je n'en sais rien.

MANDELA : Ça, c'est quelqu'un que je voudrais bien revoir.

KATHRADA : Oui. Il était très gentil.

MANDELA : Absolument.

KATHRADA : Oui. Ce serait bien qu'un jour on retrouve quelques-uns de ces gars ; il nous dirait ce que sont devenus les autres…

MANDELA : Mais lesquels ? Parce que, tu sais, ce serait un vrai acte de générosité de leur dire : bon, vous voulez qu'on se fasse un braai [barbecue] ?

KATHRADA : Exactement. C'est tout à fait ce que je me disais. Si on trouvait une petite cérémonie où les inviter, les policiers, les gardiens, tu sais ? Si on pouvait leur mettre la main dessus, ce serait un très beau geste.

MANDELA : Absolument… Si tu m'en reparles mercredi, je pourrais en toucher un mot [au général] Van Der Merwe… Qu'il vienne me voir et que je lui demande de retrouver ces gens, tu vois.

KATHRADA : Ce serait une bonne chose.

MANDELA : Oui. Je suis sûr que Dirker viendrait.

KATHRADA : Bien sûr qu'il viendrait…

MANDELA : Et ce bon vieux Van Wyk. Et le monstre, Swanepoel, il est encore en vie ?

KATHRADA : Oui… Je ne sais pas si tu t'en souviens encore. Il y a eu une attaque contre l'ambassade israélienne de Fox Street. En 1967, 68…

MANDELA : Oui, je vois, oui. C'est exact.

KATHRADA : Il y a eu un siège.

MANDELA : Oui, c'est cela.

KATHRADA : Plusieurs personnes l'ont envahi et l'ont occupé... Et il y a eu des fusillades, aussi...

MANDELA : Oui, c'est vrai, je m'en souviens.

KATHRADA : Swanepoel était responsable de l'opération de police, et l'un des commandos a été condamné à vingt ans, environ. Il a été relâché depuis et il a rendu visite à Swanepoel. Et Swanepoel disait que maintenant, il faisait partie de sa famille... Il lui rendait souvent visite, mais là il n'avait pas eu de nouvelles depuis longtemps et il se demandait ce qui lui était arrivé...

MANDELA : Mon vieux, ce serait chouette d'appeler tous ces gars.

KATHRADA : Oui, même Swanepoel. Pourquoi pas ?

MANDELA : Oui, oui...

KATHRADA : Mais nous devons bien y réfléchir parce qu'il y a beaucoup d'hostilité vis-à-vis de Swanepoel, non ?

MANDELA : Oui.

KATHRADA : Et bien sûr il y a aussi de l'hostilité vis-à-vis des policiers qui ont pratiqué la torture... sur les nôtres.

MANDELA : Oui...

KATHRADA : Quelqu'un comme Mac [Maharaj], par exemple. Je ne sais pas s'il accepterait de venir, à cause de Swanepoel...

MANDELA : Il l'a torturé ?

KATHRADA : Oui... Et Andimba [Toivo ya Toivo], lui aussi, et gravement[2].

MANDELA : Hmmm...

2. Herman Andimba Toivo Ja Toivo. Indépendantiste namibien, leader de la SWAPO (South West African People's Organisation) et prisonnier politique.

KATHRADA : Et Zeph [Mothopeng][3].
MANDELA : Oui.
KATHRADA : Il a torturé beaucoup de gens.
MANDELA : Hmm.

4. CONVERSATION AVEC AHMED KATHRADA À PROPOS DES EXAGÉRATIONS

KATHRADA : OK. Alors, page 156 (du manuscrit de Un long chemin vers la liberté) : « Désormais les forces de police sauraient précisément où je me trouvais, ce qui était justement ce que nous souhaitions. » Puis, dans la dernière partie de ce chapitre, tu parles de ton voyage en Angleterre en disant que tu ne voulais pas que les gens soient au courant.
MANDELA : Non, c'est... C'est une exagération de dire que c'est ce que nous souhaitions. Nous ne l'avons jamais souhaité.
KATHRADA : Ah.
MANDELA : Enlève ça.
KATHRADA : OK.
MANDELA : Tu vois, le fait de dramatiser les choses, alors même qu'elles ne sont pas exactes...
KATHRADA : Hmmm.
MANDELA : C'est un procédé typiquement américain.

5. CONVERSATION AVEC AHMED KATHRADA À PROPOS DE SA VIE PRIVÉE

KATHRADA : Ensuite, page 115 (du manuscrit) : « Comment Winnie a-t-elle réagi lorsque vous lui avez demandé de vous épouser ? Elle a dû être assez surprise ? »

3. Zephania Lekoame Mothopeng (1913-1990). Activiste politique. Président du PAC.

MANDELA : Non, je leur ai dit que je ne voulais pas aborder de sujets personnels.
KATHRADA : Ah.
MANDELA : Mets que je ne réponds pas à cette question.
KATHRADA : Ah.
MANDELA : Je les ai prévenus.
KATHRADA : OK.
MANDELA : Ou mets juste que je ne me souviens plus.
KATHRADA : Ah.
MANDELA : Et que je ne veux pas approfondir le sujet, sinon ils vont mettre leurs propres mots.
KATHRADA : Ensuite, dernière question : « Comment votre famille a-t-elle réagi à votre divorce et à votre deuxième mariage ? »
MANDELA : Non, je ne répondrai pas.
KATHRADA : Là non plus, hein ?
MANDELA : Hmmm. Je ne réponds pas à cette question.

6. EXTRAIT D'UN DOSSIER PERSONNEL – NOTES PRISES LORS D'UNE RÉUNION À ARUSHA, EN TANZANIE, PENDANT LE PROCESSUS DE PAIX AU BURUNDI, 16 JANVIER 2000

Pratiquement aucune des parties qui négocient, voire aucune, ne semble avoir appris l'art du compromis. Leur inflexibilité engendrera inévitablement des difficultés et empêchera les compromis nécessaires à un accord réaliste... Même chez les observateurs politiques impartiaux et expérimentés, règne l'opinion profondément ancrée que le vrai problème du Burundi est l'absence de dirigeants dynamiques qui comprennent l'importance de l'unité nationale, de la paix et de la réconciliation, l'absence de dirigeants ayant une vision et qui s'émeuvent de voir des civils innocents se faire massacrer.

Je ne sais pas si cette opinion est juste ou non. Je trancherai cette question en continuant de travailler à la paix et à la stabilité. Je crois que vous êtes tous capables d'être à la hauteur des attentes et de répondre aux énormes défis que le pays doit relever. Le fait que vous vous soyez révélés comme des leaders dans votre pays, quelles que soient les erreurs que vous ayez commises ou les fautes dont votre réflexion et vos actions sont entachées, prouve que vous êtes tous des hommes responsables et soucieux face aux événements tragiques qui ont conduit au massacre de milliers de vos compatriotes.

Mais votre incapacité à vous mettre d'accord sur des questions cruciales, les nombreuses scissions au sein de vos organisations politiques, le sentiment qu'il n'y a pas d'urgence, alors que la situation requiert des initiatives immédiates, tout cela est indubitablement de votre responsabilité… Les compromis sont indispensables pour diriger un pays, et c'est avec les adversaires qu'on fait des compromis, pas avec ses amis. À en juger par votre situation, il semble que vous adoptiez tous des positions dures et que vous vous concentriez sur des manœuvres visant à discréditer ou à affaiblir vos rivaux. À peine si l'un d'entre vous s'est préoccupé de mettre en avant les problèmes qui vous lient à votre peuple.

Si l'on étudie l'histoire récente de votre pays, on voit que vous n'avez absolument aucune conscience des principes fondamentaux qui doivent motiver chaque dirigeant.

Il y a des hommes et des femmes de bonne volonté dans toutes les communautés. En particulier, il y a des hommes et des femmes de bonne volonté chez les Hutus, les Tutsis et les Twas ; le devoir d'un vrai chef est d'identifier ces hommes et ces femmes et de leur confier la tâche de servir la communauté.

Un dirigeant s'efforce perpétuellement d'apaiser les tensions, surtout quand il a affaire à des problèmes sensibles et complexes. Les extrêmes prospèrent quand il y a de la tension, et l'émotion pure tend alors à se substituer à la rationalité.

Un dirigeant traite n'importe quel problème, sans se soucier qu'il soit important ou sensible, avec l'idée que le pays en sorte plus fort et plus uni que jamais.

Dans chaque querelle, on arrive à un moment où aucune des deux parties n'a entièrement tort ou entièrement raison. Où le compromis est la seule alternative pour qui souhaite réellement la paix et la stabilité.

7. EXTRAIT DE LA SUITE INÉDITE DE SON AUTOBIOGRAPHIE

1. Brouillon

16.10.98

Les Années Présidentielles.

Chapitre Un.

Les hommes et les femmes se succèdent à travers le monde, et à travers les siècles.

Certains ne laissent rien derrière eux, pas même leur nom. On pourrait croire qu'ils n'ont jamais existé.

D'autres laissent quelque chose derrière eux : la mémoire des actes terribles qu'ils ont commis à l'encontre de leurs congénères, en violation flagrante des droits de l'homme, actes qui ne se limitent pas à l'oppression et à l'exploitation des minorités ethniques, mais qui sont même de l'ordre du génocide, et qu'ils perpètrent dans le but d'asseoir leur épouvantable politique.

La décadence morale de certaines communautés dans diverses parties du monde se révèle entre autres dans l'usage

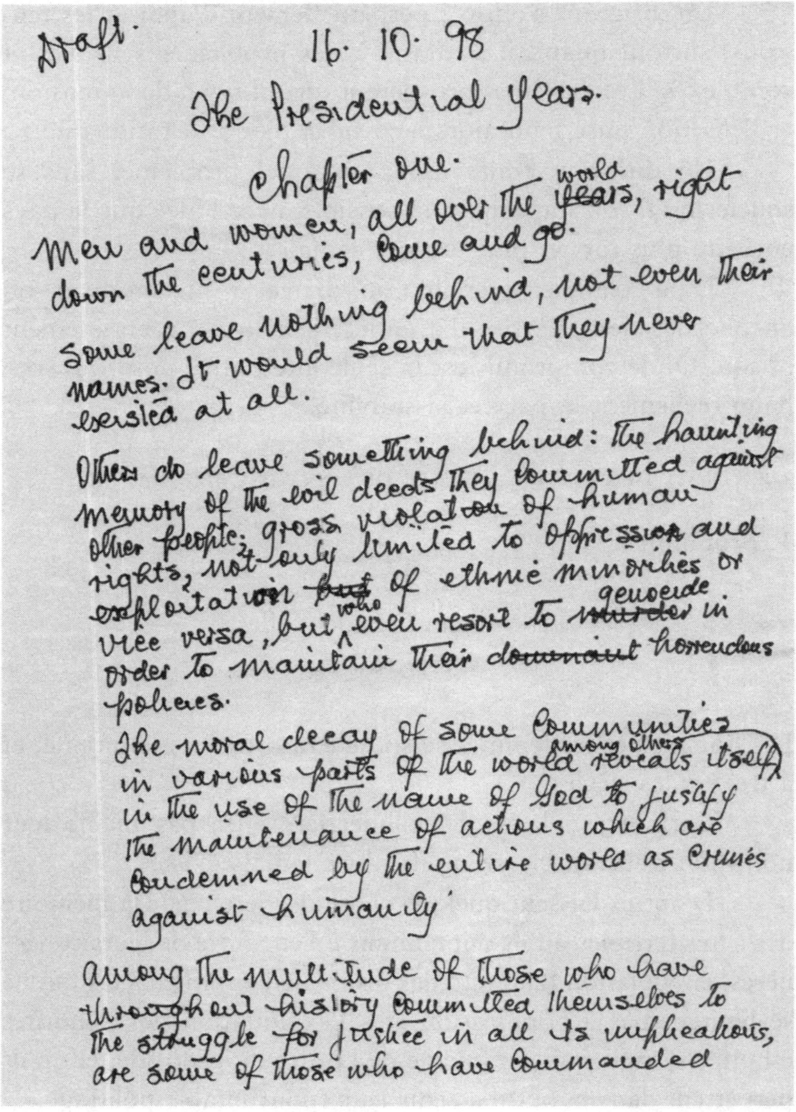
Draft. 16. 10. 98

The Presidential Years.

Chapter one.

Men and women, all over the ~~years~~ world, right down the centuries, come and go.

Some leave nothing behind, not even their names. It would seem that they never existed at all.

Others do leave something behind: the haunting memory of the evil deeds they committed against other people; gross violation of human rights, not only limited to oppression and exploitation ~~but~~ of ethnic minorities or vice versa, but who even resort to ~~murder~~ genocide in order to maintain their ~~dominant~~ horrendous policies.

The moral decay of some communities in various parts of the world reveals itself, among others, in the use of the name of God to justify the maintenance of actions which are condemned by the entire world as crimes against humanity.

Among the multitude of those who have throughout history committed themselves to the struggle for justice in all its implications, are some of those who have commanded

Extrait de la suite inédite de son autobiographie, voir p. 435, 438.

2.

invincible liberation armies who waged stirring operations and sacrificed enormously in order to free their people from the yoke of oppression, ~~and~~ to better their lives by creating jobs, building houses, schools, hospitals, introducing electricity, and ~~x~~ bringing ~~water~~ clean and healthy water to people especially in the rural areas. Their aim was to remove the gap between the rich and the poor, the educated and uneducated, the healthy and those afflicted by preventable diseases.

Indeed when reactionary regimes were ultimately toppled, the liberators tried to the best of their ability and within the limits of their resources to carry out these noble objectives and to introduce clean government free of all forms of corruption. Almost every member of the oppressed group was full of hope that their cherished dreams would at last be realised, that they would in due course regain the human dignity denied to them for decades and even centuries.

But history never stops to play tricks even with seasoned ~~& world~~ famous freedom fighters. Frequently ~~in history~~ erstwhile revolutionaries have easily succumbed to greed, and the tendency to divert public resources for

Extrait de la suite inédite de son autobiographie, voir p. 438.

du nom de Dieu pour justifier des actions condamnées dans le monde entier comme des crimes contre l'humanité.

Parmi la multitude de ceux qui à travers l'histoire ont lutté pour la justice, certains ont commandé d'invincibles armées de libération, ils ont mené des soulèvements et ont fait d'énormes sacrifices afin de libérer leur peuple du joug de l'oppresseur. Ils voulaient améliorer leur existence en créant des emplois, en bâtissant des maisons, des écoles, des hôpitaux, en introduisant l'électricité et en apportant une eau potable et saine jusqu'aux zones rurales. Leur but était de supprimer le fossé entre les riches et les pauvres, entre les intellectuels et les analphabètes, entre les bien-portants et les malades.

Bien sûr, lorsqu'au bout du compte les régimes réactionnaires étaient renversés, ces libérateurs mettaient toutes leurs capacités, dans les limites de leurs ressources, à remplir ces nobles objectifs et à mettre en place un gouvernement libre de toutes les formes de corruption. Les opprimés nourrissaient l'espoir de voir leurs rêves se réaliser, de regagner enfin la dignité d'homme qu'on leur avait refusée pendant des décennies ou même des siècles.

Mais l'histoire ne cesse jamais de jouer des tours, même aux héros de la liberté les plus célèbres et les plus aguerris. Souvent, les révolutionnaires d'autrefois ont succombé à l'appât du gain, et se sont laissé prendre à la tentation de confisquer des ressources publiques pour leur enrichissement personnel. En amassant de vastes fortunes personnelles, et en trahissant les nobles objectifs qui les avaient rendus célèbres, ils abandonnaient de fait les masses populaires et se rapprochaient des anciens oppresseurs, qui s'enrichissaient en spoliant sans pitié les plus pauvres parmi les plus pauvres.

3

personal enrichment ultimately overwhelmed them. By amassing vast personal wealth, and by betraying the noble objectives which made them famous, they virtually deserted the masses of the people and joined the former oppressors, who enriched themselves by mercilessly robbing the poorest of the poor.

There is universal respect and even admiration for those who are humble and simple by nature, and who have absolute confidence in all human beings irrespective of their social status. These are men and women, known and unknown, who have declared total war against all forms of gross violation of human rights wherever in the world such escecesses occur.

They are generally optimistic, believing that, in every community in the world, there are good men and women who believe in peace as the most powerful weapon in the search for lasting solutions. The actual situation on the ground may justify the use of violence which even good men and women may find it difficult to avoid. But even in such

Extrait de la suite inédite de son autobiographie, voir p. 438, 441.

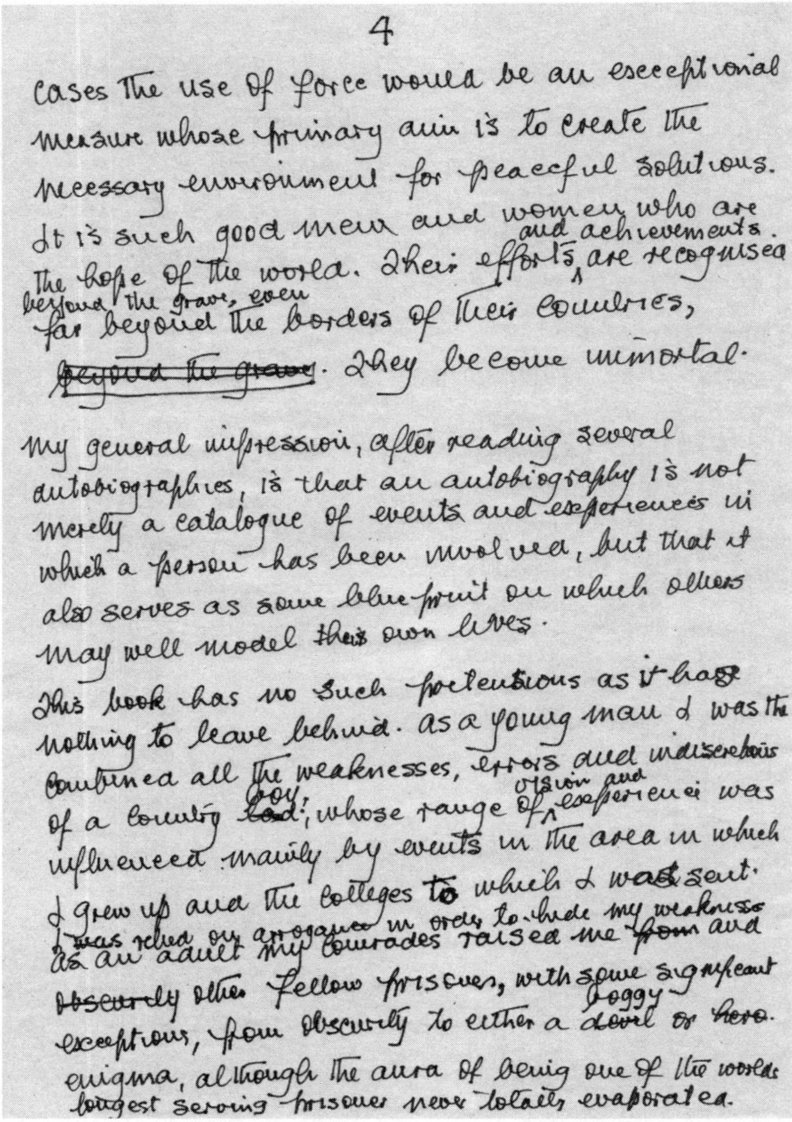
4

cases the use of force would be an exceptional measure whose primary aim is to create the necessary environment for peaceful solutions. It is such good men and women who are the hope of the world. Their efforts and achievements are recognised beyond the grave, even far beyond the borders of their countries, ~~beyond the grave~~. They become immortal.

My general impression, after reading several autobiographies, is that an autobiography is not merely a catalogue of events and experiences in which a person has been involved, but that it also serves as some blue print on which others may well model their own lives.

This book has no such pretentions as it has nothing to leave behind. As a young man I ~~was the~~ combined all the weaknesses, errors and indiscretions of a country ~~lad~~ boy, whose range of vision and experience was influenced mainly by events in the area in which I grew up and the colleges to which I was sent. I was relied on arrogance in order to hide my weaknesses. As an adult my comrades raised me ~~from~~ and ~~obscurity~~ other fellow prisoners, with some significant exceptions, from obscurity to either a ~~devil~~ bogey or ~~hero~~. enigma, although the aura of being one of the world's longest serving prisoner never totally evaporated.

Extrait de la suite inédite de son autobiographie, voir p. 441, 442.

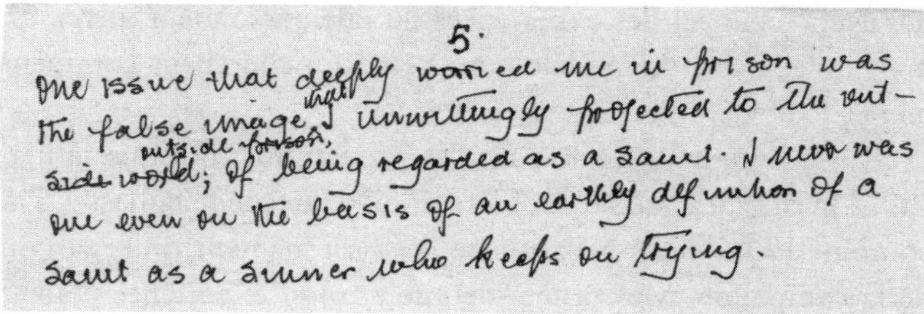
5.
One issue that deeply worried me in prison was the false image that I unwittingly projected to the outside world; of being regarded as a saint. I never was one even on the basis of an earthly definition of a saint as a sinner who keeps on trying.

Extrait de la suite inédite de son autobiographie, voir p. 442.

Le respect et même l'admiration sont universels pour ceux qui sont humbles et simples par nature, et qui ont une foi absolue dans tous les êtres humains, quelle que soit leur condition sociale. Voilà des hommes et femmes, connus ou non, qui déclarent une guerre totale à toutes les formes de violation des droits de l'homme, où que ces excès aient lieu dans le monde.

En général, ils sont optimistes. Ils croient que dans toutes les communautés du monde il y a des hommes bons, convaincus que la paix est l'arme la plus puissante quand on recherche des solutions viables. La situation, ici et là, peut justifier un recours à la violence que même les hommes bons jugeront difficile d'éviter. Mais même dans ce genre de cas, l'usage de la force doit être une mesure exceptionnelle dont le but premier est de créer l'environnement nécessaire pour parvenir à des solutions pacifiques. Ce sont ces hommes et ces femmes qui sont l'espoir du monde. Leurs efforts et leurs réussites sont reconnus par-delà la tombe, et ils deviennent immortels bien au-delà des frontières de leur pays.

Mon impression générale, après en avoir lu beaucoup, c'est qu'une autobiographie n'est pas simplement le catalogue des événements et des expériences qu'une personne a traversés, mais qu'elle sert de modèle pour ceux qui cherchent comment mener leur vie.

Ce livre n'a pas de pareilles prétentions, puisque je n'ai pas d'héritage à laisser derrière moi. Dans ma jeunesse, j'ai combiné la faiblesse à l'absence de discernement d'un garçon de la campagne. Mes points de vue et mon expérience étaient surtout influencés par les événements qui se déroulaient dans la région où j'ai grandi et dans les établissements où j'ai étudié. Je m'appuyais sur l'arrogance pour dissimuler mes lacunes. Adulte, mes camarades m'ont sorti de l'obscurité, ainsi que d'autres prisonniers, hormis quelques exceptions notables, pour faire de moi un épouvantail ou une énigme, bien que mon aura de prisonnier purgeant une peine parmi les plus longues au monde ne se soit jamais totalement évanouie.

L'un des problèmes qui m'inquiétait profondément en prison concernait la fausse image que j'avais sans le vouloir projetée dans le monde ; on me considérait comme un saint. Je ne l'ai jamais été, même si l'on se réfère à la définition terre à terre selon laquelle un saint est un pécheur qui essaie de s'améliorer.

Annexes

ANNEXE A

Chronologie de la vie de Nelson Mandela

1918 : Rolihlahla Mandela naît le 18 juillet à Mvezo dans le Transkei, fils de Nosekeni Fanny et de Nkosi Mphakanyiswa Gadla Mandela.

1925 : Va à l'école primaire près du village de Qunu. Son instituteur lui donne le nom de « Nelson ».

1927 : Suite au décès de son père, il est confié aux soins du chef Jongintaba Dalindyebo, régent du peuple thembu. Il part vivre avec lui à Mqhekezweni, siège du clan.

1934 : Subit le rituel traditionnel de la circoncision, initiation qui fait de lui un homme. Il poursuit sa scolarité au Carkebury Boarding Institute de Engcobo.

1937 : Va à Healdtown, un lycée wesleyen de Fort Beaufort. Rencontre Oliver Tambo.

1939 : S'inscrit à l'université de Fort Hare, Alice, seul établissement noir d'Afrique du Sud.

1940 : Renvoyé de Fort Hare après avoir participé à une manifestation.

1941 : Échappe à un mariage arrangé et déménage à Johannesburg, où il trouve un emploi de veilleur de nuit dans une mine d'or. Rencontre Walter Sisulu, qui lui trouve un stage au cabinet d'avocat Witkin, Sidelsky & Eidelman.

1942 : Continue ses études de premier cycle par correspondance auprès de l'université d'Afrique du Sud (UNISA). Assiste à ses premières réunions du Congrès national africain (ANC).

1943 : Diplômé de premier cycle, il s'inscrit pour un LLB (diplôme de droit) à l'université de Witwatersrand.

1944 : Cofonde la Ligue de la jeunesse de l'ANC (ANCYL). Épouse Evelyn Ntoko Mase, avec qui il aura quatre enfants : Thembekile (1945-1969) ; Makaziwe (1947), qui meurt à 9 mois : Makgatho (1950-2005) ; et Makaziwe (1954).

1948 : Élu secrétaire national de l'ANCYL, il entre au Bureau exécutif national du Transvaal de l'ANC.

1951 : Élu président de l'ANCYL.

1952 : Élu président de la section du Transvaal de l'ANC, et vice-président de l'ANC. Porte-parole et leader de la *Defiance Campaign*, qui commence le 26 juin, il est arrêté à plusieurs reprises et passe quelques jours en prison. Condamné avec dix-neuf camarades en raison du Suppression of Communism Act, il écope de neuf mois de travaux forcés, d'une suspension de deux ans et du premier d'une série d'ordres de bannissement qui l'empêchent d'exercer toute activité politique. Ouvre sa propre consultation juridique et, trois mois plus tard, fonde Mandela & Tambo, le premier cabinet d'avocats africains d'Afrique du Sud.

1953 : Conçoit la stratégie des futures opérations clandestines de l'ANC.

1955 : La Charte de la liberté est adoptée par le Congrès du peuple à Kliptown. Avec d'autres camarades bannis, Mandela suit les débats depuis le toit d'un magasin voisin.

1956 : Arrêté et accusé de trahison avec 155 membres de l'Alliance des Congrès. Le procès durera quatre ans et demi.

1958 : Divorce d'Evelyn Mase. Épouse Nomzamo Winifred Madikizela, avec qui il aura deux filles : Zenani (1959) et Zindziswa (1960).

1960 : Suite au massacre de Sharpeville le 21 mars, le gouvernement déclare l'état d'urgence et Mandela est emprisonné. Le 8 avril, l'ANC et le PAC (Congrès panafricain) sont interdits.

1961 : Acquittement avec le dernier groupe de trente du *Treason Trial* de 1956 ; tous les autres accusés sont blanchis des chefs d'inculpation qui pèsent contre eux à diverses étapes du procès. En avril, Mandela passe à la clandestinité. Le bras armé de l'ANC, Umkhonto we Sizwe (MK), est formé en juin et provoque une série d'attentats en décembre.

1962 : En janvier, Mandela quitte l'Afrique du Sud pour suivre un entraînement militaire et pour chercher des soutiens à l'étranger. Il quitte clandestinement le pays par le Botswana ; il reviendra par le même chemin en juillet. Il reçoit un entraînement militaire en Éthiopie et au Maroc, près de la frontière algérienne. Au total, il visite douze États africains et passe deux semaines à Londres avec Oliver Tambo. Le 5 août, il est arrêté près d'Howick, dans le Kwazulu-Natal. Le 7 novembre, il est condamné à cinq ans de prison pour incitation à la grève et pour avoir quitté le pays illégalement. Il est d'abord détenu à la prison centrale de Pretoria.

1963 : Mandela est transféré à Robben Island en mai avant de retourner brusquement à la prison centrale de Pretoria, deux semaines plus tard. Le 11 juillet, la police fait une descente à la ferme Liliesleaf de Rivonia et arrête presque tout le Haut Commandement du MK. En octobre, Mandela passe en procès pour sabotage avec neuf autres inculpés dans ce qui est connu comme le procès de Rivonia. James Kantor et Rusty Bernstein sont acquittés.

1964 : En juin, Mandela, Walter Sisulu, Ahmed Kathrada, Govan Mbeki, Raymond Mhlaba, Denis Goldberg, Andrew Mlangeni et Elias Motsoalegi sont reconnus coupables et condamnés à la prison à perpétuité. Tous, sauf Goldberg, sont envoyés à Robben Island.

1968 : Décès de la mère de Mandela. On lui refuse d'assister aux obsèques.

1969 : Le fils aîné de Mandela, Madiba Thembekile [Thembi], meurt dans un accident de voiture le 13 juillet. La lettre que Mandela envoie aux autorités pour demander l'autorisation d'assister aux funérailles est ignorée.

1975 : Commence à écrire son autobiographie en secret. Sisulu et Kathrada révisent le manuscrit et font des commentaires. Mac Maharaj et Laloo Chiba le transcrivent en écriture minuscule et Chiba le dissimule à l'intérieur du cahier d'exercices de Maharaj. Maharaj le fait sortir lors de sa libération en 1976.

1982 : Avec Sisulu, Mhlaba, Mlangeni, et plus tard Kathrada, Mandela est envoyé à la prison de Pollsmoor. Ils partagent une grande cellule commune au dernier étage d'un bloc.

1984 : Rejette l'offre de son neveu K.D. Matanzima, président du soi-disant État indépendant (ou bantoustan) du Transkei, qui lui offre d'être libéré et de vivre dans le Transkei.

1985 : Rejette l'offre du président P.W. Botha de le relâcher s'il renonce à l'emploi de la violence comme stratégie politique. Le 10 février, sa réponse est lue lors d'un rassemblement à Soweto par sa fille, Zindzi. En novembre, Mandela subit une opération de la prostate au Volks Hospital. Le ministre de la Justice, Kobie Coetsee, lui rend visite à l'hôpital. À son retour en prison, il est placé dans une cellule individuelle. Commence des discussions préliminaires avec des membres du gouvernement pour créer les conditions des négociations avec l'ANC.

1988 : Un concert pop de douze heures, au stade de Wembley, à Londres, en l'honneur du soixante-dixième anniversaire de Mandela, est diffusé dans soixante-sept pays. Ce dernier contracte la tuberculose et est admis à l'hôpital

Tygerberg, puis à la Constantiaberg Medi-Clinic. Il sort en décembre et est envoyé à la prison Victor Verster, près de Paarl.

1989 : Décroche le LLB (diplôme de droit) auprès de l'université d'Afrique du Sud.

1990 : L'interdiction de l'ANC prend fin le 2 février. Mandela est libéré de prison le 11 février.

1991 : Élu président de l'ANC à la première conférence consultative nationale de l'ANC depuis son interdiction en 1960.

1993 : Reçoit le prix Nobel de la paix avec le président F.W. de Klerk.

1994 : Vote pour la première fois de sa vie aux premières élections démocratiques d'Afrique du Sud le 27 avril. Le 9 mai, il est élu premier président de l'Afrique du Sud démocratique, et le 10 mai a lieu son investiture à Pretoria. Son autobiographie, *Un long chemin vers la liberté*, est publiée.

1995 : Divorce de Winnie Mandela.

1998 : Épouse Graça Machel le jour de son 80e anniversaire.

1999 : Se retire après un mandat de président.

2001 : On lui diagnostique un cancer de la prostate.

2004 : Annonce qu'il se retire de la vie publique.

2005 : Makgatho, son fils cadet, meurt en janvier. Mandela annonce publiquement que son fils est décédé à cause de complications liées au sida.

2007 : Voit la nomination de son petit-fils Mandla Mandela à la fonction de chef du Conseil traditionnel de Mzevo.

2008 : Il a 90 ans. Il adresse aux jeunes générations le message de continuer à se battre pour la justice sociale.

2009 : La date anniversaire de Mandela, le 18 juillet, est consacrée par les Nations unies comme le Nelson Mandela Day.

2010 : En juin, son arrière-petite-fille Zenani Mandela est tuée dans un accident de voiture.

ANNEXE B

Carte d'Afrique du Sud, vers 1996

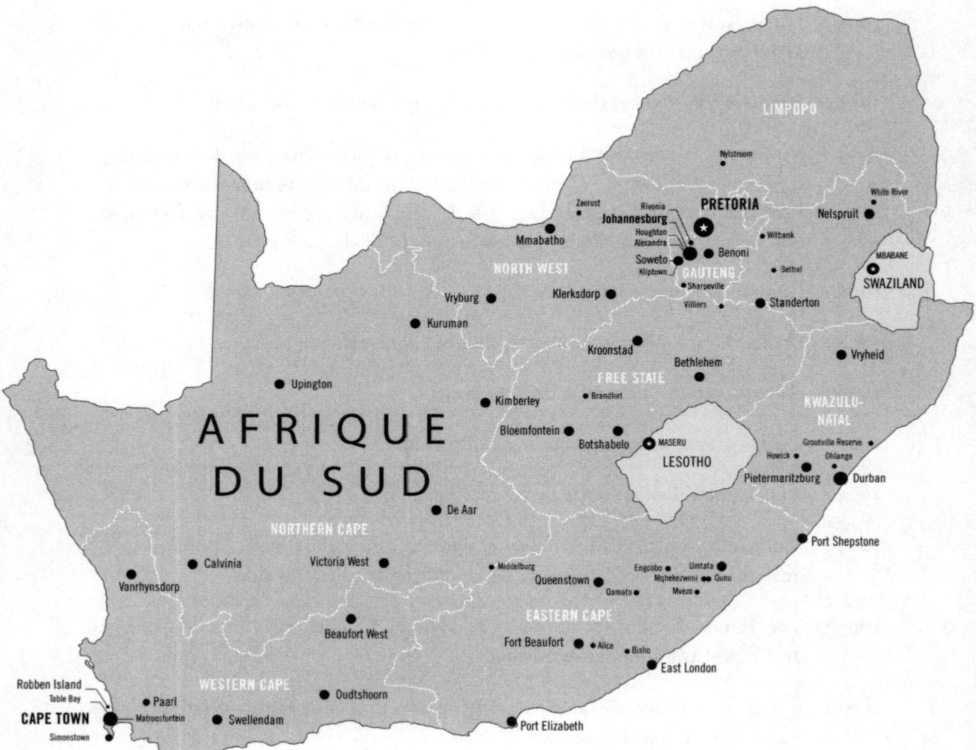

Province	Ville/village	Description
Cap-Est	Mvezo	Lieu de naissance de Mandela.
	Qunu	Village dans lequel Mandela a passé son enfance ; il s'y installa en famille après sa sortie de prison.
	Mqhekezweni	Le siège du clan. Mandela y déménagea à l'âge de 9 ans.
	Engcobo	Clarkebury Boarding Institute, où Mandela obtint son Junior Certificate.
	Fort Beaufort	Études au lycée de Healdtown.
	Alice	Études à l'université de Fort Hare.
Gauteng	Johannesburg	Déménagea à Johannesburg en avril 1941. Vécut à Alexandra et Soweto avant son incarcération ; à Soweto et Houghton après sa libération ; à Houghton pendant sa présidence et depuis sa retraite.
	Kliptown	Adoption de la Charte de la liberté par le Congrès du peuple, 1955.
	Pretoria	Prison centrale de Pretoria, 1962-1963, 1963-1964. Lieu du procès de 1962 et du procès de Rivonia. Inauguré en tant que président, mai 1994. Bureaux à l'Union Buildings pendant sa présidence, 1994-1999.
	Sharpeville	Massacre de Sharpeville, 21 mars 1960.
	Rivonia	Ferme Liliesleaf, refuge clandestin.
Kwazulu-Natal	Pietermaritzburg	All-in Conference, 22 mars 1961.
	Howick	Arrestation, 5 août 1962.
Cap-Ouest	Robben Island	Détention à Robben Island pendant deux semaines en mai 1963, 13 juin 1964-30 mars 1982.
	Le Cap	Détention à la prison de Pollsmoor, mars 1982-août 1988. Traité à l'hôpital Tygerberg, 1988. Traité à la Constantiaberg Medi-Clinic, 1988. Bureau et maison pendant sa présidence, 1994-1999.
	Paarl	Détention à la prison Victor Verster, décembre 1988-11 février 1990.

Carte d'Afrique, vers 1962

Carte montrant la route suivie par Nelson Mandela pendant son voyage à travers l'Afrique puis jusqu'à Londres, au Royaume-Uni, en 1962. Il s'est rendu dans douze États africains et a rencontré nombre de responsables politiques dans le but d'obtenir des soutiens politiques et économiques pour le MK. Il a subi un entraînement militaire en Éthiopie et au Maroc. Et il a aussi passé deux semaines à Londres en compagnie d'Oliver Tambo.

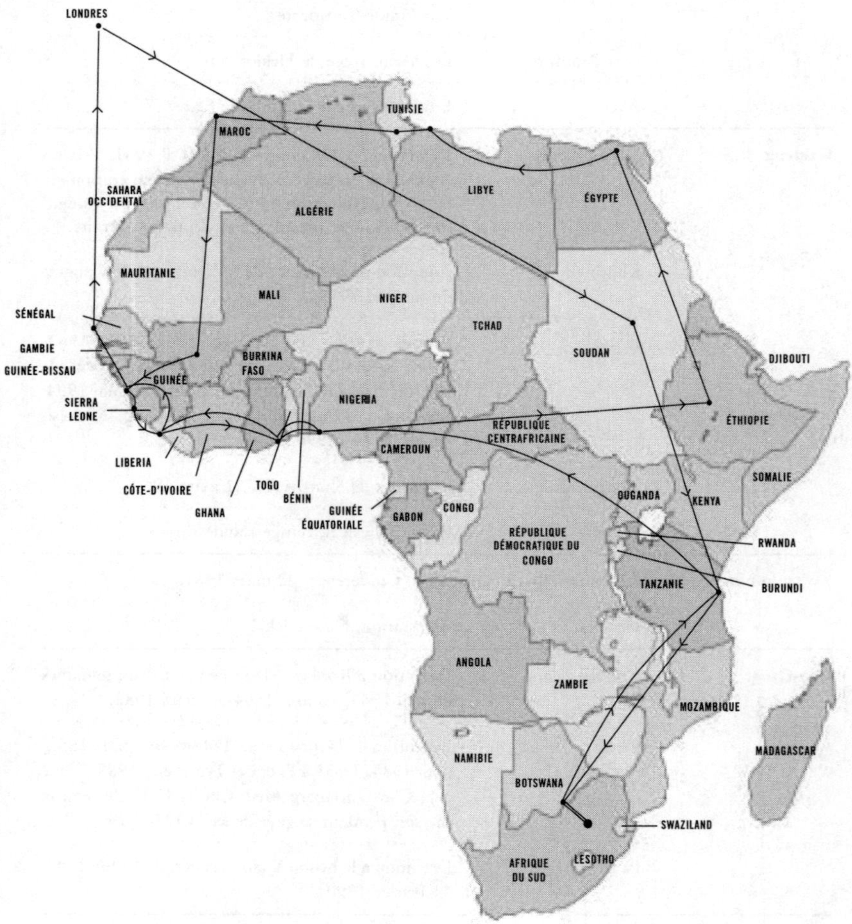

Pays visités en 1962, par ordre chronologique (avec les anciens noms et les villes précises quand elles sont connues)

Bechuanaland (Lobatse, Kasane)	Arrivée le 11 janvier 1962
Tanganyika (Mbeya, Dar es-Salam)	Arrivée le 21 janvier 1962
Nigeria (Lagos)	Arrivée le 25 janvier 1962
Éthiopie (Addis-Abeba)	Arrivée le 30 janvier 1962
Égypte (Le Caire)	Arrivée le 12 février 1962
Libye (Tripoli)	Arrivée le 25 février 1962
Tunisie (Tunis)	Arrivée le 27 février 1962
Maroc (Casablanca, Rabat, Oujda)	Arrivée le 6 mars 1962
Mali (Bamako)	Arrivée le 28 mars 1962
Guinée française (Conakry)	Arrivée le 12 avril 1962
Sierra Leone (Freetown)	Arrivée le 16 avril 1962
Liberia (Monrovia)	Arrivée le 19 avril 1962
Ghana (Accra)	Arrivée le 27 avril 1962
Nigeria (Lagos)	Arrivée le 17 mai 1962
Ghana (Accra)	Arrivée le 27 mai 1962 (escale de 45 minutes)
Liberia (Monrovia)	Arrivée le 27 mai 1962
Guinée française (Conakry)	Arrivée le 28 mai 1962
Sénégal (Dakar)	Arrivée le 1er juin 1962
Royaume-Uni (Londres)	Arrivée le 7 juin 1962
Soudan (Khartoum)	Arrivée le 19 juin 1962
Éthiopie (Addis-Abeba)	Arrivée le 26 juin 1962
Soudan (Khartoum)	Arrivée en 1962, date exacte inconnue
Tanganyika (Dar es-Salam, Mbeya)	Arrivée en 1962, date exacte inconnue
Bechuanaland (Kanye, Lobatse)	Arrivée en 1962, date exacte inconnue

ANNEXE C

Liste des abréviations des organisations

AAC	All-African Convention – Convention panafricaine
ANC	African National Congress – Congrès national africain (SANNC avant 1923)
ANCWL	African National Congress Women's League – Ligue des femmes de l'ANC
ANCYL	African National Congress Youth League – Ligue de la jeunesse de l'ANC
APDUSA	African People's Democratic Union of Southern Africa – Union démocratique du peuple africain d'Afrique du Sud
COD	Congress of Democrats – Congrès des démocrates
COSATU	Congress of South African Trade Unions – Congrès des syndicats sud-africains
CPC	Coloured People's Congress – Congrès des Peuples de couleur
CPSA	Communist Party of South Africa – Parti communiste sud-africain (SACP à partir de 1953)
FEDSAW	Federation of South African Women – Fédération des femmes sud-africaines
IFP	Inkatha Freedom Party – Parti Inkatha pour la liberté
MK	Umkhonto we Sizwe, bras armé de l'ANC
NEUF	Non-European United Front – Front uni non européen
NEUM	Non-European Unity Movement – Mouvement uni non européen
NIC	Natal Indian Congress – Congrès des Indiens du Natal
PAC	Pan Africanist Congress – Congrès panafricain
SACP	South African Communist Party – Parti communiste sud-africain (CPSA avant 1953)
SACTU	South African Congress of Trade Unions – Congrès des syndicats d'Afrique du Sud
SAIC	South African Indian Congress – Congrès des Indiens d'Afrique du Sud
SANNC	South African Nation Natal Congress – Congrès du Natal des indigènes d'Afrique du Sud (ANC à partir de 1923)
TIC	Transvaal Indian Congress – Congrès des Indiens du Transvaal
UDF	United Democratic Front – Front démocratique uni

ANNEXE D

Personnes, lieux, événements

Abdurahman, Abdullah
(1872-1940). Médecin, homme politique et activiste antiapartheid. Père de Cissie Gool. Premier Noir à être élu au conseil municipal du Cap et à l'assemblée provinciale du Cap. Président de l'African Political Organisation (APO). Décoré à titre posthume de l'Order of Meritorious Service : Class 1 (or) par Mandela en 1999, pour son engagement contre l'oppression raciale.

African People's Democratic Union of Southern Africa (APDUSA)
Syndicat fondé en 1961 afin de défendre les droits des classes paysannes et ouvrières opprimées et de les éduquer. Affilié au Mouvement unitaire non européen (NEUM) et à la All-African Convention (AAC). Dirigé par Tabata Isaac Bangani.

Alexander, Dr Neville
(1936-). Professeur d'université, homme politique et activiste antiapartheid. Fondateur du Front de libération national (NLF), opposé au gouvernement d'apartheid. Condamné pour sabotage en 1962 et emprisonné à Robben Island pendant dix ans. A reçu en 2008 le Lingua Pax Prize pour sa contribution à la promotion du multilinguisme dans l'Afrique du Sud post-apartheid.

Alliance des Congrès
Établie en 1950 et composée de l'ANC, du SAIC, du COD et de la South African Coloured People's Organisation (plus tard, le CPC). À sa naissance en 1955, le SACTU en devint le cinquième membre. Son rôle fut prépondérant dans l'organisation du Congrès du peuple et l'ajout de clauses à la Charte de la liberté.

Asvat, Dr Zainab
(1923-). Activiste antiapartheid. Emprisonnée pour sa participation à la Campagne de résistance passive de 1946. L'une des premières femmes à avoir été élue au Bureau exécutif du Transvaal Indian Congress (TIC), en 1946. Bannie pour cinq ans en 1963. À l'expiration de son ordre de bannissement, elle partit à Londres après avoir reçu l'autorisation de s'exiler. Son père, Ebrahim Asvat, a participé aux campagnes de résistance passive de Gandhi. Il fut élu président de la Transvaal British Indian Participation en 1918.

Autshumao (orthographié Autshumayo par Mandela)
(mort en 1663). Chef khoïkhoï. Apprit l'anglais et le néerlandais et travailla comme interprète lors de la colonisation néerlandaise du Cap de Bonne-Espérance, en 1652.

Avec deux de ses partisans, il fut banni par Jan van Riebeeck à Robben Island en 1658 après avoir mené la guerre contre les colons hollandais. Il fut l'un des premiers prisonniers de Robben Island, et le seul à réussir à s'en évader.

Barnard, Dr Lukas (Niel)

(1949-). Professeur de sciences politiques à l'université de l'État libre d'Orange, 1978. Directeur des services secrets d'Afrique du Sud, 1980-1992. A tenu des réunions clandestines avec Mandela durant son emprisonnement, afin de préparer sa libération et son arrivée au pouvoir. Il a notamment facilité les rencontres entre Mandela et les présidents P.W. Botha puis F.W. De Klerk. Directeur général de l'administration provinciale du Cap-Ouest, 1996-2001.

Bernstein (née Schwarz), Hilda

(1915-2006). Écrivain, artiste, activiste antiapartheid et militante des droits des femmes. Conseillère municipale de Johannesburg de 1943 à 1946. Seule communiste à avoir été élue à une fonction publique lors d'un vote réservé aux Blancs. Mariée à Lionel « Rusty » Bernstein. Membre fondateur de la Fédération des femmes sud-africaines (FEDSAW), la première organisation de femmes non raciale d'Afrique du Sud, en 1956, et du Conseil de la paix sud-africaine. Membre de la Ligue des femmes de l'ANC. Suite au procès de Rivonia en 1964, elle s'est enfuie à pied au Botswana avant de trouver refuge à Londres, au Royaume-Uni. Décoré de l'Order of Luthuli (argent) en 2004 pour sa contribution à la lutte en faveur de l'égalité des sexes et d'une société démocratique en Afrique du Sud.

Bernstein, Lionel (Rusty)

(1920-2002). Architecte et activiste antiapartheid. Membre dirigeant du Parti communiste sud-africain (CPSA). Membre fondateur et leader du Congrès des démocrates (COD), l'une des organisations ayant participé au Congrès du peuple de 1955, au cours duquel fut adoptée la Charte de la liberté. Accusé lors du *Treason Trial* de 1956. Après son acquittement à l'issue du procès de Rivonia, il s'exila avec sa femme (ils partirent à pied au Botswana voisin). Il demeura un membre dirigeant de l'ANC tout en poursuivant son activité d'architecte.

Bizos, George

(1928-). Avocat défenseur des droits de l'homme d'origine grecque. Membre et cofondateur du National Council of Lawyers for Human Rights. Membre du Comité de droit constitutionnel de l'ANC. Conseiller juridique de la Convention pour une Afrique du Sud démocratique (CODESA). Avocat de la défense lors du procès de Rivonia. A aussi agi pour le compte d'activistes antiapartheid célèbres, comme les familles de Steve Biko, Chris Hani, et le Cradock Four devant la commission Vérité et Réconciliation. Nommé par Mandela à la Commission des services judiciaires de l'Afrique du Sud.

Black Consciousness Movement
Mouvement antiapartheid ciblant la jeunesse et les ouvriers noirs. Prêchait la fierté de l'identité noire. Ce mouvement a émergé au milieu des années soixante en réaction au vide politique créé par l'interdiction permanente de l'ANC et du PAC, ainsi que l'emprisonnement de leurs membres. Ses origines se situaient au sein de la South African Students Organisation (SASO), dirigée par Steve Biko, qui fonda le mouvement.

Botha, Pieter Willem (P.W.)
(1916-2006). Premier ministre de l'Afrique du Sud, 1978-1984. Président de la République, 1984-1989. Leader du Parti national d'Afrique du Sud. Défenseur de l'apartheid. En 1985, Mandela déclina son offre de le libérer à condition qu'il rejette la violence. Botha refusa de témoigner sur les crimes de l'apartheid à la commission Vérité et Réconciliation, en 1998.

Brutus, Dennis
(1924-2009). Éducateur, activiste antiapartheid et militant des droits de l'homme. Cofondateur et président du South African Non-Racial Olympic Committee (SANROC), qui persuada les comités olympiques d'autres pays de suspendre l'Afrique du Sud aux jeux Olympiques de 1964 et 1968. Il fut condamné à dix-huit mois de travaux forcés en 1963 pour avoir enfreint son ordre de bannissement. A purgé une partie de sa peine à Robben Island. A fui l'Afrique du Sud en 1966.

Buthelezi, Mangosuthu
(1928-). Homme politique d'Afrique du Sud et prince zoulou. Membre de l'ANC avant que sa relation avec le mouvement ne se détériore en 1979. Fondateur et président du Parti Inkhata pour la liberté (IFP) en 1975. Chef ministre du Kwazulu. Nommé ministre de l'Intérieur de l'Afrique du Sud, 1994-2004, il a agi comme président à plusieurs reprises au cours du mandat de Mandela.

Cachalia (née Asvat), Amina
(1930-). Activiste antiapartheid et militante des droits des femmes. Membre de l'ANC et du TIC. Cofondatrice et trésorière de la FEDSAW. Fondatrice du Women's Progressive Union. Mariée à Yusuf Cachalia. Des ordres de bannissement, de 1963 à 1978, l'empêchèrent de participer à des rassemblements publics ou des réunions politiques, d'entrer dans un établissement scolaire ou une maison d'édition et de quitter le district juridique de Johannesburg.

Cachalia, Ismail Ahmad (Maulvi)
(1908-2003). Activiste antiapartheid. Membre dirigeant du SAIC, du TIC et de l'ANC. A joué un rôle crucial dans la campagne de résistance passive de 1946. Assistant de Mandela lors de la *Defiance Campaign* de 1952, et parmi les vingt accusés du procès qui s'ensuivit. A assisté à la conférence de Bandung en Indonésie en 1955 avec Moses Kotane. A fui au Botswana en 1954 et a monté l'antenne de l'ANC à

New Dehli, en Inde. Son père, Ahmad Mohamed Cachalia, un proche de Ghandi, dirigea la Transvaal British Indian Association, 1908-1918.

Cachalia, Yusuf

(1915-1995). Activiste politique. Secrétaire du Congrès des Indiens d'Afrique du Sud. Frère de Maulvi Cachalia. Mari de Amina Cachalia. A purgé une peine de neuf mois suspendue, suite à son implication dans la *Defiance Campaign*. Banni perpétuellement à partir de 1953.

Charte de la liberté

Déclaration de principes adoptée par l'Alliance des Congrès lors du Congrès du peuple à Kliptown, Soweto, le 26 juin 1955. L'Alliance des Congrès rassemblait des milliers de partisans à travers l'Afrique du Sud, qui enregistrèrent les demandes du peuple. La Charte de la liberté réclamait l'égalité des droits pour tous les Sud-Africains sans distinction de race, une réforme des lois sur la propriété, l'amélioration des conditions de vie et de travail, une distribution équitable des richesses, l'éducation obligatoire et des lois justes. La Charte de la liberté fut un outil majeur de la lutte contre l'apartheid.

Chiba, Isu (Laloo)

(1930-). Activiste antiapartheid. Membre du SACP et du TIC. Commandant de section du MK. Torturé par la police de sécurité sud-africaine, ce qui lui valut de perdre l'usage d'une oreille. Membre du Second Haut Commandement national du MK, il fut condamné à dix-huit ans de prison qu'il purgea à Robben Island. Aida à transcrire le manuscrit autobiographique de Mandela en prison. Relâché en 1982. Député du United Democratic Front (UDF), 1994-2004. Décoré de l'Order of Luthuli (argent) en 2004 en hommage à sa contribution à la lutte pour une Afrique du Sud non raciale, non sexiste, juste et démocratique.

Coetsee, Hendrik (Kobie)

(1931-2000). Homme politique sud-africain, avocat, administrateur et négociateur. Ministre adjoint de la Défense et des Renseignements, 1978. Ministre de la Justice, 1990. A tenu des réunions avec Mandela à partir de 1985 pour définir les conditions de pourparlers entre le Parti national et l'ANC. Élu président du Sénat suite aux premières élections démocratiques en Afrique du Sud.

Congrès du peuple

Le Congrès du peuple fut le point culminant d'une campagne d'une année au cours de laquelle les membres de l'Alliance des Congrès arpentèrent l'Afrique du Sud en long et en large pour écouter les demandes du peuple, qui trouvèrent leur aboutissement dans la Charte de la liberté. Les 25 et 26 juin 1955 à Kliptown, Johannesburg, le Congrès réunit 3 000 délégués et adopta la Charte de la liberté le second jour.

Congrès national africain (ANC)

Fondé à l'origine, en 1912, sous le nom de Congrès national des autochtones sud-africains (SANNC). Rebaptisé Congrès national africain (ANC) en 1923. Suite au massacre de Sharpeville en mars 1960, l'ANC fut interdit par le gouvernement sud-africain et passa à la clandestinité jusqu'à la levée de l'interdiction en 1990. Sa branche armée, Umkhonto we Sizwe (MK), fut fondée en 1961 et Mandela devint son commandant en chef. L'ANC devint le parti de gouvernement en Afrique du Sud après les premières élections démocratiques, le 27 avril 1994. Interdit de 1960 à 1990.

Congrès panafrican (PAC)

Formation radicale issue de l'ANC et fondée en 1959 par Robert Sobukwe, qui défendait la philosophie de « l'Afrique aux Africains ». Le PAC mena notamment une campagne nationale contre les laissez-passer dix jours avant celle prévue par l'ANC. Elle aboutit au massacre de Sharpeville le 21 mars 1960, événement au cours duquel la police abattit soixante-neuf manifestants non armés. Interdit, en même temps que l'ANC, en avril 1960. Levée de l'interdiction le 2 février 1990.

Cooper, Sathavisan (Saths)

(1950-). Psychologue et activiste antiapartheid. Partisan du Mouvement de la conscience noire. Secrétaire de la Convention du peuple noir en 1972. Banni et confiné dans le district juridique de Durban pendant cinq ans en 1973. Déclaré coupable d'agression sur un officier de police au cours d'une grève en 1973. Condamné à dix ans de prison en 1974 pour avoir aidé à organiser des rassemblements célébrant la victoire du Mouvement de libération du Mozambique, il fut relâché le 20 décembre 1982. Élu vice-président de l'Organisation du peuple azanien (AZAPO) en 1983.

Dadoo, Dr Yusuf

(1909-1983). Médecin, activiste antiapartheid et orateur. Président du SAIC. Adjoint d'Oliver Tambo au Conseil révolutionnaire du MK. Président du SACP, 1972-1983. Membre dirigeant de l'ANC. Première peine de prison en 1940 pour activités de sabotage de guerre, puis peine de six mois après la Campagne de résistance passive de 1946. Fit partie des vingt accusés du procès de la *Defiance Campaign*, en 1952. Il passa à la clandestinité après la proclamation de l'état d'urgence en 1960, puis s'exila pour échapper à l'arrestation. Décoré de le plus haute distinction de l'ANC, l'Isitwalandwe Seaparankoe, en 1955, au cours du Congrès du peuple.

Dalindyebo, chef Jongintaba

(mort en 1942). Chef et régent du peuple thembu. Prit Mandela sous sa garde après le décès de son père. Mandela partit vivre avec lui au siège du clan, à Mqhekeweni, quand il eut 9 ans.

Dalindyebo, roi Sabata Jonguhlanga

(1928-1986). Chef du Transkei, 1954-1980. Leader du Parti démocrate progressiste. Neveu du chef Jongintaba Dalindyebo. A fui en Zambie en 1980, accusé d'avoir bafoué l'intégrité du président Matanzima du Transkei.

Daniels, Edward (Eddie ; Mandela l'appelle « Danie »)

(1928-). Activiste politique. Membre du Parti libéral d'Afrique du Sud. Membre du Mouvement de résistance africain qui s'en est pris à des cibles non humaines pour mettre en cause le gouvernement. A purgé une peine de quinze ans à Robben Island, où il fut détenu dans la section B avec Mandela. Il fut banni dès sa sortie de prison en 1979. Décoré de l'Order of Luthuli (argent) par le gouvernement sud-africain en 2005.

De Klerk, Frederik Willem (F.W.)

(1936-). Avocat. Président de l'Afrique du Sud, 1989-1994. Leader du Parti national, 1989-1997. En février 1990, il leva l'interdiction de l'ANC et d'autres organisations et libéra Mandela de prison. Vice-président de Mandela, avec Thabo Mbeki, de 1994 à 1996. Leader du Nouveau parti national, 1997. Décoré du Prince of Asturias Award en 1992 et du prix Nobel de la paix en 1993, conjointement avec Nelson Mandela, pour son rôle dans la fin pacifique de l'apartheid.

Defiance Campaign Against Unjust Laws/Campagne d'insoumission aux lois injustes

Initiée par l'ANC en décembre 1951, et lancée avec le SAIC le 26 juin 1952, contre six lois d'apartheid. La campagne de résistance consistait à enfreindre des lois racistes, telles que les entrées réservées aux Blancs, les couvre-feux et les jugements des tribunaux. Mandela fut nommé à la tête de la campagne, avec Malvi Cachalia pour adjoint. Plus de 8 500 volontaires furent emprisonnés pour leur participation à la *Defiance Campaign*.

Dube, John Langalibalele

(1871-1946). Éducateur, éditeur, écrivain. Premier président général du SANNC (rebaptisé ANC en 1923), créé en 1912. Fonda la Zulu Christian Industrial School à Ohlange. Fonda le premier journal zoulou/anglais *Ilanga lase Natal* (*Soleil du Natal*) en 1904. Opposant au Land Act de 1913. Membre du bureau exécutif, 1935. Mandela vota à l'école d'Ohlange en 1994, pour la première fois de sa vie, puis il se rendit sur la tombe de Dube pour lui annoncer que l'Afrique du Sud était désormais libre.

État d'urgence, 1960

Déclaré le 30 mars 1960 en réaction au massacre de Sharpeville. Se caractérisa par des arrestations massives et l'emprisonnement de la plupart des leaders africains. Le 8 avril 1960, l'ANC et le PAC furent interdits en raison de l'Unlawful Organisations Act.

Fédération des femmes sud-africaines (FEDSAW)
Organisation de femmes nationale et non raciale fondée le 17 avril 1954 à Johannesburg. Joua un rôle prépondérant dans la campagne contre les laissez-passer, dont le point culminant fut une marche de 20 000 femmes le 9 août 1956 (devenue aujourd'hui la Journée de la femme en Afrique du Sud) jusqu'à l'immeuble abritant le gouvernement sud-africain à Pretoria.

First, Ruth
(1925-1982). Professeur d'université, journaliste, activiste antiapartheid et militante des droits des femmes. Épousa Joe Slove en 1949. Rencontra Mandela à l'université du Witwatersrand. Arrêtée, inculpée puis acquittée lors du *Treason Trial*. S'enfuit au Swaziland avec ses enfants après la proclamation de l'état d'urgence en 1960. Placée en isolement durant quatre-vingt-dix jours en 1963, elle partit en Angleterre après sa libération. Vécut à partir de 1977 en exil au Mozambique, où elle fut tuée par un colis piégé le 17 août 1982.

Fischer Abram (Bram)
(1908-1975). Avocat et activiste antiapartheid. Leader du CPSA. Membre du COD. Accusé d'incitation à la grève pour son implication dans les grèves des mineurs réclamant une augmentation de leurs salaires en 1946. Défendit Mandela et d'autres membres dirigeants de l'ANC lors du *Treason Trial*. Dirigea la défense lors du procès de Rivonia, 1963-1964. Fit continuellement l'objet d'ordres de bannissement et, en 1966, fut condamné à la prison à perpétuité sur la base du Suppression of Communism Act et conspiré à des fins de sabotage. Décoré du Lenin Peace Prize en 1967.

Fischer (née Krige), Susanna Johanna (Molly)
(1908-1964). Enseignante et activiste antiapartheid. Membre du CPSA et de la FEDSAW. Épousa Bram Fischer en 1937. En 1955, elle fut bannie de trois organisations et obligée de démissionner de son poste de secrétaire de la Société sud-africaine pour la paix et l'amitié avec l'Union soviétique. Incarcérée après la proclamation de l'état d'urgence en 1960. Elle mourut d'un accident de voiture en 1964 avec son mari, en route pour le Cap où elle allait fêter le vingt et unième anniversaire de sa fille.

Gerwel, G.J. (Jakes)
(1946-). Professeur d'université. Directeur général du cabinet du président Mandela, 1994-1999. Secrétaire du cabinet du gouvernement d'unité nationale, 1994-1999. Président de l'université de Rhodes. Professeur émérite de l'université du Cap-Ouest, président de la Fondation Nelson Mandela.

Goldberg, Denis
(1933-). Activiste antiapartheid. Membre du SACP. Cofondateur et leader du COD. Officier du MK. Arrêté à Rivonia en 1963, il fut condamné à perpétuité et purgea sa peine à la prison locale de Pretoria. Après sa libération en 1985, il s'exila au

Royaume-Uni et représenta l'ANC au Comité contre l'apartheid des Nations unies. Fonda la Communauté HEART en 1995 pour venir en aide aux Noirs pauvres d'Afrique du Sud. Revint en Afrique du Sud en 2002 et fut nommé conseiller du ministre des Eaux et des Forêts, Ronnie Kasrils.

Gool, Zainunnisa (Cissie)
(1897-1963). Avocate et activiste antiapartheid. Fille d'Abdullah Abdurahman. Fondatrice et première présidente de la Ligue de libération nationale (NLL), présidente du Front uni non européen (NEUF) dans les années quarante. Arrêtée et accusée pour son rôle dans la Campagne de résistance passive de 1946, et bannie en 1954. En 1962, elle fut la première femme noire à obtenir un diplôme de droit en Afrique du Sud et à figurer au barreau du Cap. Décorée à titre posthume de l'Order of Luthuli (argent) par le gouvernement sud-africain en hommage à sa contribution remarquable à la lutte pour la libération et pour les idéaux d'une Afrique du Sud juste, non raciste et démocratique.

Hani, Thembisile (Chris)
(1942-1993). Activiste antiapartheid. Membre de l'ANCYL dès l'âge de 15 ans, il adhéra également au SACP. Membre du MK, il finit par en prendre la tête. Il était actif dans les réseaux clandestins de l'ANC au Cap-Est et au Cap-Ouest, avant de partir en exil, où il gravit les échelons du MK. Revint en Afrique du Sud en 1990. Secrétaire général du SACP à partir de 1991. Assassiné devant chez lui à Johannesburg en 1993 par Janusz Waluś. Décoré à titre posthume de la plus haute distinction de l'ANC, l'Isitwalandwe Seaparankoe, en 2008.

Harmel, Michael
(1915-1974). Journaliste, intellectuel, syndicaliste et activiste antiapartheid. Membre dirigeant du SACP et éditeur de *The African Communist*. Membre du MK. Participa à la création du Congrès des syndicats sud-africains (SACTU). Cofondateur du COD. Continuellement banni. Le SACP lui demanda de s'exiler en 1962, ce qui ne l'empêcha pas de continuer à jouer un rôle crucial au sein du SACP, de l'ANC et du MK.

Hepple, Bob
(1934-). Avocat, professeur d'université et activiste antiapartheid. Membre du COD et du SACTU. Représenta Mandela en 1962 suite à son arrestation pour avoir quitté le pays illégalement et incité les travailleurs à la grève. Arrêté à la ferme Liliesleaf en 1963, les chefs d'accusation contre lui furent abandonnées à condition qu'il témoigne contre les accusés. Par la suite, il s'exila d'Afrique du Sud.

Hodgson, Jack
(1910-1977). Activiste antiapartheid. Membre du SACP. Secrétaire national de la Springboks Legion, une organisation antifasciste de vétérans de la Seconde Guerre mondiale. Cofondateur et premier secrétaire du COD. Cofondateur du MK. Participa

à la formation des recrues du MK. Banni par le gouvernement d'apartheid. Accusé lors du *Treason Trial*. Figure dans la liste des conspirateurs établie dans l'acte d'accusation du procès de Rivonia.

Jabavu, Davidson Don Tengo
(1885-1959). Professeur d'université, poète, activiste antiapartheid. Fils de John Tengo Jabavu. Premier professeur noir de l'université de Fort Hare, Alice. Président de l'AAC, fondé en 1935 en opposition à la législation ségrégationniste. Éducateur et cofondateur du SAANC (rebaptisé ANC en 1923).

Jabavu, John Tengo
(1859-1921). Universitaire, écrivain, éditeur et activiste politique. Père de Davidson Don Tengo Jabavu. Fonda le premier journal possédé par des Noirs, *Imvo Zabantsundu* (*L'Opinion noire*), en 1884. Participa à la création de la première université pour Noirs d'Afrique du Sud (l'université de Fort Hare). Décoré à titre posthume de l'Order of Luthuli (or).

Joseph (née Fennel), Helen
(1905-1992). Enseignante, travailleuse sociale, activiste antiapartheid et militante des droits des femmes. Membre fondateur du COD. Secrétaire nationale de la FEDSAW. Organisatrice de la marche des femmes sur les bâtiments gouvernementaux de Pretoria. Accusée lors du *Treason Trial*, en 1956. Assignée à résidence en 1962. Subvint aux besoins de Zindzi et Zeni Mandela lorsque leurs deux parents furent incarcérés. Décorée à titre posthume de la plus haute distinction de l'ANC, l'Isitwalandwe Seaparankoe, en 1992.

Kantor, James
(1927-1975). Avocat. Bien que n'étant pas membre de l'ANC ou du MK, il fut sur le banc des accusés lors du procès de Rivonia parce que son beau-frère et associé Harold Wolpe avait été arrêté à la ferme Liliesleaf. Acquitté, il fuit l'Afrique du Sud.

Kathrada, Ahmed Mohamed (Kathy)
(1929-). Activiste antiapartheid, homme politique, prisonnier politique et député. Membre dirigeant de l'ANC et du SACP. Membre fondateur du Transvaal Indian Volunteer Corps et de son successeur, le Transvaal Indian Youth Congress. Incarcéré un mois en 1946 pour sa participation à la Campagne de résistance passive du SAUC contre l'Asiatic Land Tenure and l'Indian Representation Act. Condamné pour sa participation à la *Defiance Campaign* en 1952. Banni en 1954. Coorganisateur du Congrès du peuple et membre du Comité de direction générale de l'Alliance des Congrès. Arrêté après la proclamation de l'état d'urgence en 1960. Fit partie du dernier groupe de trente à être acquitté en 1961 lors du *Treason Trial*. Assigné à résidence en 1962. Arrêté à la ferme Lilieasleaf en juillet 1963 et accusé de sabotage au procès de Rivonia. Emprisonné à Robben Island, 1964-1982, puis à la prison de

Pollsmoor jusqu'à sa libération le 15 octobre 1989. Député à partir de 1994, après les premières élections démocratiques d'Afrique du Sud, il fut conseiller politique de Nelson Mandela. Président du Conseil de Robben Island, 1994-2006. Décoré de l'Isitwalandwe Seapankoe, la plus haute distinction de l'ANC, en 1992 ; du Pravasi Bharatiya Samman Award par le président de l'Inde ; docteur honoraire de diverses universités.

Khoïkhoï(s)

Peuple autochtone d'Afrique du Sud, les Khoïkhoïs subsistaient grâce à l'élevage de vaches et de moutons.

Kotane, Moses

(1905-1978). Activiste antiapartheid. Secrétaire général du SACP, 1939-1978. Trésorier général de l'ANC, 1963-1973. Accusé lors du *Treason Trial* de 1956. Fit de nouveau partie des vingt accusés du procès de la *Defiance Campaign*. Il assista en 1955 à la conférence de Bandung, en Indonésie. Incarcéré en 1960 après la proclamation de l'état d'urgence, puis assigné à résidence. Il s'exila en 1963. Décoré de l'Isitwalandwe Seapankoe, la plus haute distinction de l'ANC, en 1975.

Kruger, James (Jimmy)

(1917-1987). Homme politique. Ministre de la Justice et de la Police, 1974-1979. Président du Sénat, 1979-1980. Membre du Parti national. Se fit remarquer par son commentaire sur la mort de Steve Biko en détention en 1977, laquelle de son propre aveu le laissa « froid ».

Ligue de la jeunesse de l'ANC (ANCYL)

Fondée en 1944 par Nelson Mandela, Anton Lembede, Walter Sisulu, A.P. Mda et Oliver Tambo en réaction à la ligne plus conservatrice de l'ANC. La ligue prônait la désobéissance civile et les grèves comme moyens de protestation contre le système de l'apartheid. De nombreux membres le quittèrent pour constituer le Congrès panafricain (PAC) en 1959.

Ligue des femmes de l'ANC (ANCWL)

Fondée en 1948. Impliquée de façon active dans la *Defiance Campaign* et la campagne contre les laissez-passer, en 1952.

Luthuli, chef Albert John Mvumbi

(1896-1967). Enseignant, activiste antiapartheid et pasteur. Chef de Groutville Reserve. Président général de l'ANC, 1952-1967. Confiné chez lui à partir de 1953 suite à des ordres de bannissement. Accusé lors du *Treason Trial* en 1956. Condamné à six mois (suspendus) en 1960 pour avoir publiquement brûlé son laissez-passer et appelé à une journée de deuil national après le massacre de Sharpeville. A reçu le prix Nobel de la paix en 1960 pour sa contribution à la lutte non violente contre l'apartheid. Décoré de la plus haute distinction de l'ANC, l'Isitwalandwe Seapankoe, en 1955, lors du Congrès du peuple.

Machel Graça (née Simbine)

(1945-). Enseignante, activiste des droits de l'homme, défenseur des droits des femmes et des enfants, et femme politique mozambicaine. Épouse de Nelson Mandela depuis juillet 1998. Veuve du président mozambicain Samora Machel (mort en 1986). Membre du Front de libération du Mozambique (FRELIMO) qui s'est battu pour et a obtenu l'indépendance vis-à-vis du Portugal en 1976. Ministre mozambicaine de l'Éducation et de la Culture après l'indépendance. Entre autres distinctions, elle reçu la médaille Nansen des Nations unies en reconnaissance de son engagement humanitaire, notamment en rapport avec les enfants réfugiés.

Madakizela-Mandela, Nomzamo Winifred (Winnie)

(1936-). Travailleuse sociale, activiste antiapartheid et militante des droits des femmes. Mariée à Nelson Mandela, 1958-1996 (la séparation date de 1992). Mère de Zenani et Zindziswa Mandela. Première travailleuse sociale noire qualifiée du Baragwanath Hospital de Johannesburg. Mise à l'isolement cellulaire pendant dix-sept mois en 1969. Assignée à résidence à partir de 1970 et soumise à des ordres de bannissement de 1962 à 1987. Fonda la Fédération des femmes noires en 1975 et l'Association des parents noirs en 1976 après les émeutes de Soweto. Présidente de la Ligue des femmes de l'ANC, 1993-2003. Députée de l'ANC.

Maharaj, Satyandranath (Mac)

(1935-). Professeur d'université, homme politique, activiste antiapartheid, prisonnier politique et député. Membre dirigeant de l'ANC, du SACP et du MK. Condamné pour sabotage en 1964 à douze ans de prison, qu'il purgea à Robben Island. Aida à retranscrire en secret l'autobiographie de Mandela, *Un long chemin vers la liberté*, qu'il fit sortir clandestinement de prison à sa libération en 1976. Dirigea l'Operation Vulindlela (Vula), une opération secrète de l'ANC visant à instaurer un commandement clandestin de l'ANC. Maharaj travailla au secrétariat du CODESA. Ministre des Transports, 1994-1999. Représentant du président Jacob Zuma.

Maki

(Voir Mandela, Makaziwe)

Makwetu, Clarence

(1928-). Activiste antiapartheid et prisonnier politique. Membre de l'ANCYL. Cofondateur, puis président du PAC, 1990-1996. Condamné pour ses activités avec le PAC en 1963 à cinq ans de prison. Après avoir été libéré de Robben Island, il fut escorté jusqu'au Transkei, mais son cousin K.D. Matanzima le bannit en 1979. Premier président du Mouvement panafricain (PAM), vitrine du PAC,

1989. Député après les élections démocratiques de 1994. Décoré de l'Order of Luthuli (argent).

Mandela, Evelyn Ntoko
(Voir Mase, Evelyn Ntoko)

Mandela, Madiba Thembekile (Thembi)
(1945-1969). Le fils aîné de Mandela et de sa première femme, Evelyn. Mort dans un accident de voiture.

Mandela, Makaziwe
(1947). La première fille de Mandela et de sa première femme, Evelyn. Morte à 9 mois.

Mandela, Makaziwe (Maki)
(1954-). La deuxième fille de Mandela et de sa première femme, Evelyn.

Mandela, Makgatho (Kgatho)
(1950-2005). Le deuxième fils de Mandela et de sa première femme, Evelyn. Avocat. Mort des suites du sida le 6 janvier 2005 à Johannesburg après le décès de sa seconde femme, Zondi Mandela, dû à une pneumonie elle aussi liée au sida en juillet 2003.

Mandela, Nkosi Mphakanyiswa Gadla
(mort en 1927). Chef, conseiller. Descendant du clan Ixhiba. Père de Mandela. Déchu de la chefferie suite à une dispute avec un magistrat blanc local.

Mandela, Nosekeni Fanny
(morte en 1968). Mère de Mandela. Troisième femme de Nkosi Mphakanyiswa Gadla Mandela.

Mandela, Winnie
(Voir Madikizela-Mandela, Nomzamo Winifred)

Mandela, Zenani (Zeni)
(1959-). La première fille de Mandela et de sa deuxième femme, Winnie.

Mandela, Zindziswa (Zindzi)
(1960-). La deuxième fille de Mandela et de sa deuxième femme, Winnie.

Marks, John Beaver (J.B.)
(1903-1972). Activiste antiapartheid et syndicaliste. Président de l'ANC dans le Transvaal. Président du SACP. Banni en raison du Suppression of Communism Act. Président du Conseil du Transvaal des Syndicats non européens. Président du Syndicat des mineurs africains (AMWU). Organisa la grève des mineurs africains de 1946. Envoyé par l'ANC rejoindre les quartiers généraux de la Mission extérieure en Tanzanie, 1963.

Mase, Evelyn Ntoko
(1922-2004). Infirmière. Mariée à Nelson Mandela, 1944-57. Mère de Madiba Thembekile (1945-1969), Makaziwe (1947), morte à 9 mois, Makgatho (1950-2005) et Makaziwe (1954-). Cousine de Walter Sisulu, qui la présenta à Mandela. Mariée à l'homme d'affaires de Soweto à la retraite, Simon Rakeepile, en 1998.

Massacre de Sharpeville
Confrontation qui eut lieu dans le township de Sharpeville, dans la province du Gauteng. Le 21 mars 1960, soixante-neuf manifestants contre les laissez-passer, désarmés, furent abattus par la police, et 180 autres blessés. La manifestation organisée par le PAC attira entre 5 000 et 7 000 manifestants. Cette journée est désormais fériée en Afrique du Sud, sous le nom de Journée des droits de l'homme.

Matanzima, Kaiser Daliwonga (K.D.)
(1915-2003). Chef thembu et homme politique. Neveu de Mandela. Membre du Conseil territorial du Transvaal uni, 1955, et membre dirigeant de l'Autorité territoriale du Transkei, 1956. Chef élu du Transkei, 1963. Fonda et dirigea le Parti pour l'indépendance nationale du Transkei avec son frère George Matanzima. Premier Premier ministre du bantoustan du Transkei quand la région obtint une indépendance symbolique en 1976. Président de l'État du Transkei, 1979-1986.

Matthews, professeur Zachariah Keodirelanh (Z.K.)
(1901-1968). Universitaire, homme politique, activiste antiapartheid. Membre de l'ANC. Premier Sud-Africain noir à obtenir un diplôme de premier cycle dans un établissement sud-africain, en 1923, et un diplôme de droit en Afrique du Sud, en 1930. Initiateur du Congrès du peuple et de la Charte de la liberté. Suite au massacre de Sharpeville, il organisa avec le chef Albert Luthuli une journée de deuil, le 28 mars 1960. En 1965, il se retira au Botswana et devint son ambassadeur aux États-Unis.

Mbeki, Archibald Mvuyelwa Govan (nom de clan, Zizi)
(1910-2001). Historien et activiste antiapartheid. Membre dirigeant de l'ANC et du SACP. Membre du Haut Commandement de l'ANC. Père de Thabo Mbeki (président de l'Afrique du Sud, 1999-2008). Condamné au procès de Rivonia à la prison à perpétuité. Libéré de Robben Island en 1987. Devint vice-président du Sénat dans l'Afrique du Sud post-apartheid, 1994-1997, puis du Conseil national des provinces, 1997-1999. Décoré de la plus haute distinction de l'ANC, l'Isitwalandwe Seaparankoe, en 1980.

Mbeki, Mvuyelwa Thabo
(1942-). Homme politique et activiste antiapartheid. Président de l'Afrique du Sud, 1999-2008. Vice-président, 1994-1999. Fils de Govan Mbeki. Adhéra à l'ANCYL en 1956 à l'âge de 14 ans. Quitta l'Afrique du Sud avec d'autres étudiant en 1962. Il s'éleva rapidement au sein de l'organisation de l'ANC en exil et suivit un entraînement

militaire en Union soviétique. Il travailla secrètement avec OR Tambo et dirigea la délégation de l'ANC qui engagea des discussions secrètes avec le gouvernement sud-africain, puis participa à toutes les actions menées dans le cadre des pourparlers.

Meer, professeur Fatima
(1928-2010). Écrivain, professeur d'université et militante des droits des femmes. Mariée à Ismail Meer en 1950. Créa le Comité étudiant de résistance passive en soutien à la campagne de résistance passive de 1946. Membre fondateur de la FEDSAW. Première femme noire à être nommée conférencière dans une université blanche (l'université du Natal), en 1956. Bannie à partir de 1953, elle échappa à une tentative d'assassinat. Elle embrassa l'idéologie de la conscience noire. Fonda l'Institut de recherche noire (IBR) en 1975. Première présidente de la Fédération des femmes noires, créée en 1975. Auteur de *Higher Than Hope* (publié en 1988), la première biographie autorisée de Mandela.

Mhlaba, Raymond (nom de clan, Ndobe)
(1920-2005). Activiste antiapartheid, homme politique, diplomate et prisonnier politique. Membre dirigeant de l'ANC et du SACP. Commandant en chef du MK. Arrêté en 1963 à Rivonia et condamné à la prison à perpétuité lors du procès de Rivonia. Détenu à Robben Island jusqu'à son transfert de la prison de Pollsmoor en 1982. Relâché en 1989. Il fut impliqué dans les négociations avec le gouvernement du Parti national qui ont conduit à la démocratisation de l'Afrique du Sud. Membre du Comité exécutif national de l'ANC, en 1991. Dirigeant du Cap-Ouest, 1994. Haut-commissaire sud-africain à l'Ouganda, 1997. Décoré de la plus haute distinction de l'ANC, l'Isitwalandwe Seaparankoe, en 1992.

MK
(Voir Umkhonto we Sizwe)

Mkwayi, Zimasile Wilton (nom de clan, Mbona ; surnom, Bri Bri)
(1923-2004). Syndicaliste, activiste politique et prisonnier politique. Membre de l'ANC et du SACTU. Organisateur du syndicat des ouvriers du textile de Port Elizabeth. Participa à la *Defiance Campaign* de 1952 et fut actif lors de la campagne pour le Congrès du peuple. S'enfuit lors du *Treason Trial* de 1956 et rallia le Lesotho. Rejoignit l'Umkhonto we Sizwe et reçut un entraînement militaire en république populaire de Chine. Devint commandant en chef du MK après les arrestations à la ferme Liliesleaf. Condamné à la prison à perpétuité dans ce qui resta sous le nom de « Petit procès de Rivonia ». Il purgea sa peine à Robben Island. Libéré en octobre 1989. Élu au Sénat en 1994, il fut ensuite déployé à la législature provinciale du Cap-Est, qu'il servit jusqu'à sa retraite de la vie publique en 1999. Décoré de la plus haute distinction de l'ANC, l'Isitwalandwe Seaparankoe, en 1992.

Mlangeni, Andrew Mokete (nom de clan, Mokotlwana ; surnom, Mpandla)
(1926-). Activiste antiapartheid, prisonnier politique et député. Membre de l'ANCYL, de l'ANC et du MK. Condamné au procès de Rivonia en 1963 à la prison à perpétuité. Purgea huit ans à Robben Island avant d'être transféré à la prison de Pollsmoor en 1982. Décoré de la plus haute distinction de l'ANC, l'Isitwalandwe Seaparankoe, en 1992.

Mompati, Ruth Segomotsi
(1925-). Activiste antiapartheid et militante des droits des femmes, député, ambassadrice et maire. Dactylographe au cabinet d'avocats de Mandela et Oliver Tambo à Johannesburg, 1953-1961. Membre de l'ANC. Dirigea la section féminine de l'ANC en Tanzanie. Dirigea le Conseil des affaires religieuses de l'ANC. Membre fondateur de la FEDSAW. Ambassadrice de l'Afrique du Sud en Suisse, 1996-2000. Maire de Vryburg/Naledi, province du nord-ouest.

Moolla, Moosa Mohamed (Mosie)
(1934-). Activiste antiapartheid et diplomate. Membre du Congrès des jeunes Indiens du Transvaal (TIYC) et du TIC. Employé à plein temps du National Action Council pour le Congrès du peuple. Comptait parmi les trente derniers accusés du *Treason Trial*, 1956-1961. Détenu et placé à l'isolement pendant quatre-vingt-dix jours, 1963. Réincarcéré, il réussit à s'évader en soudoyant un jeune garde, Johannes Greef, puis passa la frontière et se réfugia en Tanzanie. En 1972, il devint le représentant en chef de l'ANC en Inde. En novembre 1989, il fut nommé représentant de l'ANC auprès du Conseil mondial de la paix. À partir de 1990, il travailla au sein du Département des affaires internationales de l'ANC en Afrique du Sud. Il fut le premier ambassadeur de l'Afrique du Sud en Iran, puis devint haut-commissaire au Pakistan jusqu'à sa retraite en 2004.

Moroka, Dr James Sebe
(1892-1984). Médecin, homme politique et activiste antiapartheid. Président de l'ANC, 1949-1952. Condamné lors du procès de la *Defiance Campaign* en 1952. Au cours du procès, il prit son propre avocat, se dissocia de l'ANC et demanda la clémence. Par voie de conséquence, il ne fut pas réélu président de l'ANC et fut remplacé par le chef Luthuli.

Motsoaledi, Elias (nom de clan, Mokoni)
(1924-1994). Syndicaliste, activiste antiapartheid et prisonnier politique. Membre de l'ANC, du SACP et du Conseil des syndicats non européens (CNETU). Banni après la *Defiance Campaign* de 1952. Aida à créer le SACTU en 1955. Emprisonné pendant quatre mois après la proclamation de l'état d'urgence en 1960, puis de nouveau pendant quatre-vingt-dix jours en 1963. Condamné à la prison à perpétuité lors du procès de Rivonia et détenu à Robben Island de 1964 à 1989. Élu au Comité exécutif

national de l'ANC après sa libération. Décoré de la plus haute distinction de l'ANC, l'Isitwalandwe Seaparankoe, en 1992.

Naicker, Dr Gangathura Mohabry (Monty)
(1910-1978). Médecin, homme politique et activiste antiapartheid. Cofondateur et premier président du conseil Antiségrégation. Président du Congrès des Indiens du Natal (NIC), 1945-1963. Signataire du Doctor Pact en mars 1947, une déclaration de coopération entre l'ANC, le TIC et le NIC, qui fut également signé par le Dr Albert Xuma (président de l'ANC) et le Dr Yusuf Dadoo (président du TIC).

Nair, Billy
(1929-2008). Homme politique. Activiste antiapartheid, prisonnier politique et député. Membre de l'ANC, du TIC, du SACP, du SACTU et du MK. Accusé de sabotage en 1963 et emprisonné à Robben Island pendant vingt ans. Rejoignit l'UDF à sa libération. Arrêté en 1990 et accusé de faire partie de l'Operation Vula. Député dans la nouvelle Afrique du Sud démocratique.

Parti national
Parti conservateur d'Afrique du Sud fondé à Bloemfontein en 1914 par des Afrikaners nationalistes. Parti de gouvernement de l'Afrique du Sud, de juin 1948 à mai 1994. Appliqua l'apartheid, un système de ségrégation raciale qui favorisait la domination de la minorité blanche. A disparu en 2004.

Ndobe
(Voir Mhlaba, Raymond)

Ngoyi, Lilian Masediba
(1911-1980). Femme politique, activiste antiapartheid et militante des droits des femmes, oratrice. Membre dirigeant de l'ANC. Première femme élue au Comité exécutif de l'ANC en 1956. Présidente de la Ligue des femmes de l'ANC. Présidente de la FEDSAW, 1956. Dirigea la Marche des femmes contre les laissez-passer, 1956. Accusé et acquitté lors du *Treason Trial*. Détenue après la proclamation de l'état d'urgence en 1960. Détenue et placée à l'isolement pendant soixante-dix jours en 1963. Continuellement sujette à des ordres de bannissement. Décorée de la plus haute distinction de l'ANC, l'Isitwalandwe Seaparankoe, en 1982.

Nokwe, Philemon Pearce Dumasile (Duma)
(1927-1978). Avocat et activiste politique. Membre dirigeant de l'ANC. Secrétaire de l'ANCYL, 1953-1958. Participa à la *Defiance Campaign*. Empêché d'enseigner, il étudia le droit et devint le premier avocat noir admis à la Cour suprême du Transvaal. Cependant, il ne put exercer son métier suite aux accusations dont il fit l'objet lors du *Treason Trial*, 1956-1961. Élu secrétaire général lors de la conférence annuelle de l'ANC en 1958, une fonction qu'il occupa jusqu'en 1969. L'ANC lui ordonna de par-

tir en exil et il quitta le pays en 1963 avec Moses Kotane. Aida à créer les structures de l'ANC en exil, faisant du lobbying lors de nombreuses conférences internationales.

Nzo, Alfred Baphetuxolo

(1925-2000). Membre dirigeant de l'ANCYl et de l'ANC. Participa à la *Defiance Campaign* de 1952 et au Congrès du peuple. En 1962 Nzo fut assigné à résidence, et incarcéré 238 jours en 1963. Après sa libération, l'ANC lui ordonna de quitter le pays. Il représenta l'ANC dans divers pays, dont l'Égypte, l'Inde, la Zambie et la Tanzanie. Il succéda à Duma Nokwe en tant que secrétaire général en 1969 et occupa cette fonction jusqu'à la première conférence légale de l'ANC en Afrique du Sud en 1991. Il fut membre de la délégation de l'ANC qui participa aux discussions avec le gouvernement De Klerk après 1990. Nommé ministre des Affaires étrangères dans la nouvelle Afrique du Sud démocratique, en 1994. Reçut nombre de distinctions, dont l'Order of Luthuli (or), en 2003.

OR

(Voir Tambo, Oliver)

Parti communiste sud-africain (SACP)

Fondé en 1921 sous le nom de Parti communiste d'Afrique du Sud (CPSA), afin de s'opposer au matérialisme et à la domination raciale. Changea son nom pour Parti communiste sud-africain (SACP) en 1953, suite à son interdiction de 1950. Le SACP ne fut légalisé qu'en 1990. Le SACP est l'une des trois formations de l'Alliance tripartite, avec l'ANC et le COSATU.

Peake, George

(1922-). Activiste politique, membre fondateur et président de la South African Coloured People's Organisation (plus tard, le CPC), en 1953. Inculpé puis acquitté lors du *Treason Trial*. Victime d'ordres de bannissement et détenu pendant cinq mois après la proclamation de l'état d'urgence, en 1960. Conseiller municipal du Cap de mars 1961 jusqu'à son procès pour sabotage et sa condamnation à deux ans de prison, en 1962. S'enfuit d'Afrique du Sud en 1964.

Plaatje, Solomon Tshekisho (Sol)

(1876-1932). Écrivain, journaliste, linguiste, éditeur et commentateur politique, activiste des droits de l'homme. Membre de l'Organisation du peuple africain. Premier secrétaire général du SANNC (rebaptisé ANC en 1923), en 1912. Premier Sud-Africain à écrire un roman en anglais (Mhudi, publié en 1913). Fonda le premier hebdomadaire bilingue setswana/anglais, *Koranta ea Becoana* (Journal du Tswana), en 1901, et *Tsala ea Becoana* (L'ami du Peuple), en 1910. Membre de la députation du SAANC qui en appela au gouvernement britannique contre le Land Act de 1913, lequel restreignait drastiquement le droit des Africains à posséder ou à occuper des terres.

Pokela, John Nyathi

(1922-1985). Activiste antiapartheid. Membre de l'ANCYL. Cofondateur et membre dirigeant du PAC. Condamné à treize ans de prison en 1966 pour son engagement dans le Poqo, le bras armé du PAC. Président du PAC à partir de 1981.

Prison de haute sécurité de Pollsmoor

Prison de la banlieue de Tokai, au Cap. Mandela y fut transféré en 1982 avec Walter Sisulu, Raymond Mhlaba, Andrew Mlangani et, plus tard, Ahmed Kathrada.

Prison Victor Verster

Prison de basse sécurité située entre Paarl et Franschhoek, au Cap-Ouest. Mandela y fut transféré en 1988 et vécut dans une maison individuelle à l'intérieur du complexe de la prison. Il y a une statue de Mandela devant les portes de la prison. Aujourd'hui appelé Centre correctionnel Drakenstein.

Qunu

Village de la province du Cap-Est, en Afrique du Sud, où Mandela a vécu après que sa famille eut quitté Mvezo, où il était né.

Radebe, Gaur

(1908-env. 1968). Activiste antiapartheid. Collègue de Mandela au cabinet Witkin, Sidelsky et Eidelman, il l'encouragea à assister aux réunions de l'ANC et du SACP. Membre de l'ANC. Cofondateur du Syndicat des mineurs africains, en 1941. Contribua à organiser les boycotts des bus d'Alexandra, en 1943-1944. Aida Selope Thema à créer le National-Minded Bloc, une aile conservatrice de l'ANC qui s'opposait à son alliance avec le SACP. Membre dirigeant du PAC après sa formation en 1959.

Resha, Robert

(1920-1973). Activiste antiapartheid. Membre dirigeant de l'ANCYL et de l'ANC. Président de l'ANCYL, 1954-1955. Participa à la *Defiance Campaign*. Actif lors de la campagne contre le déplacement forcé de la population de Sophiatown. Acquitté en 1961 avec le dernier groupe de trente, lors du *Treason Trial* de 1955. Il quitta le pays peu après et joua un rôle central dans l'ANC en exil, le représentant devant de nombreuses organisations, y compris les Nations unies. Il accompagna Mandela à Oujda, au Maroc, lors de son voyage à travers l'Afrique en 1962, et représenta l'ANC dans l'Algérie indépendante.

Procès de Rivonia

Procès qui se tint en 1963-1964, au cours duquel dix membres dirigeants de l'Alliance des Congrès furent accusés de sabotage, accusation qui pouvait leur valoir la peine de mort. Son nom vient de Rivonia, en banlieue de Johannesburg, où six membres du Haut Commandement du MK furent arrêtés dans leur cachette, la ferme Liliesleaf, le 11 juillet 1963. Des documents incriminants furent saisis, dont un projet d'insurrection et de guérilla baptisé Opération Mayibuye. Mandela, qui purgeait déjà une peine pour incitation à la grève et pour avoir quitté le pays illégalement, fut lui aussi accusé, ses notes sur la guérilla et le journal de son voyage à travers l'Afrique ayant été saisis. Au lieu d'être interrogé à la barre en tant que témoin, il fit une déclaration depuis le banc des accusés le 20 avril 1964. Ce discours devint célèbre. Le 11 juin 1964, au palais de justice de Pretoria, huit accusés furent condamnés par le juge Qartus de Wet à la prison à perpétuité.

Robben Island

Île située à Table Bay, à sept kilomètres des côtes du Cap, qui mesure environ 3,3 km de long et 1,9 km de large. A essentiellement servi de lieu de bannissement et d'emprisonnement, notamment pour les prisonniers politiques, depuis la colonisation hollandaise au XVIIe siècle. Trois hommes qui devinrent plus tard présidents de l'Afrique du Sud y furent détenus : Nelson Mandela (1964-1982), Kgalema Motlanthe (1977-1987) et Jacob Zuma (1963-1973). Est devenu un musée et un site de patrimoine mondiale.

Sampson, Anthony

(1926-2004). Écrivain et journaliste, auteur de *Mandela : la biographie autorisée* (publié en 1999). Éditeur du magazine sud-africain *Drum*, magazine de référence au lectorat majoritairement noir et urbain, à Johannesburg, dans les années cinquante.

Sidelsky, Lazar

(1911-2002). Membre de la Law Society of the Transvaal. Employa Mandela comme stagiaire dans son cabinet, Witkin, Sidelsky et Eidelman, à Johannesburg, en 1942. Il accordait des indemnités aux Africains à une époque où peu de firmes le faisaient.

Sikhakhane, Joyce

(1943-). Journaliste et activiste antiapartheid. Écrivit sur les proches de prisonniers politiques, comme Albertina Sisulu et Winnie Mandela, ce qui lui valut d'être arrêtée au nom du Protection Against Communism Act, puis du Terrorism Act, et de passer dix-huit mois à l'isolement. Bannie à sa libération, elle fuit l'Afrique du Sud en 1973. Employée par le Département des renseignements de l'Afrique du Sud démocratique.

Sisulu (née Thethiwe), Nontsikelelo (Ntsiki) Albertina

(1918-). Infirmière, sage-femme, activiste antiapartheid et militante des droits des femmes. Membre dirigeant de l'ANC. Mariée en 1944 à Walter Sisulu, qu'elle rencontra par son amie infirmière Evelyn Mase (première épouse de Nelson Mandela). Membre de l'ANCWL et de la FEDSAW. Joua un rôle de premier plan lors de la marche des femmes contre les laissez-passer. Elle fut la première femme arrêtée en raison du General Laws Amendment Act de 1963, et elle passa quatre-vingt-dix jours à l'isolement. Continuellement sujette à des ordres de bannissement et au harcèlement policier à partir de 1963. Fut l'un des trois présidents élus de l'UDF lors de sa formation en août 1983. Inculpée de trahison en 1985, avec quinze autres partisans de l'UDF et syndicalistes, dans ce qui fut appelé le Pietermaritzburg Treason Trial. Députée de 1994 jusqu'à sa retraite en 1999. Présidente du Conseil mondial de la paix, 1993-1996. Décorée du

Women for Women Woman of Distinction Award en 2003, en reconnaissance de son courage et de sa lutte pour les droits de l'homme et la dignité.

Sisulu, Walter Ulyate Max (noms de clan, Xhamela et Tyhopho)

(1912-2003). Activiste antiapartheid et prisonnier politique. Mari d'Albertina Sisulu. A rencontré Mandela en 1941 et l'a présenté à Lazar Sildesky qui lui offrit un poste de stagiaire. Leader de l'ANC, il est généralement considéré comme « le père de la lutte ». Cofondateur de l'ANCYL en 1944. Arrêté et accusé pour son rôle dans la *Defiance Campaign* de 1952. Arrêté, puis acquitté lors du *Treason Trial* en 1956. Continuellement soumis à des ordres de bannissement et assigné à résidence après l'interdiction de l'ANC et du PAC. A aidé à créer le MK et fit partie de son Haut Commandement. Passa à la clandestinité en 1963 et se cacha à la ferme de Liliesleaf, où il fut arrêté le 11 juillet 1963. Déclaré coupable de sabotage lors du procès de Rivonia, et condamné à perpétuité le 12 juin 1964. Il purgea sa peine à Robben Island et à la prison de Pollsmoor. Relâché le 15 octobre 1989. Membre de la délégation de l'ANC qui négocia avec le gouvernement d'apartheid pour mettre fin à la domination blanche. Décoré de la plus haute distinction de l'ANC, l'Isitwalandwe Seapankoe, en 1992.

Skota, Mweli

(env. 1880). Journaliste, interprète au tribunal, homme d'affaires et éditeur. Membre dirigeant du SANNC (plus tard rebaptisé ANC). Fondateur et éditeur d'*Abantu-Batho*, le journal de l'ANC. Membre de l'AAC.

Slovo, Joe

(1926-1995). Activiste antiapartheid. Marié à Ruth First en 1949. Membre dirigeant de l'ANC et du CPSA. Commandant du MK. Adhéra au CPSA en 1942 et étudia le droit à l'université du Witwatersrand où il rencontra Mandela et s'engagea en politique. Il aida à créer le COD et fut accusé lors du *Treason Trial* de 1956. Détenu pendant six mois après la proclamation de l'état d'urgence. Il contribua à la mise en place du MK. S'exila de 1963 à 1990 et vécut au Royaume-Uni, en Angola, au Mozambique et en Zambie. Secrétaire général du SACP, 1986. Chef d'escadron du MK. Participa aux négociations multipartites en vue de mettre fin à la domination blanche. Ministre du Logement dans le gouvernement Mandela à partir de 1994. Décoré de la plus haute distinction de l'ANC, l'Isitwalandwe Seapankoe, en 1994.

Sobukwe, Robert Mangaliso

(1924-1978). Avocat, activiste antiapartheid et prisonnier politique. Membre de l'ANCYL et de l'ANC avant de créer le PAC, fondé sur l'idée de « l'Afrique aux Africains ». Éditeur du journal *The Africanist*. Arrêté et incarcéré suite au massacre de Sharpeville de 1960. Déclaré coupable d'incitation à la grève et condamné à trois ans d'emprisonnement. Avant sa libération, la promulgation de la General Law Amendment Act N° 37 de 1963 permit de prolonger l'emprisonnement de personnes accusées de délits politiques – ce qui fut bientôt appelé la « clause Sobukwe ». Il passa six ans de plus à Robben Island. Libéré en 1969, il rejoignit sa famille à Kimberley, où il fut obligé de rester douze heures par jour chez lui et empêché de participer à toute activité politique, suite à l'interdiction du PAC. En prison, il étudia le droit et monta son propre cabinet en 1975.

South African Indian Congress (SAIC)
Fondé en 1923 afin de s'opposer aux lois discriminatoires. Il comprenait les Congrès des Indiens du Cap, du Natal et du Transvaal. À l'origine, une organisation conservatrice dont les actions se limitaient à des pétitions et à des envois de délégations auprès des autorités. La direction se radicalisa dans les années quarante, sous l'impulsion de Yusuf Dadoo et de Monty Naicker, pour privilégier une résistance militante non violente.

Stengel, Richard
Éditeur et écrivain. Collabora avec Mandela pour son autobiographie, Un long chemin vers la liberté (publié en 1994). Coproducteur du documentaire Mandela en 1996. Éditeur du Time magazine.

Suppression of Communism Act, N° 44, 1950
Loi promulguée le 26 juin 1950, par laquelle l'État interdisait le SACP ainsi que toute activité considérée comme communiste, définissant « le communisme » en des termes si larges que quiconque protestait contre l'apartheid pouvait être visé.

Suzman, Helen
(1917-2009). Femme politique, activiste antiapartheid et députée, professeur d'histoire économique à l'université du Witwatersrand. Fonda une branche du Parti uni à l'université du Witwatersrand en réaction à la politique raciste de l'État d'apartheid. Députée pour le Parti uni, 1953-1959, puis pour le Parti fédéral progressiste et antiapartheid (1961-1974). Seul leader de l'opposition politique à avoir eu l'autorisation de visiter Robben Island.

Tambo (née Tshukudu), Adelaide Frances
(1929-2007). Infirmière, travailleuse sociale, activiste antiapartheid et militante des droits des femmes. Mariée à Oliver Tambo en 1956. Membre de l'ANCYL. Participa à la Marche des femmes en 1956. Reçu de nombreux prix, dont l'Order of Simon of Cyrene en juillet 1997, la plus prestigieuse décoration attribuée par l'Église anglicane, et l'Order of the Baobab (or), en 1992.

Tambo, Oliver Reginald (OR)
(1917-1993). Avocat, homme politique et activiste antiapartheid. Membre dirigeant de l'ANC et membre fondateur de l'ANCYL. Cofondateur, avec Mandela, du premier cabinet juridique d'Afrique du Sud tenu par des Noirs. Devint secrétaire général de l'ANC après le bannissement de Walter Sisulu, et vice-président de l'ANC en 1958. Reçut un ordre de bannissement de cinq ans, en 1959. Quitta l'Afrique du Sud au cours des années

soixante pour diriger les activités de l'ANC à l'étranger et mobiliser l'opinion contre l'apartheid. Créa des camps d'entraînement militaire à l'extérieur de l'Afrique du Sud. Initia les campagnes « Libérez Mandela » des années quatre-vingt. Vécut en exil à Londres, au Royaume-Uni, jusqu'en 1990. Président par intérim de l'ANC, en 1967, après la mort du chef Albert Luthuli. Fut élu président en 1969 à la conférence de Morogoro, un poste qu'il occupa jusqu'en 1991 avant de devenir président d'honneur de l'ANC. Décoré de la plus haute distinction de l'ANC, l'Isitwalandwe Seaparankoe, en 1992.

Thema, Selope

(1886-1955). Journaliste et activiste politique. Membre dirigeant de l'ANC. Secrétaire de la délégation envoyée à la conférence de paix de Versailles et auprès du gouvernement britannique en 1919.

Treason Trial

(1956-1961). Ce procès pour trahison fut une tentative de la part du gouvernement d'apartheid pour mettre un terme à l'influence grandissante de l'Alliance des Congrès. Tôt le matin du 5 décembre 1956, 156 individus furent arrêtés et accusés de haute trahison. À la fin du procès, en mars 1961, tous les accusés avaient vu les charges retirées sauf les trente derniers, dont Mandela, qui furent finalement acquittés.

Tshwete, Steve Vukile

(1938-2002). Activiste antiapartheid, prisonnier politique, homme politique et député. Membre de l'ANC et du MK. Emprisonné à Robben Island, 1964-1978, parce qu'il était membre d'une organisation interdite. Travailla au sein du Comité exécutif de l'ANC à partir de 1988 et participa aux pourparlers de Groote Schuur en 1990. Ministre du Sport et des Loisirs, 1994-1999. Promut la déracialisation du sport sud-africain. Ministre de la Sécurité, 1999-2002.

Turok, Ben

(1927-). Professeur d'université, syndicaliste, activiste antiapartheid et député. Membre du CPSA et de l'ANC. Membre dirigeant du Congrès des démocrates (COD), impliqué dans l'organisation du Congrès du peuple en 1955. Membre fondateur du MK. Arrêté, puis acquitté lors du *Treason Trial*. Représenta les Africains du Cap-Ouest au Conseil provincial du Cap, 1957. S'exila en 1966.

Tutu, archevêque Desmond

(1931-). Archevêque, activiste antiapartheid et défenseur des droits de l'homme. Évêque du Lesotho, 1976-1978. Premier secrétaire général noir du Conseil des Églises sud-africaines, en 1978. Suite aux élections de 1994, il présida la commission Vérité et Réconciliation qui fit la lumière sur les crimes de l'époque de l'apartheid. Reçut le prix Nobel de la paix en 1984 pour son engagement dans la lutte non violente contre l'apartheid ; le prix Albert-Schweitzer en 1986 ; et le Gandhi Peace Prize en 2005.

Tyhopho

(Voir Sisulu, Walter)

Umkhonto we Siwe (MK)

Umkhonto we Sizwe, qui signifie « fer de lance de la nation », fut fondé en 1961 et est connu sous l'abréviation MK. Nelson Mandela en fut le premier commandant en chef. L'organisation devint le bras armé de l'ANC. Après les élections de 1994, le MK fut démantelé et ses soldats incorporés aux nouvelles Forces de défense nationale de l'Afrique du Sud (SANDF), avec les soldats de la Force de défense de l'Afrique du Sud, proapartheid, les forces de défense des bantoustans, les unités de protection du Parti Inkhata pour la liberté et l'Armée de libération du peuple azanien (APLA), le bras armé du PAC.

Verwoerd, D. Hendrik Frensch

(1901-1966). Premier ministre de l'Afrique du Sud, 1958-1966. Ministre des Affaires indigènes, 1950-1958. Homme politique membre du Parti national. Largement considéré comme l'architecte de l'apartheid, il prôna un système de « développement séparé ». Sur son impulsion, l'Afrique du Sud devint une république le 31 mai 1961. Assassiné au parlement par Dimitri Tsafendas.

Vorster, Balthazar Johannes (B.J.)

(1915-1983). Premier ministre de l'Afrique du Sud, 1966-1978. Président de l'Afrique du Sud, 1978-1979.

Weinberg, Eli

(1908-1981). Syndicaliste, photographe et activiste politique. Membre du SACP. Continuellement sujet à des ordres de bannissement à partir de 1953. Détenu pendant trois mois en 1960 après la proclamation de l'état d'urgence, et de nouveau en septembre 1964. Condamné à cinq ans d'emprisonnement pour son appartenance au Comité central du SACP. S'enfuit d'Afrique du Sud en 1967 sur les instructions de l'ANC.

Xhamela

(Voir Sisulu, Walter)

Zami

(Voir Madikizela-Mandela, Nomzamo Winifred)

Zeni

(Voir Mandela, Zenani)

Zindzi

(Voir Mandela, Zindziswa)

BIBLIOGRAPHIE SÉLECTIVE

Livres :
Davenport, Rodney et Saunders, Christopher, *South Africa : A Modern History*, 5e édition, Macmillan Press, Londres, 2000.
Kathrada, Ahmed, *Memoirs*, Zebra Press, Le Cap, 2004.
Mandela, Nelson, *Un long chemin vers la liberté*, Le Livre de Poche, Paris, 1996.
Higher Than Hope, Fatima Meer, Skotaville Publishers, Johannesburg, 1988.
Nelson Mandela Foundation, *A Prisoner in the Garden : Opening Nelson Mandela's Prison Archive*, Penguin, Londres, 2005.
Nicol, Mike, *Mandela : The Authorised Portrait*, PQ Blackwell, Auckland, 2006 (édition française : *Mandela. Le portrait autorisé*, Acropole, 2006.
Sampson, Anthony, *Mandela : The Authorised Biography*, HarperCollins Publishers, Londres, 2000.
Sisulu, Elinor, Walter et Albertina, *In Our Lifetime*, David Philip Publishers, Le Cap, 2002.

Sites Internet :
www.justice.gov.za/trc
www.nelsonmandela.org
www.robben-island.org.za
www.sahistory.org.za

REMERCIEMENTS

Nous remercions Zindzi Mandela de nous avoir autorisés à reproduire son poème « Un arbre qu'on abat », et pour son soutien au Centre Nelson Mandela pour la mémoire et le dialogue.

Nous remercions le président Barack Obama pour sa généreuse préface, et l'ambassadeur Donald Gips qui a facilité la liaison avec le président.

Nous apprécions aussi à leur juste valeur les contributions des deux archives sonores enregistrées par Ahmed Kathrada et Richard Stengel, qui toutes deux furent confiées par leurs auteurs au Centre Nelson Mandela pour la mémoire et le dialogue après que naquit le projet de ce livre.

Les photos reproduites dans ce livre ont été réalisées avec talent et patience par Matthew Willman, sauf la liste suivante : p. XXVI-1 (« Scène rurale ») et pp. 4-5 (« Initiation d'un jeune Thembu ») – Musée McGregor, Kimberley, collection Duggan-Cronin ; p. 22-23 (« Portraits de Mandela »), p. 66-67 (« Mandela brûlant son laissez-passer ») et p. 110 (« Mandela en tenue traditionnelle ») – Eli Weinberg ; p. 32-33 (« Foule aux portes de Drill Hall ») – Museum Africa, Times Media Collection ; p. 32-33 (« Township d'Orlando ») – Leon Levson ; p. 94-95 (« Mandela à Londres ») – Mary Benson ; p. 122-123 (« Manifestation de Cato Manor ») – Laurie Bloomfield ; p. 144-145 (« Prisonniers dans la cour ») – Musée UWC-Robben Island, Mayibuye Archives, Cloyte Breytenbach ; p. 288-289 (« Bureau de Mandela, Robben Island ») et p. 226-227 (« Mandela dans le jardin de la prison ») – Archives nationales sud-africaines, avec l'aimable autorisation de la Fondation Nelson Mandela ; p. 141-142 (« Clôture barbelée, Robben Island ») et p. 172-173 (« Cellule de Mandela à Robben Island ») – Matthew Willman ; p. 262-263 (« Mandela visitant plus tard sa cellule de Robben Island ») – Corbis, David Turnley ; p. 344-345 (« F.W. de Klerk et Mandela à la National Peace Convention, Johannesburg ») – Rodger Bosch ; p. 348-349 (« Queue aux élections de 1994 ») – Argus News ; p. 402-403 (« Mandela en T-shirt ») – PQ Blackwell ; p. 424-425 (« Gros plan de Mandela ») – Fondation Nelson Mandela.

Nous sommes redevables aux institutions suivantes, qui nous ont donné libre accès à leurs collections : le Mandela House Museum, les Archives nationales sud-africaines, l'université de Fort Hare et l'université du Witwatersrand (Documents historiques).

Pour leur aide et leur soutien, nous remercions Zahira Adams, Jon Butler, Eric Chinski, Diana et Kate Couzens, Achmat Dangor, Lee Davies, Imani Media, Zelda la Grange, Molly Loate, Winnie Madikizela-Mandela, Zenani

Mandela, Zindzi Mandela, Rochelle Mtirara, le juge Thumba Pillay, Natalie Skomolo, Wendy Smith, Jack Swart, Ivan Vladislavic et Gerrit Wagener.
Au Centre pour la mémoire et le dialogue de la Fondation Nelson Mandela : Verne Harris, Sahm Venter, Ahmed Kathrada, Tim Couzens, Sello Hatang, Razia Saleh, Lucia Raadschelders, Zanele Riba et Boniswa Nyati.
Chez l'éditeur original, PQ Blackwell : Geoff Blackwell, Ruth Hobday, Bill Phillips, Cameron Gibb, Rachel Clare, Dayna Stanley, Jonny Geller, Betsy Robbins, Kate Cooper et Sloan Harris.

INDEX

Les titres de poèmes et de chansons sont entre guillemets ; les films, livres, pièces et disques sont en *italique*, et les écrivains et artistes sont entre parenthèses. Les noms communs, les titres coutumiers et les noms de clans sont inclus, entre parenthèses, quand c'est possible.

RÉALISATION : NORD COMPO À VILLENEUVE-D'ASCQ
IMPRESSION : NORMANDIE ROTO IMPRESSION S.A.S. À LONRAI
DÉPÔT LÉGAL : OCTOBRE 2010. N° 97084-4 (10-4399)
IMPRIMÉ EN FRANCE